最新版

最高の二世帯住宅をデザインする方法

How to Design a Tow-family Home

area045 著

X-Knowledge

はじめに

ここ数年、全国的に「二世帯住宅」の設計依頼が増えているようです。二世帯住宅とは一般に、親と子の関係にある2組の家族が住む住宅を呼びますが、今なぜこのような住宅が増えているのでしょうか。

理由の1つは、その経済性にあります。新しく自分たちの家を建てる予定の若い世帯が、もともと親が所有している住宅（自分が育った住宅）を二世帯住宅に建て替えて住めば、土地代が不要になる分、その経済的メリットはずいぶんと大きくなります。親世帯にしてみれば、子世帯に「同居」というかたちで老後の面倒をみてもらえるわけですから、〝高齢者の孤独死〟など昨今の社会問題とは無縁な毎日を送れます。孫が小さいうちは子育ても手伝ってあげられるでしょうから、子世帯は安心して働きに出ることができます。

このように、何もかもいいこと尽くめの二世帯住宅ですが、もちろん負の側面も存在します。そのほとんどは人間関係。たとえ親と子の関係とはいえ、そこには世代間の生活感覚のギャップ、生活時間帯のずれによる音の問題、嫁と姑の諍いなど、常に火種を抱えています。それゆえ二世帯住宅の設計は、いきおい、住み手の間でくすぶりそうな諸問題の予防に計画の主眼が置かれがちになります。

ただそうなると、本来〝普通の住宅〟では当たり前のように検討されていた自由な空間構成やデザイン的な見せ場は二の次となり、住宅としては可も不可もない魅力を欠いたものにならざるを得ません。果たしてそれでよいのでしょうか。

さらに、近年では新型コロナウィルス（COVID-19）の影響による在宅時間の増加に伴う暮らし方の変化や、在宅勤務のために空間を考える必要にも迫られ「ガレージよりもスタジオを！」という声も聞かれるようになってきました。プランニングに対する要望も日々変化しています。

本書は、こうした問題意識に端を発し、二世帯住宅にひそむマイナス面を減じるだけでなく、より楽しく、より心地よく暮らせるための、いわばプラス面を増やしていくような二世帯住宅の設計方法について、経験豊富な設計者たちが自分たちの設計事例を持ち寄り、書き下ろしたものです。

これから二世帯住宅の建築を考えている人、あるいは二世帯住宅の設計に携わるプロの人、二世帯住宅に関わるすべての人の参考にしていただければ幸いです。

2021年1月

area045二世帯住宅編纂チームを代表して　鈴木 信弘

CONTENTS

PART

1

二世帯住宅のセオリー

二世帯ならではの検討事項

大切なお金の話をしよう

PART 2 事例に学ぶ二世帯住宅の設計

CONTENTS

PART 3 二世帯住宅のデザイン 50のアイデア

CONTENTS

装幀：米倉英弘（細山田デザイン事務所）　印刷：シナノ書籍印刷

※本書は『最高の二世帯住宅をデザインする方法』の内容を再編集したものです。

PART 1

二世帯住宅のセオリー

1

二世帯ならではの検討事項

二世帯住宅を希望する親世帯の理由・子世帯の理由

夫婦+子供2人は昔の話

人生50年といわれたのは、もうずいぶん昔の話です。今は医療や衣食住が充実したおかげで、親世代は十分に元気で、長生きをする時代となりました。その一方、少子化が進み、若い世代は、これから大勢の高齢世代を支えていかなければなりません。社会状況もさまざまに変化しています。男女雇用機会均等法の施行からすでに40年。女性も男性と同じように働く時代ですから、夫が家事や子育てを手伝うのも自然なことになりました。

それに伴い、かつて一般的といわれた夫婦+子供2人の家族構成は、すでに全体の3割弱。夫婦2人はもちろんのこと、1人住まいも増え、4人家族という世帯モデルはいつのまにか「標準」ではなくなり、家族構成は多様化しています。

二世帯住宅は「孫育て」住宅でもある

近年たびたび起こる大きな災害を体験した私たちは、人とのつながりや地域との関わりの重要性を再認識しました。そんななか特に若い世代は、復興の支援活動などをとおして、それまで失われつつあった関係を回復するかのように「同居」「シェア」という居住形態に関心を示し始めています。

いま二世帯住宅が増えているのは、昔からある住まい方の「当たり前の形態」に戻りつつあるだけなのかもしれません。当たり前の形態とは、複数の世帯がともに暮らすということです。多世帯住宅には生活時間帯の違いやプライバシーの問題など難しい点もありますが、それを補って余りあるほどの魅力があるということです。

物にあふれた豊かな時代に育った現代の子世帯夫婦は、自分の子供にお金では買えない本当の豊かさを実感できる暮らしをさせてあげたいと願っています。自分たちが親から受け継げなかった習わしや躾を子供には伝えておきたいという反省も少なからずあります。現代の二世帯住宅は「孫育て」という点でも注目されていますが、それは「伝承」の重要性に多くの人たちが気づき始めているからでしょう。伝承は一緒に暮らすことによって、はじめて得られるものなのです。

現代のライフスタイルに合う新しい二世帯住宅のかたち

しかしながら、これまで自由気ままに暮らしてきた子世帯が、現実に親世帯と一緒に住むとなると、いくつもの心配事を抱えるはずです。習慣の違い、感覚の違いが否めない親世帯とうまくやっていけるだろうかという不安です。とはいえ、親はいつのまにか老い、身体は衰弱し、介護が必要になる場合もあるでしょう。いつまでも離れて暮らし、「知らぬ存ぜぬ」でいられるものではありません。互いの違いを理解しつつ一緒に暮らしていく方法を模索することは喫緊の課題です。

と同時に、子世帯が単独でマイホームを取得するには、高額な土地の購入、重くのしかかる住宅ローン、これとともに、子供の教育資金も蓄えていかなければなりません。このとき二世帯住宅という選択肢は、経済性においても若い世代の後押しとなります。二世帯住宅はいわば、親と子と孫の橋渡しをする器ともいえるのです。

［PART1 執筆：鈴木信弘］

親世帯の理由

代々受け継がれてきた、先祖の土地を守っていきたい。

老後の面倒を見てもらいたい。

どちらかが先に亡くなったとき、寂しくないようにしておきたい。孫と一緒に暮らしたい。

家が古くなって、外壁にヒビが入ってきた。地震にも弱そうなので建て替えたいが、もう住宅ローンは組めない。

子供たちが帰ってきてくれたら、一緒に建てられるだろう。

二世帯住宅を望む、それぞれの理由

子世帯の理由

家を建てたいが土地がない、買うこともできない。

土地に当てる費用で、十分立派な家が建つ。親の土地に建てられたら。

住宅ローンをかかえると、子供の教育資金が足りなくなるかもしれない。少しでも建築費用を抑えたい。

帰宅が遅いので、親に子供の面倒を見てもらいたい。

高齢の親が心配。介護が必要になったら、毎日面倒を見にいくのは大変。一緒に住んだほうがラク。

2

二世帯ならではの検討事項

二世帯住宅のタイムスパンは70年で考える

二世帯住宅を検討するタイミング

家を建てる時期は、人それぞれですが、最も多いのは「子供の成長のタイミングに合わせて」のようです。子供が小学校に入る前、中学校に入る前、受験期に入る前、大学生以上となりほぼ自立した後、などのタイミングです。

年代別にみると、20代後半から30代前半は、子供がまだ親と一緒に寝ていたり、幼稚園に行きだすころ。あるいは30代後半から40代前半は、子供がすでに小学生以上あるいは中学生になり、これから受験期を迎え個室を欲しがるころ。さらに40代後半から50代は、すでに子育てが終わり、子供が大学生、あるいは就職しているころになります。二世帯住宅を建てる人の多くも、まさにこのタイミングと一致します。

子供がわが家の新築を考えるような歳になるころ、親世代は60～70代になっています。かつて、あんなに元気だった身体にも衰えを感じ始めるころです。子世代の多くは、この状況の変化に「いずれは親の面倒を見なければ」と考えるものです。そのときが二世帯住宅を検討する絶好のタイミングなのかもしれません。

ただ、この時期を逃すと、逆に二世帯住宅へ建て替えるチャンスを失うことがよくあります。親は子に相談することなく多額の費用をかけて、耐震補強や水廻りなどのリフォームをすることがよくあるからです。子世帯は、「一緒に住もう」と思ったら、なるべく早めに、具体的ではなくとも「二世帯」の話題を出しておいたほうがよいでしょう。

二世帯住宅は「循環」させて長く使うことができる

日本の住宅の平均寿命は35年といわれています。驚かれる方が多いかもしれませんが、ほとんどの家は住宅ローンの完済とともに、何らかの増改築、取り壊しという運命を迎えるのが現実です。

親の世代が家を建てたのは、平均すると40歳前後のときです。そのとき子供は小学生くらい。その子供が40代後半で家を建てようと決意したら、その時点で親が建てた家は築35年を迎えています。それはちょうど、退職金をもらって現役を引退し、住宅ローンを完済しているころです。このタイミングで住宅を建て替えたり、手を入れる人の理由を聞いてみると、ほとんどの人が耐震、寒さ、暑さといった構造的な欠陥や耐久性もさることながら、間取りが不便、狭い、収納が少ない、古くさいなど心象的な理由をあげています。このことは住まいが単に構造的な耐久性だけで決まるものではなく、ライフスタイルやその時代の暮らし方に耐えられるかが耐用年数に影響しているからなのです。それがだいたい35～45年というスパンなのです。

だからといって、新築時に将来のことまで見据えた設計をするのは限界があります。二世帯住宅に限りませんが、家とは、将来、必ずリフォームをするものだと考えておいてください。そのとき、二世帯住宅であれば、親世帯のスペースだったところを子世帯が使い、子世帯のスペースを自分の子供たちが使うというような工夫はしておきます。このように循環させることで、二世帯住宅は、長期にわたって住み継ぐことができるのです。

住宅のタイムスパンを考える

単世帯住宅のタイムスパンは35年

30歳のとき家を建てたが、ローコスト住宅だったため、いろんなところにガタがきて35年で寿命。再び、コンパクトな老後の住まいに建て替えざるを得ない

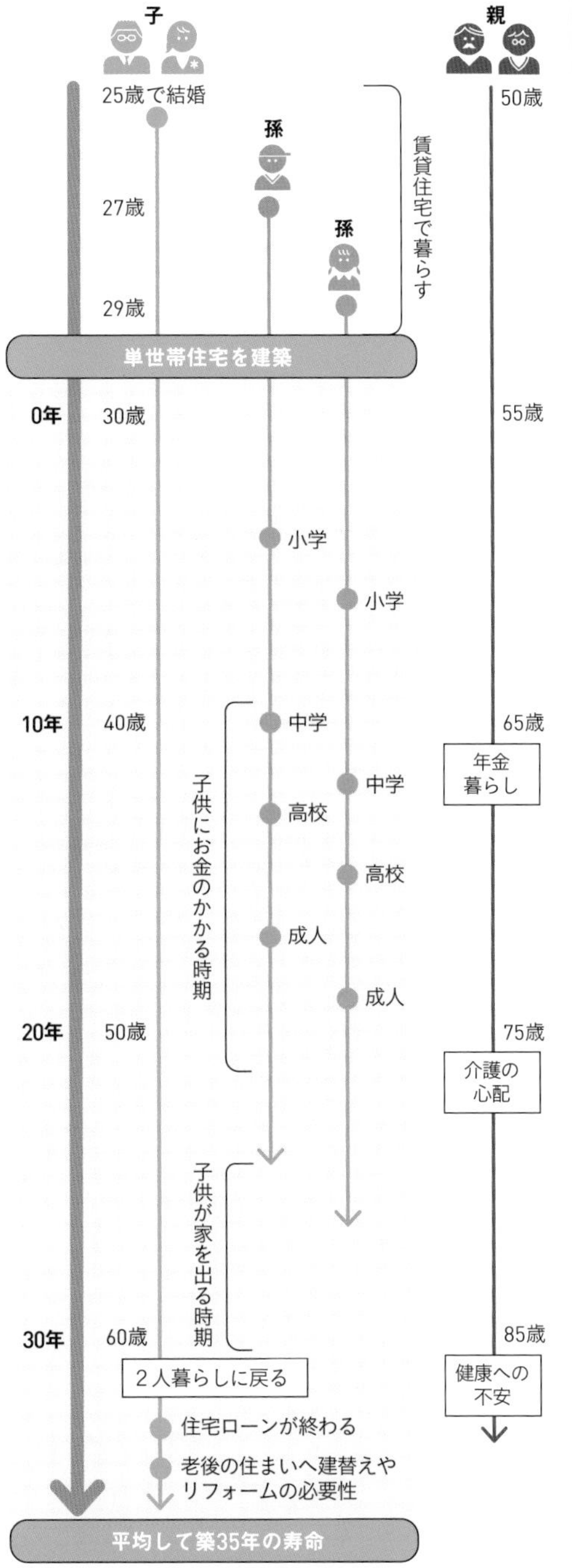

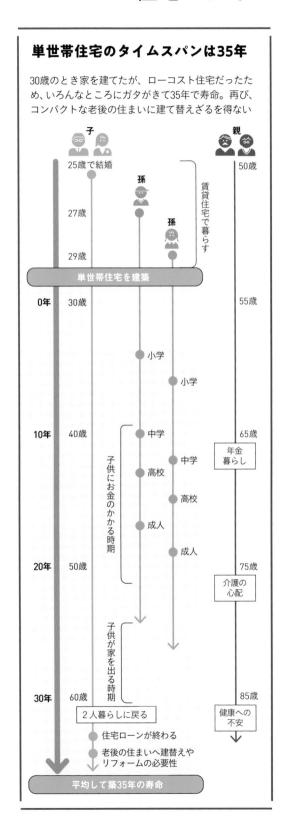

二世帯住宅のタイムスパンは70年

代々受け継がれてきた広い敷地に、がっちりとした二世帯住宅を建ててリフォームをしながら住み継いでいけば、70年もたせることも夢ではない

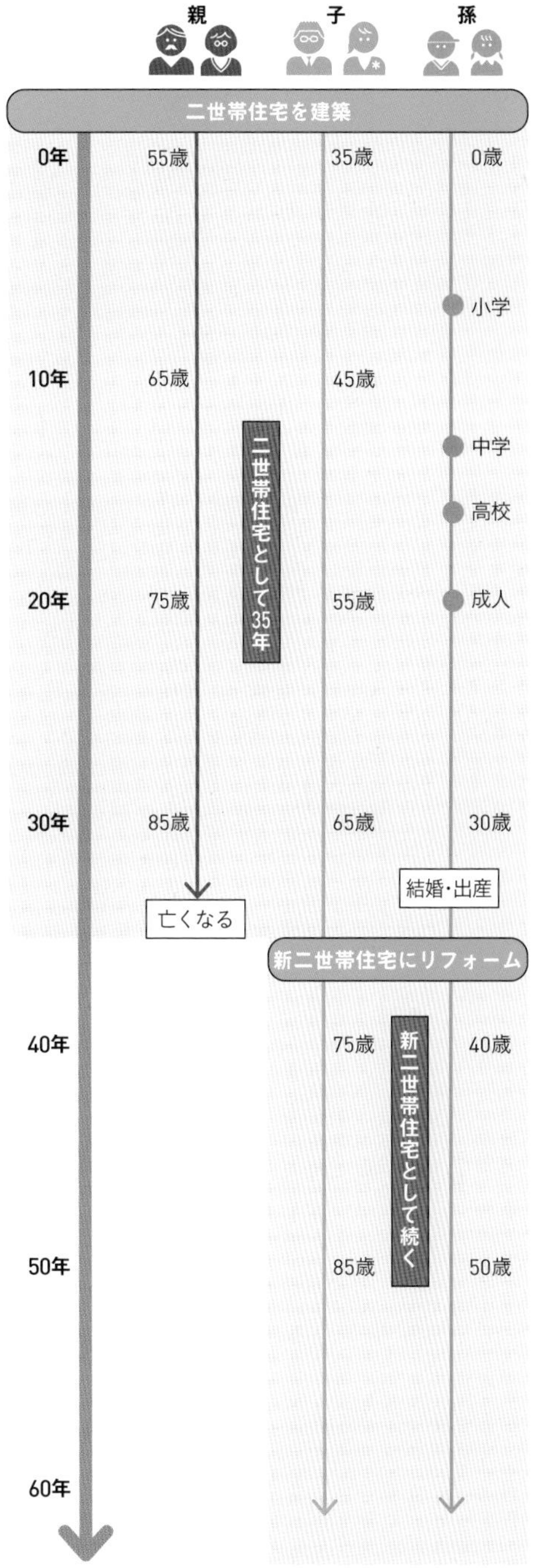

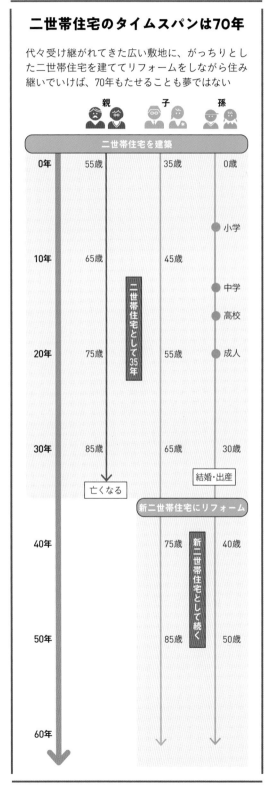

3

二世帯ならではの検討事項

夫の両親と住む場合 妻の両親と住む場合

夫の両親との同居は共用部が少ないほどよい

二世帯住宅にはいくつかのパターンがありますが、夫の両親と同居する場合は嫁と姑の関係が最重要ポイントで、それぞれが育った環境の違いからくる意識・価値観への配慮を欠くとうまくいきません。嫁は嫁の家のルールで育っています。そこには必ず各家庭の「癖」があり、その癖を〝常識〟だと思っているのです。

したがって、水廻りなど共用する部分が多ければ多いほど、衝突する可能性が高くなります。逆にいえば、住宅の設計と生活ルールのつくり方がうまくいけば、トラブルを避けられるということです。

妻の両親との同居では夫の居場所をつくること

その一方、妻の両親と同居する場合は、夫の両親との同居とは配慮すべきポイントが異なります。夫は妻の実家の習慣に戸惑いつつも、環境の変化には割と順応しやすいものです。今まで夫は家にいない時間が長く、家事をする度合いも比較的少なく、衝突する場面が少なかったからです。よって、共用部のあり方もさほど神経質にならなくてよいですが、1つだけ大切にしたいのは、狭くてもよいので、夫がこもれる場所をつくってあげることです。テレワーク部屋と考えてもよいでしょう。家の中で〝逃げ場〟があるというのはとても重要なこと。いくら仲がよくても、四六時中みんなで一緒にいるのは辛いものですし、喧嘩の後もそういう場所がないと困ります。

片親との同居は親が遠慮し領域が狭くなりがち

片親と同居する場合は、二世帯住宅といっても個室が1つ増えるだけのことが多く、単世帯住宅とそれほど変わりません。ただし片親は、二世帯住宅の計画時に、同居する若い夫婦に任せて意見を言わないことが多いため、次第に自分の領域が狭くなり、最終的にトイレが近くにあるだけの個室しか与えられないことがよくあります。そうなると生活範囲が限られてしまい、味気ない毎日になってしまいます。

仮に専用の個室を一部屋つくるにしても、狭い部屋にすべての荷物を持ち込んで、ごちゃごちゃさせるのはご法度。持ち物の量に合わせた収納スペースをきちんとつくっておく必要があります。ただし、最初は布団で就寝していても、いずれは介助を必要としベッドで就寝することが多くなるので、布団をしまう押入は不要かもしれません。

兄弟の二世帯住宅は比較的うまくいく

夫側と妻側、双方の親との三世帯住宅は、その親が同じ地位、生活習慣で、学歴、趣味など共通点が多いとよいのですが、そうでない場合は一緒に暮らすことは難しく、稀なケースといえます。

その点、兄弟の二世帯住宅は、同世代が同じように歳をとっていくので、ライフサイクルも似てきます。比較的うまくいくケースといえるでしょう。夫の兄弟、妻の姉妹どちらがうまくいくかというより、それぞれのパートナーとの相性が大きなウエイトを占めてきます。

姑と嫁が衝突する理由

洗面台に化粧品やドライヤーが出しっぱなし！

子世帯は洗面台に化粧品やドライヤー、タオルなどを出しっぱなしに。整理の悪い子世帯は非難されても仕方ないが、化粧する子世帯と、しない親世帯の不和は小さなもめ事でも大きく発展しかねない。両親に孫をお風呂に入れてもらう場合も、お湯のことや入れ方で一悶着ある。

玄関に物があふれている！

玄関をきちんと片付けて、お客様を出迎えるためにしつらえておきたい姑。嫁にとっては、子育てで忙しいなか、玄関は遊具やバギー、靴以外の雑多な物のとりあえずの置き場。つまり片付ける必要があるかないかの意識の違いによる衝突が起こる。

冷蔵庫の使い方が気に入らない！

冷蔵庫の中の保管場所、その詰め方にはかなりの癖が出る。共用で冷蔵庫を使う場合、領域を決めなければ問題が生じる。嫁姑では食材やその使い方まで言い争いとなり、かなり関係が険悪になる。

洗濯の時間が遅すぎる！

洗濯機の使い方、洗剤の種類、ピンチハンガーの使い方、汚れ物の洗い方などは人それぞれ。洗濯物を干すという行為や場所に対する考えも違う。また、洗濯の時間や干す時間、日中の見え方などについても、習慣の違いで衝突が起こる。

4

二世帯ならではの検討事項

同居が長続きする暮らし方のルールづくり

「同居＝何でも一緒」ではない

近年は、サザエさん一家のように親世帯と子世帯が完全に同居するかたちの二世帯住宅は少なくなっています。子世帯が親の家に入る場合でも、家の一部をリフォームして居住空間を分離する、「プチ分離」が手軽にできるからです。

「同居型」で失敗するケースというのがあります。そのほとんどは、建築当初はよかったものの、次第に1つ屋根の下で暮らすことが嫌になった、というケースです。特に、親世帯と子世帯が終日同じ空間で過ごし、1人になれる空間が少ない家ほど、時間が経つにつれ、お互いを疎ましく感じるようになるようです。その挙句、「二世帯住宅なんてつくらなければよかった」と後悔する……。

そもそも二世帯が一緒に住む理由はなんでしょうか。子世帯は経済的な理由と時間の節約や利便性など、親世帯は家系の伝承、身体的な衰弱への心理的不安など、お互いに有益になることが多いと感じたから同居を考えたのでしょう。

そこには、自己の欲求と、他者への敬愛、その両方が含まれています。「連帯しながらも、単独でありたい」「つながりながらも、離れていたい」という両面を求めているわけです。これを満足させるのが、設計の役割といえます。

設計にはとことん時間をかける

基本的に親世帯と子世帯の間には〝文化〟の違いがあり、価値観など最初から合わなくて当然といえます。それだけに、どのような二世帯住宅にするか、十分に話し合い、設計にも時間をかける必要があります。

もしかすると、当事者同士では言えない話もあるかもしれません。話せば話すほど喧嘩になる場面が出てくるかもしれません。しかし、それを避けて、「住み始めればなんとかなるだろう」と適当に決めてしまうのは、間違いのもとです。必ず両者の間に設計者が入り、十分に話を聞き取ることで、双方の「合わないこと」をあぶり出す必要があります。そのうえで同居の可能性を探っていくのが、成功する二世帯住宅の第一歩といえるでしょう。

暮らし方の心構えとルールづくり

二世帯住宅の設計は、ハードとソフトの両面から検討を重ねていく必要があります。ハードとは建築物としてどのような設計にするか、ソフトとは一緒に住む家族間でどのようなルールをつくるかです。設計で注意したいことの1つは、生活音の伝播です。テレビ、ピアノ、洗濯機などの音、子供や犬の走る音、排水音など伝播する音の対策を考えなければなりません。さらに、互いに不可侵の領域をどこにどのように設けるか、これを考える必要があります。これらを怠ると心理的に安息のない生活が続いてしまいます。ここには、出入りに気を使わないで済む玄関の配置も含まれます。

家族間のルールについては各家庭それぞれでしょうが、光熱費の負担や清掃などの役割分担は必ず考えなければなりません。洗面室や浴室の利用時間のルールづくりなども必要になってきます。ドアをノックするなどの簡単なルールも意外と重要になってくるものです。

浴室—入浴時間や掃除分担を決める

風呂は、入る順番、マナー、掃除分担を決めておかないと、必ず衝突する。子世帯の小さな子供たちの入浴時間はだいたい夜6～7時くらいまで。親世帯は、夕方5～6時など早い時間帯や子供たちの後に入る場合もあるし、スポーツクラブなどで入ってきてしまう場合もちらほら。家庭によってルールはさまざまだが、子世帯の妻が最後に入り、片付けと窓開けを行うというルールはどの家庭でも共通のようである。

洗面室—利用時間を決める

世帯単位で使うもの、個人で使うもの、それぞれの収納場所を決めておく必要がある。朝、複数人が同時利用して衝突することがないように、利用時間のルールづくりが必要。同様に洗濯とその干し場も検討したい。洗濯を世帯ごとに行うのか、一緒に済ませるか、一緒に行う場合はどちらがやるのか。また、洗濯物干し場は同じところか、別の場所に干すのか、などを事前に話し合っておく。

同居にあたって約束事やルールを決める!

リビング・ダイニング—世帯ごとに2つのゾーンを設ける

ダイニングは世帯ごとに食事の時間がずれている場合でも、全員が座れるダイニングテーブルを置く。食器などは、あらかじめ種類や分量を調整しておかないと、後からもめる。器の趣味が合わなかったりすると最悪。一方のリビングは、親世帯と子世帯が過ごす2つのゾーンを設けておく。ある程度距離感をもってくつろげる居場所がつくれるかが重要となる。リビングに何を飾るかも、事前に相談したほうがよい。

キッチン—2人の主婦のどちらが主導権を握るのか

妻の両親との同居であれば、妻が主導権をもち、母とのコンビネーションでうまくやっていけるケースが多い。逆に、夫の母親と嫁である妻が一緒のキッチンを使う場合は、夫の母親が主導権を握っているケースがほとんどで、嫁はそれを手伝うという状況で後片付けを受け持つことが多い。しかし、嫁に料理をつくってほしいと思っている姑も少なくない。姑と嫁の料理をする曜日を決めるのもよいだろう。

5

二世帯ならではの検討事項

同居が自然とうまくいく共用空間のつくり方

共用する場所をどこにするか

二世帯住宅の多くは、各世帯が共用する空間をもつことになります。

特に敷地が狭く、満足に延床面積がとれないケースでは、共用空間をつくることで、各世帯専用の居住スペースを確保し、そこを充実させることが可能になります。不足している面積との兼ね合いもありますが、共用する場所はなるべく滞在時間の短い空間から決めていくのが適切です。時間をずらして使うことにより互いの干渉を減らせるのです。

具体的には、玄関→浴室→トイレという順に共用を考えていくのがよいでしょう。それでも足りない場合は、キッチン、ダイニングと共用空間を増やしていかざるを得ませんが、これはあまりお勧めできません。食事の好みも時間も違う二世帯が、1つのキッチンを時間をずらして使うのはとても大変なことです。おそらくここまで共用部分が増えてしまうと、ほとんど「居候」と変わらなくなり、互いに不満が募ってくることでしょう。どこまで共用空間にするかは、入念に検討する必要があります。

趣味の共用空間は将来、用途変更ができるように

使用頻度が低く、さほどプライバシーに影響しない趣味室やゲストルームなども、共用空間としてはお勧めです。

たとえば、父と夫が同じ趣味で意気投合し、共用空間をつくる場合があります。車やオートバイ、自転車など大型のものであれば、ガレージ＋付属の部屋をつくります。釣りなどの道具を収める部屋には洗い場が必要となるでしょう。そのほか、オーディオ、映画用のシアタールーム、音楽室、模型やコレクションの部屋などです。

外部では、門や駐車場のほか、園芸、盆栽、野菜づくりなど庭を共用するケース、ゴルフの打ち放し場、バスケットボールのゴールなど多岐にわたります。趣味といっても、時には飽きることがあり、5年後には興味の対象が変わっていることも珍しくありません。そのため、趣味の共用空間は、将来、別の用途に使えるように、配置や動線を考慮しておくとよいでしょう。

なお、ゲストルームなどの共用空間の使用に伴う準備・清掃は使う世帯が行うのが基本です。また、共用空間で消費する電気や水道、ガスなどの料金は、基本料金も含め、どのように分けるかを決めておく必要があります。

屋上を共用する場合は各世帯スペースからの動線を確保

都市部では、屋上を洗濯物干し場や家庭菜園などに利用するケースが増えてきています。屋上を共用で使う場合は、そこまでのアプローチ計画が大事になります。

どちらかの世帯の居住スペースを通過しなければ屋上に上がれない設計にしてしまうと、一方の世帯はもう一方の世帯を通過するときに気が引けてしまいます。断ってから屋上に上がるのは面倒という気持ちになれば、自然と屋上から足が遠退き、共用空間に直結している世帯のみが使用するようになってしまいます。プライバシーを邪魔しないように、屋上に行ける動線を確保することが重要です。

共用空間は
どこに設けたらよいか？

共用の浴室は 親世帯スペースの近くに

浴室を共用する場合は、親世帯スペースの近くに設ける。ただし、寝室に隣接させると音の伝わりが問題となる。子世帯の入浴が夜遅くなるようなら、子世帯スペースにシャワー室を設けておくのも一案である。

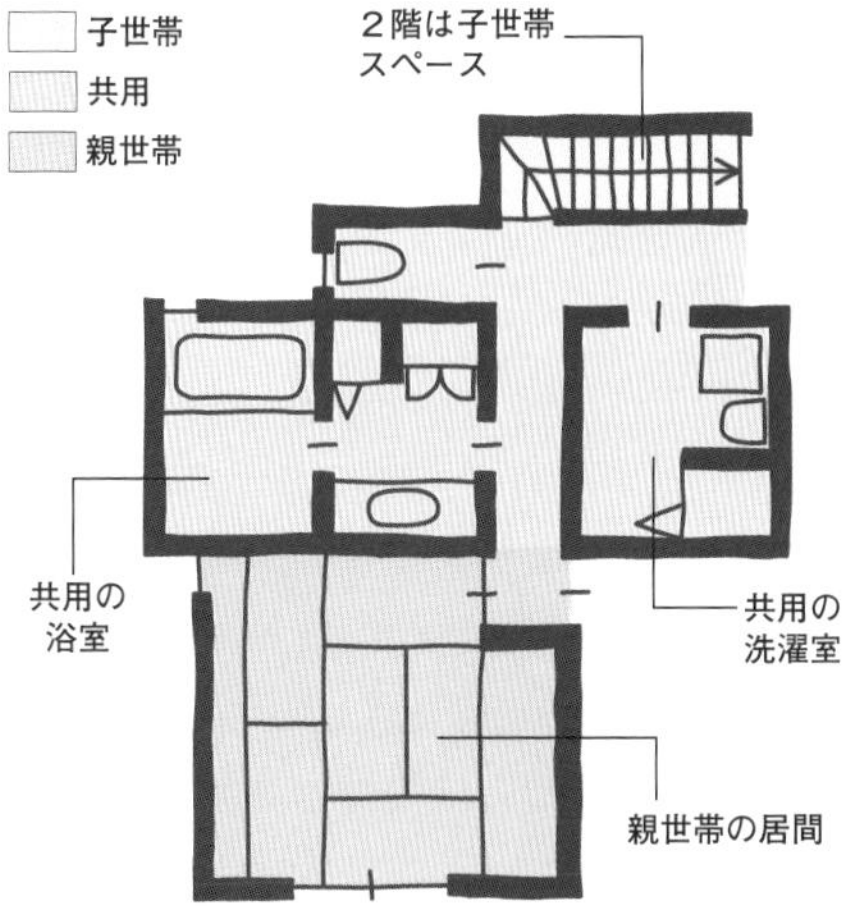

子世帯
共用
親世帯
2階は子世帯スペース
共用の浴室
共用の洗濯室
親世帯の居間

共用の中庭の使い方

各世帯が中庭を挟んで対面するプランは、それぞれの生活をどの程度見せてよいか十分に検討し、必要であればいつでも「閉じること」ができるようにしておくことが大切である。

共用の中庭は使い方が制約されることがある。子世帯が友人たちを招いてバーベキューパーティなどを開いている間は、親世帯は中庭が見えない寝室などにこもることになり、居心地が悪い。そのことは、子世帯の来客にも敏感に感じとられ、パーティが興ざめになることがある。親世帯も一緒に参加させるような使い方でないと、結局は利用頻度も下がり、数年後には使わない庭になりかねない。

子世帯
親世帯
玄関
玄関

ゲストルームはお茶を運ぶ動線も考慮する

二世帯住宅では来客を通す部屋や友人・親族などのゲストルームとして、和室が設けられることが多い。設計上のポイントは、お茶や食事などを運ぶ動線とトイレの位置。トイレは和室からあまり遠くならない位置にする。ちなみに子世帯の妻が主催する「おうちカフェ」「ママ友会」などでは、この手の部屋は使われない傾向にある。プライベートな談笑を親世帯の近くで繰り広げるのは気が引けるためであろう。

ウルサイ！
今日はにぎやかねー
ガヤガヤ
もう少しちいさい声で話さない？
アハハハ
ねえあの店もう行った？
えーほんとー!?
お義父さんたち大丈夫かしら!?
ねーねー
ギャピ
あっこら
ガチャン
あー
ママー
あの先生知ってる〜？

6

二世帯ならではの検討事項

トラブルが発生しにくい「分離型」のススメ

「分離型」のメリット

各世帯が暮らしていくうえで必要なものを、それぞれが独自にもつ二世帯住宅を「分離型」の二世帯住宅といいます。これは、互いに気兼ねなく、自由に暮らせることが、いちばんの利点です。分離型では、二世帯どうしが出会う場は門廻りかアプローチのみ。出会う時間も限られているため、干渉も少なく、トラブルや喧嘩が生じにくくなります。

各世帯は部屋を自由に使えますから、たとえば子世帯のトイレには、子供の足踏み台を置いたり、夫が読む雑誌を置いたり、妻の好きなアロマの香りを添えたりしても、何の気兼ねもありません。親世帯は、好きなカレンダーを張ったり、花を飾ることが自分の好みでできます。ささいなことですが、実に大きなメリットといえます。

日常的に、親世帯と子世帯がある程度の距離を保てる、干渉しないで生活できるということは、それぞれの精神を安定させます。それにより気持ちにもゆとりが生まれます。そこから子世帯は、「たまにはいいよね」という気持ちで、子供を預けたり、頼みごとをしたりするときの気がラクになります。親世帯も日常を自分のペースに合わせて暮らすことができます。

2階建てでは親世帯はほとんどが1階

では、分離型の二世帯住宅はどのように設計すればよいのでしょうか。

通常の2階建てでは親世帯を1階に設けることが多いです。ただし木造では、音の問題を完全に解消することは難しいので、静かにしたい親世帯と、子供がドタドタとうるさい子世帯は、上下を逆にして、親世帯を2階にしたほうが合理的な場合もあります。その一方、親世帯が2階への移動を不安視して、結果的に1階に戻すケースも多くあります。階段による上下の移動に心理的な不安を抱いている人が多いのでしょう。なお、鉄筋コンクリート造や鉄骨造で3階、4階建てにする場合は、マンションと同じようにエレベーターを設置するので、親世帯は迷わず最上階を選ぶようです。

介護が必要になっても分離型は気が休まる

分離型では親世帯に通って介護を行うことになりますが、これも、同居での介護とは質も気分もかなり違ったものになります。分離型のほうが、気持ちを切り替えやすくなるのは当然といえるでしょう。ただ、寝たきりの場合はそうはいかず、子世帯の妻や夫が親世帯のほうに一時的に泊まり込みで対応するケースが増えてきます。それでも、気分転換や休息のために離れられる分離型は助かるという声をよく聞きます。

将来、賃貸に転用しやすい

それほど例は多くありませんが、完全分離型は、将来、一方を賃貸に転用しやすいという利点があります。実際にそれを考慮して計画することもあります。住宅というのは生産性をもたない建築なので、通常、お金を生むことはありませんが、ルームシェアという形式も含めて、「利益を生む」という観点で二世帯住宅を考えるのもよいかもしれません。

親世帯スペースと子世帯スペースをどのように分けるか？

「上下割り」と「縦割り」

分離型の二世帯住宅には、層の上下で分ける「上下割り」、左右で縦に分ける「縦割り」の2つの分け方がある。「縦割り」は階段が2つになるなど、建設費がほぼ2軒分かかるため、一般には「上下割り」が圧倒的に多い。とはいえ、独立性が高く、音の問題も解決しやすい「縦割り」は、賃貸スペースに転用しやすいなどのメリットも多いため、十分検討に値する形式といえる。

上下割り

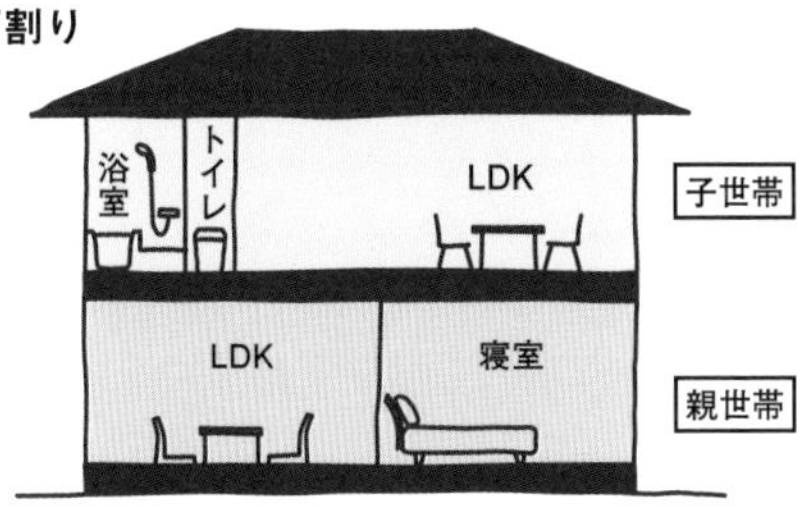
浴室
トイレ
LDK
子世帯
LDK
寝室
親世帯

縦割り

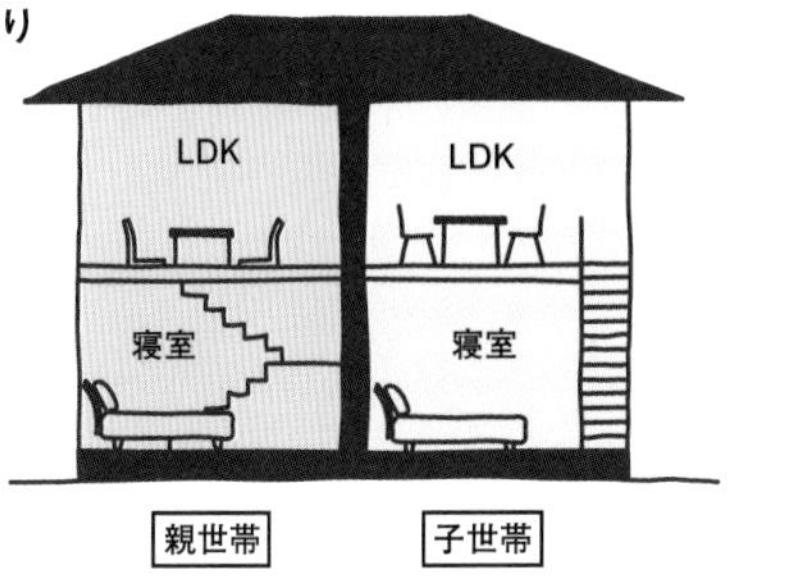
LDK
LDK
寝室
寝室
親世帯
子世帯

地下を利用して３層にする

敷地が狭く、2層ではスペースが足りないケースでは、3層、4層の二世帯住宅にすることを考えたい。地下の天井面から地盤面までを1m以下に設定した地下室は容積率が緩和される。地下を利用し、地上は2階建てとして3層にすると、容積率内でまるまる1層分がつくれることになる。採光も可能となり、設計の工夫によっては、地下とは思えない快適な空間にすることも可能だ。しかし、地下をつくる工事費は地上の3倍ほどかかるので、コストとスペースのどちらを優先するか、十分考慮する必要がある。

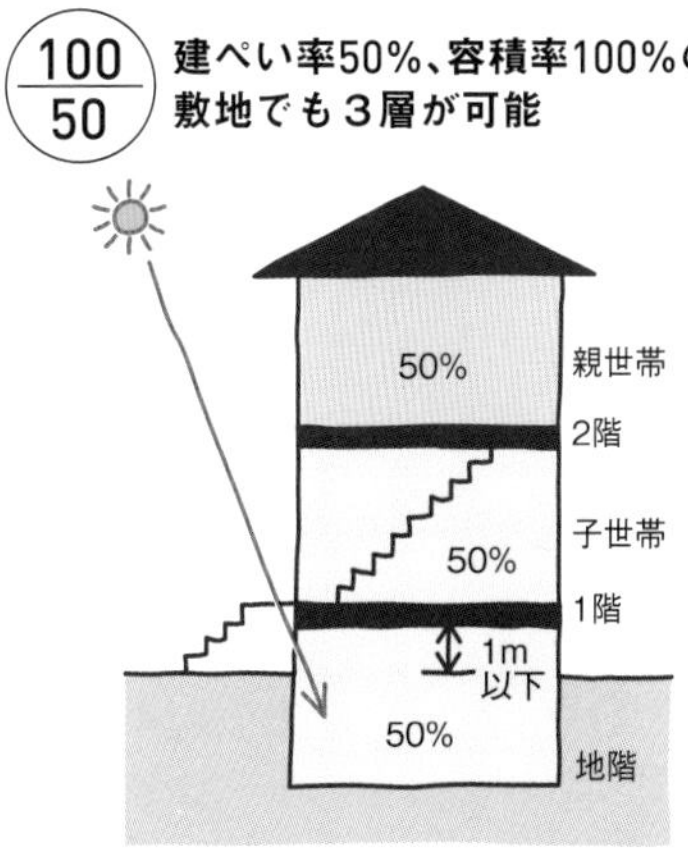
100
50
建ぺい率50%、容積率100%の敷地でも３層が可能
50%
親世帯
2階
子世帯
50%
1階
1m以下
50%
地階

３階建ての場合の区分の仕方

地上3層にする場合は、二世帯の区分をどこにするかに悩む。親世帯のスペースは1階のほうが暮らしやすいが、建物が密集する都市部では1階に日当たりや風通しを期待できない。かといって3階部分は、採光・通風に恵まれるが、階段の上がり下りが負担となる。子世帯スペースが3階を使用する場合も、相対的に上下の移動が増えるので、日常の家事動線は十分に考えておく必要がある。1階に親世帯を設ける場合は、階段室に吹抜けを設けたり、天井の一部を開けたりして光の道をつくり、明るさを得られる工夫を行うのがよいだろう。

１階に親世帯を配置した場合

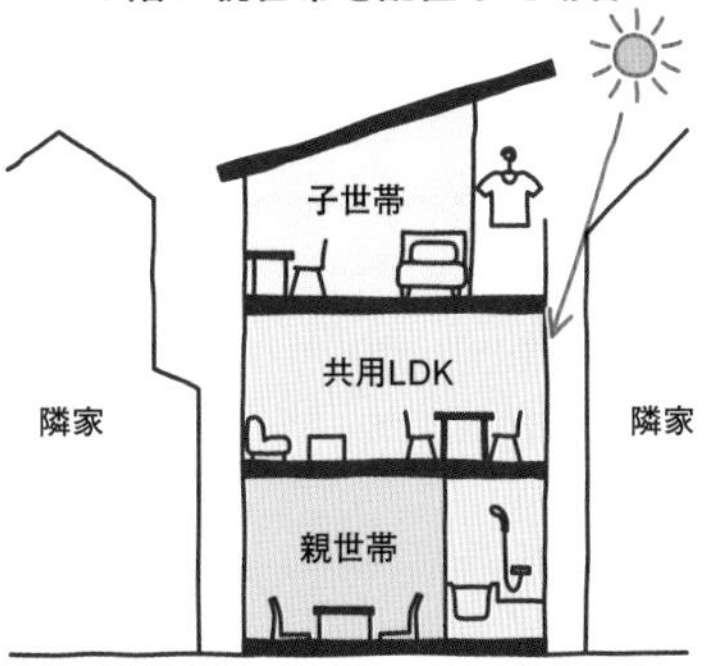
子世帯
共用LDK
親世帯
隣家
隣家

親世帯は３階に上がる必要がないので、移動の負担は少ないが室内が暗くなりがち。３階から１階に日差しを届ける工夫が必要

３階に親世帯を配置した場合

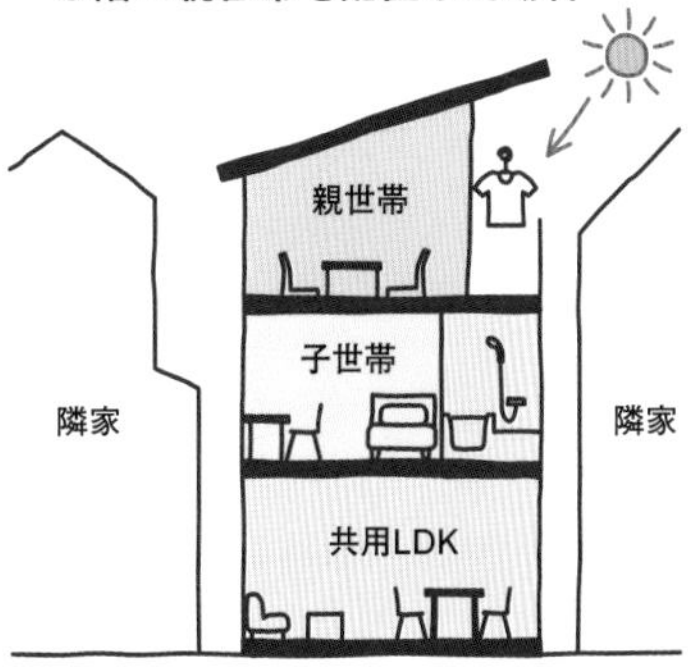
親世帯
子世帯
共用LDK
隣家
隣家

３階は日当たりがよいが、親世帯が高齢になると階段の上がり下りが大変になるので、エレベーターの設置を検討

7

二世帯ならではの検討事項

二世帯住宅に必要な広さは？

必要な居室の合計面積を1.6～1.8倍すると延床面積になる

自分たちが求める家にはどれくらいの面積が必要かを簡単に割り出す方法があります。家族数によって異なる寝室の広さ、希望するリビング・ダイニングの広さ、趣味室などほしい部屋の広さを合計して、その面積を1.6～1.8倍すると、玄関、廊下、階段、トイレ、洗面室、浴室、キッチンを含めた家全体のおおざっぱな面積が割り出せます。

二世帯住宅の場合なら、まずは子世帯の広さについて考えてみます。子供室は4.5畳を2つ、夫婦の寝室は6畳、リビングとダイニングで12畳くらい、そして花粉症のため室内の洗濯物干し場が3畳ほしい、と仮定します。そうすると居室の合計は、9＋6＋12＋3＝30畳（約15坪）となります。これを1.6～1.8倍すると24～27坪。この広さが、自分たちが求める家に最低限必要な延床面積です。

同様に、親世帯の広さについても考えます。寝室もリビング・ダイニングも8畳でよいとすると、合計16畳（約8坪）。これを1.6～1.8倍すると12・8～14・4坪となります。この二世帯分を単純に合計すると、36・8～41・4坪の延床面積が必要だと分かるのです。

土地探しはこの延床面積の家が入ることが条件となります。候補地がそれより小さければ、部屋の大きさを見直すか、共用部分を増やさなければなりません。

30坪の土地があれば完全分離型も可能

では、最低どれくらいの広さがあれば、分離型の二世帯住宅を建てられるのか。

まずは4間×4間（7・28ｍ×7・28ｍ）という正方形のなかに、延床面積30坪の二世帯住宅を描いてみます。親世帯、子世帯とも専用の玄関、浴室、洗面室、キッチンを備える完全分離型の住宅です。ただし、1軒の住宅として成立するように連絡扉を設けます。この場合は左ページを見れば分かるように、親世帯の寝室は4.5畳を確保するのが精一杯で、子世帯側では子供室をなるべくコンパクトにすることが求められます。しかし、最低限必要な空間は組み込めますので、あとは設計の工夫や生活を見直せば（物の削減など）心地よい暮らしも可能です。

ちなみに4.5×4.5間（8・19×8・19ｍ）のなかに延床面積約40坪の二世帯住宅を納めるのであれば、各部屋の割り振りに、一気にゆとりが出てきます（左ページの2つの平図面を比較してみてください）。ただし、この10坪の差は建築費に大きく影響しますので、十分に検討する必要があります。それにその家が建つ土地の広さについても判断が求められます。早い段階から知恵のある設計者に相談するのが賢明でしょう。

ロフトは収納に使うもの

収納スペースとして重宝するロフトは、天井高さ1.4ｍ以下で、各階の2分の1までの面積とされています（小屋裏の余剰空間を収納として使う場合に、床面積や階数の緩和を受けられる）。したがって、収納や倉庫としては認められても、居住空間にすることは法的には許されません。居住空間にあふれがちな物をロフトに収納し、生活空間を広く使うことを目的に計画する必要があります。

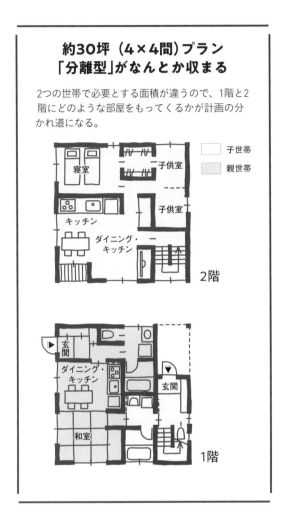

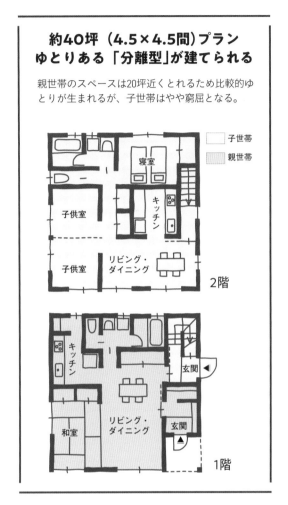

30坪でも二世帯住宅のプランは可能

約30坪（4×4間）プラン「分離型」がなんとか収まる

2つの世帯で必要とする面積が違うので、1階と2階にどのような部屋をもってくるかが計画の分かれ道になる。

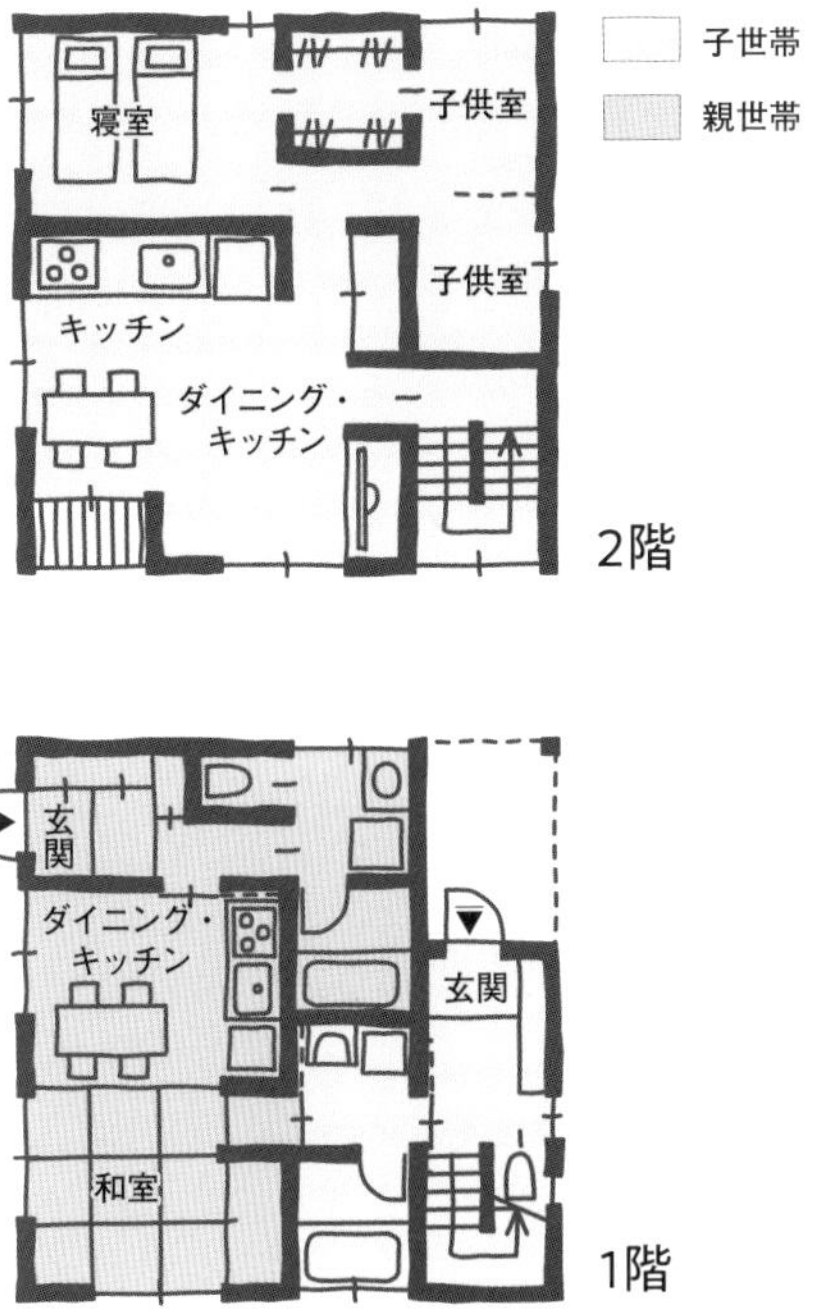

子世帯
親世帯
寝室
子供室
子供室
キッチン
ダイニング・キッチン
2階
玄関
ダイニング・キッチン
玄関
和室
1階

約40坪（4.5×4.5間）プラン ゆとりある「分離型」が建てられる

親世帯のスペースは20坪近くとれるため比較的ゆとりが生まれるが、子世帯はやや窮屈となる。

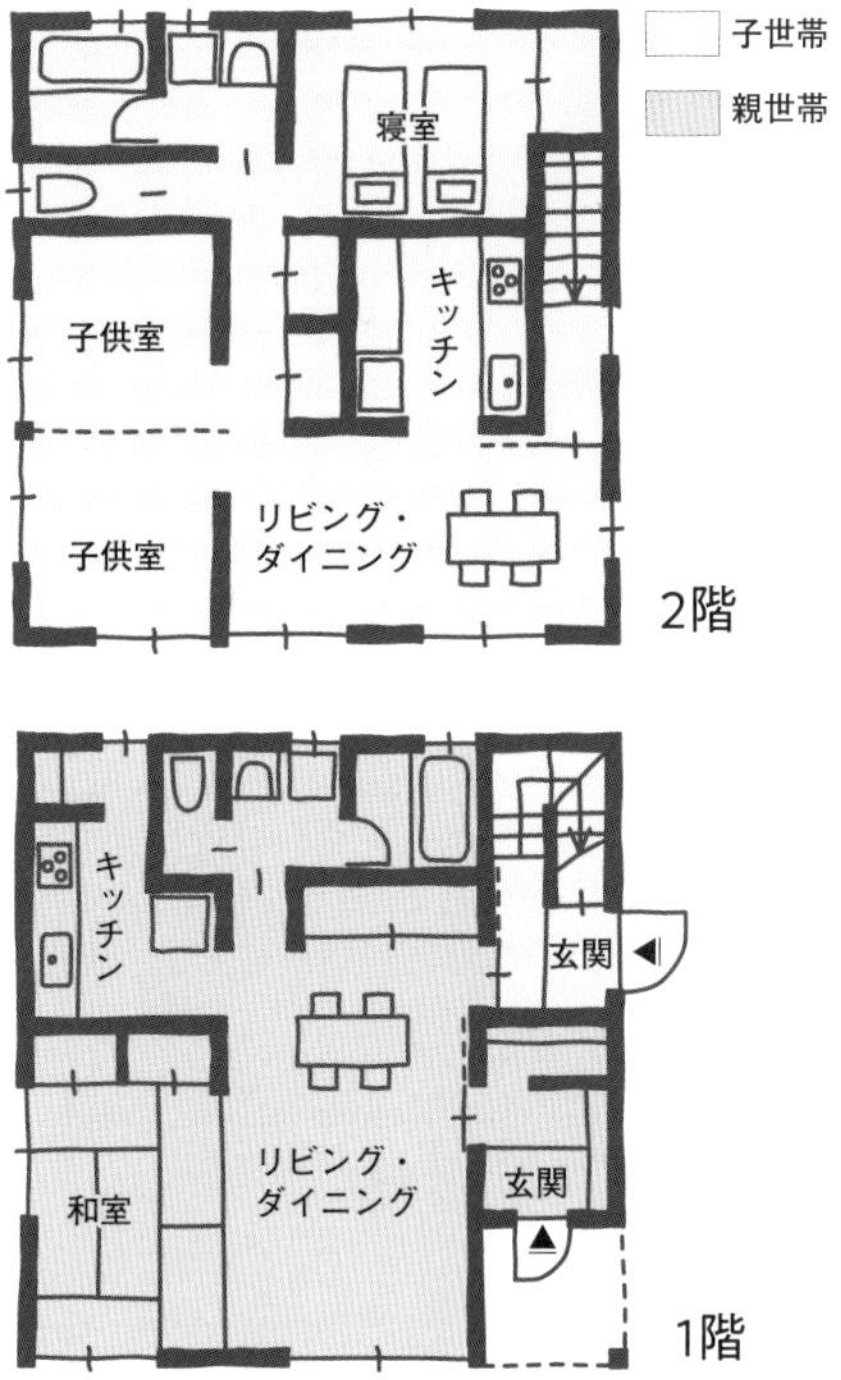

子世帯
親世帯
寝室
キッチン
子供室
子供室
リビング・ダイニング
2階
キッチン
玄関
リビング・ダイニング
和室
玄関
1階

中間に挟むロフトは重宝する！

ロフトは、これまで屋根裏空間を利用するケースが多かったが、最近では1階と2階の中間に挟む形式が人気。この位置であれば、その都度梯子を使って屋根裏に上がらなくてもよい。荷物の出し入れもしやすいので、生活の雑多なものをすぐに片付けることができる。住まいが狭くても、この中間層のロフトを生かせれば、快適に過ごせる工夫を見出せる。

ロフトは次の条件を満たせば、床面積や階数に算入されない。
- ●天井高 1.4m以下
- ●ロフトを設置する下階の1／2未満であること

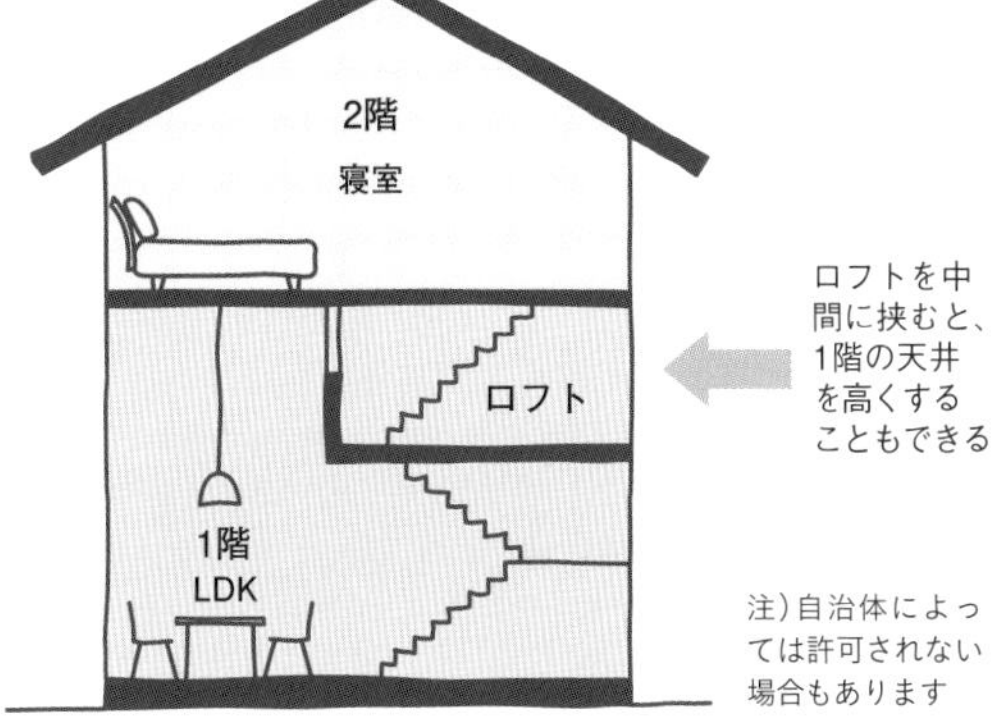

2階
寝室
ロフト
1階
LDK
ロフトを中間に挟むと、1階の天井を高くすることもできる
注）自治体によっては許可されない場合もあります

8

二世帯ならではの検討事項

バリアフリー対策が特に重要な場所

生活の「刺激」と行動の「障害」

認知症の原因は日常の刺激が奪われることから始まるともいわれています。

そこで住宅の中にも適度に段差があったほうがよい、階段を毎日上がり下りするのが刺激になってよいという説を聞きますが、それは正しいとも正しくないとも言えません。大切なのは「生活のうえでの刺激」と「行動を妨げる障害」を取り違えないことで、二世帯住宅の設計、とりわけ親世帯のスペースの設計は、高齢者の最低限の行動を妨げないような、バリアフリーの視点で各部を考えていく必要があります。

親世帯が2階なら バリアフリー対策は慎重に

二世帯住宅では、親世帯の部屋を1階に設けるケースが一般的です。しかし、風通し、日当り、眺望を最大限に楽しみたいという理由から、2階を居住スペースに望む老夫婦もいます。その場合、ワンフロアで生活が完結するように、水廻りや食品庫もすべて2階に設置することになりますが、そうなるとバリアフリーへの配慮は1階以上に慎重にならざるを得ません。特に転倒の危険度が高い階段は危険な場所です。

寒がりな高齢者は、靴下やスリッパを履くことが多いため、転倒防止の観点からも、勾配は緩やかであるに越したことはなく、蹴上げは17・5cmが理想で、高くても18・5cmまでにとどめたいもの。踏面はできれば24cmはほしいところです。また蹴込みは足が引っかかるのであまり深くせず、ノンスリップはきちんと設けるようにします。

そして、必ず手摺を取り付けること。つかみやすい高さは身長によって異なりますが、80cmが標準的な高さで、握りやすい太さとします。

さらに、夜、階段の明かりが逆光となって前が見づらくなったり、影になって足下が見えなくならないように、適切な位置に照明器具を取り付けることも必須です。

トイレは寝室に近い位置がよく、寝室と直結しているのがベストです。男性の場合、便座の周りを汚すことが多いため、清掃の手間を考慮し、便器の周囲に人が立って作業できるくらいの広さはほしいものです。トイレの幅を1〜1.2mにしておくと、壁や床の掃除がしやすくなります。

介護がしやすいように寝室の近くに水廻りを

親世帯に介護が必要になったら、四六時中ではなくても、できるだけ近くにいてあげたいもの。分離型の二世帯住宅では、「ホームコール」のようなものやインターフォンなどを設置し、常時連絡ができるようにしておきます。

または、子世帯の夫婦のどちらかが親世帯側に行き一緒に寝る、子世帯側に親を呼ぶなどの工夫が考えられます。最近は、リビングの一角に多目的に使える和室を設けておき、介護が必要になったら、そこにベッドを置いて、一緒に生活ができるようにするというケースも多く見られるようになりました。また、排泄補助、入浴補助、飲食補助がしやすいように、介護する部屋（ベッド）の近くに水廻りを配置しておくとなにかと便利です。

バリアフリー対策は念入りに！

玄関 高齢になると、靴を履く・脱ぐという行為にもひと苦労する。座ってラクに行えるようにベンチを設けるとよい。手摺は上り框の縦ラインにつけると、土間からホールへの移動をサポートしてくれる。また、杖やカートを置く場所が必要。鍵はかざすためのカードキーなど使いやすいものにし、記憶しなければならない暗証番号キーはやめる。

手摺の高さは800mm程度。端部は上下とも水平に450mm程度延ばす
勾配は30～35度と緩やかにし、踏面の段鼻に滑り止めを施す
階段の上と下で照明のON、OFFができる三路スイッチにする
水平の手摺により移動がラクになる

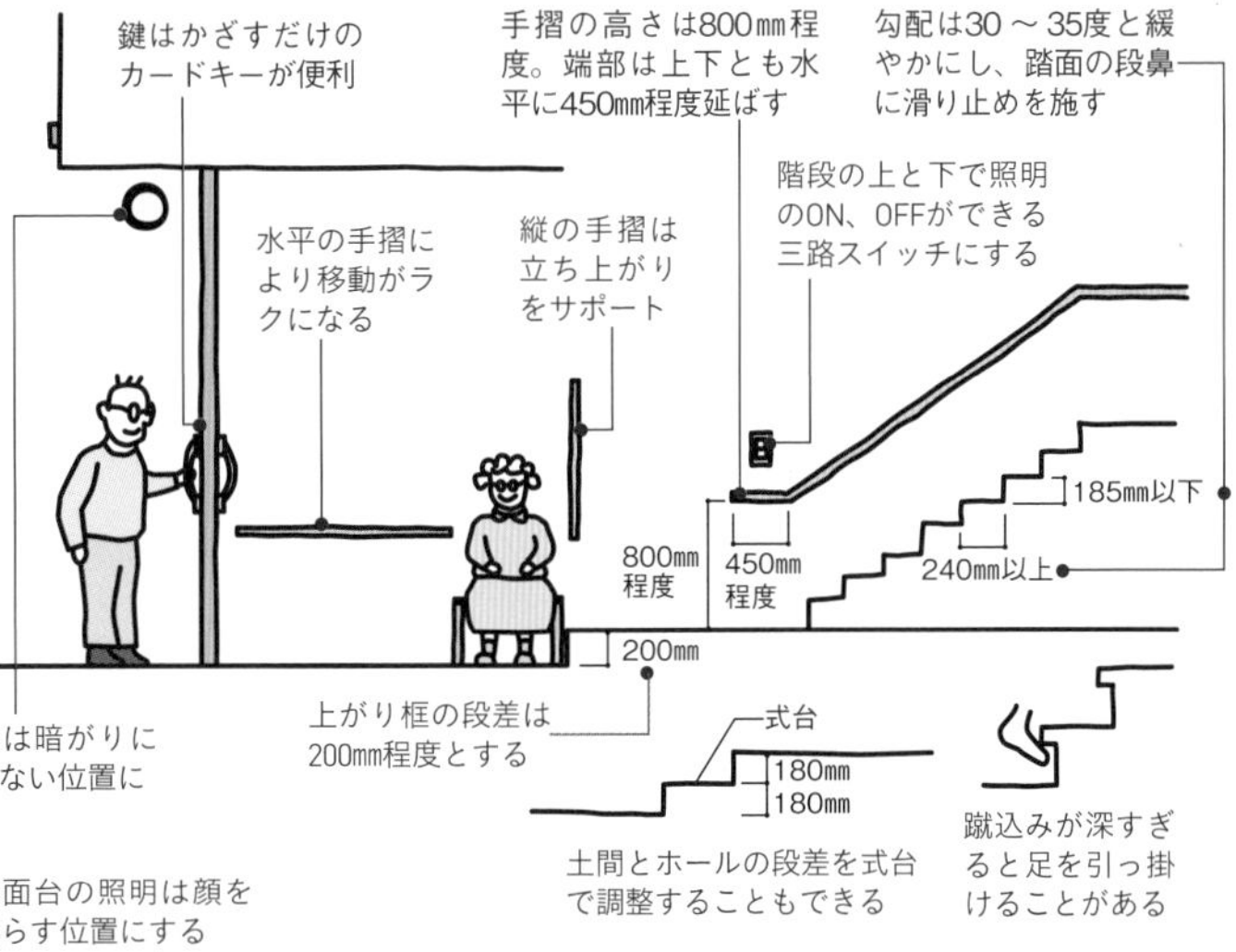
1/15以下
車椅子使用の場合、スロープの勾配は1/15以下に
照明は暗がりにならない位置に

蹴込みが深すぎると足を引っ掛けることがある

洗面台の照明は顔を照らす位置にする

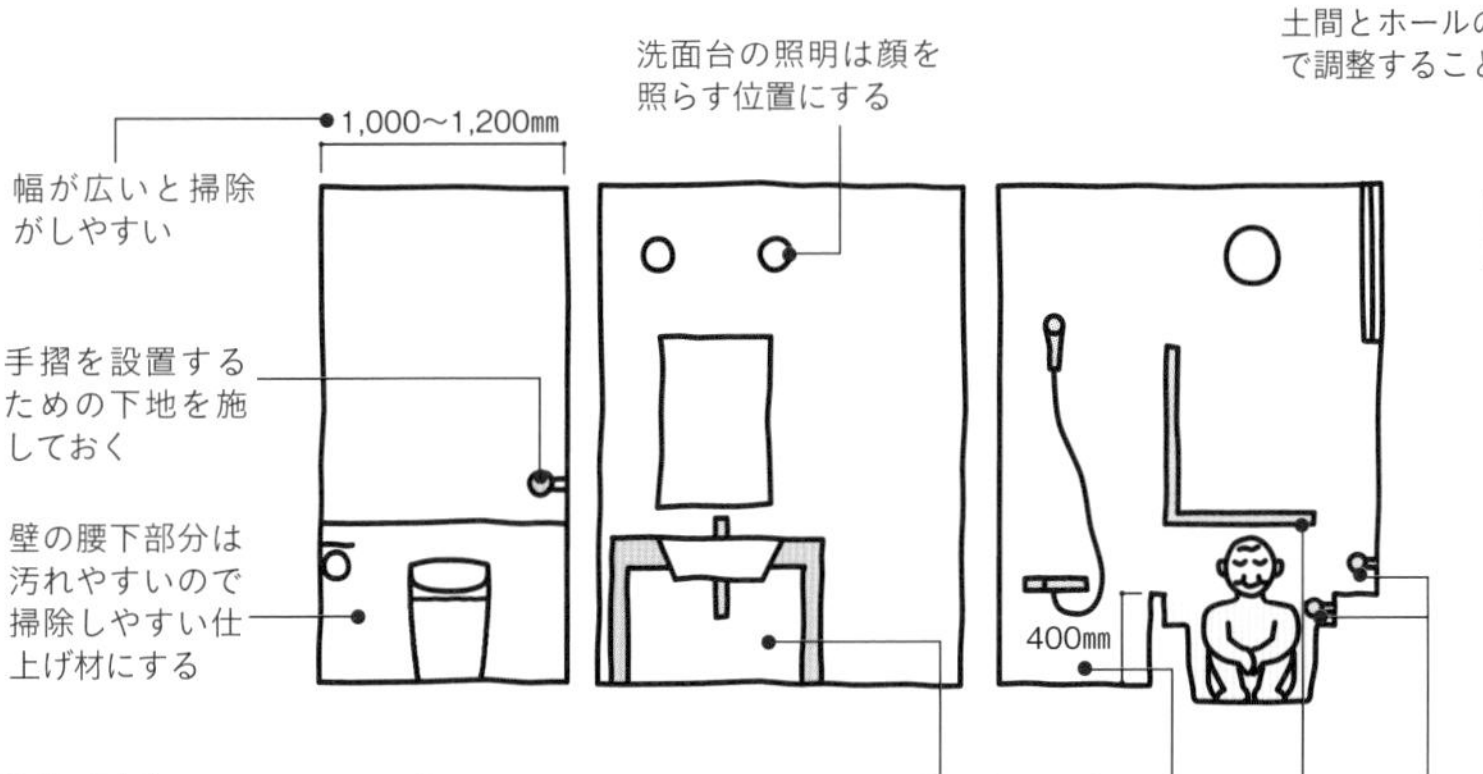
壁の腰下部分は汚れやすいので掃除しやすい仕上げ材にする
洗面台の下をオープンにしておくと介護がしやすい
浴槽の立ち上がりの高さは椅子と同じ400mmが基本
移動や立ち上がりをサポートしてくれる手摺を浴槽の周囲に設置する

トイレ トイレでの動作は、ドアの開け閉めから始まり、衣服の脱ぎ下ろし、便座への着床、排便後の処理、そして出ていくまでの一連だが、補助となる手摺が必要になるのはかなり高齢になってから。そのため、手摺がつけられるように下地を施しておくとよい。

浴室 洋風バスに浸かる場合は足を伸ばすことになるため、高齢者には危険。浴槽の長さは1,200mmで十分。膝を曲げる体勢となるため、滑って溺れることがなくなる。手摺は壁や浴槽内に。手摺が多くて困ることはないというのが大方の高齢者の意見。浴槽越しの窓は高齢になると、開け閉めが困難になるので注意が必要。

暖房・冷房—家中を同じ温度に

廊下、トイレ、浴室の寒さは脳溢血を起こす原因のナンバーワン。部屋ごとの温度差が影響する。そのため、家中の温度差が少なくなるように高断熱構造は必須。暖房設備は輻射式暖房がよい。また、高齢になると冷房は苦手という人が増える。風が当たるのを辛く感じるからだ。そこで寝室は、風の吹き出し口の位置とベッドの位置を考慮しなければならない。冷房を最小限に抑えるためにも、高断熱・高気密の住宅にすることが大切である。

セキュリティシステムを導入

警備システムの導入は親世帯、子世帯の両方が行うのが基本。泥棒が警備システムをつけている親世帯に侵入し、つけていない子世帯へ逃げてしまった場合、警備員はむやみに契約をしていない子世帯へ入ることができないからだ。運用や契約はそれぞれとなる。親世帯の要望は圧倒的に防犯より救急プランだ。 救急ボタンを押すと警備会社が駆けつけ119番通報する方法や、センサーの前を一定時間、人が横切らなかった場合に通報するシステムなどがある。

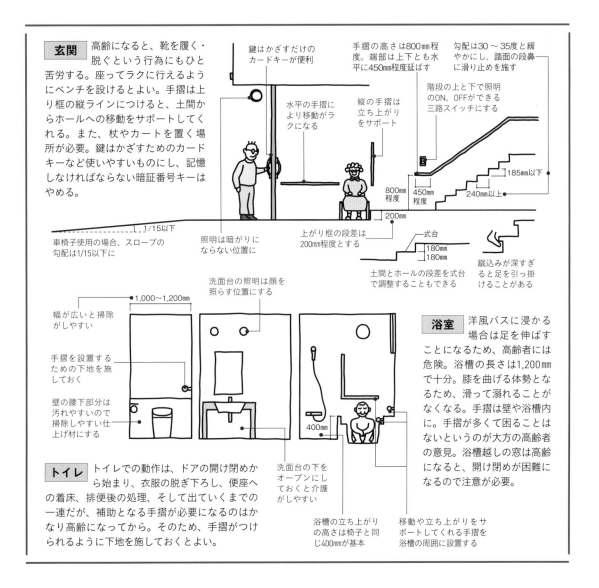

住宅建築に必要な費用の内訳は？

家の建築にかかる費用

住宅建築にかかる費用をすべて算出するには、建物本体の工事費に加えて、設計料をはじめとするさまざまな諸経費を考えなければなりません。軟弱地盤で必要となる地盤改良工事費や、門・塀、駐車場・庭の整備といった外構工事費。また、既存の建物があればその解体費、古くなった水道管の取り替えや新たな下水の引き込みを考えなければならない場合もあります。そのほか確認申請費や、登記などの費用、住宅ローンを利用する際の手数料や税金といった諸経費。総費用としては、建物本体の工事費と、それにプラスして20～40%程度の費用がかかると考えておく必要があります。

予算は維持・管理までトータルで考える

建築費は、建物の大きさによって変わりますが、機能、性能、デザインによっても異なります。ただし、性能を重視して建てられた住宅は、すでにそれ相応の初期投資をしていることになります。たとえば「長期優良住宅」や「低炭素住宅」の基準をクリアするように、建物の省エネ等級や耐震等級を高めると、基本となる骨格部分のレベルが上がるため、イニシャルコストはかかるものの、ランニングコストやメンテナンス費用は抑えられることになります。家にかかわるお金は、建てた後の維持・管理までトータルで考える必要があるのです。そのためには、建築資金を調達するだけでなく、家族のライフプランとマネープランを早めに立てておきたいものです。

毎月家賃を払うくらいなら、そのお金を住宅ローンに使ったほうがよいのではないかと考える人が少なくありません。そのため、現在の生活費にゆとりがあると、毎月の家賃プラスαぐらいの住宅ローン返済なら大丈夫だろうと、大きな借入れをスタートさせてしまう人がいます。しかしその前に、長期スパンでの家計簿をつけておかないと、足元をすくわれることになりかねません。

ライフ&マネープランを立てる

住宅ローンで首が回らなくなる人のほとんどは、子供の教育費を甘くみていたことが原因のようです。

30代で家を建てる人の多くは、子供が小学生くらいで教育費はまだあまりかかりません。しかし、中学・高校・大学と子供が進学していくたびに、予想外にお金がかかることを実感させられます。子育ての終わる50代以降は、次第にまたゆとりが出てきますが、いちばんお金が必要な40代に、住宅ローンと教育費の出費がかさみ、家計がショートしてしまうのです。二世帯、単世帯にかかわらず、教育資金は早いうちから積み立てておきましょう。

子供の誕生から進学、車の購入、住宅建築など目的を明確にし、その実現に向かって手立てを講じることがライフプランとマネープランです。

たとえば、月々の収入と生活費・子供の教育費・買い替え予定の車の代金などの出費をグラフにすると、お金に余裕がある期間と赤字になる期間が明確に分かります。こうすることで、事前に対策がとれ、住宅ローンの破綻も防ぐことができるのです。

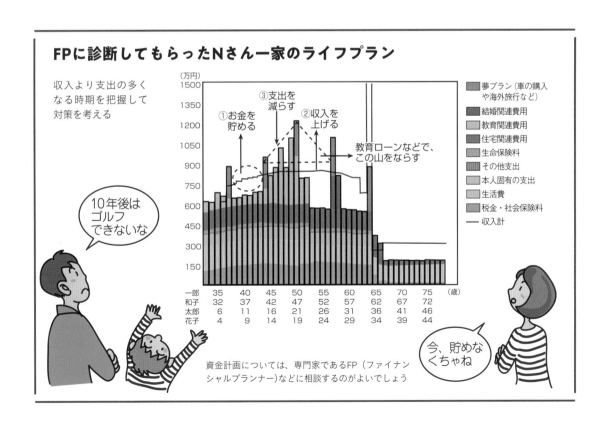

ライフプランとマネープラン

住宅を建てるときにかかる費用

1. 建物工事関係

- 地盤調査費・地盤改良費
  （住宅瑕疵担保責任保険に加入のために必要な調査。調査結果により地盤改良が必要な場合あり）
- 既存建物の解体費
  （建物の解体のほか塀や門などの外構、残置物の処理なども含め、およそ坪5万円程度）
- 建物の建設費
  （建物本体工事のほかに、必要な給排水衛生設備工事、電気工事などを含めた建物全体の工事費）
- 設計・監理費
  （建物の設計と監理に必要な費用。業務内容によるが工事費の10～18%が目安）
- 確認申請費
  （建物の確認申請、中間検査、完了検査などの検査にかかる費用と、その代行費用）

2. 登記など手続き関係

- 建物登記費用＋保存登記費用＋抵当権設定＋滅失登記など
- ローン申し込み手数料＋ローン保証料
- 団体信用生命保険＋家屋火災保険

3. 税金関係

- 印紙税＋登録免許税＋固定資産税＋都市計画税

4. その他の費用

- 引っ越し費＋仮住まい費＋荷物の処分費
- 地鎮祭＋上棟式にかかる費用

FPに診断してもらったNさん一家のライフプラン

収入より支出の多くなる時期を把握して対策を考える

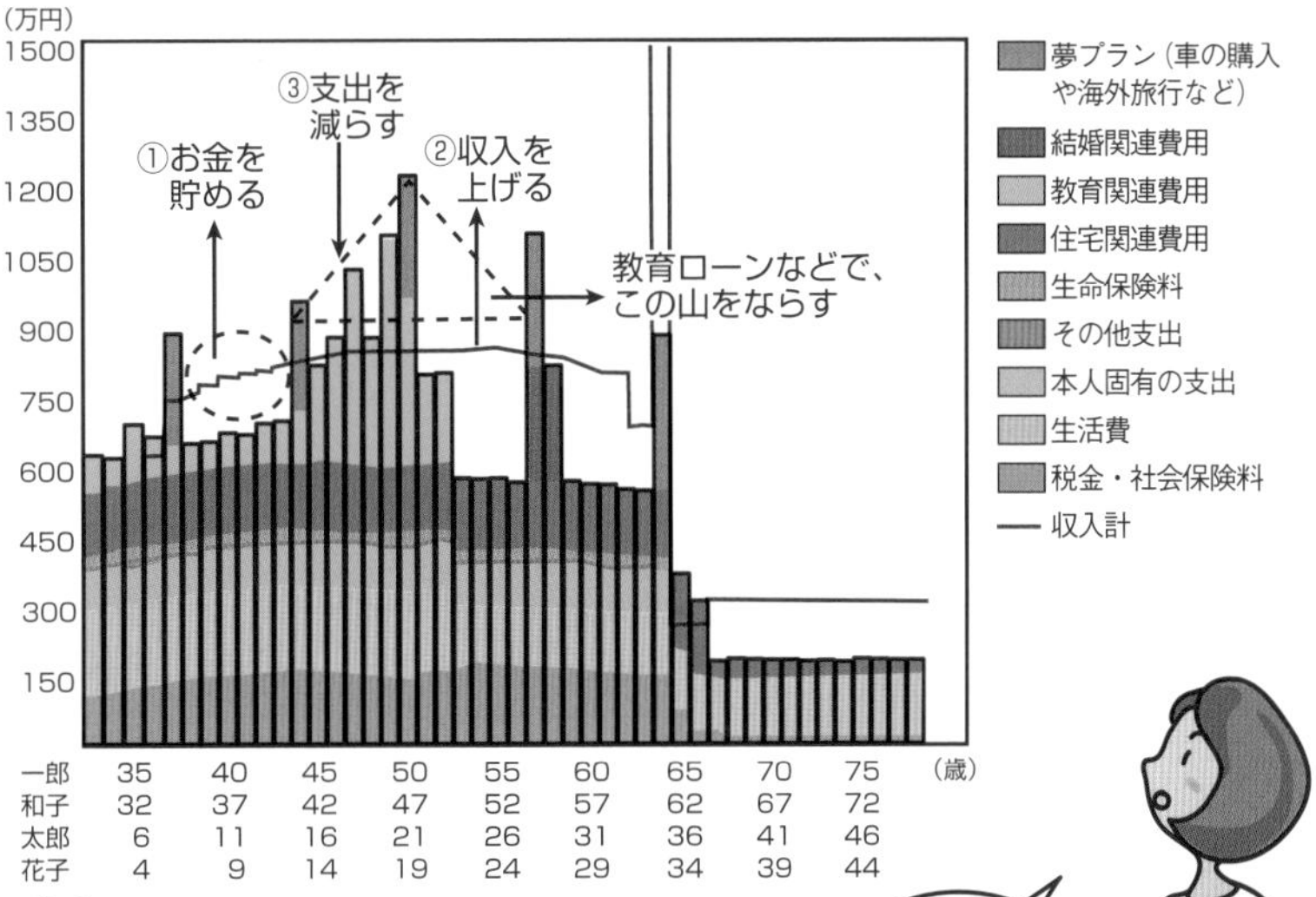

（万円）
1500
1350
1200
1050
900
750
600
450
300
150
①お金を貯める
③支出を減らす
②収入を上げる
教育ローンなどで、この山をならす
一郎 35 40 45 50 55 60 65 70 75 （歳）
和子 32 37 42 47 52 57 62 67 72
太郎 6 11 16 21 26 31 36 41 46
花子 4 9 14 19 24 29 34 39 44
夢プラン（車の購入や海外旅行など）
結婚関連費用
教育関連費用
住宅関連費用
生命保険料
その他支出
本人固有の支出
生活費
税金・社会保険料
収入計

10年後はゴルフできないな

今、貯めなくちゃね

資金計画については、専門家であるFP（ファイナンシャルプランナー）などに相談するのがよいでしょう

2

大切な**お金**の話をしよう

二世帯住宅にするとどれくらい安上がり？

別々に建てる場合と二世帯で建てる場合の価格比

親世帯と子世帯が別々に家を建てる場合と、一緒に住むことを決めて、両親の住まいを二世帯住宅に建て替える場合とでは、どれくらいコスト差が生じるのでしょうか。左ページの図でシミュレーションをしてみましたので、ごらんください。

二世帯住宅にしない場合、たとえば自宅が竣工して30年後に、外壁にクラックが入っていることに気づいた父親（親世帯）。そこで、耐震改修と水廻りのやりかえを兼ね、大々的なリフォームをまとめて行いたいと考えましたが、多額の費用がかかるといわれ、それならばと建替えを決意。一方の子世帯は、子供の誕生をきっかけにマイホームを計画中です。

この場合、親世帯の建替えは、建築費用だけではなく既存の建物の解体費もかかります。子世帯の新築は、まず土地を購入しなければなりません。この費用を合算すると、25坪の家2軒分の建築費と既存の家の解体費で、合計５０５０万円、さらに土地代も加わります。

では、二世帯住宅の場合はどうでしょうか。25坪×2で50坪の住宅といきたいところですが、実際にはそこまで広くはなりません。ここでは玄関を共用するタイプの二世帯住宅として45坪程度に納まるものと仮定します。このときの建築費は、給排水や水廻りの設備が2つずつになるので、二世帯住宅としての坪単価は単世帯住宅より10％程度上がります。結果、建築費は４９２５万円。先に見た５０５０万円と比べると、125万円しか安くなりません。別々に建てるパターンで、子世帯が土地をすでに所有しているのであれば、二世帯住宅を建てる経済的メリットは少ないかもしれません。ただし、問題は竣工後。建ててからの維持コストが大きく異なってきます。

毎月の維持コストを比較すると二世帯住宅は圧倒的にお得

電気、水道、ガスといった光熱費などの契約は、1つと2つとでは、毎月の基本料金が変わります。約３２００円として、10年で約40万円もの差。

固定資産税も変わってきます。土地と家屋にかかる税金が1軒分か2軒分かですから、その違いは歴然。評価額に年約30万円の差があったとすると、10年で300万円の得です。

住まいの維持費としては、年に約20万円程度のメンテナンス費を蓄えておく必要もあります。以上を細かく合算していくと、10年間に発生する維持コストの差額は約465万円です。外灯は共用、給湯機も大型のものを設置して共用とすれば、実際のランニングコストはもっと安くなるので、経済性はさらにアップします。月額にして5万円くらいの差でしょうか。このように、日々の維持コストを計算に加えていくと、二世帯住宅のほうが圧倒的にお得だと分かります。

土地購入の必要があるかないか

二世帯住宅のいちばんの経済性は、税金や光熱費などもさることながら、子世帯にとっては新たな土地の購入費がかからないことが最大のメリットでしょう。親世帯が所有する「実家」の敷地に二世帯住宅を建てることができれば、それは子世帯にとって、とても幸せなことです。

二世帯住宅のコストメリット

どちらがお得？

それぞれの世帯が別々に建てる――２棟建設する場合

＋

- 住宅本体工事費／約25坪×85万円＝2,125万円
- 設計・監理費＋申請費等／ 300万円
- 既存建物解体費／ 200万円

合計5,050万円＋土地代

その他、仮住まい、引っ越し、税金などの費用がそれぞれかかる

- 住宅本体工事費／約25坪×85万円＝2,125万円
- 設計・監理費＋申請費等／ 300万円
- 土地代

竣工後、維持費にかかる費用
約48万円（約24万円×2棟）／年

- 毎月のインフラ（水道／ガス／電気）基本料／ 76,800円〜／年
- メンテナンス費用／ 40万円（20万円×2棟）／年

二世帯住宅を建てる――１棟建設する場合

- 住宅本体工事費／約45坪×95万＝4,275万円
- 設計・監理費＋申請費等／ 450万円
- 既存建物解体費／ 200万円

合計4,925万円

その他、仮住まい、引っ越し、税金などの費用がそれぞれかかる

竣工後、維持費にかかる費用
約24万円／年

- 毎月のインフラ（水道／ガス／電気）基本料／ 38,400円〜／年
- メンテナンス費用　20万円／年

3

大切なお金の話をしよう

押さえておきたい税制面での優遇いろいろ

親が所有する土地を担保に子世帯が住宅ローンを利用

二世帯住宅を建てるときの住宅ローンは、親の土地を担保にして子世帯が融資を受けるというのがいちばん多いケースです。このとき金融機関から借りるローンは1口になります。親と2口にするケースもありますが、この場合は区分登記を前提とした融資になるため、建築基準法上は2戸の住宅、すなわち、「共同住宅」「長屋」という扱いになります。

借入額の違いによる毎月の返済額を把握する

二世帯住宅は単世帯住宅に比べて、通常1.8倍程度の床面積が必要になります。それに伴って建築費も上がりますから、場合によっては住宅ローンとして大きな借金をすることになります。そこで、ローン商品としては、将来的に金利が上昇するリスクのないフラット35の固定金利を利用する人が多いようです。また、金利を仮に1.4%として35年返済で4000万円を借り入れた場合、月々の返済額は約12・1万円となります。3000万円借り入れる場合は9.1万円/月です。借入額が1000万円変わると返済額に3万円/月、35年で1260万円の差が出ます。この差を大きいと感じるようであれば、借入額を減らさなければなりません。

二世帯住宅を建てる際に利用できる優遇制度

では、借入額を減らすために、建築費の一部を親や祖父母から援助してもらうというのはどうでしょうか。このとき利用できる贈与税の非課税制度は令和3年（2021年）12月31日までは適用されます。贈与税の課税方法には、毎年100万円以下の贈与が無税になる「暦年課税」と、2500万円以下の贈与が無税になる「相続時精算課税」があります。「相続時精算課税」は、「相続財産の前渡し」といえるもので、相続時には相続財産と合算されて課税されます。贈与税での課税よりも、「相続時精算課税」による課税のほうが少なくなるので、場合によっては利用価値が高くなります。

さらに「暦年課税」か「相続時精算課税」に加えて「住宅取得等資金の贈与」を重ねて利用することができます。「住宅取得等資金の贈与」の非課税枠は一般住宅では700万円までの贈与が無税になります。省エネ性または耐震性を満たす住宅の場合は1200万円までの贈与が無税。したがって、「相続時精算課税」と「住宅取得等資金の贈与」の非課税制度を利用した場合、最大3700万円の贈与が無税になるということです。これを利用しない手はありません。

このほか「小規模宅地の特例」というものもあります。相続税上、親名義の居住用の敷地について一定の要件を満たせば、330㎡までの土地で評価額が80%軽減されるというものです。被相続人には、配偶者のほかに相続開始前から同居している親族が該当します（同居の法定相続人がいない場合でも、別居の親族が3年間借家住まいであれば適用）。この特例は配偶者より同居の子が適用を受けたほうが有利になります。2次相続でも別の宅地でこの特例が受けられるからです。二世帯住宅にしておくことのメリットの1つといえるでしょう。

借入額は慎重に

いくら借りるといくら返すの？

「フラット35」で35年返済、固定金利の場合（ボーナス払いなし）

- 4,000万円の借り入れ ＝ 約12.1万円／月の返済（総支払額は約5,062万円）
- 3,000万円の借り入れ ＝ 約9.1万円／月の返済（総支払額は約3,797万円）
- 2.000万円の借り入れ ＝ 約6.1万円／月の返済（総支払額は約2,531万円）

現在フラット35の金利は1.3～2.0％（2020年10月時点）。金利は史上最低といわれているが、今後は上昇していくものと見られている

二世帯住宅を建てた３家族のケース（4,000万円かかったものとして）

全額ローンのAさん一家は、121,000円／月の返済で余裕なし

旅行もお酒もゴルフも控えないと……

親から1,000万円の援助をしてもらったBさん一家は、30,000円／月をほかにまわせます

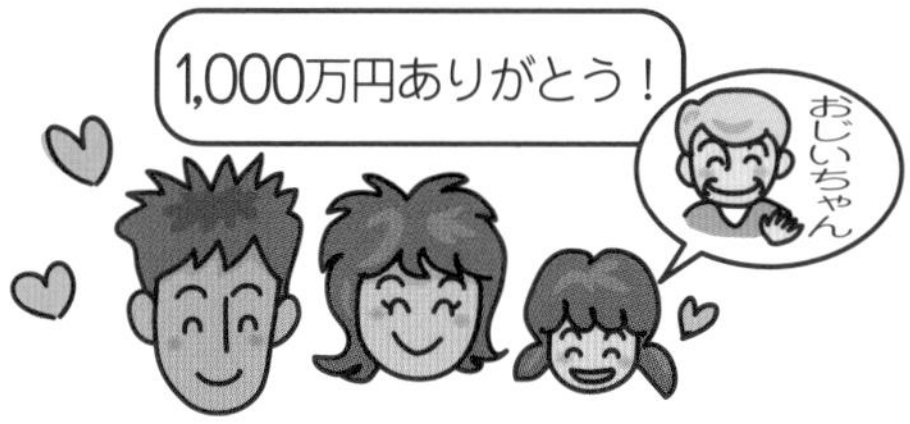
1,000万円ありがとう！
おじいちゃん

みんなで乗るミニバンを購入！

私学に通います！

自分の貯金1,000万円と親から1,000万円を援助してもらったCさん一家は、60,000円／月がゆとりに

○○BANK
▲▲銀行

よかったね！
若いうちに貯めてて良かった！

35年で2,520万円もお得！
あらら、もう1軒
建てられますね

建築史的視点—①

二世帯住宅ってなんだ？

室伏次郎

一般に二世帯住居といえば、同一敷地内で、親子二世帯が生活するための住居を意味しています。しかし、兄弟姉妹の二世帯住居や親族ではない二世帯住居だって普通にあります。

当たり前のことですが、2つの世帯が暮らす住居はすべて二世帯住居です。たまたま、それが親子で共同生活をすることが多い、と考えるといっぺんに世界が開けます。

では、親子ではない親族の二世帯とは特別なことでしょうか？　もちろん親族であればこその状況や生活スタイルはありますが、それも長い生活歴史のなかで、たまたまそういう関係が営まれてきたので特別なことではない、と考えると住居のイメージは大いに広がります。

共同で住むということ

人は1人では生きられません。人は誰も自由に生きたい、自らの自由のためには他者が自由に生きることを尊重したい。他者を尊重することのなかには、自身の欲求を控えなければならない場面もあります。共同生活とはそういうことが具現化する場だと考えられます。

その生活を穏やかなものにする潤滑油とは「気遣う」ということでしょう。「気遣う」のなかにはある種の「おせっかい」も含まれますから、疎ましい関係もあり得ます。つまり、共同生活の場とは他者を受け入れる場ということで、そこは気遣いと疎ましさの交差する場でもあります。とすれば、疎ましく会いたくもない場合があったときに、自由でいられる空間が成り立つ、といった関係性が住居には不可欠な要素です。そして、このことは世帯が違うか否かの問題ではなく、一家族内の問題でもあり、複数の人が住むという営みのなかで不可避の問題です。

そのような空間の関係性は住居にとって普遍の問題で、特別なことではありません。自由な生き方の場づくりの鍵となるのは、他者を受け入れるということをどのように空間に翻訳するかだと思います。

そのように考えると、共同生活の場は、社会、すなわち公共と個人の関係という問題であり、自律という問題であることが分かります。

自由でいられる空間の関係とは——「つかず離れず」を空間に翻訳すれば……

1960年代までの普通の日本の住居は障子と襖で仕切られた間取りが当たり前でした。今では映画やTVの場面でしかお目にかからない住居です。そこは、個人の場であっても音も気配も伝わりますが、姿は「見えない場」です。簡単に開いてしまう障子も襖も、それを開くか開かないかはその人のモラルの問題でした。

この「見えない場」ということがきわめて重要だと考えられます。つながっていて、気配も音も伝わりますが、姿は見せずにいられる自分の場は安心感が保証され、共同生活のなかであっても自由を感じることができます。

穏やかな共同生活が送れる自由の場とは、ドアをぴしゃりと閉めて気配も音も伝わらない「個室」で、コミュニケーション不可の場ではないと思います。複数世帯の住居間においても、コミュニケーションを可能にする、開くと閉じるの両義的な境界の考え方が必要だと思います。

見えないことの大切さと見えることの大切さ――「ふれあうことを避ける」を空間に翻訳すれば……

「見えない場」があることは共同生活の空間では不可欠なことと思いますが、同時に「見える場」があることも大切です。「見えない場」と「見える場」の両方が併存することがバランスのとれた共同生活の場を可能にするのです。

楽しく明るい間柄の時間を過ごすことに空間の理屈は不要です。生活自体が幸せな関係なのですから。

しかし生活の実態のなかでは、一家族の場であれ、二世帯の場であれ、顔を合わせるのも嫌だとする場面に、普通に遭遇します。生活の日常とはそういうものなのです。共同生活の空間はそのような場面こそ、うまく解決されていなければなりません。

玄関から個人の居場所に至るまでに、家族室を必ず通らなければならない平面計画が、家族のふれあいを促して親子関係を良好にする、と一般にいわれます。

では、嫌な場合にはいったいどうするのでしょうか？　顔を背けて目の前を通過することにならざるを得ません。それは不自然さをあからさまにすることにしかならず、穏やかさを回復するきっかけをつくることすらできません。

個人の居場所に至るルートは、「ふれあう場」が必要なのではなく、自然に行動できる「見えないこと」に近い場の設えが必要なのだと思います。

住居のなかにある社会的な場の「ひな形」――「疎ましくもあり、気遣いも必要」を空間に翻訳すれば……

住居のなかの個人の場と共同あるいは公の場とのつながり方には、選択性が大切で、それによって自由が保証されることに気づかされます。

共同生活をするという視点から考えると、親族も含めて同居者とは「他者」であり、住居の共同の場とは他者とともにある社会的な場の「ひな形」と考えられます。

そして現代の住居は、戦後70年の間に完全なまでにプライベートな場となり、上述したような公の場の「ひな形」としての要素が消えてしまっています。

ときには公室などと呼ばれるリビング・ルームも、まったくの閉じたプライベートな空間になっているのが今日の実態です。住居のなかにあるべき社会的な空間がなくなってしまったことが、今日の生身の人間どうしのコミュニケーション力を希薄にさせ、社会問題化されるにまで至っています。

であれば、いわゆる「二世帯住居の設計」は、その社会的な空間の意味を住居に復権させることに、きわめて相応しい機会であると考えます。

今、求められることは、文字どおりの他人、他者を当たり前に気遣い、当たり前に言葉を交わすことができる、都市らしい快適な場面を想像してみることです。

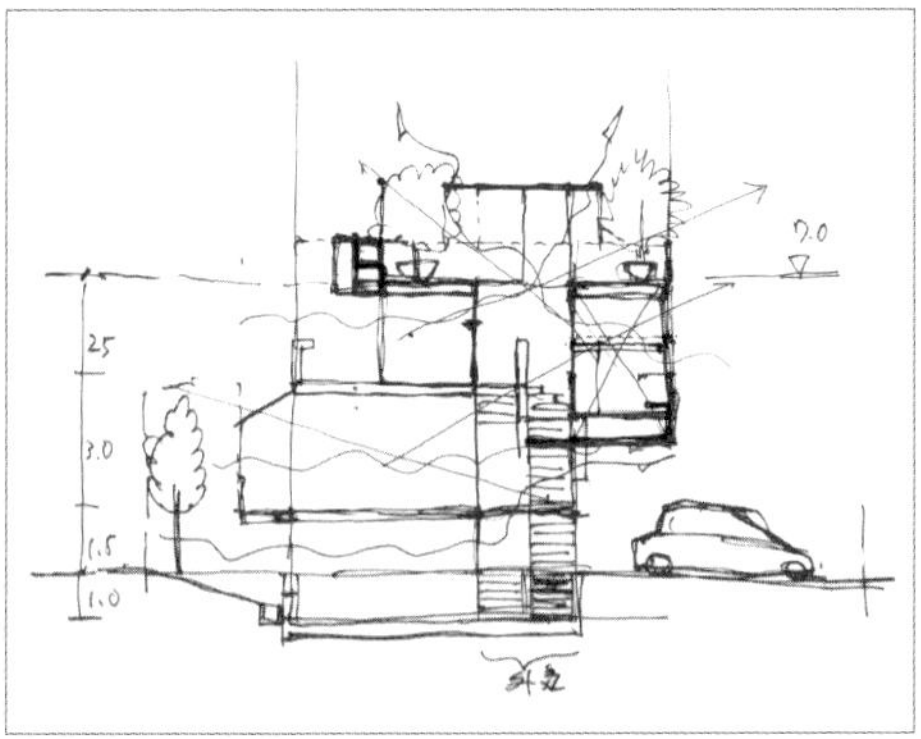

地下室付き３階建て、二世帯住宅の断面スケッチ

二世帯住宅は住み継ぐ時代に

神田雅子

昭和50年に上下分離型が登場

「二世帯住宅」とは、なんと簡潔で分かりやすいネーミングでしょう。この言葉を最初に使ったのは、昭和48年（１９７３年）に二世帯住宅の研究を開始し、昭和50年（１９７５年）に、上下分離の外階段タイプを商品として発売した旭化成ホームズだということです。

昭和48年といえば、第一次オイルショックがあった年ですが、戦後続いた住宅数の不足が解消されつつあり、統計上は一世帯一住宅が達成された年です。その後、さらなる住宅難の解消という課題もありましたが、ここでやっと、量より質を考える時代に入り、居住水準のレベルアップが課題となった時期でもあります。

実はこれまでに二世帯住宅の件数などの統計調査は行われていませんでした。平成10年（１９９８年）になって、総務省により「住宅には台所はいくつあるか」という調査が初めて行われました。それによると、台所が2個所以上ある住宅は全国で１６０万戸で、それは当時の住宅総数の３・６％に当たるそうです。

都市化を背景に需要が拡大

戦後の１９５０年代から60年代の高度経済成長期に、都市部への急激な人口移動が生じ、それによって核家族が増えたといわれています。厚生白書によれば、核家族世帯の全世帯に占める割合は、昭和30年（１９５５年）の59・６％が、昭和45年（１９７０年）には63・５％になっています。その後は、昭和50年（１９７５年）の約64％をピークに徐々に低下していきます。

二世帯住宅が検討される社会背景としては、土地価格の高騰で土地を取得するのが難しくなったこと、不安定な経済状況や育児休暇制度の実施もあり共稼ぎ世帯が増えたこと、高齢化社会を迎え高齢期の親世代の面倒を見る必要が生じたことなどが挙げられます。二世帯住宅のブームはこれまでに何度かありました。その理由の1つとして、器としての二世帯住宅自体の多様化によって、同居のデメリットを超える力を住宅が持ち得てきたということがあるように思います。

左ページの表は、１９８０年代からこれまでの間に旭化成ホームズが出した新聞広告より抜粋した「二世帯広告」から、キャッチコピーを時系列で書き出し、同時代の出来事と背景を記したものです。

通勤圏における土地価格の高騰により二世帯住宅に住むことを余儀なくされたわけですから、理想は核家族です。つまり、ニーズの主流は二世帯分離型です。当然、二世帯同居では、単世帯では起こりえないさまざまな問題が出てきます。そういった問題を回避するための工夫や、娘夫婦との同居か息子夫婦との同居かによって外観や平面計画の工夫が施されてきたようです。

この十数年は親世帯と孫との交流のメリットをうたっていますが、その背景には、親世帯に子育てをサポートしてもらいたい、親を見守るならば近居より同居のほうが便利という、子世帯の思いがうかがえます。

そして近年は、二世帯住宅の住み手の満足度が高いというアンケート結果を掲げて、二世帯住宅が世代交代をしながら住み継いでゆけるということを示しています。

二世帯住宅の変遷

昭和50年(1975年)に二世帯住宅を商品化したハウスメーカーの広告のキャッチコピーを追いながら、二世帯住宅の変遷をみます。その時代背景と二世帯住宅のニーズがおぼろげながら見えてきます。

1980

●1975年　二世帯住宅の商品化

●1983年　親子同居。わかりあえばね、暮らしあえるんだよね。
――互いにかしこく生きれば、同居ほど楽しいものはない。と同居を推奨している。

●1986年　しあわせは、ぶあつすぎるのです。
――むずかしいこともたくさんあるが、いいことも いろいろあって、しあわせだらけ、とうたう。時代は順風だ。

●1986年　便利でおトクな、娘夫婦同居。
――母と娘の同居は気心が知れているから 息子夫婦との同居よりうまくいくといいながら、「地価が高い世の中」、親の土地を活かすことを勧めている。

●1987年　嫁ぎ先は、わが家です。
――「娘よ、嫁に行ってもこの家にすむのなら、」と大胆な提案。

●1988年　子世帯の世代は各種ございます。
――景気が上向きになって久しい。世代の多様性の 可能性を示して、息子が40代後半もありえると具体的にうたう。

●1988年　ポスト長男。新しい大黒柱は長女。
――長女夫婦と一緒に暮らす二世帯住宅をうたう。「長女が妻と娘の二役をこなします。(そうかそんな手もあるんだね)」。そんなにうまくいくものだろうか。

●1988年　玄関で、今日もまた「PTA」とヨメが言い。
――玄関が共用だと、外出も店屋物をとるのもままならない。

●1989年　「似」て「異」なる、ヨメ文化とムコ文化。
――娘夫婦同居(オモテ分離・家事融合)と息子夫婦同居(オモテ融合・家事分離)では 住まい方が異なることを強調し、それぞれに外観とプランの工夫をしている。

●1989年　夜中の風呂がこわくてムコ勤まるか、とは言うものの。
――娘夫婦同居の若主人の「帰りが遅い日の『入浴』や『夜食』の気兼ね」についての解決策を提案しているのだろうか。

1990

●1990年　父の父から学ぶ家。
――同居のメリットとして、世代を超えたふれあいをうたう。 その一方でデメリットもあるということを忘れずにいっている。

●1991年　ありがとう二丁目六番地。父が買った分譲地に建て替える二世帯住宅
――幼少期に父さんとこの土地を見に来た息子が建て替えるという物語。都心部では土地も建物も自分でというのは絶望的。だから、お父さんが買った土地に、なのでしょう。

●1991年　マイホーム輪廻。父が建てた家を建て替える二世帯住宅
――二世帯住宅に建て替えるために築30年の家を解体している写真とともに。

●1993年　お宅の二世帯、気がねが吹きこぼれていませんか。
――二世帯同居に想定される気兼ねといさかいのなどの原因を挙げ、それを上手に解決するコツを示す。これを読んで二世帯住宅での新しい生活をシミュレーションしたのだろうか。

●1994年　良妻より、楽妻。
――「気楽で快適な二世帯住宅」、「気楽で快適な同居」をさらりと 表現している。この辺りから女の時代は始まっている。

●1994年　「家が壊れるのは困る。家族が壊れるのはもっと困る。」
――二世帯同居において、ときに生じる家族間のやりきれない気持ちを 収める方法を、家のメンテナンスに例えて紹介した。

●1996年　二世帯住宅、恐いのは心に巣くう害虫です。
気がね退治に効くノウハウ集「気がねポイポイ」さしあげます。
――これだけ「気兼ね退治」をうたうのは、背景にアンケート調査などによる根拠があるのだろう。

●1996年　同居がうまくいかないのを、狭い家のせいにしていませんか。
――二世帯住宅の参考書を配布し、暮らし方の提案を行っている。

●1998年　おやに優しい　きがね・きぐろう削減
――日当りや風通しを考え、2階に親世帯を配置して心地よさを追求している。

2000

●2005年　老いてゆく姿を孫にみせること。
それも教育だと思う。孫と暮らし始めたら、自分のファッションが気になる。
――「孫はかすがいフェア」と称して、親世帯と孫がふれあう暮らしを提案している。 背景には親に頼りたい子世帯と孫との交流を楽しみにする二世帯の利害の一致が見える。

●2009年　数十年後、(中略)子ども夫婦と孫夫婦が、同居している。
さらに数十年後、孫夫婦とひ孫夫婦が、同居している。(後略)
――長期優良住宅など、良質な住宅のストックが求められていることが背景にある。

●2012年　2.5世帯住宅で、暮らしませんか?
――生活スタイルが異なる3つの暮らしが1つ屋根の下に集い、 世帯ごとの独立性を保ちながら多くのメリットがあることをそれぞれの立場から考えている

●2015年　二世帯ぐらし30年、今、笑っている。
――二世帯で暮らした子世帯も孫も満足度が高いという結果を掲げ、次の世代への住み継ぎへ誘う

●1973年
第一次オイルショック

●1979年
第二次オイルショック

●1986年
男女雇用機会均等法施行

●1988年
消費税導入可決

●1989年
昭和天皇崩御

●1990年
バブル景気崩壊

●1991年
湾岸戦争開始

●1992年
育児休業法施行

●1995年
改正育児休業法施行
(全事業所適用)

阪神・淡路大震災

●1999年
育児・介護休業法施行

●2001年
アメリカ同時多発テロ

●2011年
東日本大震災

参考文献:二世帯広告/旭化成ホームズ

PART 2

事例に学ぶ二世帯住宅の設計

同居プラン［サザエさんの家状態］

［分離なし］の設計手法

親・子・孫が1つの家族として円滑に交流できる場をつくる

親世帯と子世帯が、それぞれ専用のキッチンや浴室をもたない「同居プラン」の場合は、二世帯が1つの家族として暮らします。そこには当然、皆が心地よく過ごせるよう積極的にコミュニケーションを生み出す工夫が望まれます。たとえば、自然に家族が集まれる間取りにする、共通の趣味を楽しむ部屋を設ける、庭や屋上など外部空間をコミュニケーションスペースにするなどの方法です。

こうした交流を促す工夫を施す一方、家族一人ひとりが思い思いに過ごせる仕掛けづくりも重要です。そのためにはまず、寝室などのプライベート空間を充実させることです。また、リビングをL型などに配置して、いくつものコーナーをつくったり、吹抜けを挟んでほどよい距離感が保てるようにします。

また、両親が高齢になっても、外部と交流を図れるように、バリアフリー対応にすることも重要。ひきこもりにならず、心身ともに健康に過ごせるようにしたいものです。

最低限のプライバシーは必要特に音に注意

1つの家族が生活をともにするとはいえ、そこはやはり二世帯住宅、最低限のプライバシーは確保したいものです。ポイントは親世帯の部屋の配置にあります。

お互いの姿や部屋の様子が見えるか見えないか、気配を感じるかどうかといった視覚的な工夫は、図面上で比較的チェックしやすいポイント。自ずと適切な距離感や配置を確認、設定できるでしょう。衣類や食品といった個別の収納を、それぞれが独自に管理することも計画段階で考えられます。

しかし、音の問題は図面では読み取りにく く、ともするとうっかり見逃しがちです。特に生活時間帯の違いから、普段の何気ない生活音が就寝の早い親世帯にとっては、思わぬストレスにつながることが多いものです。いくらかわいい孫の足音でも、毎日毎晩、その音で睡眠を阻害されてはトラブルの元となりかねませんし、我慢していると、健康にもよくありません。

目に見えない部分だけに、ここは経験を積んだ設計者が、プランや工法によってあらかじめ考慮しなければならないポイントです。

たとえば、同フロアにおいては、両親の寝室とLDKやトイレ、浴室の位置を離す。上下階においては、1階の両親の寝室の上に、水廻りや主寝室を配置しない、など。加えて、床や壁、ドアの防音性能の確保、設備機器や給排水の配管の位置の工夫などを行います。

気配を感じることで配慮を促す

敷地条件やコスト上の制約で、どうしても建築的な対策では解決できない問題もあります。その場合には住まい手側の「気づき」を促すような工夫によって、問題を回避するとよいでしょう。

吹抜けを通じて姿は見えなくても気配が分かる、親世帯の部屋の明かりが見えるなど、「親しき仲にも礼儀あり」——住み手同士に遠慮はなくても配慮は必要なのです。

［中村高淑］

Point [分離なし]の設計手法

- 1つの家族としての交流が円滑に行われるような積極的な工夫を
- 親の部屋は外部と交流ができる位置に
- バリアフリーに配慮する
- 同居とはいえ、最低限のプライバシーは確保する
- 足音や排水音などの騒音には注意
- お互いの気配を感じることで気遣いを促す

Reference

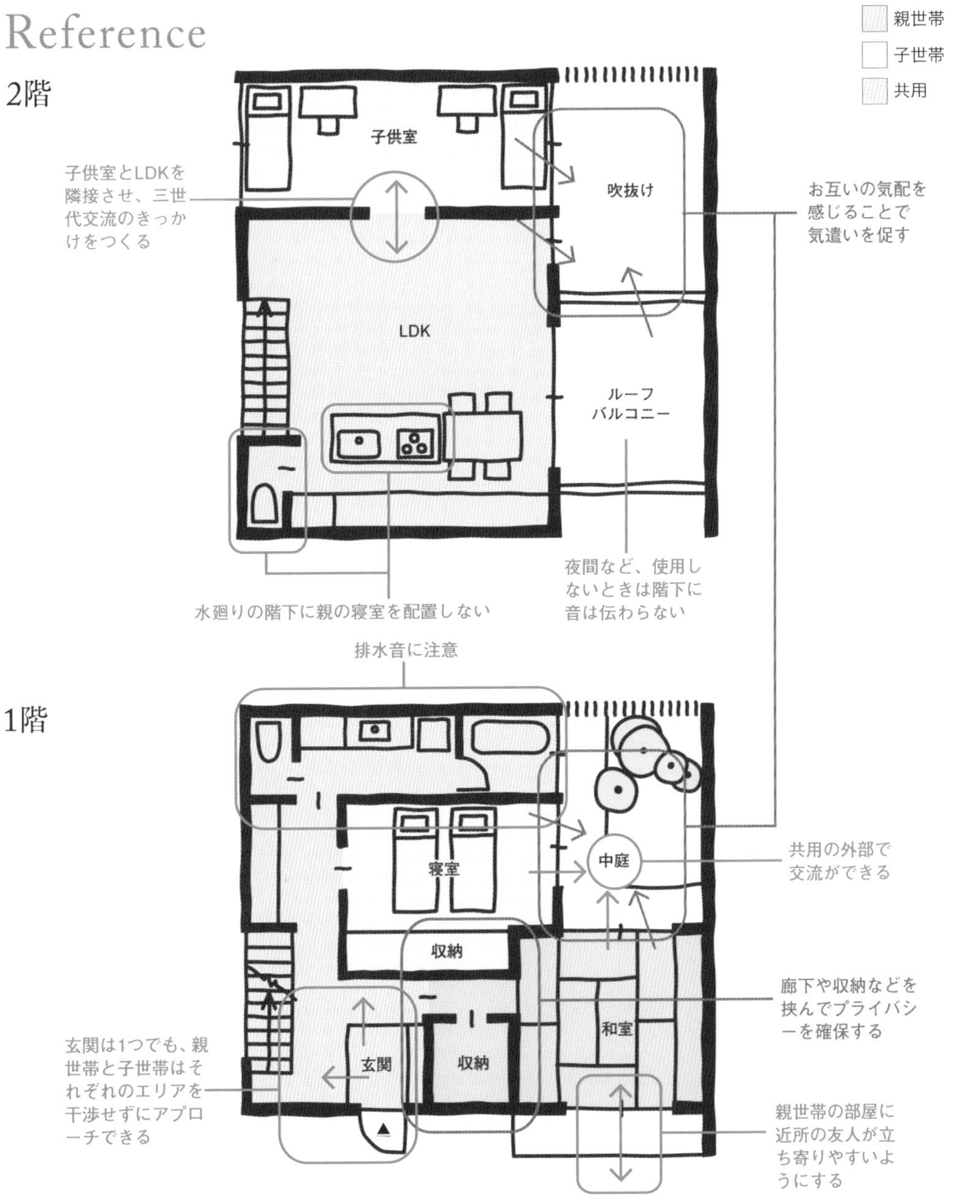
親世帯
子世帯
共用
2階
子供室
吹抜け
LDK
ルーフ
バルコニー
子供室とLDKを隣接させ、三世代交流のきっかけをつくる
お互いの気配を感じることで気遣いを促す
水廻りの階下に親の寝室を配置しない
夜間など、使用しないときは階下に音は伝わらない
排水音に注意
1階
寝室
中庭
収納
和室
玄関
収納
共用の外部で交流ができる
廊下や収納などを挟んでプライバシーを確保する
玄関は1つでも、親世帯と子世帯はそれぞれのエリアを干渉せずにアプローチできる
親世帯の部屋に近所の友人が立ち寄りやすいようにする

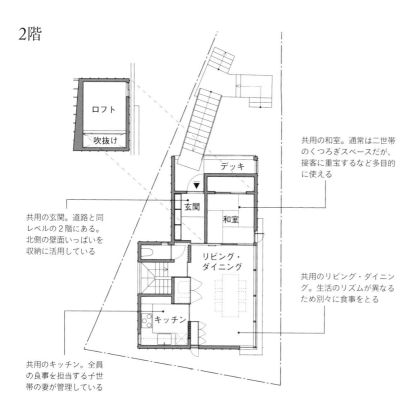

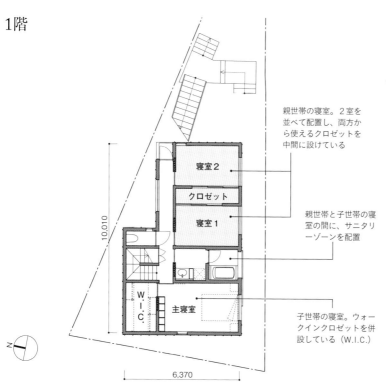

両親の部屋
若夫婦の部屋

同居プラン

二世帯が憩うLDは大開口を設け開放的に

2階

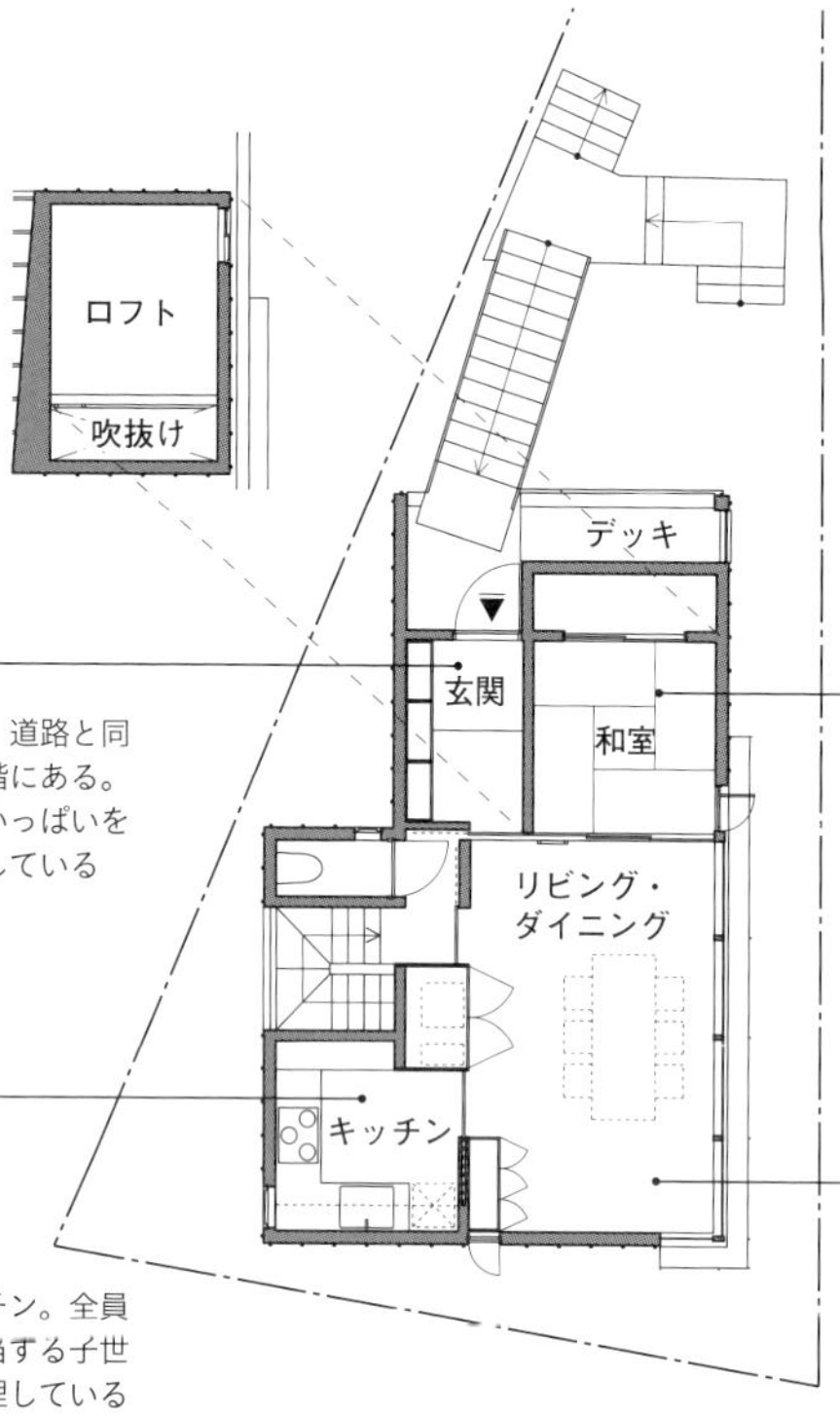
ロフト
吹抜け
デッキ
玄関
和室
リビング・ダイニング
キッチン

共用の和室。通常は二世帯のくつろぎスペースだが、接客に重宝するなど多目的に使える

共用の玄関。道路と同レベルの２階にある。北側の壁面いっぱいを収納に活用している

共用のリビング・ダイニング。生活のリズムが異なるため別々に食事をとる

共用のキッチン。全員の食事を担当する子世帯の妻が管理している

1階

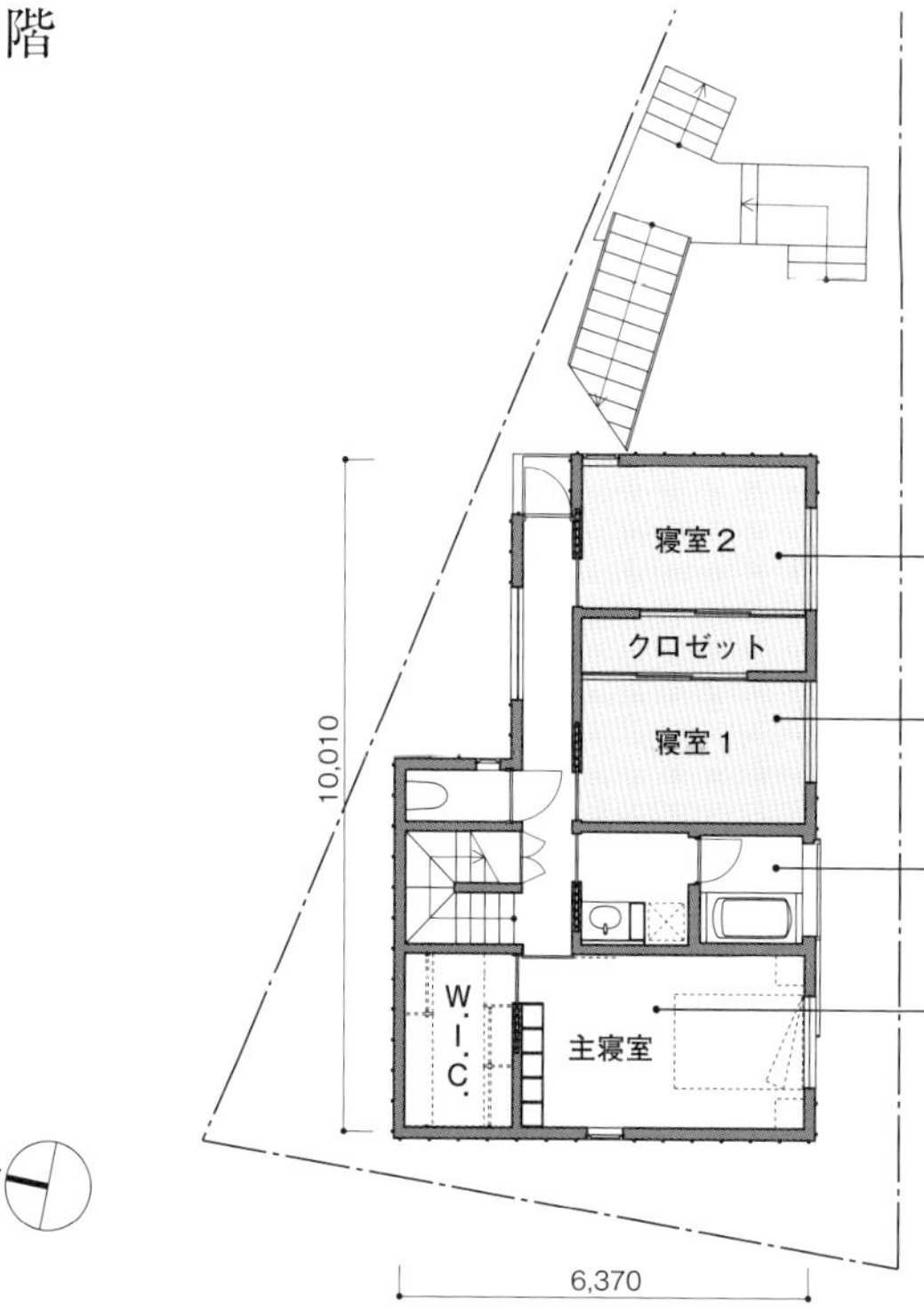
寝室２
クロゼット
寝室１
W・I・C
主寝室
10,010
6,370
N

親世帯の寝室。２室を並べて配置し、両方から使えるクロゼットを中間に設けている

親世帯と子世帯の寝室の間に、サニタリーゾーンを配置

子世帯の寝室。ウォークインクロゼットを併設している（W.I.C.）

S＝1：200

建築概要
所在地：神奈川県横浜市
敷地面積：135.05㎡
延床面積：101.03㎡
設計：北川裕記建築設計

竣工時の家族構成

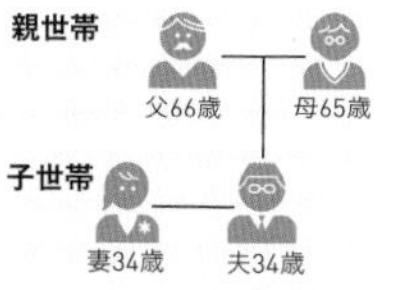
親世帯
父66歳
母65歳
子世帯
妻34歳
夫34歳

親世帯の寝室は夫婦別室に
景色を切り取る窓と風抜き窓を設置した寝室1。左手に夫婦で使うクロゼットがあり、その向こうに寝室2がある

リビング・ダイニングは景色の窓と風の窓で外とつながる空間に
南側から東側へとフィックス窓を連続させ、ダイナミックな景色を取り込む2階のリビング・ダイニング。窓の高さは床座を想定している

キッチンは間仕切り可能に
引戸を閉めた状態でも、上部の欄間で手前のリビング・ダイニングとつながり、緩やかな一体感がある

子世帯の寝室はプライバシーを確保
奥にウォークインクロゼットがある。右手の壁の向こうはサニタリーゾーン。さらにその先に親世帯の寝室がある

敷地の高低差を生かし玄関を2階に
ひな壇状の敷地に建築。階段ブリッジを渡って2階の玄関デッキに至る。メンテナンスに配慮して、屋根・外壁にガルバリウム鋼板を採用した

写真：平井広行

水廻りを挟んで 二世帯のプライバシーを確保

定年を迎えた両親の家を二世帯住宅に建て替えた。親世帯、子世帯とも家族は夫婦2人。計画にあたって、デザインを重視すると同時に、住み慣れた家のイメージを大切にし、暮らしやすさを最優先とすることが求められた。

敷地は横浜市内にありながら「市民の森」の緑に囲まれた高台にあり、南側が下り傾斜になっている。建坪をさほど広くとれないため、玄関、キッチン、浴室とも共用する同居型にした。食事は別々にとるなど、生活時間帯が異なる両世帯のライフスタイルは守られている。

南側を大きく開口してもプライバシーが侵害されることのない恵まれた敷地条件を生かし、リビング・ダイニング、キッチン、和室を道路と同レベルの2階にした。眺望を最大限楽しめるように嵌《は》め殺し（フィックス）ガラスの連窓をつけ、庇、通風用引戸、デッキが、採光・通風などのコントロール装置となる設計だ。

世帯間のプライバシーを確保するため、お互いの寝室の間に浴室と洗面室を配置している。全面開放可能な窓から森の緑が眺められ、露天風呂気分を楽しめる。

［北川裕記］

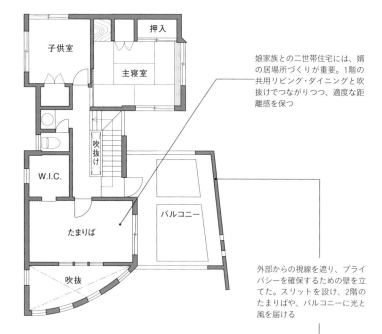

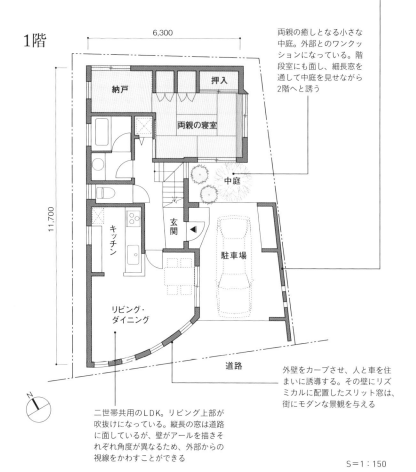

同居プラン

気配を伝え合いつつプライバシーを守る

両親の部屋

婿の居場所

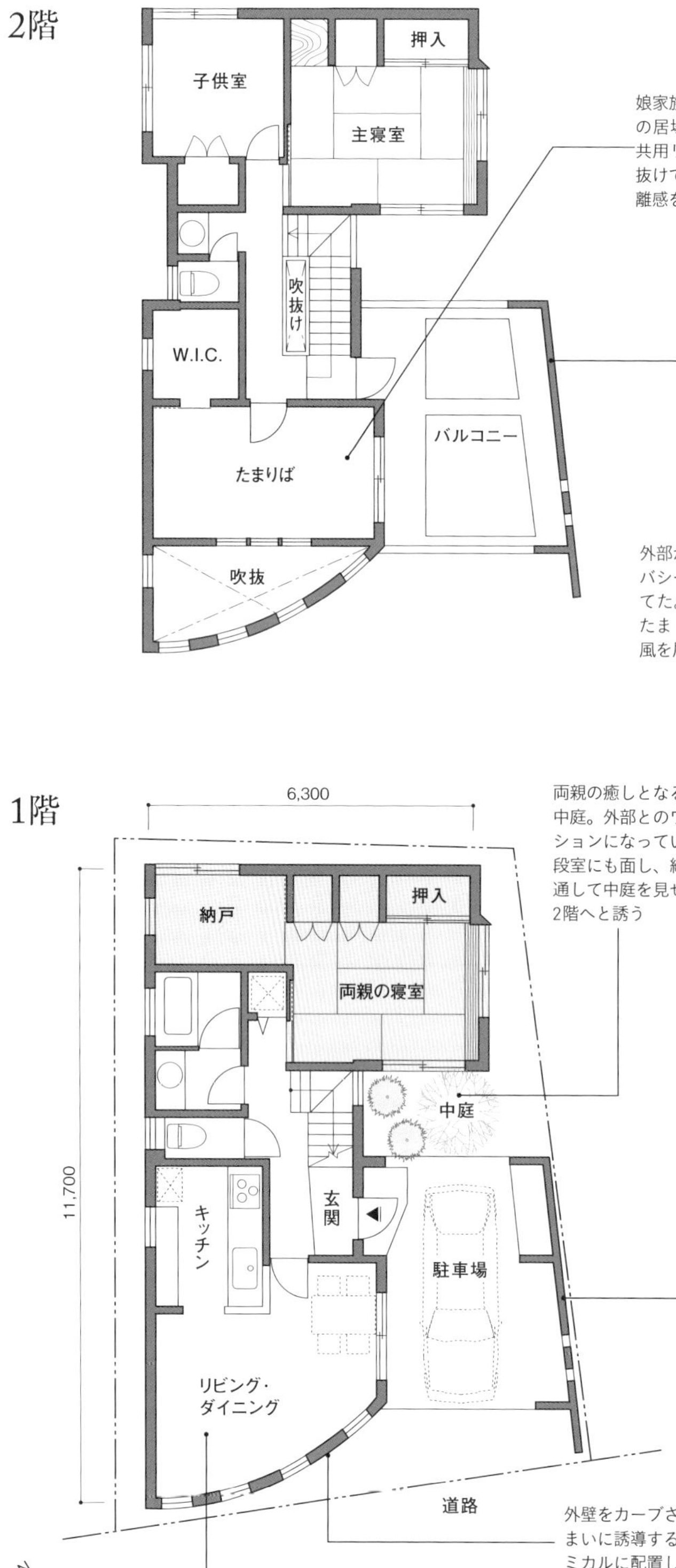
2階
子供室
押入
主寝室
吹抜け
W.I.C.
バルコニー
たまりば
吹抜
1階
6,300
11,700
納戸
押入
両親の寝室
中庭
玄関
キッチン
駐車場
リビング・ダイニング
道路
N

娘家族との二世帯住宅には、婿の居場所づくりが重要。1階の共用リビング・ダイニングと吹抜けでつながりつつ、適度な距離感を保つ

外部からの視線を遮り、プライバシーを確保するための壁を立てた。スリットを設け、2階のたまりばや、バルコニーに光と風を届ける

両親の癒しとなる小さな中庭。外部とのワンクッションになっている。階段室にも面し、細長窓を通して中庭を見せながら2階へと誘う

外壁をカーブさせ、人と車を住まいに誘導する。その壁にリズミカルに配置したスリット窓は、街にモダンな景観を与える

二世帯共用のLDK。リビング上部が吹抜けになっている。縦長の窓は道路に面しているが、壁がアールを描きそれぞれ角度が異なるため、外部からの視線をかわすことができる

S＝1：150

建築概要

所在地：神奈川県横浜市

敷地面積：102.00㎡

延床面積：99.54㎡

設計：AA プランニング

竣工時の家族構成

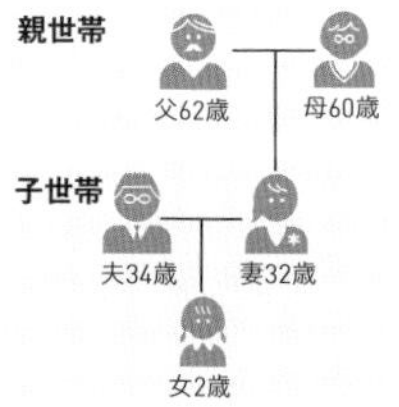
親世帯
父62歳
母60歳
子世帯
夫34歳
妻32歳
女2歳

コンクリートの存在感で重厚さを演出
30坪の小さな敷地に建つ小さな住宅であるが、堂々とした垂直の壁とカーブしたコンクリート壁が街の景観をつくる

たまりば前にバルコニーを設置
子世帯のたまりばからつながるバルコニー。エキスパンドメタル床と壁で光と風を採り入れる

ビビットな赤い手摺を設置
階段の両端の縦長窓から光が注ぎ、明るい廊下に。また、コンクリートの冷たい表情に、赤い手摺が楽しさをそえる

リビングの小さな吹抜けが気配を伝え合う
リビングの吹抜けと室内窓が親子によい関係を生む。また、リズミカルな窓は内外をつなぐ大切な要素。外の窓が街と、内の窓が親子をつなぐ

上下階を吹抜けでつなぎ、ストレスフリーに

高度成長期にミニ開発された横浜郊外に建築した娘家族との完全同居型二世帯住宅である。防災・耐震・耐久・防音の点から鉄筋コンクリート造壁式構造とし、軟弱地盤の改良を施した。

家族が快適に暮らすためには、プライバシーが確保されることが重要だ。まず外部に対しては、隣地境界に垂直の壁を立て、道路側は車と人を誘導するアールの壁をつけた。アプローチはオープンだが、壁を重い質感のコンクリート打放しで仕上げることによって、外部に閉じた感覚を与え、内部のプライバシーは保持される。

各世帯のプライバシーについては、特に娘家族と完全同居の場合、婿の居場所づくりに配慮する必要がある。そこで、1階に親世帯（両親）の部屋と共用のLDK、サニタリーゾーンを設け、2階はすべて子世帯スペースに。こうして専用エリアを確保するとともに、気配を伝え合うようにしておくことも重要だ。1階と2階の「たまりば」が吹抜けでつながり、互いの様子がわかることで、ストレスフリーな生活が可能になる。

［青木恵美子］

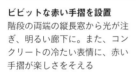

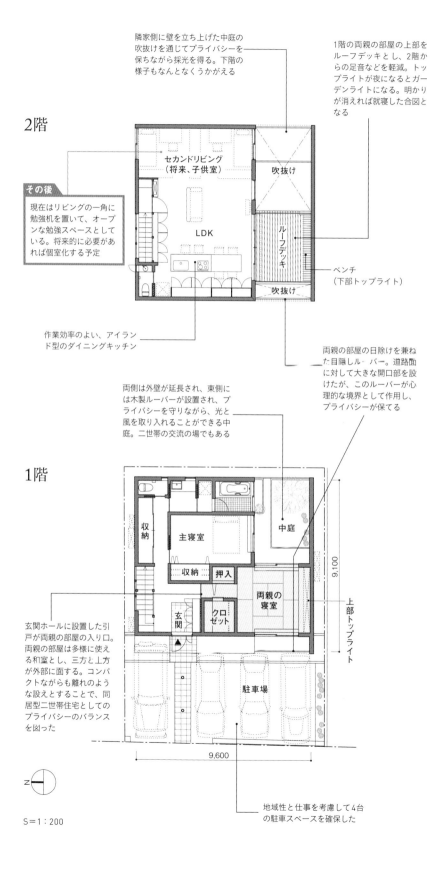

同居プラン

両親の部屋を離れのように設ける

2階

隣家側に壁を立ち上げた中庭の吹抜けを通じてプライバシーを保ちながら採光を得る。下階の様子もなんとなくうかがえる

1階の両親の部屋の上部をルーフデッキとし、2階からの足音などを軽減。トップライトが夜になるとガーデンライトになる。明かりが消えれば就寝した合図となる

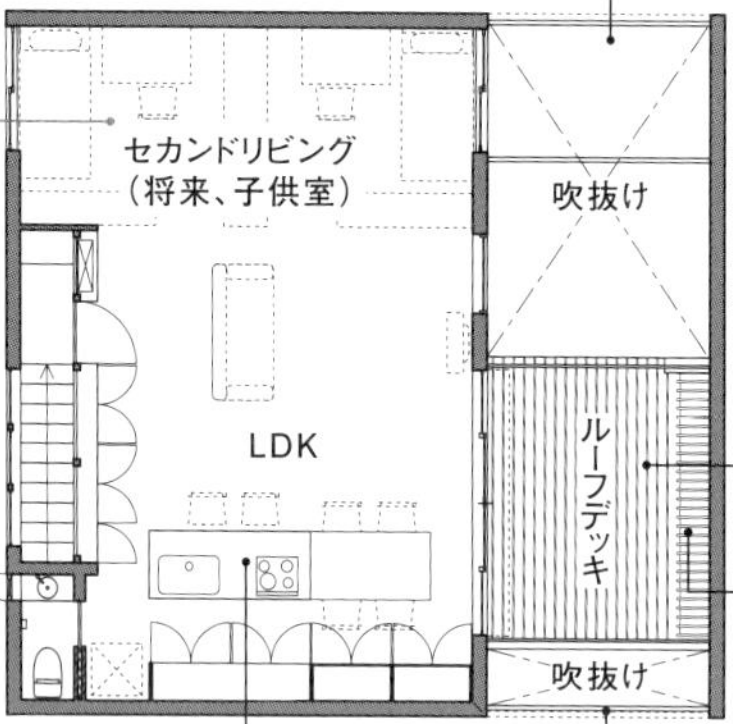
セカンドリビング
（将来、子供室）
吹抜け
LDK
ルーフデッキ
吹抜け

その後

現在はリビングの一角に勉強机を置いて、オープンな勉強スペースとしている。将来的に必要があれば個室化する予定

ベンチ
（下部トップライト）

作業効率のよい、アイランド型のダイニングキッチン

両親の部屋の日除けを兼ねた目隠しルーバー。道路面に対して大きな開口部を設けたが、このルーバーが心理的な境界として作用し、プライバシーが保てる

両側は外壁が延長され、東側には木製ルーバーが設置され、プライバシーを守りながら、光と風を取り入れることができる中庭。二世帯の交流の場でもある

1階

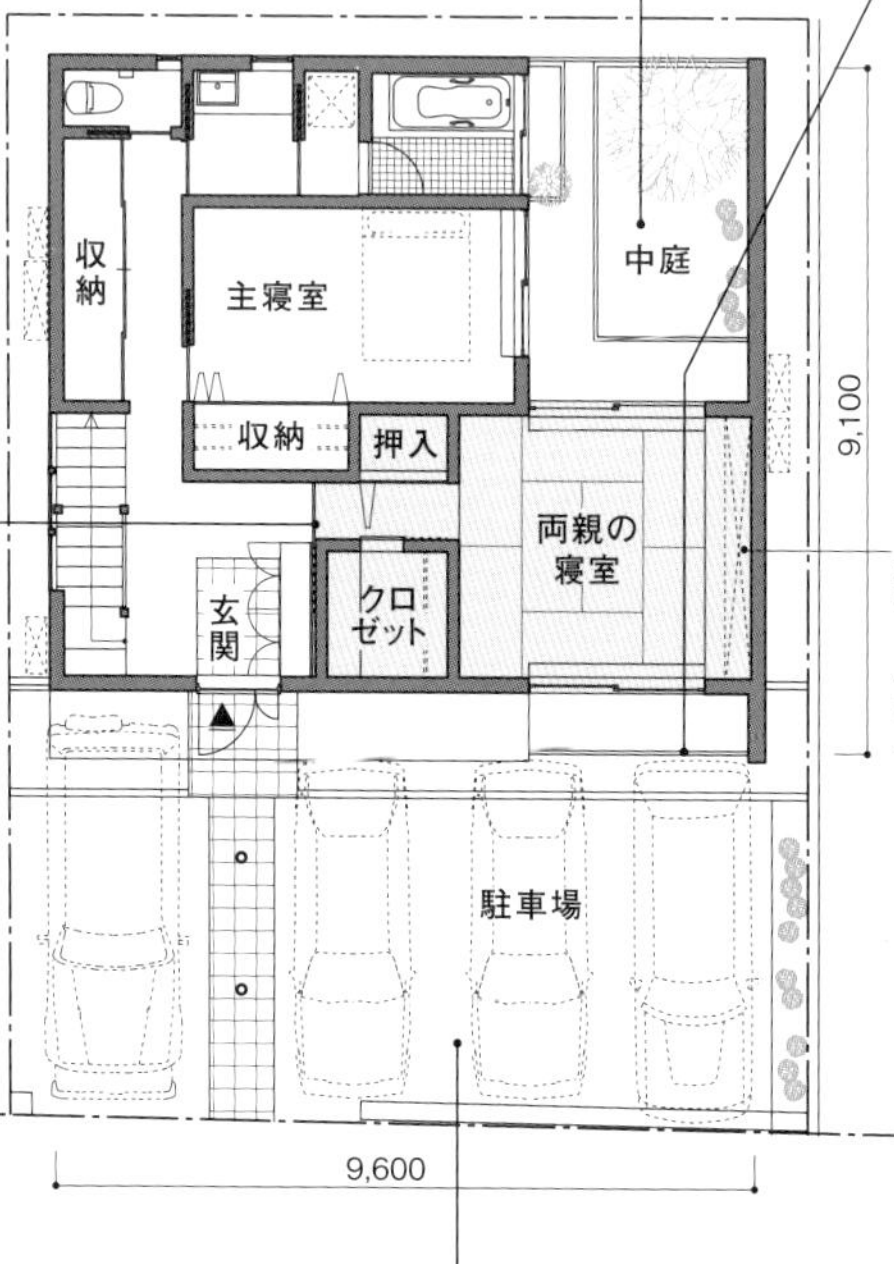
収納
主寝室
中庭
収納
押入
両親の
寝室
玄関
クロゼット
駐車場
9,100
9,600

上部トップライト

玄関ホールに設置した引戸が両親の部屋の入り口。両親の部屋は多様に使える和室とし、三方と上方が外部に面する。コンパクトながらも離れのような設えとすることで、同居型二世帯住宅としてのプライバシーのバランスを図った

地域性と仕事を考慮して4台の駐車スペースを確保した

S＝1：200

建築概要

所在地：神奈川県小田原市
敷地面積：161.08㎡
延床面積：121.88㎡
設計：中村高淑建築設計事務所

竣工時の家族構成

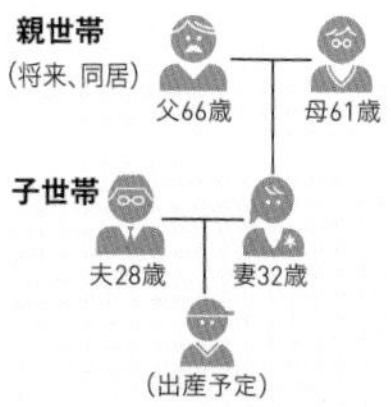
親世帯
（将来、同居）
父66歳
母61歳
子世帯
夫28歳
妻32歳
（出産予定）

トップライトがルーフデッキのガーデンライトになる
夜は、下階の両親の和室からルーフデッキに灯りが漏れ、これが消えたら就寝の合図。気づきの装置でもある

プライバシーを確保するため、やや閉鎖的に
木製ルーバーが目隠しや日除けになるとともに、外観に柔らかな表情を与える

2階のＬＤＫは開放的で明るく
家族で料理が楽しめるアイランドキッチンを設置。手前のスペースは、将来、仕切って子供室にする予定

将来、同居予定の両親の部屋を設置
趣味の生け花を飾る床の間を設える。上部に設置したトップライトから採光し、夜は部屋の灯りでルーフデッキを照らす

ルーフデッキにトップライトを設置し「気づき」のサインに

夫婦と子供が将来2人、妻の両親と同居することを考慮して建築した住宅。地域・職業柄から4台分の駐車スペースも必要とされた。敷地は幹線道路に面し、反対側には地域の集会施設がある。

騒音を遮り、プライバシーを守るため、ファサードをやや閉鎖的にし、中庭とルーフデッキに開放感を求めた。

1階には夫婦の寝室と両親の部屋となる和室、サニタリーを、中庭を囲むかたちで配置した。両親の部屋は友人たちが気軽に立ち寄れるように、道路側に掃き出し窓をつけ、2階のデッキの目隠し用木製ルーバーを1階の半ばまで設置して日除けに。三方と上方が外部という離れ感覚の居室になり、落ち着きが得られる。床の間の上部にはトップライトを設置し採光を確保。逆に夜には、部屋の明かりがルーフデッキをほのかに照らす。消灯が、両親の就寝を伝える。お互いの気配を感じ、「気づき」のできる家にすることが、同居を成功に導く鍵だ。

2階のLDKは、当面は広々としたワンルームで使用。将来は、東側を家具で仕切って子供室を設える予定である。

［中村高淑］

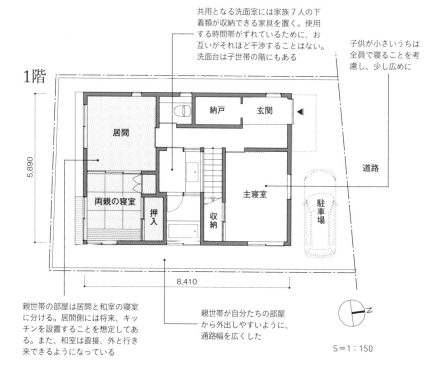

同居プラン

二世帯が集うLDKと子供室を2階に

両親の部屋

R階

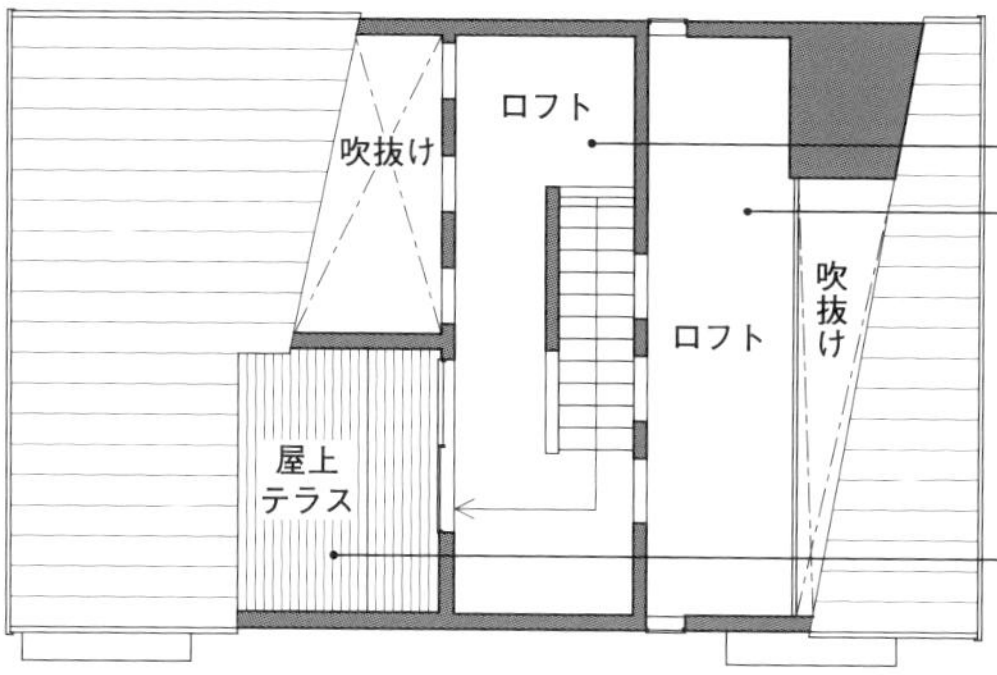

吹抜け
ロフト
ロフト
吹抜け
屋上
テラス

小さな家では小屋裏のロフトが荷物置き場としてかなり重宝するので、可能な限り大きな面積を確保

4畳程度の小さな屋上は洗濯物干し場として活用できる

スペースを要する家具類をなるべく置かないようにして、窓辺にベンチを設置。ワークスペースやダイニングテーブルも子供の勉強コーナーにするなど、多目的に使用する

面積をコンパクトに抑えるため、階段室を真ん中に配置して廊下のないプランに。LDK側の壁には開口を設け明るさを確保

子供室は将来3分割し、それぞれが机を置けるようにしているが、個室化する予定はない。2つの出入口をもち、隣接するリビングも子供室のように使える

2階

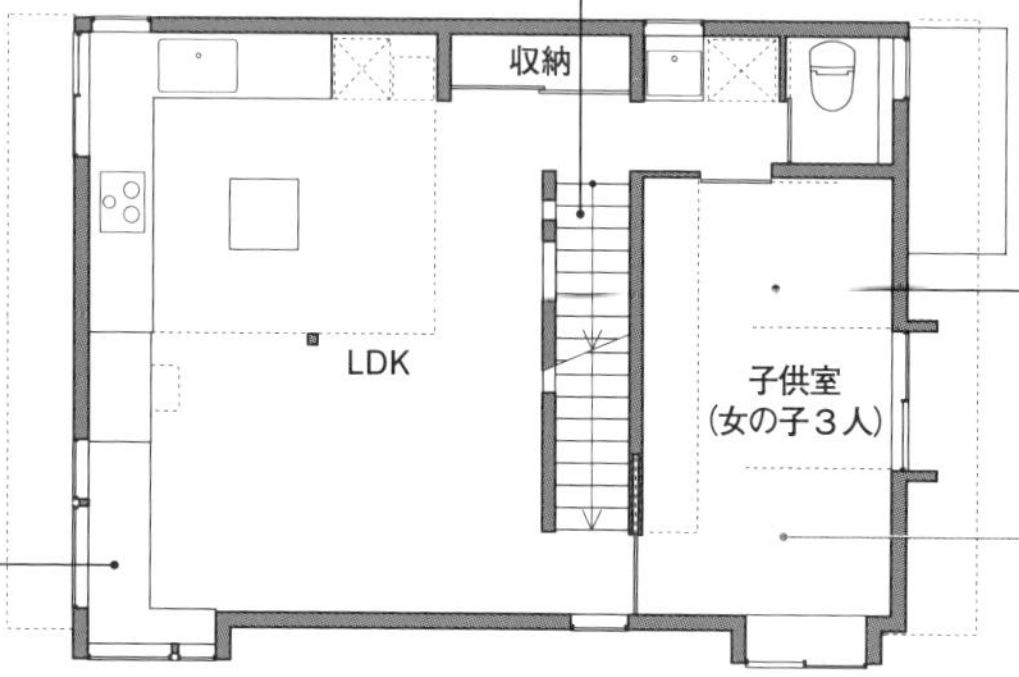

収納
LDK
子供室
(女の子３人)

その後

3人の子供が成長し、少し狭いが部屋にこもりきりになることはなく、リビングと子供室を使い分けながら生活している

共用となる洗面室には家族７人の下着類が収納できる家具を置く。使用する時間帯がずれているために、お互いがそれほど干渉することはない。洗面台は子世帯の階にもある

子供が小さいうちは全員で寝ることを考慮し、少し広めに

1階

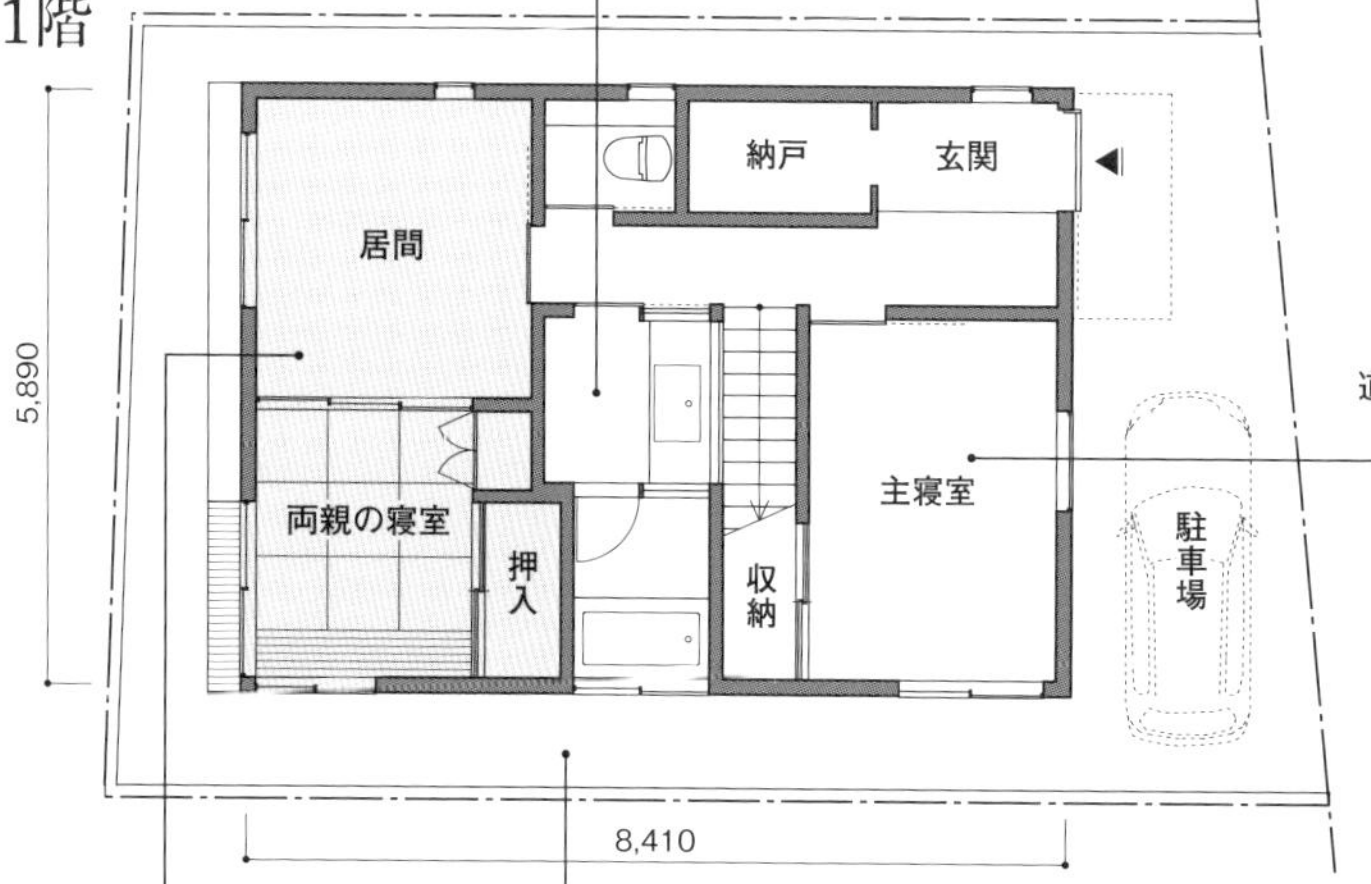

納戸
玄関
居間
道路
5,890
両親の寝室
押入
収納
主寝室
駐車場
8,410

親世帯の部屋は居間と和室の寝室に分ける。居間側には将来、キッチンを設置することを想定してある。また、和室は直接、外と行き来できるようになっている

親世帯が自分たちの部屋から外出しやすいように、通路幅を広くした

N

S＝1：150

建築概要

所在地：神奈川県横浜市
敷地面積：92.62㎡
延床面積：99.960㎡
設計：鈴木アトリエ

竣工時の家族構成

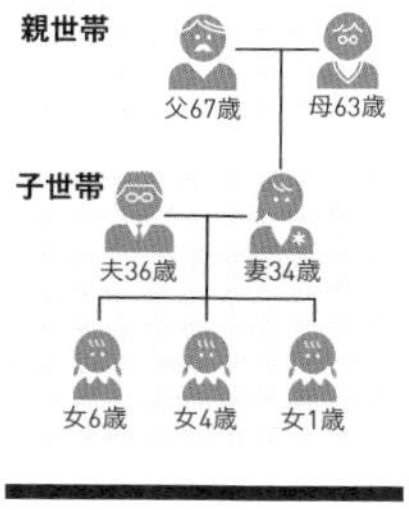

親世帯
父67歳
母63歳
子世帯
夫36歳
妻34歳
女6歳
女4歳
女1歳

メンテのできる範囲は板張り仕上げに
のっぺりとしないように、上部は左官仕上げ、下部は板張りのツートンとした。玄関庇はステンレスを折り曲げて加工したものでスマートに

みんなが集まるLDKは広く使う自由度を
必要に応じてダイニングを広く使えるようにアイランドカウンターは可動式。ソファを置かずにコーナーベンチにすることで広がりと溜まりをつくった

階段室は通風と採光の装置
家の中央に配置した階段の壁に開口をつくり、南北の通風と採光に利用している。開口は飾り棚としても活用。LDK空間のアクセントになるとともに、楽しい表情を演出する

採光のための小屋裏空間
階段室は北側の子供室への採光を兼ねて吹抜けになっている。屋上は洗濯物干し場やちょっとしたテラスに利用

1階の洗面は脱衣室を兼ねる
カウンターには大きな理科実験流しをはめ込んだ。窓からの明かりが浴室のガラス越しに入ってくる

回遊プランとリビングの多目的化で狭さを解消

妻の実家を2世帯住宅に建て替えたケース。高齢な親世帯が1階、子世帯は2階＋ロフトという一般解で、妻側の家族に夫が入る形態のため、同居への心配は両世帯とも少ないと判断した。

生活空間のすべてを共用するといっても、親世帯の独立領域を狭いながらも寝居分離の2室は確保し、外部への直接出入りや将来のミニキッチン設置などを提案した。なお子世帯の寝室は、面積バランスの関係から親と同一階にしたが、水廻りを間に挟んでいる。

2階は階段を中心に回遊するプランで子供室とLDKからなる。完成から13年経つが、子供たちが部屋にこもることはなく勉強も遊びもリビングで展開されている。子供室は将来、3ブースに分ける予定だが、吊りベットを造作して、屋上への階段から利用する計画にしてある。

キッチンカウンターからつながる妻の「ながら家事」ワークスペースやベンチ窓は、狭い家での工夫である。洗濯機も2階にあり、屋上で干す。1階の洗面脱衣室には家族全員の下着類がしまえる収納棚を設置した。小さいながらも個を尊重した住まいである。［鈴木信弘］

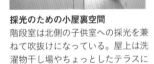

同居プラン

同居生活に潤いを生む竹林の眺めを取り込む

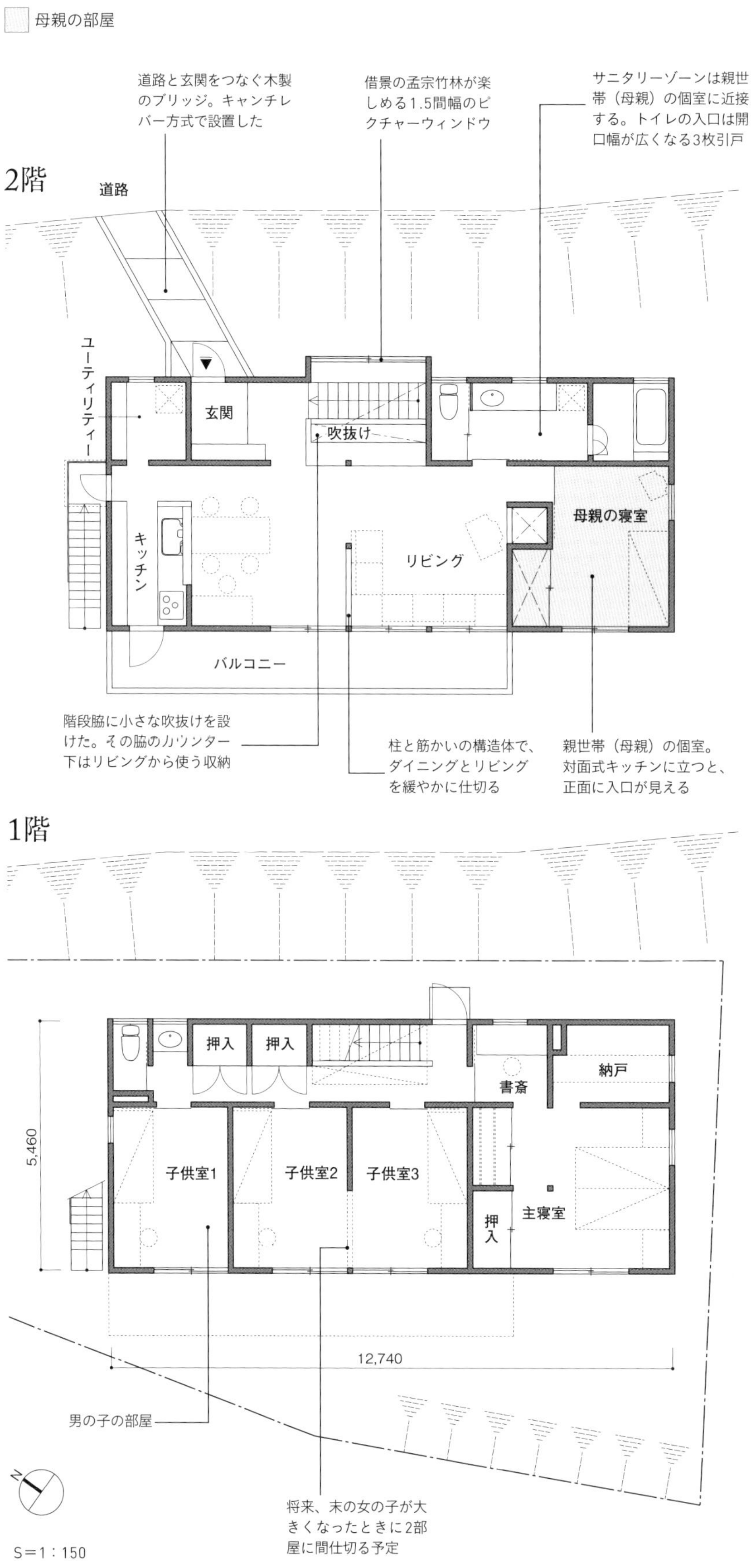

母親の部屋
道路と玄関をつなぐ木製のブリッジ。キャンチレバー方式で設置した
借景の孟宗竹林が楽しめる1.5間幅のピクチャーウィンドウ
サニタリーゾーンは親世帯（母親）の個室に近接する。トイレの入口は開口幅が広くなる3枚引戸
2階
道路
ユーティリティー
玄関
吹抜け
キッチン
リビング
母親の寝室
バルコニー
階段脇に小さな吹抜けを設けた。その脇のカウンター下はリビングから使う収納
柱と筋かいの構造体で、ダイニングとリビングを緩やかに仕切る
親世帯（母親）の個室。対面式キッチンに立つと、正面に入口が見える
1階
押入
押入
書斎
納戸
子供室1
子供室2
子供室3
押入
主寝室
5,460
12,740
男の子の部屋
将来、末の女の子が大きくなったときに2部屋に間仕切る予定
N
S＝1：150

建築概要
所在地：神奈川県横浜市
敷地面積：199.23㎡
延床面積：141.08㎡
設計：野口泰司建築工房

竣工時の家族構成

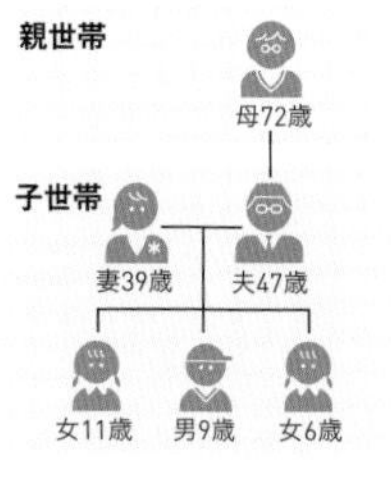

親世帯
母72歳
子世帯
妻39歳
夫47歳
女11歳
男9歳
女6歳

出窓と吹抜けで広さを演出
暗く閉鎖的な直階段にならないように、出窓のピクチャーウィンドウや小さな吹抜けを設け、リビング・ダイニングとつなぐ

１階は子世帯のプライベートゾーンに
2階の玄関前の階段を下りると、正面は書斎スペースのある主寝室。右手は子供室

景観に溶け込む木製ブリッジを設置
道路より敷地が低いため、キャンチレバーで持ち出した木製ブリッジを架け、2階玄関へのアプローチとした

２階の共用のＬＤＫは、開放的な空間に
玄関（写真中央奥）を入るとLDKが広がる。階段脇の1.5間幅のピクチャーウィンドウから孟宗竹林の借景が楽しめる

母親の部屋をＬＤＫの奥に配置
手前の対面式キッチンは、正面奥の母親の部屋の入り口と向き合う。ダイニングとリビングゾーンは構造体で緩やかに仕切る

母の部屋を玄関のある階にしＬＤＫと隣接させる

母親と同居するこの二世帯住宅は、北側傾斜地の鬱蒼《うっそう》とした孟宗竹林が迫る、東西に長い敷地に建つ。北側小径より竹林を分け入るように、建物からキャンチレバーで持ち出された木製ブリッジを渡り、2階玄関へアプローチする。

玄関ホールから1階の子世帯の個室ゾーンに下りる階段は、リビング側に開かれ、小さな吹抜けをもつ。階段の北側には大きなピクチャーウィンドウを設けた。ここからの眺めは春から秋にかけて格別にいい。竹林が勢いづき、建物へのアプローチやリビング・ダイニングの雰囲気を大きく盛り上げるのだ。

母親の個室は2面採光が可能な東南の角に設けた。家族が集まるＬＤＫに隣接し、また、玄関と同フロアなので気軽に外出ができる。健康長寿の秘訣は、ひきこもらず、人とふれあうことだ。見守ることや車椅子の使用、介護にも配慮した。キッチンに立つ妻の視線の先に母親の個室の入口があり、サニタリーゾーンはその北側にある。洗面室は広くし、トイレの入口は3枚引戸、浴室入口の段差は最小にするなどの対策を施してある。

［野口泰司］

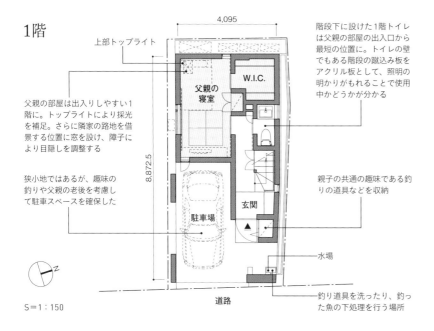

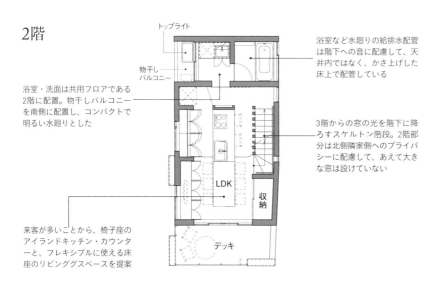

同居プラン

父と息子の趣味 釣りがつなぐ同居

□ 父親の部屋

3階

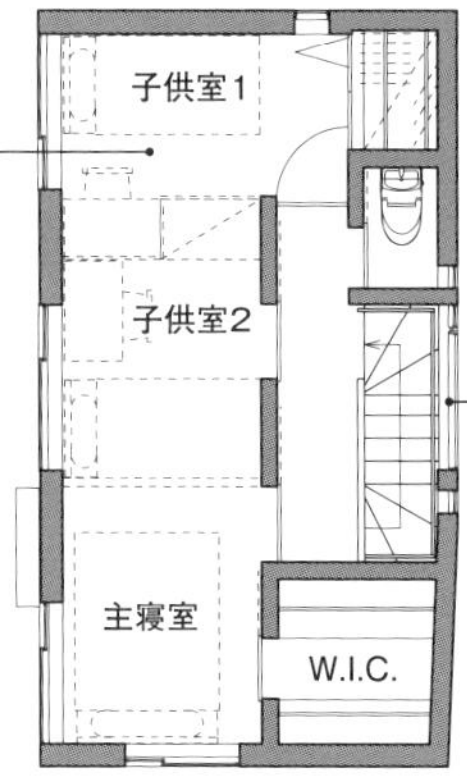

子供室1
子供室2
主寝室
W.I.C.

子世帯スペースの3階は、当面は広々としたワンルームで利用し、必要に応じて仕切り、個室化する予定

北側の大きな明かり窓から柔らかな光を採り入れ、その光をスケルトンの階段越しに階下へと落とす

2階

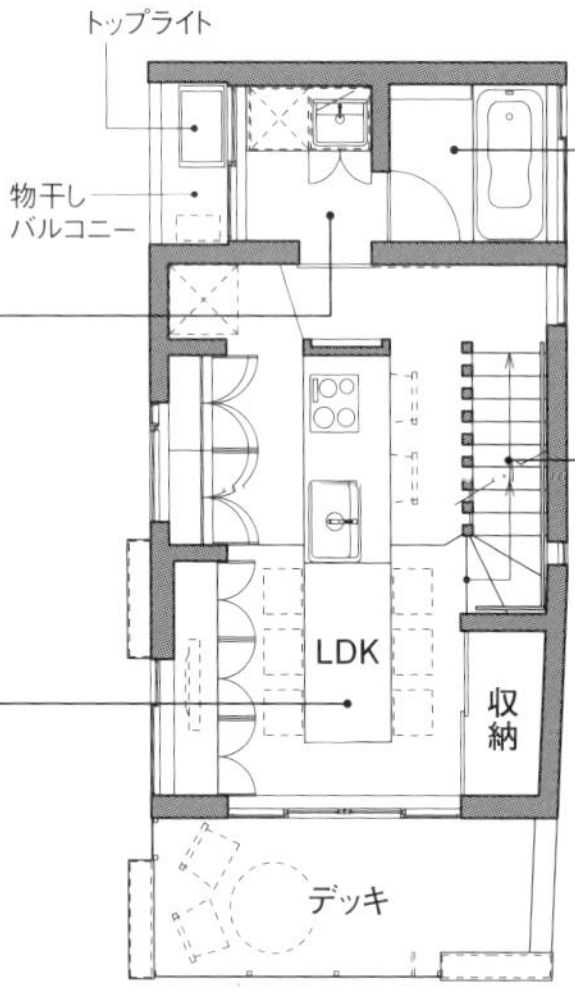

トップライト
物干し
バルコニー
LDK
収納
デッキ

浴室・洗面は共用フロアである2階に配置。物干しバルコニーを南側に配置し、コンパクトで明るい水廻りとした

浴室など水廻りの給排水配管は階下への音に配慮して、天井内ではなく、かさ上げした床上で配管している

3階からの窓の光を階下に降ろすスケルトン階段。2階部分は北側隣家側へのプライバシーに配慮して、あえて大きな窓は設けていない

来客が多いことから、椅子座のアイランドキッチン・カウンターと、フレキシブルに使える床座のリビンググスペースを提案

1階

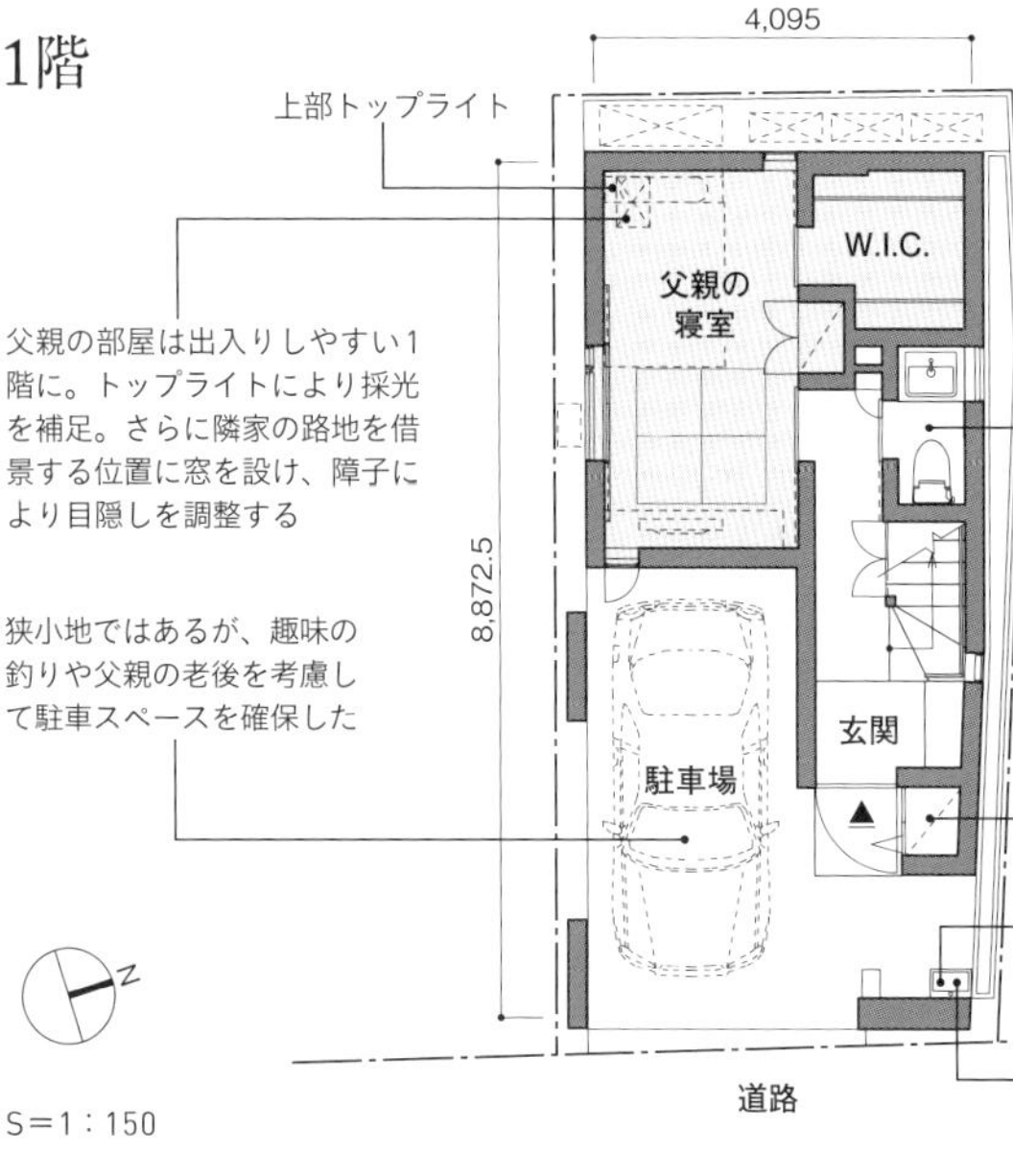

4,095
上部トップライト
父親の
寝室
W.I.C.
8,872.5
駐車場
玄関
水場
道路
N

父親の部屋は出入りしやすい1階に。トップライトにより採光を補足。さらに隣家の路地を借景する位置に窓を設け、障子により目隠しを調整する

狭小地ではあるが、趣味の釣りや父親の老後を考慮して駐車スペースを確保した

階段下に設けた1階トイレは父親の部屋の出入口から最短の位置に。トイレの壁でもある階段の蹴込み板をアクリル板として、照明の明かりがもれることで使用中かどうかが分かる

親子の共通の趣味である釣りの道具などを収納

釣り道具を洗ったり、釣った魚の下処理を行う場所

S＝1：150

建築概要

所在地：神奈川県横浜市
敷地面積：49.07㎡
延床面積：95.79㎡
設計：unit-H 中村高淑建築設計事務所

竣工時の家族構成

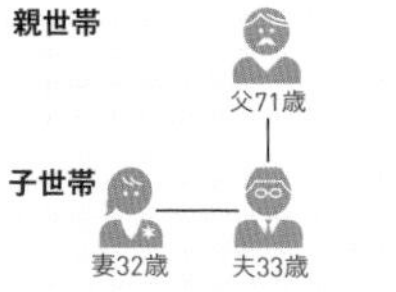

親世帯
父71歳
子世帯
妻32歳
夫33歳

父親の部屋に2畳分の畳を設ける
1階に親世帯（父親）の部屋を配置。隣地通路の植栽を借景できる位置に窓を設け、状況に応じて障子で目隠しをする。さらにトップライトも設置

狭小敷地いっぱいの同居型住宅
狭小地ながら駐車駐輪スペースを確保。デッキによってプライバシーと開放感の両立を図る。玄関前には趣味の釣りの道具置き場や下処理の水場を備える

床座＆椅子座の融合ＬＤＫに
アイランドキッチンを中心としたLDK。床座のリビングの床を上げて、視線の高さの違いを補っている。階段室との仕切りに、燃え代を計算した天然木材の柱を並べて立てた

将来、間仕切ることを想定
3階の子世帯のプライベート空間。当面は広く使い、将来、子供室が必要になったら空間を仕切る

内装制限で燃え代《しろ》を計算し天然木材を露《あらわ》しで使用

71歳の父親と息子夫婦の二世帯住宅である。敷地面積が14坪強という狭小敷地に計画した住宅は、1階はガレージと共用の玄関、その奥に父親の個室、玄関前には、父と息子の共通の趣味である釣りの道具置き場と、魚の下処理のための水場を設置した。

2階は共用スペースとしてLDKとサニタリーを配置。窓を大きくとるとともに、階段やデッキをLDK空間の延長線上に置くことで広がりをもたせている。友人や親戚が集まる機会が多いこの家には、アイランドキッチンを中心としたコミュニケーションの場を設けた。釣ってきた魚料理の腕前を披露できる空間だ。

1階の親世帯は隣地通路部分を借景して外部を感じつつも、閉じた設えでゆったりと落ち着いて過ごせる。3階の子世帯のプライベート空間は、子供の誕生と成長に合わせて間仕切っていく。

内装制限の厳しい準防火地域内の木造3階建てであるが、随所に合法的に燃え代を計算した天然木材を露しで用いた。友人である大工の仕事のあとを見せることで、より愛着が湧く住まいになった。

［中村高淑］

同居プラン

角度をつけ一日中陽が当たるプランに

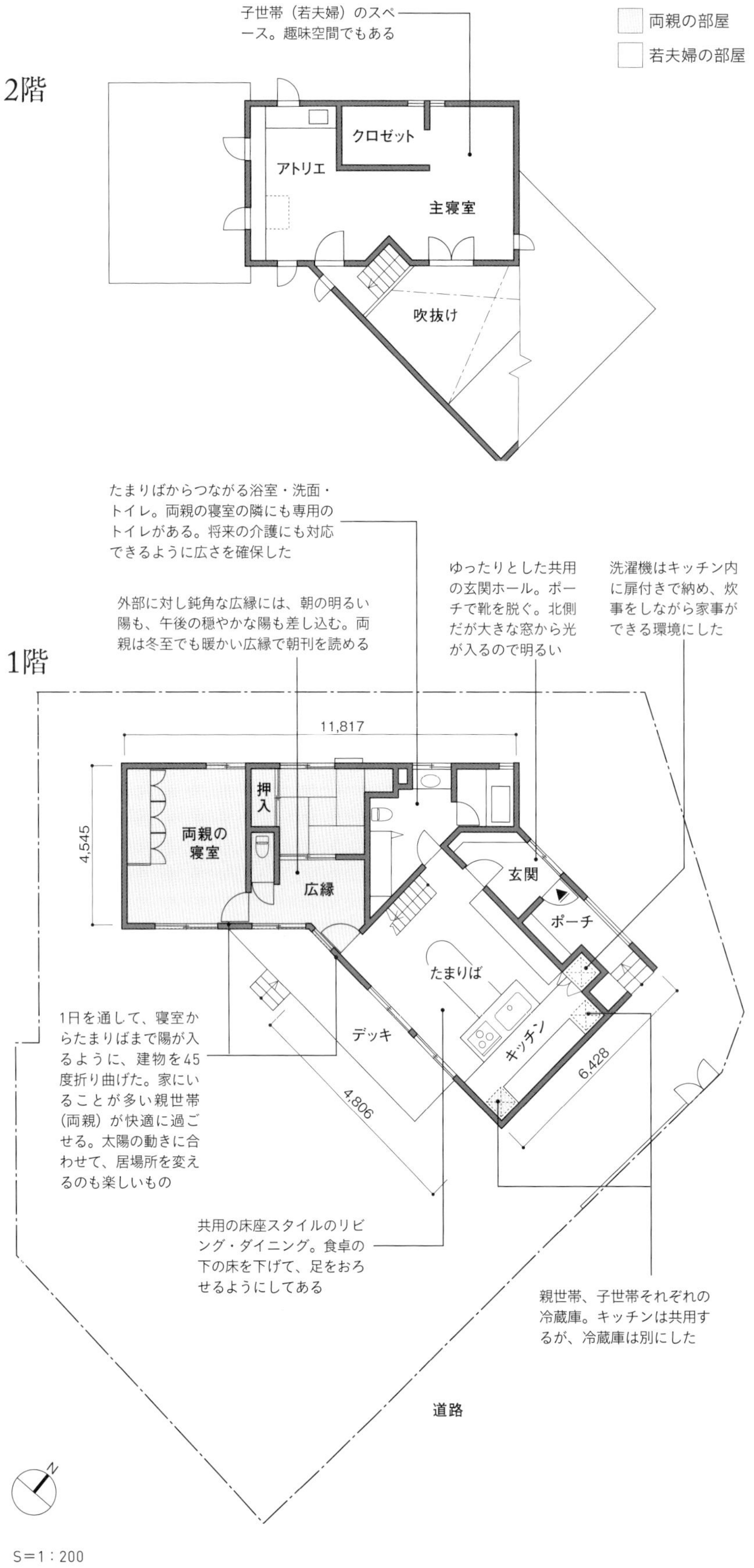

子世帯（若夫婦）のスペース。趣味空間でもある
両親の部屋
若夫婦の部屋
2階
クロゼット
アトリエ
主寝室
吹抜け
たまりばからつながる浴室・洗面・トイレ。両親の寝室の隣にも専用のトイレがある。将来の介護にも対応できるように広さを確保した
外部に対し鈍角な広縁には、朝の明るい陽も、午後の穏やかな陽も差し込む。両親は冬至でも暖かい広縁で朝刊を読める
ゆったりとした共用の玄関ホール。ポーチで靴を脱ぐ。北側だが大きな窓から光が入るので明るい
洗濯機はキッチン内に扉付きで納め、炊事をしながら家事ができる環境にした
1階
11,817
4,545
押入
両親の寝室
広縁
玄関
ポーチ
たまりば
デッキ
キッチン
6,428
4,806
1日を通して、寝室からたまりばまで陽が入るように、建物を45度折り曲げた。家にいることが多い親世帯（両親）が快適に過ごせる。太陽の動きに合わせて、居場所を変えるのも楽しいもの
共用の床座スタイルのリビング・ダイニング。食卓の下の床を下げて、足をおろせるようにしてある
親世帯、子世帯それぞれの冷蔵庫。キッチンは共用するが、冷蔵庫は別にした
道路
N
S＝1：200

建築概要
所在地：東京都町田市
敷地面積：385.14㎡
延床面積：128.94㎡
設計：AA プランニング

竣工時の家族構成

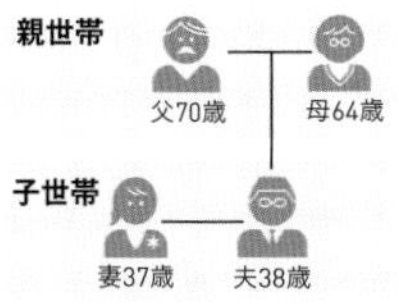

親世帯
父70歳
母64歳
子世帯
妻37歳
夫38歳

食卓は居酒屋テーブルに
壁面いっぱいに収納家具を造り付けたたまりば。2つの世帯は床暖房入りの床座スタイルの居酒屋テーブルを囲んで食事を楽しむ

リビングイン階段を設置
屋根なりに吹抜けた勾配天井をもつ広々とした空間のたまりばを基点に、奥のドアから親世帯へ、階段で2階の子世帯のアトリエ兼寝室へつながる

2階の子世帯（夫婦）の部屋は趣味室兼寝室
部屋を細かく区切らずに、ウォークインクロゼットを横幅の中央に配置して、寝室と趣味空間を分けている。カウンターの端に設置した洗面台は、朝の身支度に重宝する

明るく広い玄関ホールに
ポーチで靴を脱ぎ、玄関ドアを開けるとホール。両親に配慮しベンチを設置した

日差しを受け止める配置に
リタイアした両親が、一日中、日差しの中で暮らせるように、建物を45度に折り曲げた

共用のリビング・ダイニングは両世帯が心地よい床座スタイル

グラフィックデザイナーとテキスタルデザイナーの夫妻が建てた二世帯住宅。緑豊かな郊外で、敷地に余裕があったため、家で過ごすことの多い両親をおもんばかって、プランを45度折り曲げ、一日中、陽が当たる住まいをつくった。朝は、明るい陽が差し込む和室の前の広縁に座って新聞を読み、午後、お陽様が西のほうへ回ってきたら、陽が差し込むLDKで快適に過ごすことができる。

デザイナーの建て主からの要望は、「ソファーセットを置くような在り来たりな部屋ではなく、自分たちらしい空間にしたい」ということだった。世代の違う両世帯が心から安らげる場とは――心地よさを追求した結果、共用のLDは床座スタイルに。目線を考慮して、対面式キッチンの床を下げ、コミュニケーションを重視する一方で、子世帯がこだわったのは、食事時間が異なり、料理を別々につくるときがあるので、「専用の冷蔵庫をもちたい」ということ。収納棚の両側にそれぞれの冷蔵庫が置かれている。二世帯住宅では、はじめから遠慮しないで分ける勇気と、無駄にならない共用化が必要である。

［青木恵美子］

玄関＋水廻り共用プラン

［キッチン、または浴室を分ける］

水廻りの音に配慮

親世帯と子世帯で、キッチンあるいは浴室といった水廻りを別々に設ける「少し分離」プランでは、生活音が問題になりがちです。具体的には、遅い帰宅時の玄関ドアの開閉音や深夜の入浴でお湯を流す音のように、お互いの生活時間の違いから生じる音、上階の足音や壁を通して聞こえてくる音など空間構成から生じる音です。音には大きく分けて、テレビの音や話し声のように空気の振動として伝わる「空気伝播音」と、足音や物を落としたときのように物体の振動として伝わる「固体伝播音」があります。この対策としては、天井・床を複層構造にすることや、遮音フローリング・遮音シートなどを使用する工法的な解決、そして寝室に隣接して浴室を設けないようにするといったプラン上の解決方法があります。

みんなが使うスペースは なるべく広く、充実させる

玄関や水廻りなどが共用スペースになる場合は、なるべく広く充実した空間にします。たとえば玄関にシューズクロークを設けて内玄関としたり、浴室に大きな窓と坪庭を設けて露天風呂の気分が味わえるようにするのも一案です。また、共用となるメインのキッチンや浴室以外に、ミニキッチンやシャワー室を設置しておけば、生活時間帯の違いから生じる不便や気兼ねを減らすことができます。

ほどよい距離感を生む

私の経験では、「少し分離」プランを希望する家族は、経済的な事情、介護の問題といった消極的な理由というより、親・子・孫世代がともに暮らし、「関わる」「関わらない」を意識的にとらえることで得られる幸せがあると考える人たちが多いようです。

その実現のためには、ほどよい距離感を保つことが大切になります。具体的には、みんなが集まる空間は単純な四角形にせず、T型やL型プランを取り入れるなど。こうすることで、一緒の空間にいても、見え隠れができ、ほどよい距離感が生まれます。断面的には、半階分ずれるスキップフロアや吹抜けの利用も有効です。天井を高くするとおおらかな気分になり、ほどよい距離をつくり出す重要な要素となります。

共用スペースの収納は 出し入れがしやすいフロー式に

2組の家族が一緒に住むのですから、当然、荷物が増えます。食器も本も装飾品も2軒分になります。親世帯と子世帯の好みが異なる場合は、共用のLDKで使う物や飾る物についても、十分に話し合って決めておきましょう。屋根裏収納や地下室倉庫を設けるのも一案ですが、物を運びにくい、出し入れが面倒など、計画を誤ると粗大ゴミ置き場になりかねません。共用の大型収納は、少なくとも年に何回か使うものや、季節ごとに出し入れするものを保管する「ストック収納」の場所とします。一方、普段の収納は、みんなに分かりやすいようにオープン棚にしたり、出し入れがしやすい「フロー収納」にするとよいでしょう。

［横山敦士］

Point ［少し分離］の設計手法

- 夜間に迷惑となる生活音を小さくする工夫を
- みんなが使う共用スペースは広めに
- キッチンや浴室は共用するメインのほか、専用のサブを設ける
- 家族が集まる場はほどよい距離感を生むT型・L型プランに
- 天井の高さがほどよい距離をつくり出す
- 二世帯共用のストック収納と出し入れしやすいフロー収納を設ける

Reference

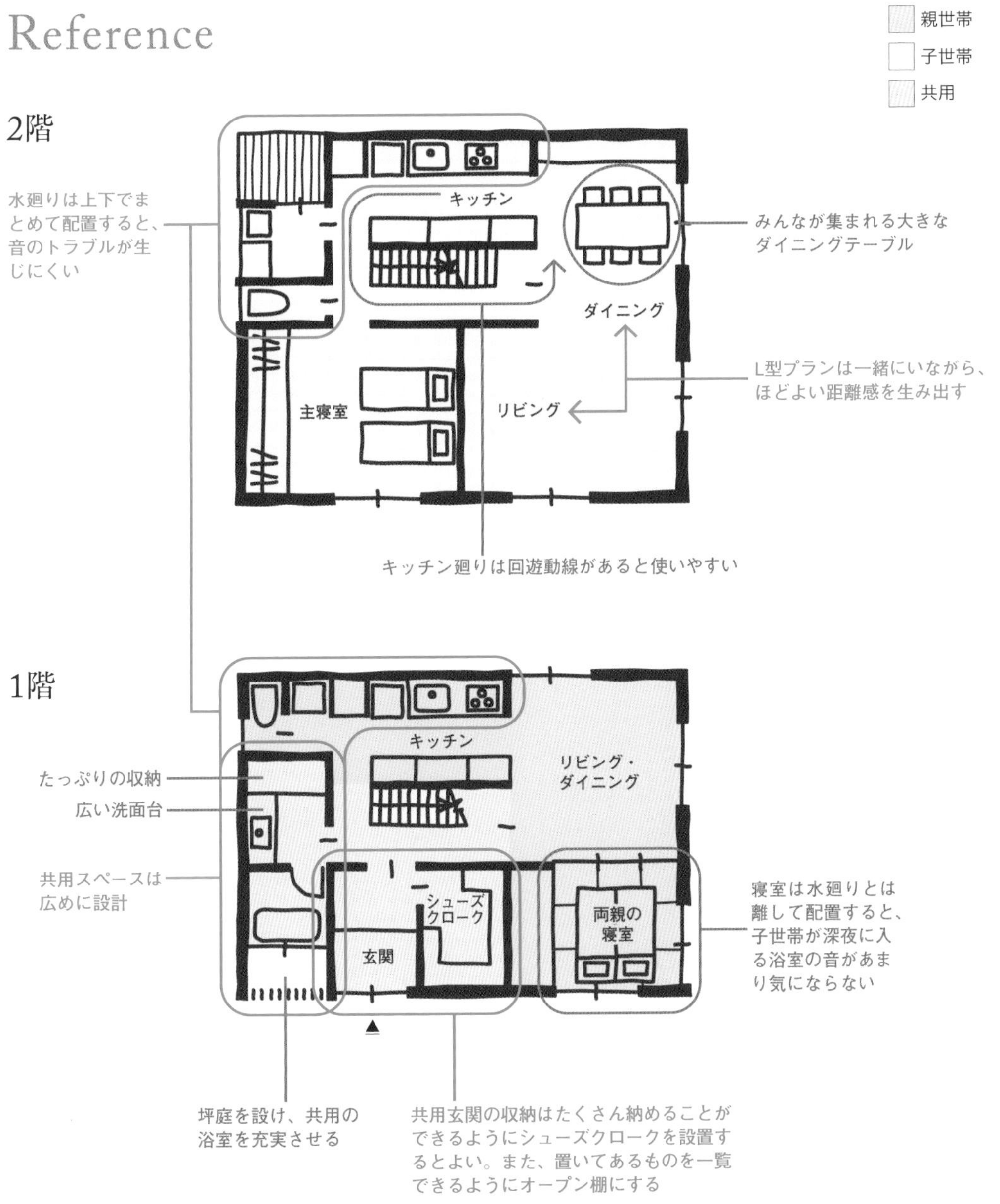
親世帯
子世帯
共用
2階
水廻りは上下でまとめて配置すると、音のトラブルが生じにくい
キッチン
みんなが集まれる大きなダイニングテーブル
ダイニング
L型プランは一緒にいながら、ほどよい距離感を生み出す
主寝室
リビング
キッチン廻りは回遊動線があると使いやすい
1階
キッチン
リビング・ダイニング
たっぷりの収納
広い洗面台
共用スペースは広めに設計
シューズクローク
玄関
両親の寝室
寝室は水廻りとは離して配置すると、子世帯が深夜に入る浴室の音があまり気にならない
坪庭を設け、共用の浴室を充実させる
共用玄関の収納はたくさん納めることができるようにシューズクロークを設置するとよい。また、置いてあるものを一覧できるようにオープン棚にする

玄関＋水廻り共用プラン

階段を中央に設けなにげない交流を促す

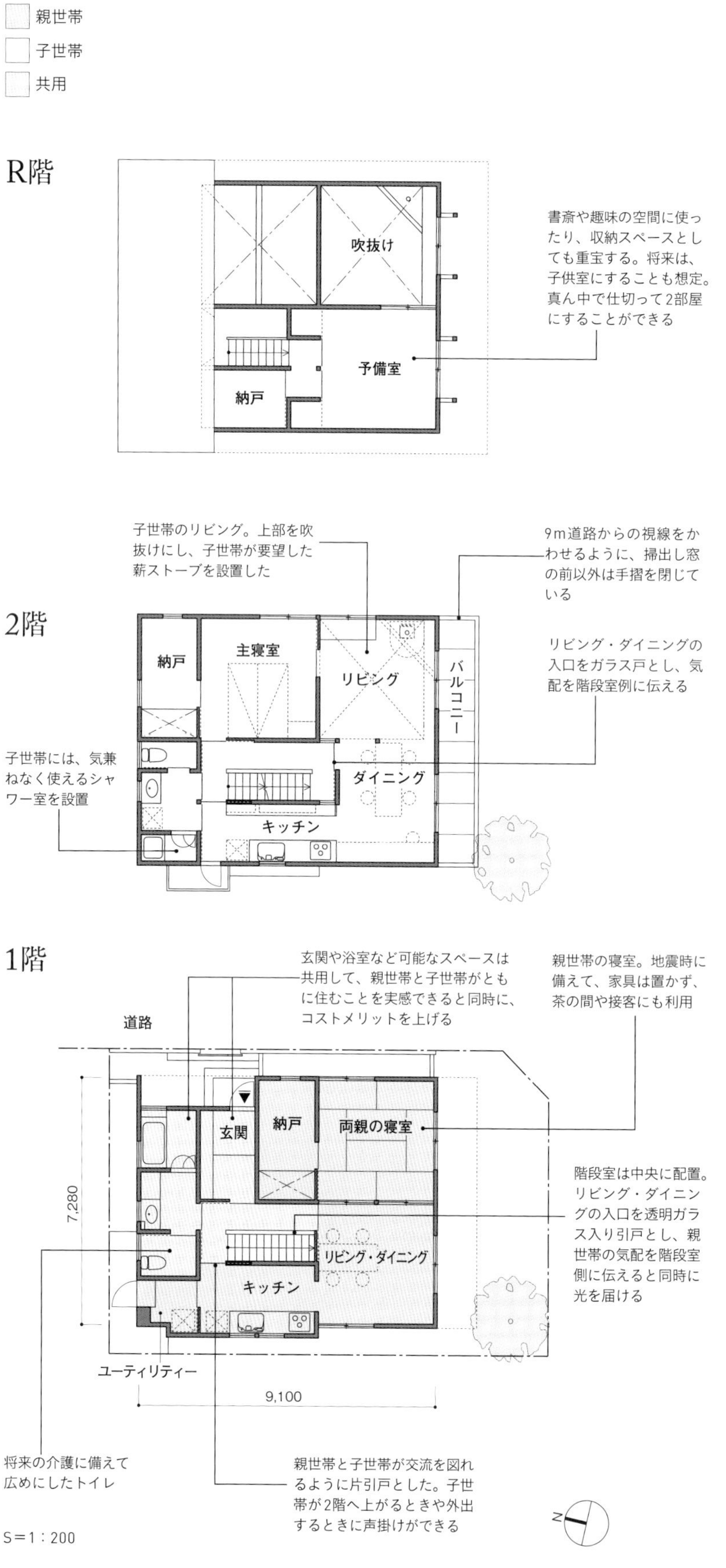

親世帯
子世帯
共用
R階
吹抜け
予備室
納戸
書斎や趣味の空間に使ったり、収納スペースとしても重宝する。将来は、子供室にすることも想定。真ん中で仕切って2部屋にすることができる
2階
子世帯のリビング。上部を吹抜けにし、子世帯が要望した薪ストーブを設置した
9m道路からの視線をかわせるように、掃出し窓の前以外は手摺を閉じている
納戸
主寝室
リビング
バルコニー
ダイニング
キッチン
リビング・ダイニングの入口をガラス戸とし、気配を階段室例に伝える
子世帯には、気兼ねなく使えるシャワー室を設置
1階
玄関や浴室など可能なスペースは共用して、親世帯と子世帯がともに住むことを実感できると同時に、コストメリットを上げる
親世帯の寝室。地震時に備えて、家具は置かず、茶の間や接客にも利用
道路
玄関
納戸
両親の寝室
リビング・ダイニング
キッチン
ユーティリティー
7,280
9,100
階段室は中央に配置。リビング・ダイニングの入口を透明ガラス入り引戸とし、親世帯の気配を階段室側に伝えると同時に光を届ける
将来の介護に備えて広めにしたトイレ
親世帯と子世帯が交流を図れるように片引戸とした。子世帯が2階へ上がるときや外出するときに声掛けができる
S＝1：200
N

建築概要
所在地：神奈川県相模原市
敷地面積：120.06㎡
延床面積：160.023㎡
設計：野口泰司建築工房

竣工時の家族構成

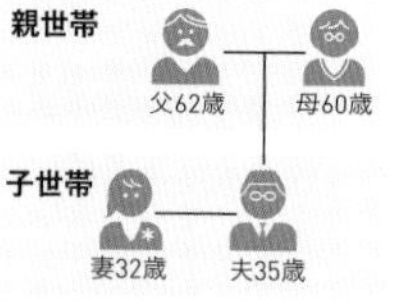

親世帯
父62歳
母60歳
子世帯
妻32歳
夫35歳

子世帯のリビングに薪ストーブを設置
高窓の設置により、明るさと開放感が得られる。薪ストーブの煙突が空間の伸びやかさを演出する

親世帯の寝室をリビング・ダイニングに隣接させる
茶の間としても使えるように、手前のリビング・ダイニングと同じ明るい漆喰壁で仕上げた。家具は左手に隣接する納戸に収納

共用の玄関から2階の子世帯スペースへ
子世帯は玄関からガラス戸（左手）を通り2階へ上がる。お互いの気配が伝わるように、親世帯リビング・ダイニングの入口も透明ガラス入り引戸（正面）にした

2階を子世帯のリビング・ダイニングに
柱や梁を見せる真壁工法や、木の内装仕上げが安らぎをもたらす。掃出し窓の先はバルコニー

玄関共用の上下分離型二世帯住宅に
玄関へは東側道路からアクセスする。外壁と同材料の塀に、インターフォンを並べて配置。1階が親世帯、2階が子世帯のゾーン

気配を伝えるガラス戸や声を掛け合える動線を設ける

建て主から、1階を親世帯、2階を子世帯として住み分け、各部屋は広く、できれば子世帯スペースに薪ストーブを設置したいとの要望があった。

9mの南側道路と4・25mの東側道路の角地にあり、南北にやや長い敷地形状から、正方形に近いプランとし、各階（各世帯）ともほぼ中央に階段室、南側にリビング・ダイニングを配した。玄関は東側に設け、南庭を確保、2階にはバルコニーを設置した。

窓をもたない階段ホールは、最上階に設けたハイサイドライトから光を取り入れ、蹴込み板のないスケルトン階段を通じて明るさを得た。さらに各階のリビング・ダイニングの入口を透明ガラス入り引戸にして、光を取り入れた。このガラス戸は主たる共用動線である階段室に対して閉じることなく、両世帯の気配を伝える重要な役目も担っている。

中央の階段廻りをサーキュレイトする動線は、各部屋への行き来を容易にしている。また、子世帯が2階に上がる階段の昇り口に、親世帯のキッチン入口を設けて、声を掛け合える絶妙な関係をつくった。

［野口泰司］

玄関＋水廻り共用プラン

三世代で住み世代交代に備える

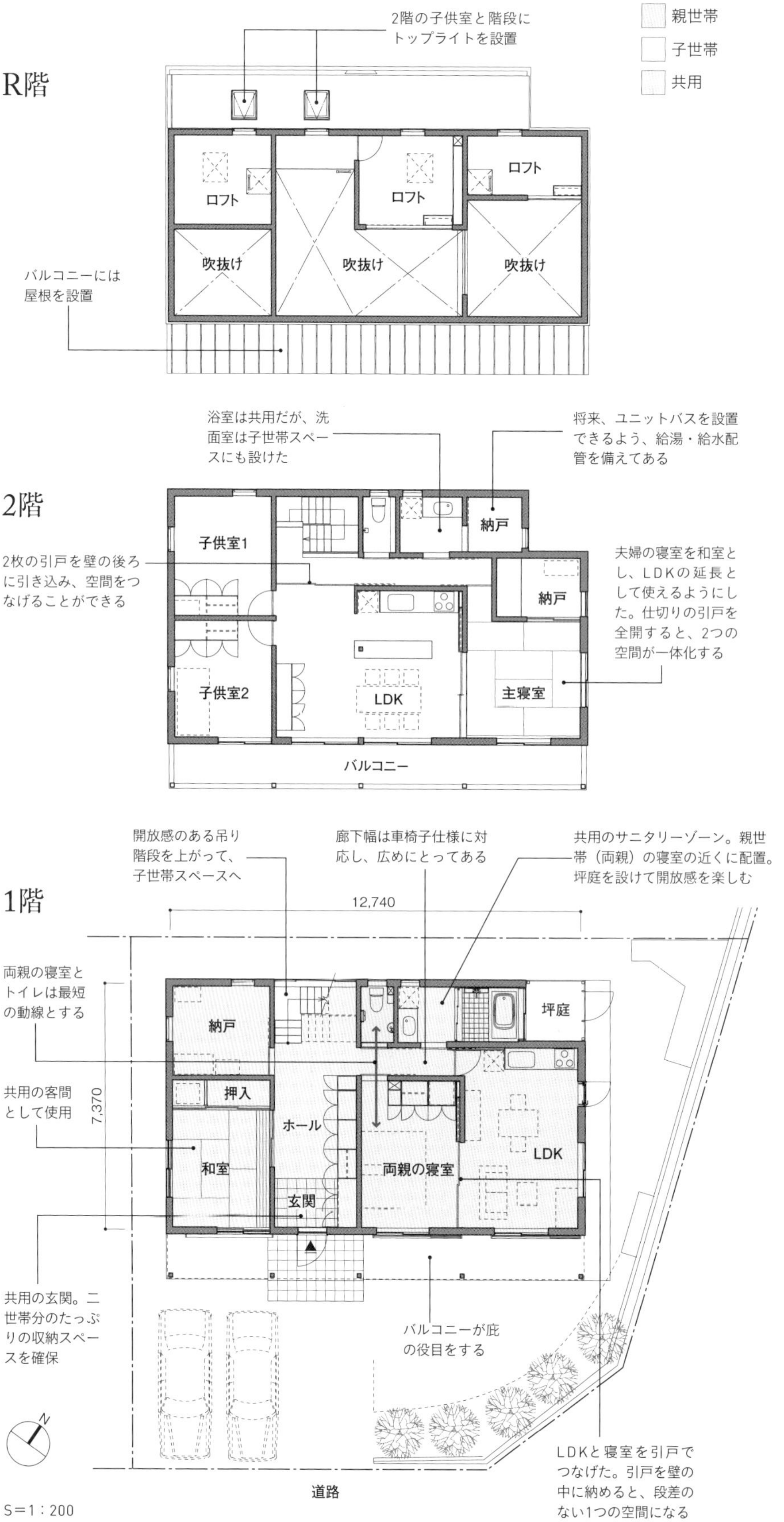
親世帯
子世帯
共用
R階
2階の子供室と階段にトップライトを設置
ロフト
ロフト
ロフト
吹抜け
吹抜け
吹抜け
バルコニーには屋根を設置
2階
浴室は共用だが、洗面室は子世帯スペースにも設けた
将来、ユニットバスを設置できるよう、給湯・給水配管を備えてある
子供室1
納戸
2枚の引戸を壁の後ろに引き込み、空間をつなげることができる
納戸
夫婦の寝室を和室とし、LDKの延長として使えるようにした。仕切りの引戸を全開すると、2つの空間が一体化する
子供室2
LDK
主寝室
バルコニー
1階
開放感のある吊り階段を上がって、子世帯スペースへ
廊下幅は車椅子仕様に対応し、広めにとってある
共用のサニタリーゾーン。親世帯（両親）の寝室の近くに配置。坪庭を設けて開放感を楽しむ
12,740
両親の寝室とトイレは最短の動線とする
納戸
坪庭
7,370
共用の客間として使用
押入
ホール
LDK
和室
両親の寝室
玄関
共用の玄関。二世帯分のたっぷりの収納スペースを確保
バルコニーが庇の役目をする
LDKと寝室を引戸でつなげた。引戸を壁の中に納めると、段差のない1つの空間になる
N
道路
S＝1：200

建築概要

所在地：神奈川県川崎市
敷地面積：261.16㎡
延床面積：212.12㎡
設計：アーキキャラバン建築設計事務所

竣工時の家族構成

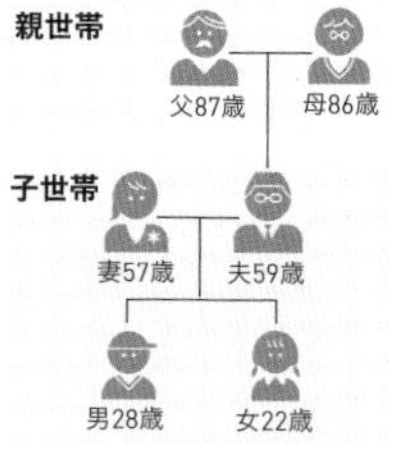
親世帯
父87歳
母86歳
子世帯
妻57歳
夫59歳
男28歳
女22歳

子世帯の主寝室をＬＤＫの延長空間に
天井高のある勾配天井の主寝室とLDKは、引込み戸を開放すれば広く伸びやかな空間となり、一体として使用できる

ロフトへ空間がつながる
階段ホールとの引戸を開け放すとリビング・ダイニングと一体となると同時に、ロフトや高窓への空気の流れが生み出される

片流れ屋根が印象的
2階のＬＤＫ・主寝室の勾配天井のダイナミックさを伝える東側外観

2階の南側全体にバルコニーを
室内の床と同レベルのバルコニーは、1階にとっては軒となる

共用玄関は壁面収納ですっきりと
家族6人が使用する共用の玄関。天井までの造り付け収納と納戸（右手前）を確保した

光と空気を通す吊り階段を設置
玄関ドアを入ると正面に階段が見える。光と空気の抜けを損なわない吊り階段なので、北側とは思えないほど明るい

三世代の絶妙な家族関係を受け継いでいく

建て替える前の家では、80代の祖父母から20代の孫までの3世代6人が、1階と2階に分かれ、支え合いつつ自立した生活をしていた。足が不自由で車椅子を使う祖父を祖母がサポートし、耳が少し遠い祖母を孫がサポートする。大家族のなかでごく当たり前に、それが行われていた。

新居は二世帯の生活の場を1階、2階に分離しつつ、玄関・客間・納戸・浴室を共用するプランである。親世帯には、夫の姉がよく訪れるので、玄関脇の和室はこうした来訪時に活用されることを想定している。また子世帯とはいえ2人の孫も成人であり、来るべく世代交代に備え、新たな家族形態となったときには、2階の納戸部分にユニットバスを設置できるよう、給水・給湯の配管をあらかじめ施工した。

祖父の建てた家を孫が住まい手となり、二世帯住宅に建て替えるという計画であったが、竣工時に孫が祖父をおぶって、家中を見せたというエピソードが印象に残っている。現在は祖父が他界し、長男（孫）は結婚、独立したため、親世帯は祖母が、子世帯は夫婦と次女の3人が生活している。 ［神田雅子／服部郁子］

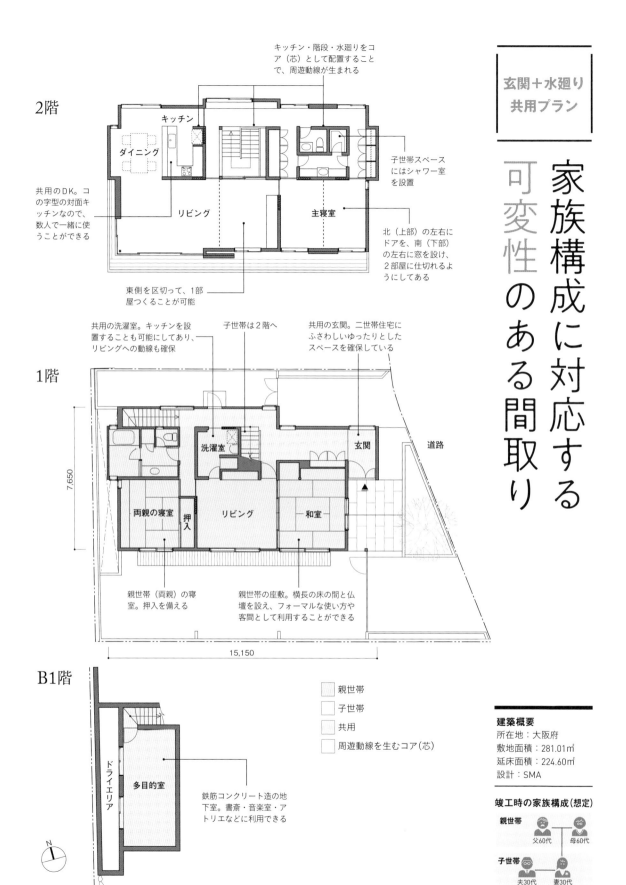

玄関＋水廻り共用プラン

家族構成に対応する可変性のある間取り

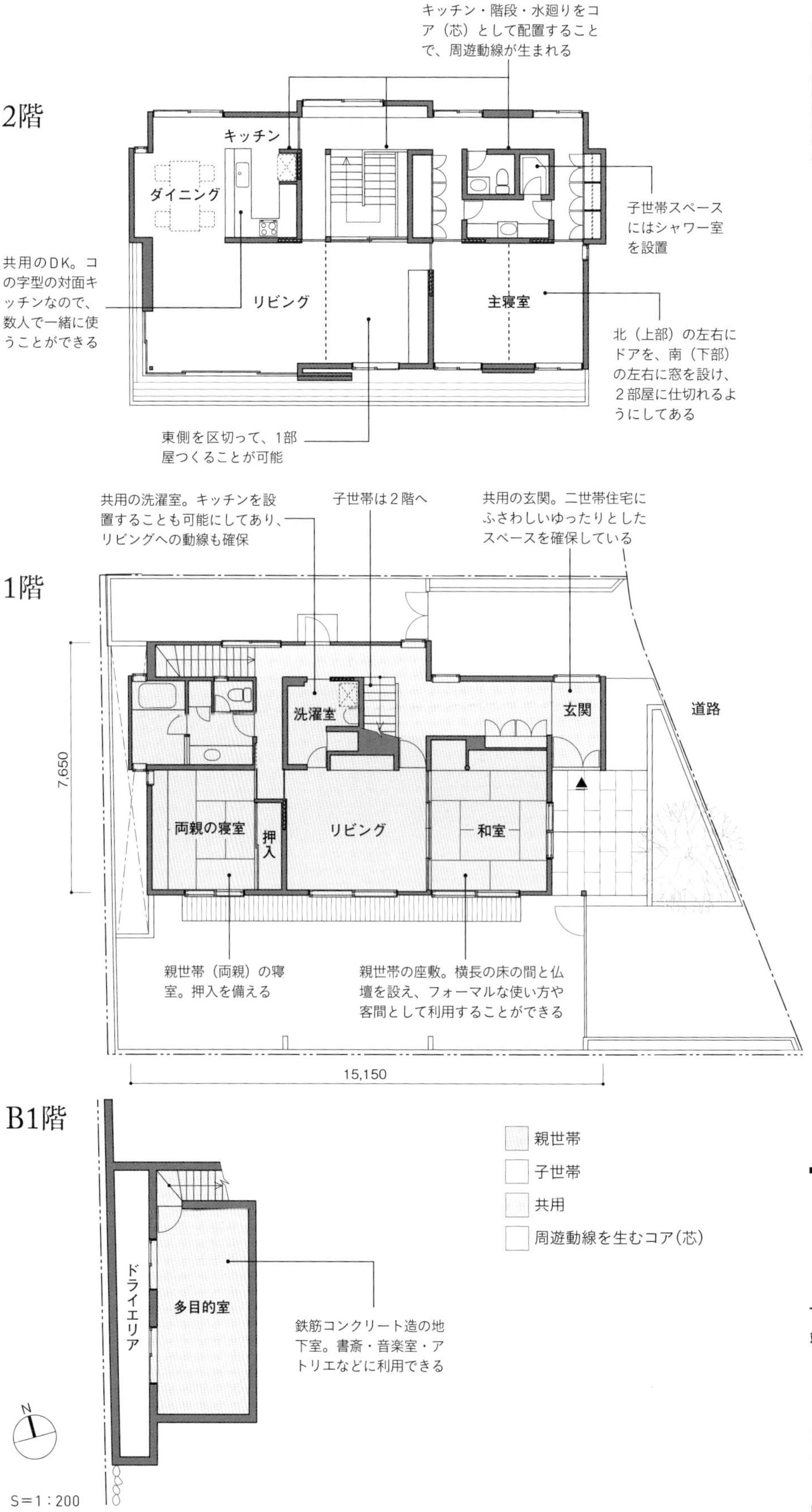
2階
キッチン・階段・水廻りをコア（芯）として配置することで、周遊動線が生まれる
キッチン
ダイニング
子世帯スペースにはシャワー室を設置
共用のDK。コの字型の対面キッチンなので、数人で一緒に使うことができる
リビング
主寝室
北（上部）の左右にドアを、南（下部）の左右に窓を設け、2部屋に仕切れるようにしてある
東側を区切って、1部屋つくることが可能
1階
共用の洗濯室。キッチンを設置することも可能にしてあり、リビングへの動線も確保
子世帯は2階へ
共用の玄関。二世帯住宅にふさわしいゆったりとしたスペースを確保している
洗濯室
玄関
道路
7,650
両親の寝室
押入
リビング
和室
親世帯（両親）の寝室。押入を備える
親世帯の座敷。横長の床の間と仏壇を設え、フォーマルな使い方や客間として利用することができる
15,150
B1階
親世帯
子世帯
共用
周遊動線を生むコア（芯）
ドライエリア
多目的室
鉄筋コンクリート造の地下室。書斎・音楽室・アトリエなどに利用できる
N
S＝1：200

建築概要
所在地：大阪府
敷地面積：281.01㎡
延床面積：224.60㎡
設計：SMA

竣工時の家族構成(想定)

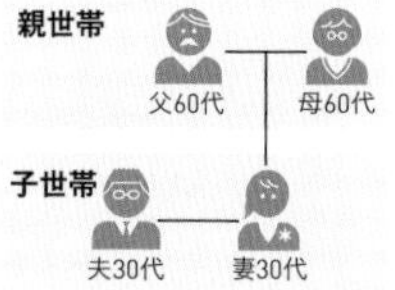
親世帯
父60代
母60代
子世帯
夫30代
妻30代

2階の子世帯のリビングは基本的には広く使い、必要に応じて間仕切る
2階南側の子世帯のリビングと寝室は、さらに間仕切ることでリビングと寝室を3部屋つくることができる。そのためのアクセス動線と開口部をあらかじめ用意している

連続する親世帯の居室と外部を一体化
1階の親世帯のリビングと座敷。幅いっぱいの引戸により内部が連続し、大きな開口部で庭へとつながっていく

和と洋が調和したデザインで街になじませる
深い軒の水平線／和のデザインと、高い壁の垂直線／洋のデザインで構成し、周辺環境になじむ端正なたたずまいの外観に

写真：新建築社写真部

周遊性のある動線が可変性のある間取りを可能に

デベロッパーと協同で、閑静な住宅地に「建売住宅」を建てることになった。したがって、住まい手の家族構成などは未定だったが、建物の面積規模が大きいことから三世代の居住を想定し、二世帯住居のプロトタイプとして計画した。

各世帯のスペースはおおまかに1階、2階で区分しているが、初期設定では玄関ホール／1階浴室／2階キッチンを共用しているので、当初の共有・専有関係は「ゆるい」ものになっている。ただし、2階のサニタリーにはシャワーを設備しており、1階にもキッチンを増設するスペースを確保してあることから、もっとハッキリした専有関係に移行することが可能である。

さらに家族構成の変化に対して、それに適宜呼応できるように、2階の間取りに可変性を「仕掛け」ている。具体的には、初期の1寝室から、最大で3寝室までの間仕切りが可能である。2階平面で、キッチン／階段／水廻りをコア（芯）として配置することで、周遊動線が生まれているが、これが空間的な連続性と間取りの可変性を「仕掛け」ている。

［増田奏］

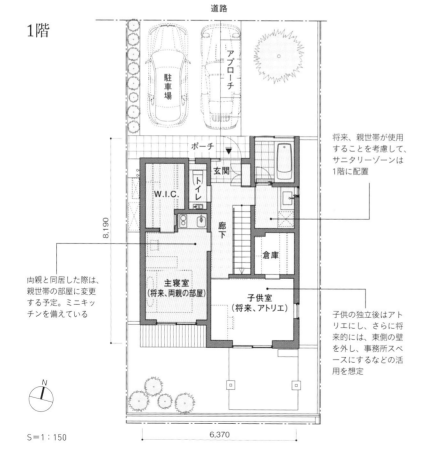

将来的には両親との同居を想定

親世帯
子世帯
共用

2階

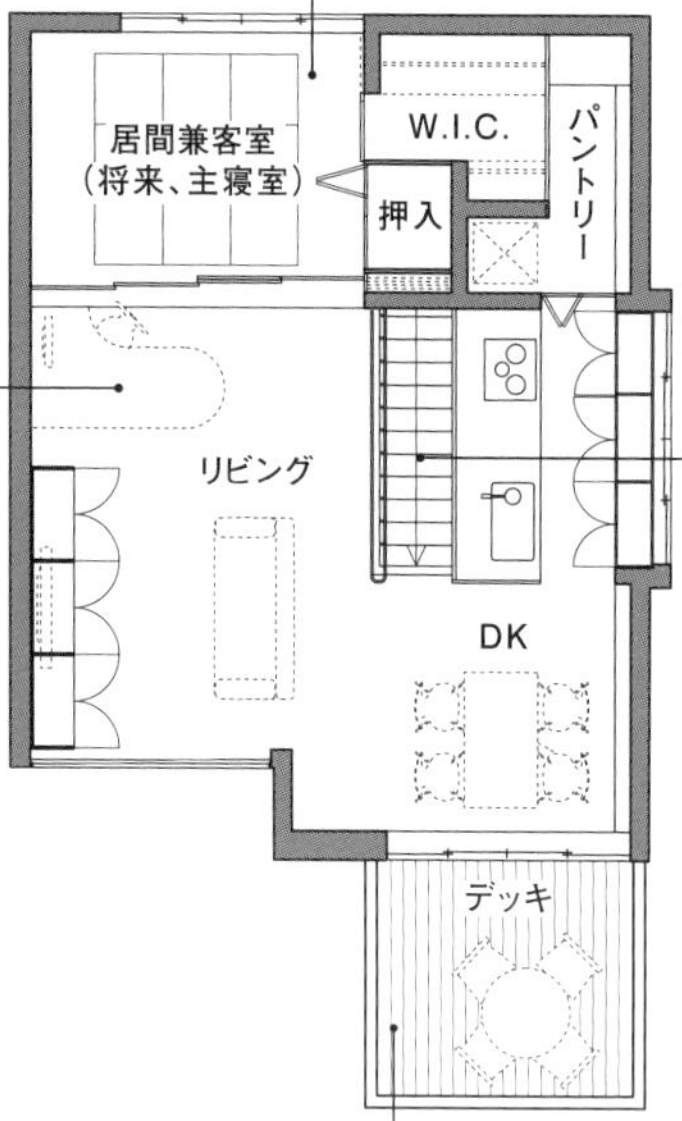
居間兼客室
（将来、主寝室）
W.I.C.
パントリー
押入
リビング
DK
デッキ

引戸で仕切ることができるので、客間などさまざまな用途に使用可能。将来、建て主の寝室として使うことを想定して、ウォークインクロゼットを設置した

建て主のワークスペース。南側のリビングの大きな窓には、近隣の屋根越しに見える山と空が広がる

中央の階段室を囲むかたちで、キッチンやダイニング、リビングを配置

サブダイニングとして使えるデッキ。腰壁を板張りとし、開放感を得ながらプライバシーを確保

1階

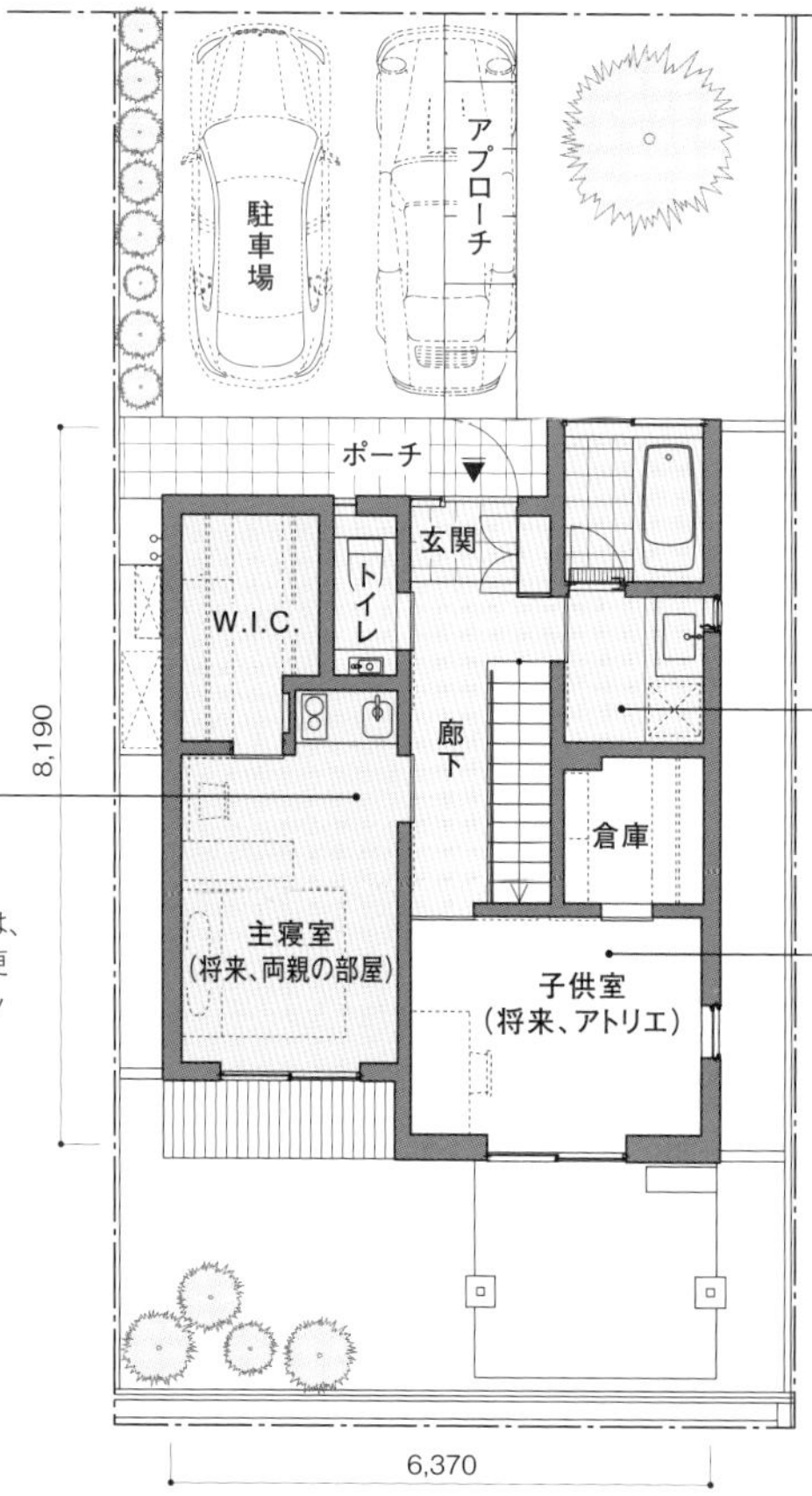
道路
駐車場
アプローチ
ポーチ
玄関
トイレ
W.I.C.
廊下
倉庫
主寝室
（将来、両親の部屋）
子供室
（将来、アトリエ）
8,190
6,370
N

将来、親世帯が使用することを考慮して、サニタリーゾーンは1階に配置

両親と同居した際は、親世帯の部屋に変更する予定。ミニキッチンを備えている

子供の独立後はアトリエにし、さらに将来的には、東側の壁を外し、事務所スペースにするなどの活用を想定

S＝1：150

建築概要
所在地：神奈川県横浜市
敷地面積：128.29㎡
延床面積：95.84㎡
設計：中村高淑建築設計事務所

竣工時の家族構成

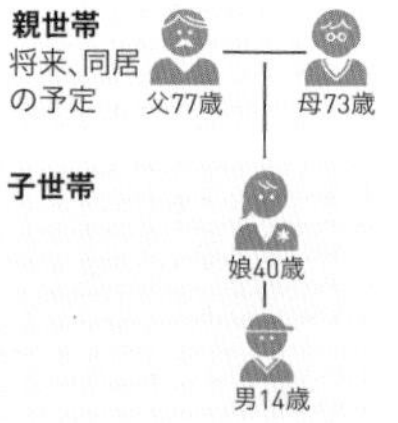
親世帯
将来、同居の予定
父77歳
母73歳
子世帯
娘40歳
男14歳

二世帯が集うＬＤＫは広く明るく
天井が高くなっているので、より開放感が増す。リビングの大きな窓には、隣家の屋根越しに見える山と空が広がる。ダイニングの壁にはコレクションのミニカーが飾られている

白い外壁に庭の樹木が映える
外観＆エクステリアは建て主の人柄をイメージしたデザイン。清楚で品があるなかに優しさを醸す

リビングは三世代が思い思いに過ごす場
広々としたリビングの中央にある建て主のワークデスクが、ホームパーティではテーブルとして重宝する

リビングの奥は多目的に使える和空間に
当面はリビングの延長として、また客間スペースとして活用。正面の黒い壁の後ろに納まっている4枚戸を引き出せば個室として使える。将来、両親と同居する際は、建て主の寝室になる

寝室にミニキッチンを設置
当面は建て主が寝室として使うが、将来、両親の部屋になることを想定し、ミニキッチンを設置してある

同居に備えサニタリーを1階に 寝室にはミニキッチンを併設

アートディレクターのシングルマザーと息子の2人家族だが、両親との同居を想定して設計した。

敷地は南側がひな壇状になった小高い丘の住宅地にあり、周囲にはまだ自然が残る。この恵まれた立地を生かしながら、ホームパーティを開きたいという建て主の要望をかなえた2階のLDKが、この家の見せ場だ。家の中央に階段室を配置し、そのまわりにLDKをプランニング。デッキへとスペースを広げ、明るく開放的な空間としている。

普段、建て主は快適なリビングをワークスペースにも利用し、息子はLDKに隣接した和空間で宿題を済ます。デザインだけでなく、機能性に重点をおいたこの家は、現在でも多様に使えるが、将来は二世帯住宅として使用可能だ。

和空間が子世帯の主寝室となり、現在の主寝室を親世帯の部屋に変更する。それを考慮してサニタリーゾーンを1階にまとめ、ミニキッチンを備え、使いやすい高齢者の居住環境を計画。同居への備えは、用途変更に応じて必要となる要素や、動線プランを構築することが大切である。　［中村高淑］

玄関＋水廻り
共用プラン

都心の二世帯住宅は 光を共有する

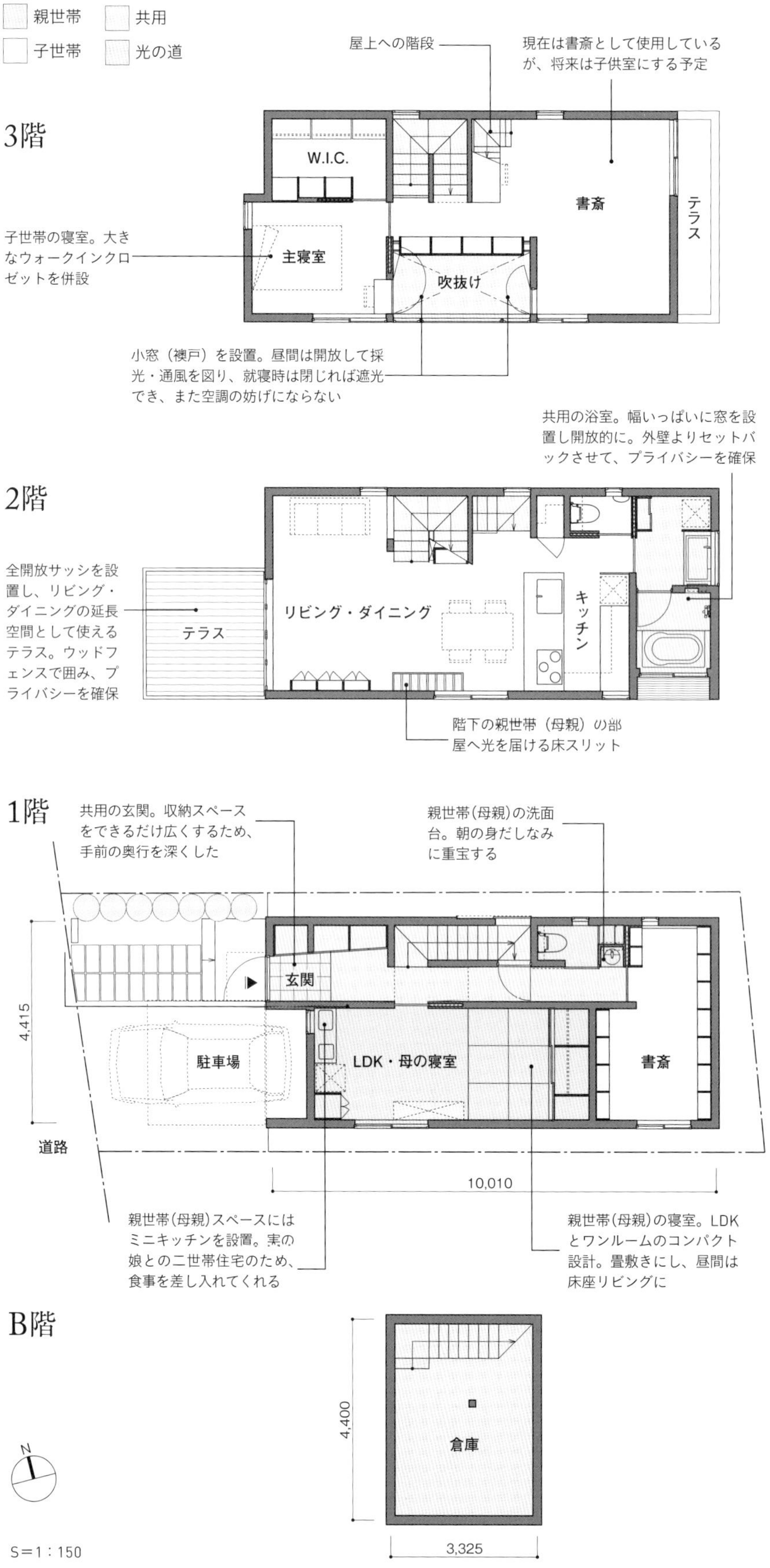

親世帯
子世帯
共用
光の道
3階
屋上への階段
現在は書斎として使用しているが、将来は子供室にする予定
W.I.C.
書斎
テラス
子世帯の寝室。大きなウォークインクロゼットを併設
主寝室
吹抜け
小窓（襖戸）を設置。昼間は開放して採光・通風を図り、就寝時は閉じれば遮光でき、また空調の妨げにならない
2階
共用の浴室。幅いっぱいに窓を設置し開放的に。外壁よりセットバックさせて、プライバシーを確保
全開放サッシを設置し、リビング・ダイニングの延長空間として使えるテラス。ウッドフェンスで囲み、プライバシーを確保
テラス
リビング・ダイニング
キッチン
階下の親世帯（母親）の部屋へ光を届ける床スリット
1階
共用の玄関。収納スペースをできるだけ広くするため、手前の奥行を深くした
親世帯(母親)の洗面台。朝の身だしなみに重宝する
玄関
4,415
駐車場
LDK・母の寝室
書斎
道路
10,010
親世帯(母親)スペースにはミニキッチンを設置。実の娘との二世帯住宅のため、食事を差し入れてくれる
親世帯(母親)の寝室。LDKとワンルームのコンパクト設計。畳敷きにし、昼間は床座リビングに
B階
4,400
倉庫
3,325
N
S＝1：150

建築概要

所在地：東京都世田谷区
敷地面積：86.45㎡
延床面積：137.42㎡
設計：北川裕記建築設計

竣工時の家族構成

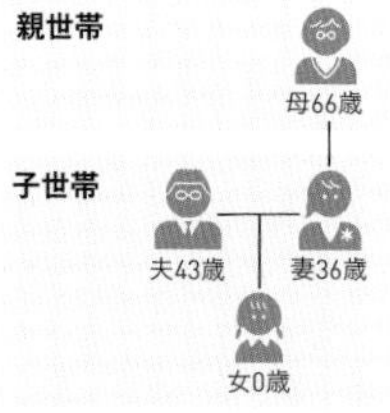

親世帯
母66歳
子世帯
夫43歳
妻36歳
女0歳

シンプルな箱型のフォルム
プライバシーを保つため、道路側の窓は少なく小さく抑えた。テラスの下をカーポートに活用

3階の光を1階に届ける光の道をつくる
吹抜けとスケルトン階段により明るく開放的な2階のLDK。ウッドフェンスで囲んだテラスへつながる。3階の吹抜けの大きな窓から降り注ぐ光は床スリットを通り1階へ届く

吹抜け側に小窓を設け、寝室と子供室をつなげる
3階の主寝室から吹抜けの奥の書斎(将来の子供室)を見る。就寝時や空調時は小窓を閉める。吹抜けの南側に並ぶ窓から光を採り入れ階下に光を届ける

リビング・ダイニングと階段の吹抜けで2階と3階が一体化
2階リビング・ダイニングから吹抜けを見上げる。細長い空間の中央部に設けた吹抜けと階段の間はブリッジのよう。光が通るように収納棚を吊り下げている

写真：平井広行

高窓を設け光の道をつくり3階から1階に届ける

妻の母親との二世帯住宅である。都心の住宅地に多い細長の狭小敷地のため、建物を縦に伸ばして広い住空間を確保。地下1階地上3階の4層構成とした。

二世帯が求めたたっぷりの収納スペースは地下に設け、1階を親世帯（母親）、2階と3階を子世帯のスペースに。玄関と浴室は共用だが、キッチンは両世帯に設置した。母親のキッチンはミニタイプに抑え、子世帯のLDKは大きなワンルームとし、両世帯が集えるようにした。その対面式キッチンの奥に、共用の浴室を設けている。

西側の道路を除く三方に隣家が迫っているため、採光、通風の工夫も重要な課題となった。2階のリビング・ダイニングの吹抜け上部に高窓を配置し、床にはポリカーボネート敷きのスリットを設置。高窓から取り込まれた陽光は3階に降り注ぎ、吹抜けや階段、スリットを抜け、1階の母親の部屋まで届く。2階のLD上部を見上げると、階段と収納棚は、まるで天井から吊り下げられ、吹抜けにブリッジが掛かっているようで、空間の伸びやかさに、実際以上の広さを感じる。

［北川裕記］

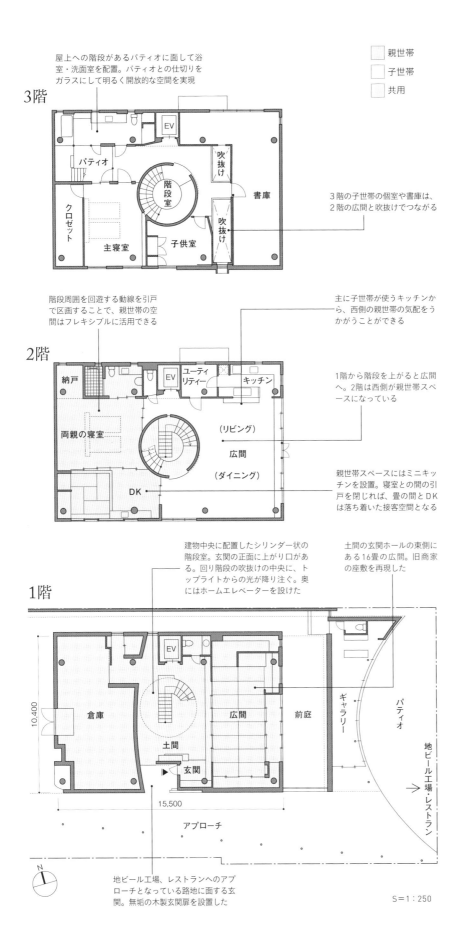

玄関＋水廻り共用プラン

親世帯の居室を広間に隣接させた三世代同居

親世帯
子世帯
共用

3階

屋上への階段があるパティオに面して浴室・洗面室を配置。パティオとの仕切りをガラスにして明るく開放的な空間を実現

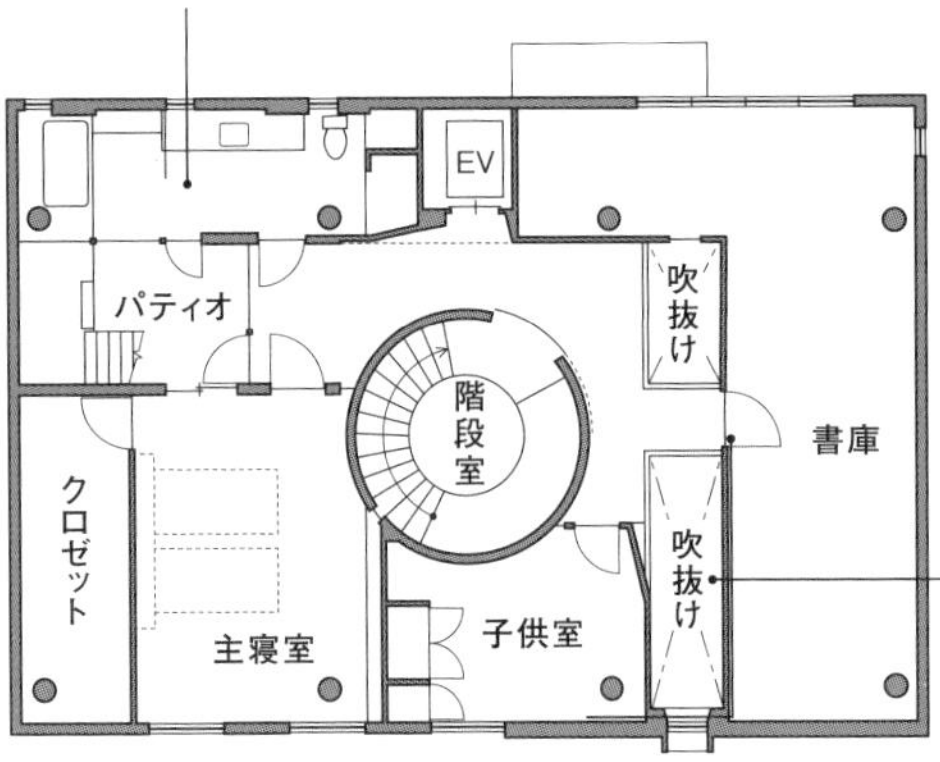

EV
パティオ
吹抜け
階段室
書庫
クロゼット
主寝室
子供室
吹抜け

3階の子世帯の個室や書庫は、2階の広間と吹抜けでつながる

2階

階段周囲を回遊する動線を引戸で区画することで、親世帯の空間はフレキシブルに活用できる

主に子世帯が使うキッチンから、西側の親世帯の気配をうかがうことができる

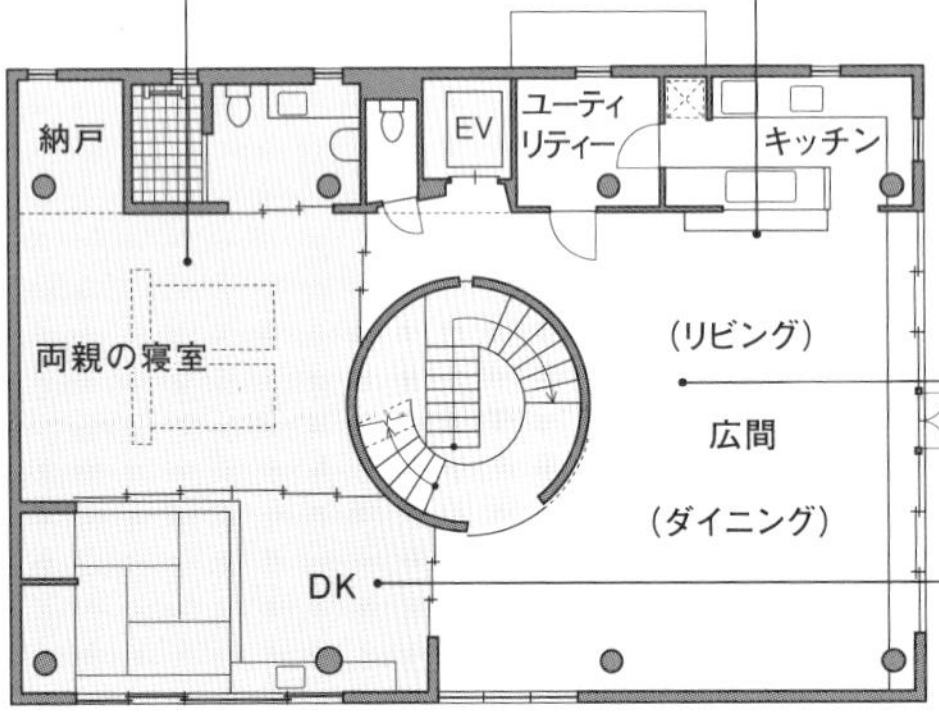

納戸
EV
ユーティリティー
キッチン
両親の寝室
（リビング）
広間
（ダイニング）
DK

1階から階段を上がると広間へ。2階は西側が親世帯スペースになっている

親世帯スペースにはミニキッチンを設置。寝室との間の引戸を閉じれば、畳の間とDKは落ち着いた接客空間となる

1階

建物中央に配置したシリンダー状の階段室。玄関の正面に上がり口がある。回り階段の吹抜けの中央に、トップライトからの光が降り注ぐ。奥にはホームエレベーターを設けた

土間の玄関ホールの東側にある16畳の広間。旧商家の座敷を再現した

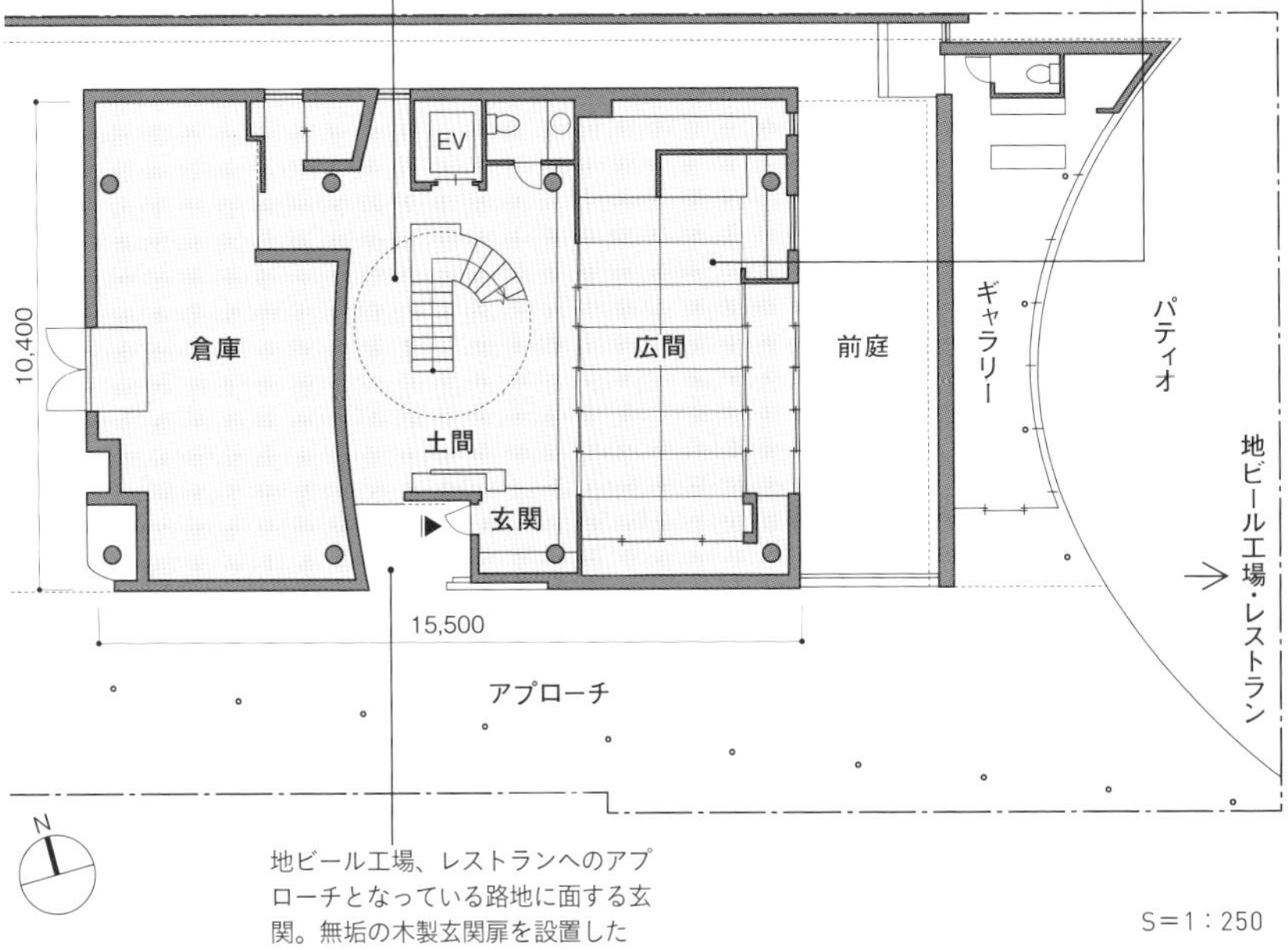

EV
10,400
倉庫
広間
前庭
ギャラリー
パティオ
土間
玄関
15,500
アプローチ
地ビール工場・レストラン
N

地ビール工場、レストランへのアプローチとなっている路地に面する玄関。無垢の木製玄関扉を設置した

S＝1：250

建築概要
所在地：秋田県秋田市
敷地面積：585.28㎡
延床面積：464.19㎡
設計：荻津郁夫建築設計事務所

竣工時の家族構成

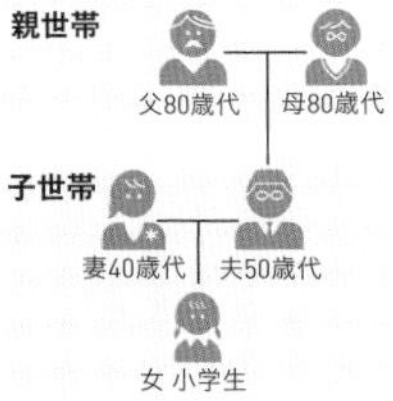

親世帯
父80歳代
母80歳代
子世帯
妻40歳代
夫50歳代
女 小学生

シリンダー状の階段室が
親世帯スペースと子世帯スペースを分節する左の引戸を開放すると、奥の親世帯のDKと手前の子世帯の広間が一体となる。右側子世帯のDKからは両親の寝室へ直接アクセスできる

商業ゾーンの中庭に面したシンプルなフォルム
1階の木製ルーバー部がギャラリー。右手は蔵をリニューアルしたレストラン

トップライトと正面スリットに照らし出される土間の玄関ホール
手前に玄関、奥にホームエレベーターがある。商業ゾーンのアプローチに連なり、1階は住宅内のセミパブリックな場となる

旧商家の座敷を再現
天井は杉小幅板、障子は古色塗、床の間は和紙張り。右手は前庭、左手は土間の玄関ホールへとつながる

1階土間へ光を導く
シリンダー状の吹抜けに沿って3階まで上がるらせん階段が、この住宅の見せ場。階段室の天井にはトップライトを設置

中央のシリンダー状の階段室で緩やかに空間を分割する

バリアフリーを必要とする80歳代の両親の生活を考え、元造酒屋の敷地に、地ビール工場を中心にした再開発プロジェクトの1つとして新築した住宅である。

1階は旧商家の座敷を再現する16畳の広間と蔵の収蔵品の倉庫とする。中央の土間の玄関ホールにはシリンダー状の吹抜けを設けた。トップライトから差し込む光がらせん階段を包み、日常の機能をもつ2階、3階へ導く。車椅子の移動のために住宅用エレベーターも設置した。

2階ではこのシリンダー状の壁が親世帯と子世帯の生活空間を分ける装置となる。西側親世帯スペースにはミニキッチンや浴室・トイレなど水廻りを設置。子世帯の広間から、気配はわかるが直接の視線は遮られる配置となっている。

3階の子世帯個室エリアはキッチンのある広間と吹抜けでつながっている。その西側に、屋上への階段を配置したパティオを設け、隣接するサニタリーゾーンに光を導く。

この住宅は商業ゾーンの中庭に面する建物正面にギャラリーを設け、街の賑わいに溶け込むとともに、住宅の静謐さを醸す、2つの趣をもつ。［荻津郁夫］

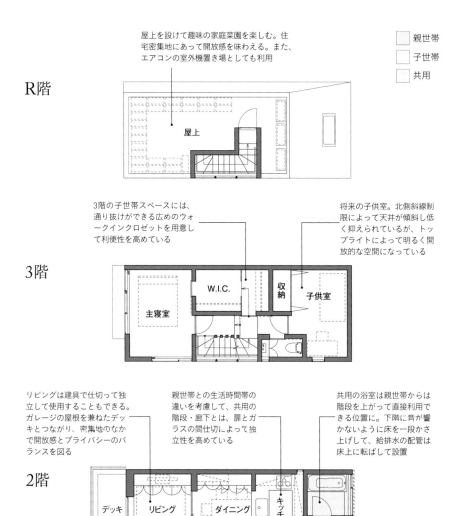

玄関＋水廻り
共用プラン

階段室の光のタワーで細長敷地の採光対策

親世帯
子世帯
共用

R階

屋上を設けて趣味の家庭菜園を楽しむ。住宅密集地にあって開放感を味わえる。また、エアコンの室外機置き場としても利用

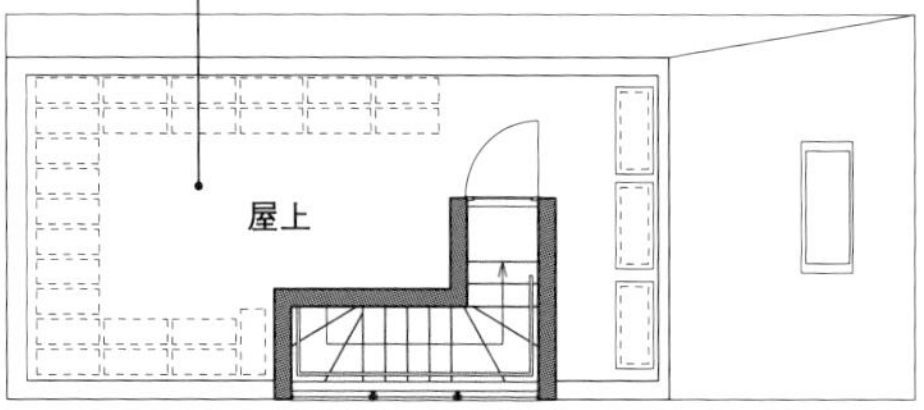
屋上

3階

3階の子世帯スペースには、通り抜けができる広めのウォークインクロゼットを用意して利便性を高めている

将来の子供室。北側斜線制限によって天井が傾斜し低く抑えられているが、トップライトによって明るく開放的な空間になっている

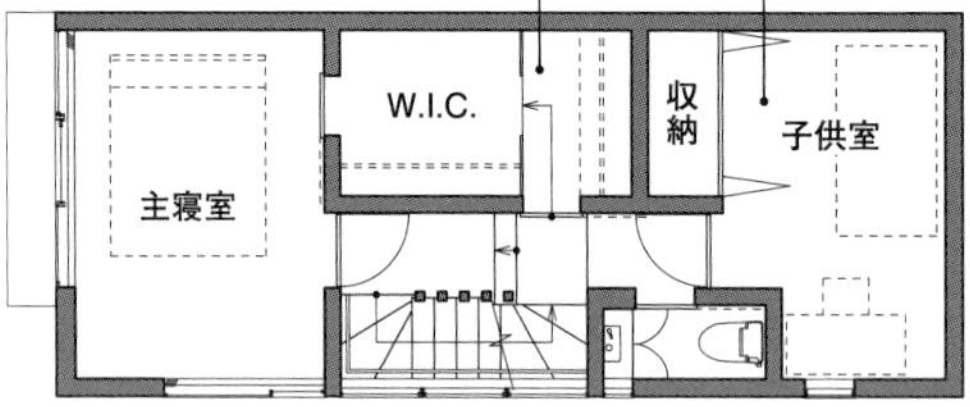
主寝室
W.I.C.
収納
子供室

2階

リビングは建具で仕切って独立して使用することもできる。ガレージの屋根を兼ねたデッキとつながり、密集地のなかで開放感とプライバシーのバランスを図る

親世帯との生活時間帯の違いを考慮して、共用の階段・廊下とは、扉とガラスの間仕切によって独立性を高めている

共用の浴室は親世帯からは階段を上がって直接利用できる位置に。下階に音が響かないように床を一段かさ上げして、給排水の配管は床上に転ばして設置

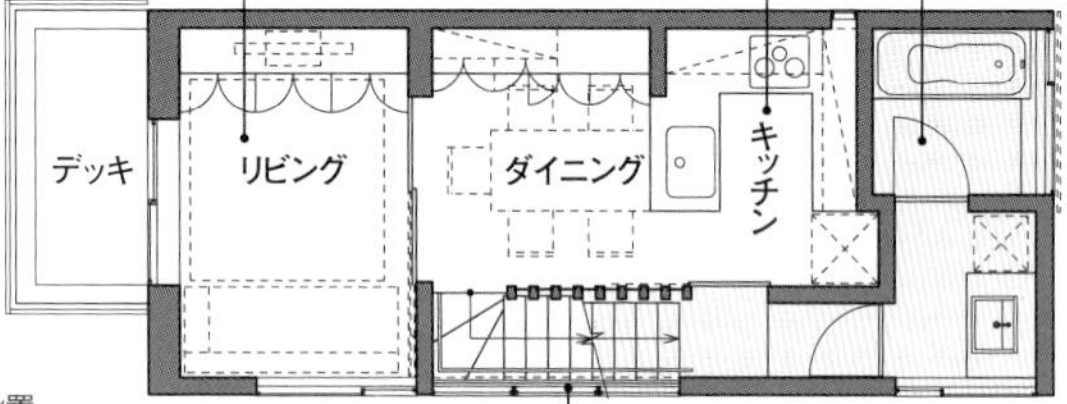
デッキ
リビング
ダイニング
キッチン

屋上までの窓を設置。スケルトンの階段を通して、室内や階下に午前中の光を採り入れる

1階

共用のシューズクローク。ベビーカーやゴルフの道具なども収納

親世帯のキッチン。子世帯とは別に食事をつくることができる。万が一、介護が必要になった場合には浴室に改築する予定

3,640
駐車場
ポーチ
クローク
玄関
キッチン
収納1
母親の寝室
押入
デッキ
道路
7,280

共用の玄関

狭小地ながらも駐車・駐輪スペースを確保。2階のデッキが張り出しているので、雨に濡れずに乗り降りできる

出入りのしやすい1階に母親の部屋を配置、デッキのある庭をもつ。キッチンを設置し、前室部分を設けてドアを二重にすることで玄関ドアの開閉音を軽減する

N

S＝1：150

建築概要
所在地：東京都板橋区
敷地面積： 61.57㎡
延床面積：104.65㎡
設計：unit-H 中村高淑建築設計事務所

竣工時の家族構成

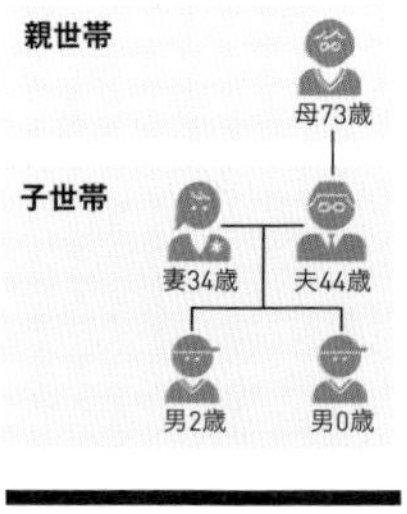
親世帯
母73歳
子世帯
妻34歳
夫44歳
男2歳
男0歳

ガラスの壁からＬＤＫに光を採り入れる
二世帯が集う2階のLDK。対面式キッチンで外を眺めながらの調理が可能。階段室との仕切りは、木の柱とその間にはめ込まれたガラス。リビングの天井高さを2,665㎜と高くし、開放感を高めた

狭小の細長敷地を最大限活用
敷地の間口は約4.4m、奥行は約14m。1階が玄関と親世帯スペース、2階がLDKとサニタリー、3階は子世帯の空間。屋上もある

母親の部屋はフローリング＋畳
1階の親世帯（母親）の部屋。中央部を畳敷きにしてフレキシブルに使えるようにした。北側になるがウッドデッキを設け視覚的広さを演出

階段室の東側全面に窓を配置
階段室は1〜3階、屋上塔屋まで吹抜け、東側の幅いっぱいに窓がとられている。光がスケルトンの階段の間を抜け、光のタワーとなる

トップライトを設置し将来子供室に利用
将来、子供室に使う予定の3階の部屋。北側の高度斜線の影響で斜め天井に。トップライトにより採光を確保し、開放感を高めた

光のタワーとガラスの壁で窓のない1階に光を届ける

敷地面積が19坪弱の狭小地に建つ、3階建ての二世帯住宅。1階に、キッチンとフレキシブルに使える和空間、その先につながるデッキを設けた73歳の母親のスペースがある。子世帯の夫の帰宅時間が遅いことから、共用玄関と親世帯を扉で区切り、気兼ねなく2階へ上がれる階段の配置とした。

2階に着くと、目の前が共用のサニタリー。西側の引戸の向こうは子世帯のLDK。そこから3階に上がると、夫婦の寝室と大きなウォークインクロゼット。将来、子供室に使う予定の部屋がある。

都市の狭小細長敷地の家づくりで課題となるのが、暗くなりがちな中央部に光を採り入れる工夫だ。ここでは、1階から屋上までの階段室の東側の壁いっぱいに窓を設置し、採り入れた光をガラスの壁を通して居室や廊下に届ける。

この家は、狭小敷地ゆえ境界線ギリギリに建物を計画。隣家が迫る両サイドの壁に、省スペースで耐候性のあるガルバリウムの平葺きを選定。下地には構造、断熱、防火を兼用できる、壁を薄く施工できる材料を選んだ。

［中村高淑］

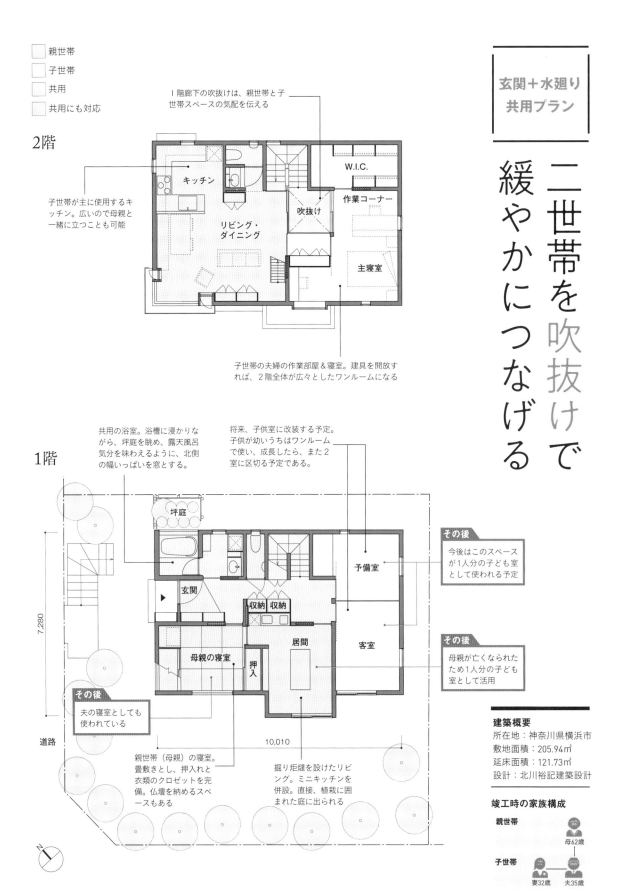

玄関＋水廻り共用プラン

二世帯を吹抜けで緩やかにつなげる

親世帯
子世帯
共用
共用にも対応

2階

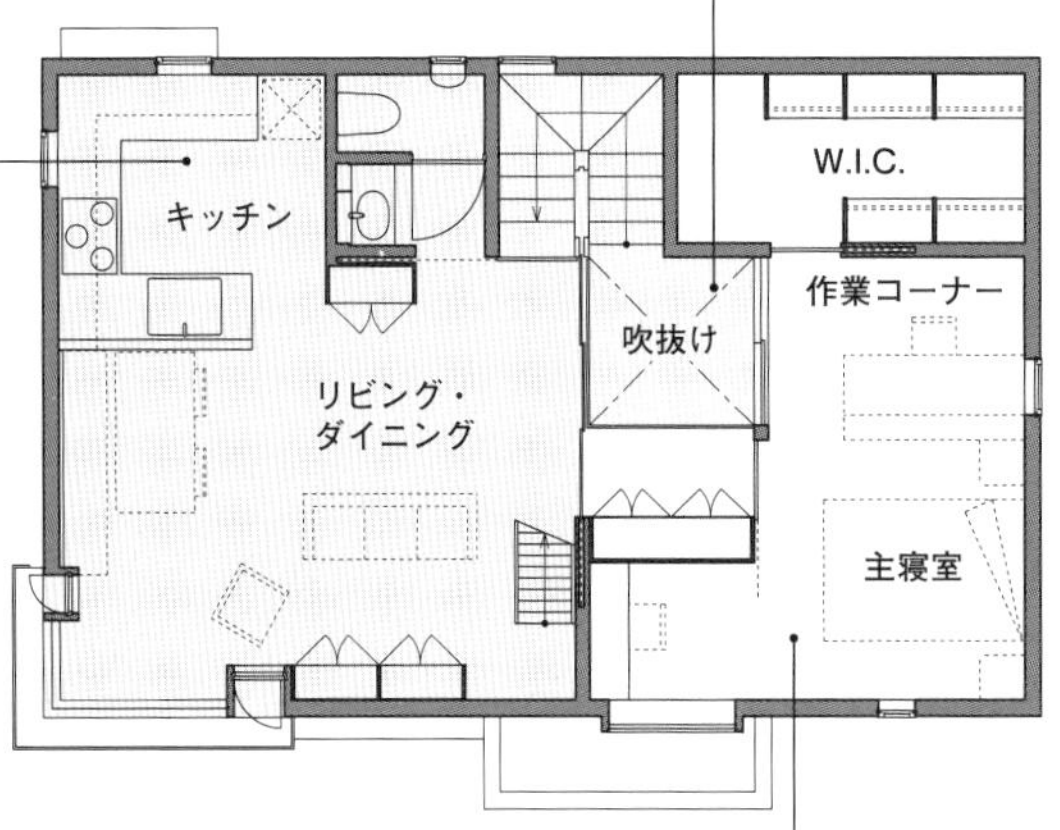

キッチン
リビング・ダイニング
W.I.C.
作業コーナー
吹抜け
主寝室

1階廊下の吹抜けは、親世帯と子世帯スペースの気配を伝える

子世帯が主に使用するキッチン。広いので母親と一緒に立つことも可能

子世帯の夫婦の作業部屋＆寝室。建具を開放すれば、2階全体が広々としたワンルームになる

1階

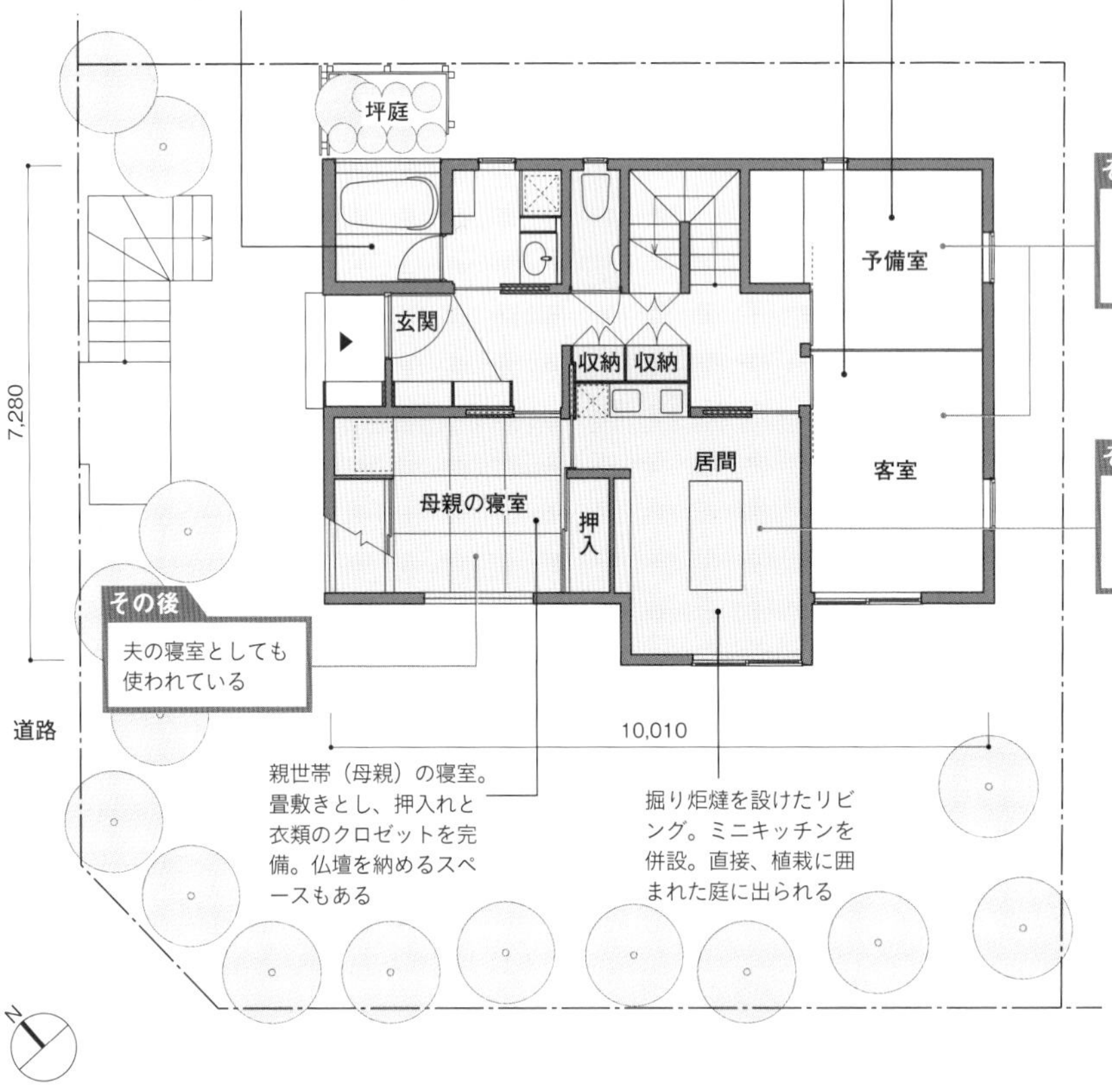

坪庭
玄関
収納
収納
予備室
客室
居間
母親の寝室
押入
7,280
10,010
道路

共用の浴室。浴槽に浸かりながら、坪庭を眺め、露天風呂気分を味わえるように、北側の幅いっぱいを窓とする。

将来、子供室に改装する予定。子供が幼いうちはワンルームで使い、成長したら、また2室に区切る予定である。

その後
今後はこのスペースが1人分の子ども室として使われる予定

その後
母親が亡くなられたため1人分の子ども室として活用

その後
夫の寝室としても使われている

親世帯（母親）の寝室。畳敷きとし、押入れと衣類のクロゼットを完備。仏壇を納めるスペースもある

掘り炬燵を設けたリビング。ミニキッチンを併設。直接、植栽に囲まれた庭に出られる

S＝1：150

建築概要
所在地：神奈川県横浜市
敷地面積：205.94㎡
延床面積：121.73㎡
設計：北川裕記建築設計

竣工時の家族構成
親世帯
母62歳
子世帯
妻32歳
夫35歳

1階の親世帯の吹抜けを取り込む
正面のLDKと手前の仕事部屋と主寝室の間の吹抜けを境に、建具の開け閉めで、空間をつなげたり区切ったりできる

子世帯の寝室はLDとつながる
奥のLDと手前の寝室の間にある2つの引戸を開けた状態。左手正面はドレッサー

コーナーに設けた窓は採光にも夜景にも効果的
団欒の様子を控えめにアピールする外観。コーナーウィンドウは採光量も夜景の美しさもアップする

廊下の吹抜けで二世帯をつなげる
1階の親世帯と2階の子世帯スペースを緩やかにつなぐ。下階の予備室は、将来、子供室に改装する予定

親世帯は専用のキッチンをもつ
ミニキッチン、掘り炬燵のある母親のリビング。寝室とつながっている

母親の寝室は、明るく落ち着いた和室に
防犯を考えて嵌め殺し窓を設置。地窓は穏やかな明るさをもたらす

子世帯のキッチンは広く機能的
コの字型の対面式キッチン。同時に2人が作業可能な広さがある

写真：平井広行

母親の部屋にミニキッチンを設置

建て主は結婚を機に、閑静な住宅地に建つ実家を、母親との二世帯住宅に建て替えた。玄関、水廻りなど主な空間は共用しながらも、1階の母親の部屋にミニキッチンや掘り炬燵を備えたリビングを設置し、1人でのんびり過ごせるようにしてある。

子世帯のスペースは2階。LDKの奥に仕事部屋と主寝室を設けた。中間にある吹抜けを介して、ほぼすべての部屋がつながるようになっている。1階の母親の部屋や、将来、子供室となる東側の予備室とも、欄間や小窓をとおしてお互いの様子が感じられる設計だ。

LDKは、二世帯の集いの場である。コーナーウィンドウからは、遠くまで展開する眺望を楽しむことができる。敷地が角地にあり、しかも道路レベルより2m高いことの効力である。リビング脇の梯子式の階段を上がって屋上へ出ると、さらにその魅力は広がる。

共用の浴室は、母親の部屋と同フロアの1階にある。北側を開き坪庭を設けた。ウッドフェンスで囲んで、プライバシーを確保。ライトアップされた植栽を眺めながら入浴を楽しめる。

［北川裕記］

玄関のみ共用プラン

［生活空間を分ける］

共用にしても影響の少ない場所は玄関

最初から「個室以外は共用にしたい」と希望されることは、二世帯住宅では稀なケースといえます。大半の方は、親世帯と子世帯が完全に分離されたプランを理想とされるからです。しかし二世帯分の建物のボリュームが敷地のキャパシティを越えると、やむなく共用できるスペースをつくらざるを得なくなってしまいます。

ここで、二世帯住宅でキッチンや洗面室を共用したと考えてみてください。親子といえども、生活リズムやライフスタイルの違い、プライバシーの問題を考えると、このような「水廻り」を共用するのは困難な場面が多いはずです。一方、「玄関」は共用したとしても日常生活への影響が少ないのではないでしょうか？　世帯ごとに表札やポスト、インターフォンなどをしっかり分けて取り付けておけば、玄関を共用すること対して不便さを感じることはそうそうありません。

玄関に収納したい物は予想以上に多い

玄関は単なる住宅のターミナルではなく、日々家族と物が出入りし、内部と外部をつなぐ重要な場所です。玄関に置く靴やコートは、二世帯分ともなるとかなりの量です。キャンプ道具、バーベキューセット、スキー用具などのさまざまなアウトドア関係の物も玄関のなかに収納場所があればとても便利ですし、置かれた道具類の手入れや靴磨きなどのちょっとした作業をこなせるスペースは非常に重宝します。来客との会話を気軽に楽しめる接客スペースとして活用するものよいかもしれません。敷地面積に余裕がないから玄関を共用スペースにするわけですが、床面積を節約しようとして玄関を小さくしてしまうのは早計です。玄関には、必要な物を収納できて、使いやすい広さが求められます。ちなみに、ポーチと玄関、玄関と1階床のレベル差（段差）は極力小さくしておくとよいでしょう。そうしておけば、物の搬出入はもとより日常的な玄関の出入がスムーズになり、将来的なバリアフリー化も容易に行えるようになるからです。

玄関が魅力的な空間になればコミュニケーションが生まれる

玄関を世帯間のコミュニケーションの場としてとらえることも大切です。そのためには玄関が居心地よく魅力的な空間でなければなりません。自然の光と風が通る、窓越しに四季折々の草木が見える、吹抜けを介して空気が流れるなど、世帯間の干渉を最低限に抑えつつお互いのプライバシーを守りながら家族の気配をさりげなく感じ取れる空間にしましょう。それは玄関に単なる靴脱ぎ用のスペース以上の共用空間としての機能を持たせるということです。そうすれば、玄関が1つ屋根の下に暮らしているという安息を感じさせてくれる場所になるはずです。また、家族構成の変化に合わせて個室化できるようにするのもお勧めです。趣味のDIY作業部屋でもいいですし、本好きであれば本棚に囲まれた図書室としてもよいでしょう。

［諸我尚朗］

Point [玄関以外は分離]の設計手法

- 二世帯が共用する玄関は広めにする
- 大型の玄関収納スペースを確保する
- 採光・通風計画を練る
- バリアフリー対策を施す
- 玄関を間合いの空間としてとらえる
- 玄関を二世帯交流の場とする

Reference

親世帯
子世帯
共用

2階

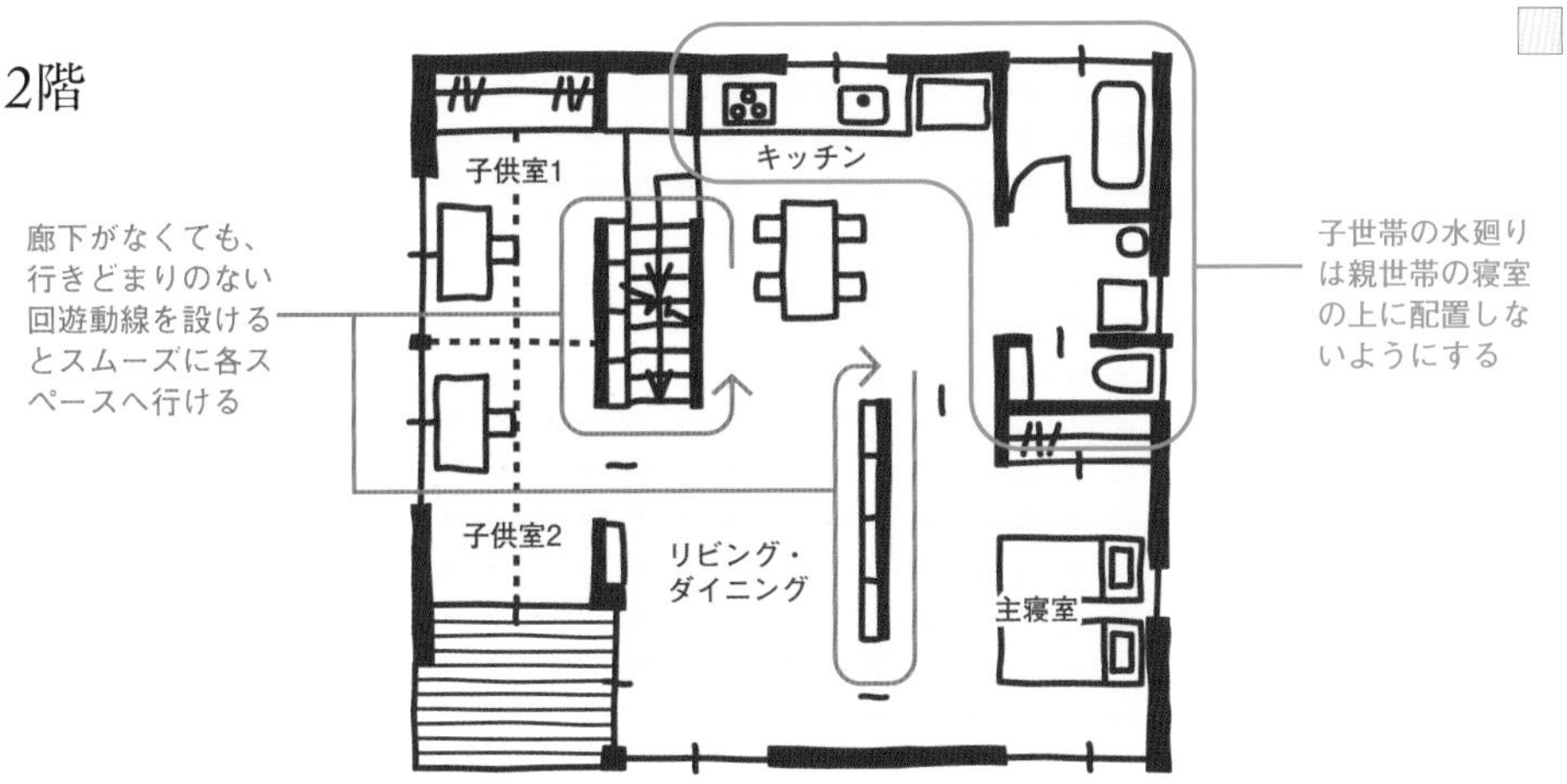
キッチン
子供室1
子供室2
リビング・
ダイニング
主寝室
廊下がなくても、
行きどまりのない
回遊動線を設ける
とスムーズに各ス
ペースへ行ける
子世帯の水廻り
は親世帯の寝室
の上に配置しな
いようにする

1階

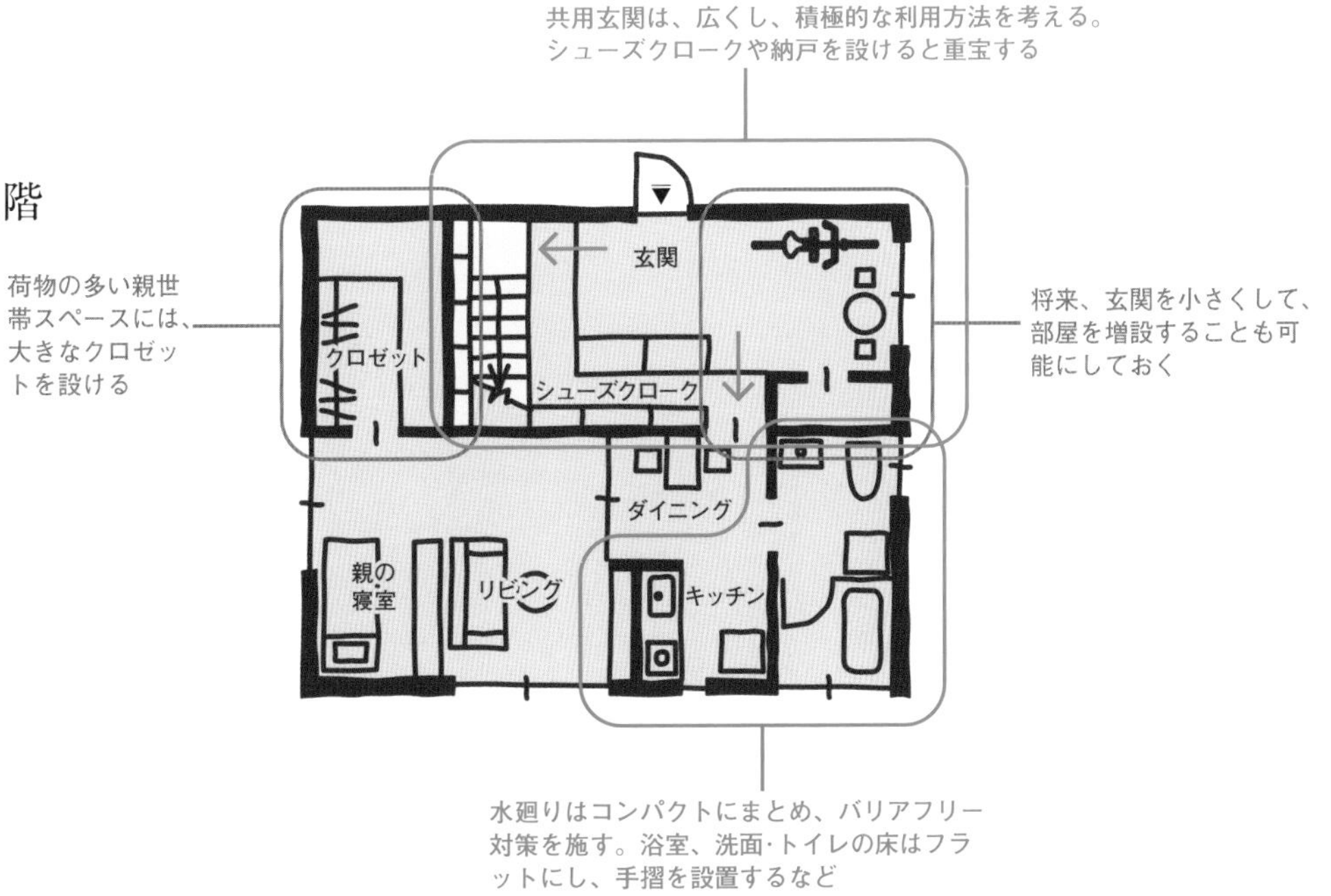
共用玄関は、広くし、積極的な利用方法を考える。
シューズクロークや納戸を設けると重宝する
玄関
クロゼット
シューズクローク
ダイニング
親の
寝室
リビング
キッチン
荷物の多い親世
帯スペースには、
大きなクロゼッ
トを設ける
将来、玄関を小さくして、
部屋を増設することも可
能にしておく
水廻りはコンパクトにまとめ、バリアフリー
対策を施す。浴室、洗面・トイレの床はフラ
ットにし、手摺を設置するなど

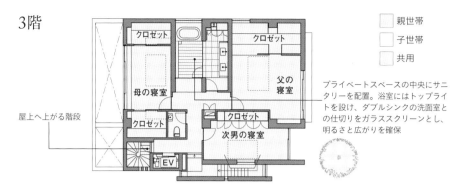

玄関のみ共用プラン

親世帯は2階、3階へエレベーターでアクセス

■ 親世帯
□ 子世帯
■ 共用

3階

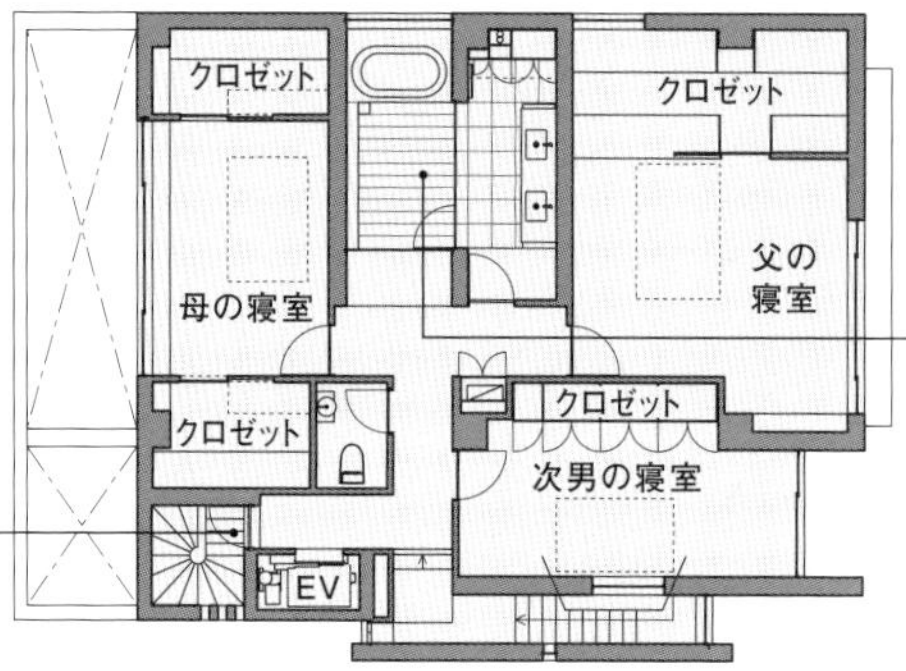
クロゼット
クロゼット
母の寝室
父の寝室
クロゼット
クロゼット
次男の寝室
EV

屋上へ上がる階段

プライベートスペースの中央にサニタリーを配置。浴室にはトップライトを設け、ダブルシンクの洗面室との仕切りをガラススクリーンとし、明るさと広がりを確保

2階

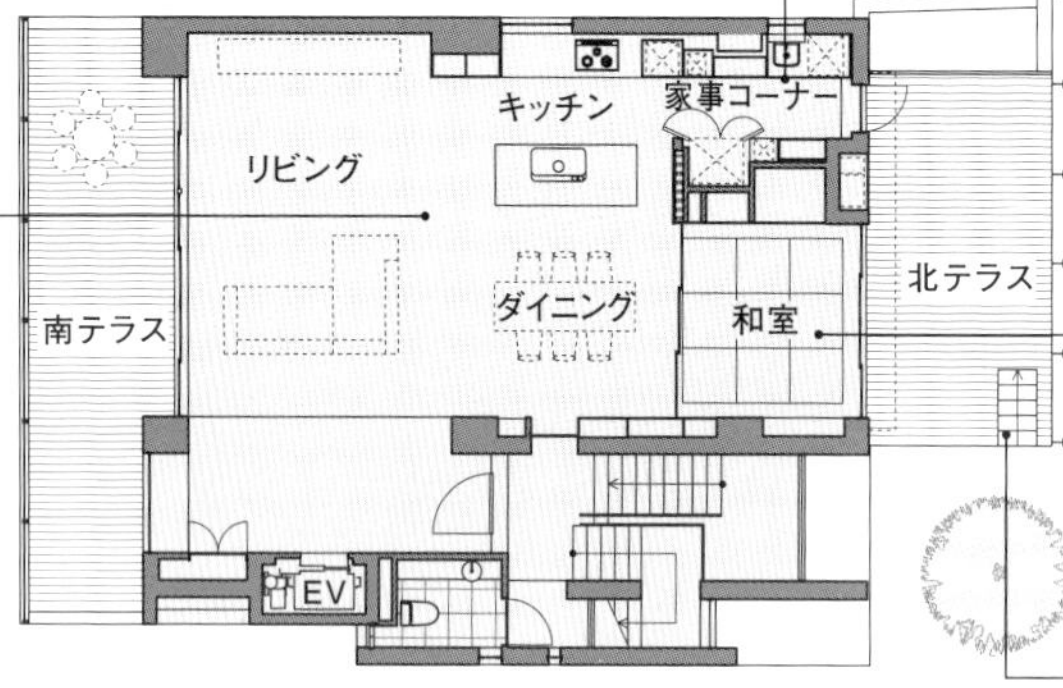
キッチン
家事コーナー
リビング
ダイニング
和室
南テラス
北テラス
EV

親世帯のワンルームのLDK。四角いスペースのコーナーに求心力のあるアイランドキッチンを配し、その前をダイニング、サイドをリビングとし、一体感を高めた

オープンキッチンの奥は家事コーナーとし、洗濯機、多目的流しを設置。また、勝手口を設け、北テラスと連結させた

ダイニングと和室の間仕切りを天井までの可動ガラススクリーンとし、閉じて客間（寝室）としても機能する。仏壇は壁面収納内に格納

1階のパティオに下りる階段

南側道路から玄関ポーチ、玄関を入ってホールまでライムストーン敷きで段差を設けていない。広がり感の演出はさらに続き、ホールの先の5段の階段を上がるとライムストーン敷きのパティオへ連なる

1階

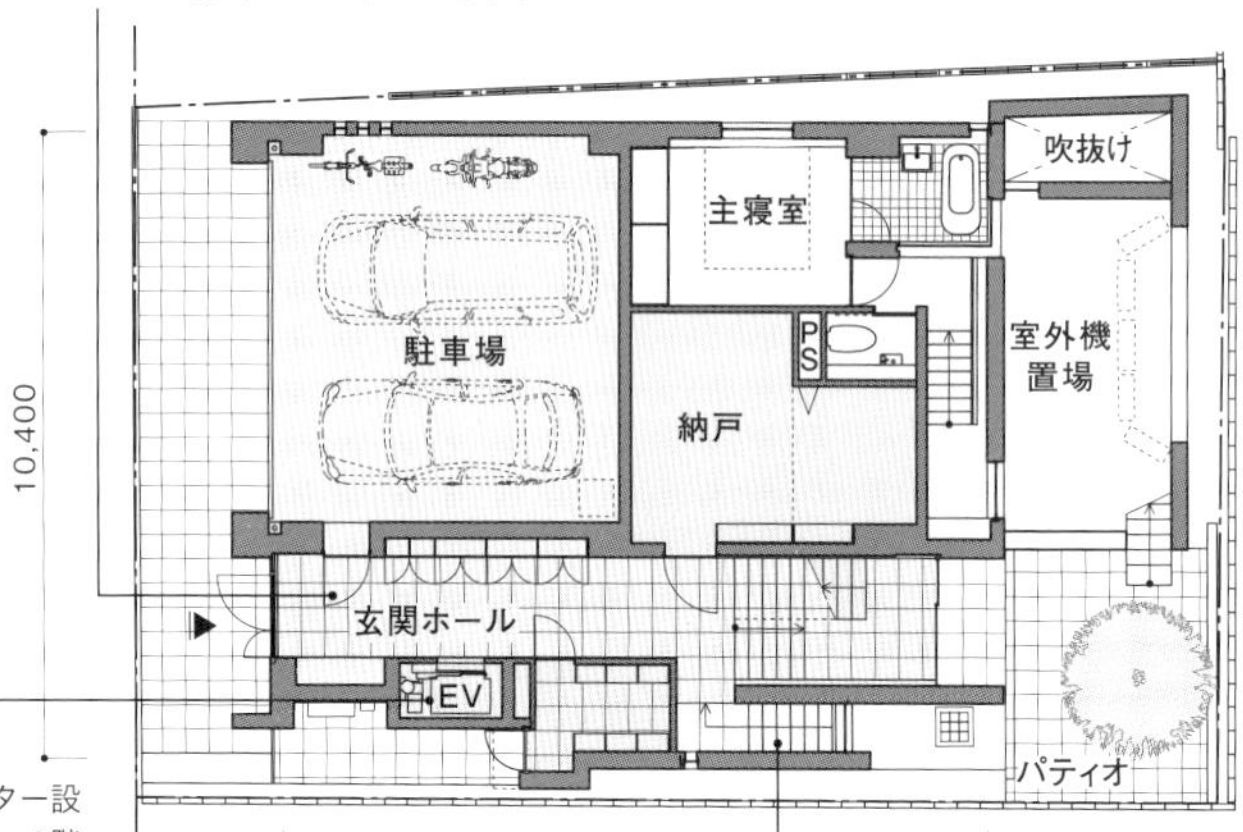
吹抜け
主寝室
駐車場
PS
納戸
室外機置場
玄関ホール
EV
パティオ
10,400
12,100

エレベーター設置により、3階の親世帯スペースや屋上への動線がスムーズ

地階の子世帯のスタジオへのアクセス

B1階

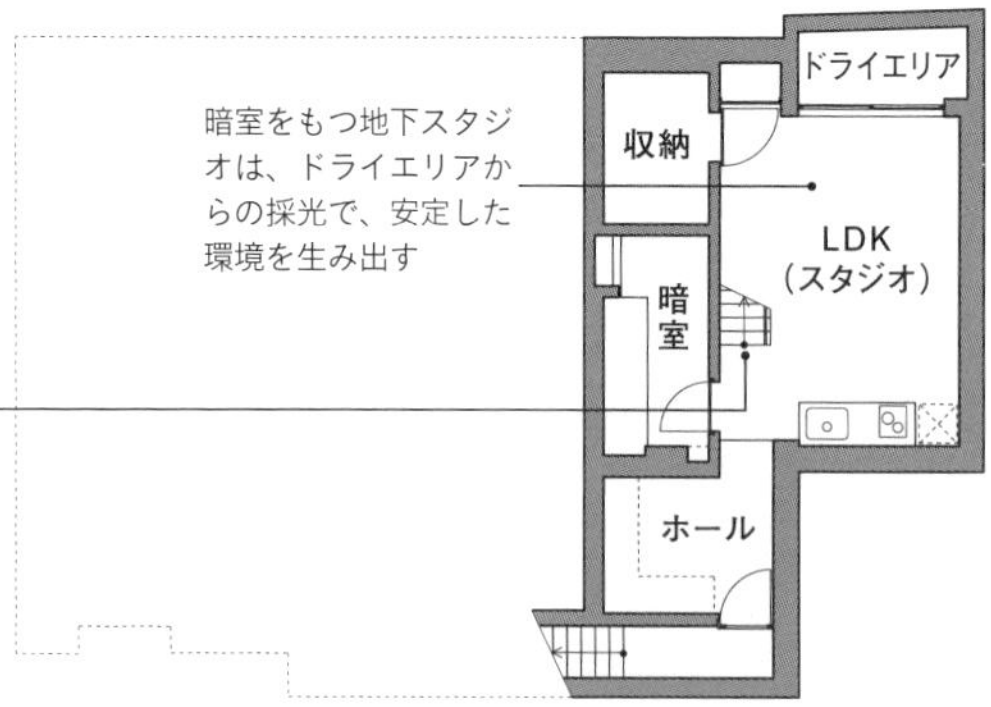
ドライエリア
収納
LDK
（スタジオ）
暗室
ホール

暗室をもつ地下スタジオは、ドライエリアからの採光で、安定した環境を生み出す

内階段は1階の子世帯の夫婦の寝室に接続する

N

S＝1：250

建築概要

所在地：東京都
敷地面積：216.62㎡
延床面積：400.81㎡
設計：荻津郁夫建築設計事務所

竣工時の家族構成

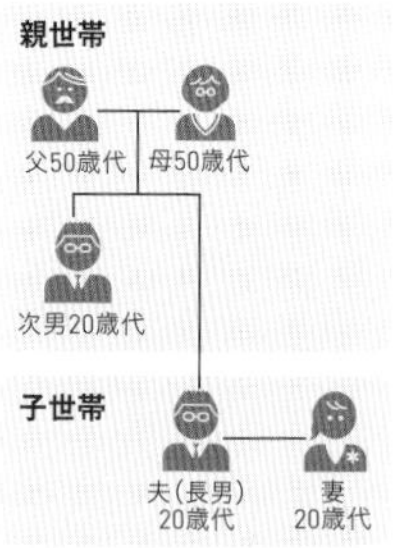
親世帯
父50歳代
母50歳代
次男20歳代
子世帯
夫（長男）
20歳代
妻
20歳代

パティオはエントランスのアイストップになる
シンボルツリー（ヤマボウシ）を配したパティオは基壇状の階段踊り場とつながっている。吹抜けにさらなる広がりを演出

家族が集う広いＬＤＫを中間階（２階）に配置
色温度を統一した間接照明を主に、シンプルで落ち着いた空間とする

半地下＋３階建てでゆったりとした二世帯住宅
道路に面して、光と風を取り入れ、視線を遮るガラススクリーンを備えたテラスを設置

半地下に子世帯のＬＤＫを
子世帯のLDK（スタジオ）は半地下にある。内階段で半階上がった1階レベルに水廻りと寝室を配置

３階の親世帯のサニタリーは広く明るく
トップライトとガラススクリーンにより明るい浴室。壁面収納とダブルシンクでゆったりとした洗面空間を実現

親世帯は2階と3階、子世帯は地階と1階に住み分ける

地下室付き3階建ての二世帯住宅である。光に導かれ南北に伸びる共用の玄関ホールを奥へ進むと、ヤマボウシのあるパティオに突き当たる。右手にパティオを眺めながら折り返して、階段を上がった2階は親世帯の大きなLDK。南北にある広いテラスに設置したガラススクリーンは、外部からの視線を遮りながら穏やかな光を伝え、LDKは安らぎに満たされる。

3階も親世帯のスペース。夫婦それぞれの寝室と次男の個室、中央にはトップライトを設置した明るくゆったりとした浴室、洗面室がある。2階、3階へは玄関からエレベーターでもアクセス可能。

一方、玄関ホールから階段を下りた地階が長男夫婦の子世帯スペース。カメラマンとして独立した長男のスタジオ兼用LDKと付属する暗室がある。LDK内の階段を半階上がったところに、ロフト風の寝室と水廻りが設えられている。

パティオに面する2層の吹抜けは、階段の折り返しを工夫した変化のある空間だ。段板がルーバー状に風景を切り取るなどさまざまな見せ場をつくりあげている。［荻津郁夫］

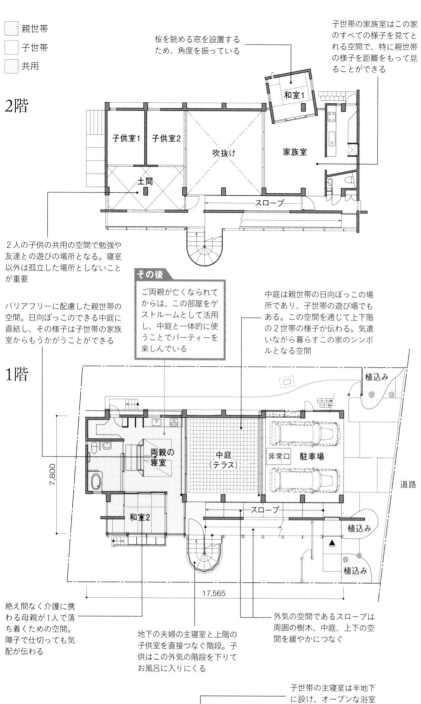

玄関のみ共用プラン

親世帯は自立介護 子世帯は見守りを重視

親世帯
子世帯
共用

2階

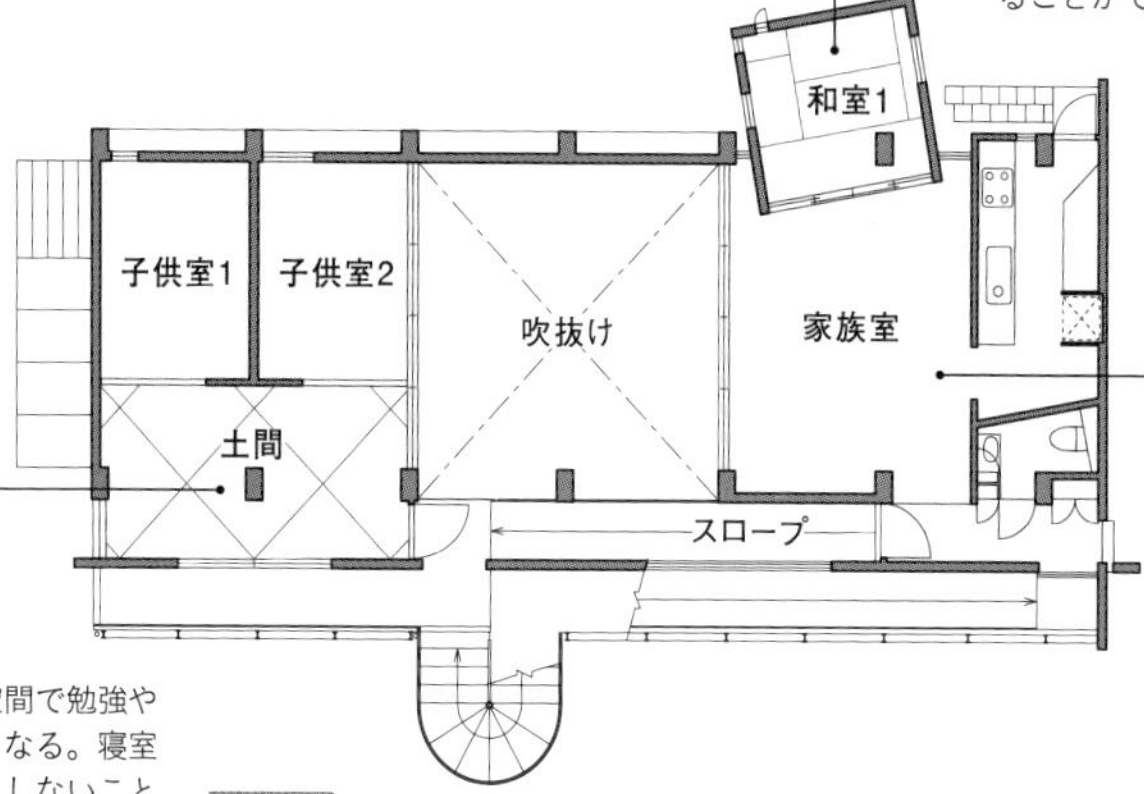
和室1
子供室1
子供室2
吹抜け
家族室
土間
スロープ

桜を眺める窓を設置するため、角度を振っている

子世帯の家族室はこの家のすべての様子を見てとれる空間で、特に親世帯の様子を距離をもって見ることができる

2人の子供の共用の空間で勉強や友達との遊びの場所となる。寝室以外は孤立した場所としないことが重要

その後
ご両親が亡くなられてからは、この部屋をゲストルームとして活用し、中庭と一体的に使うことでパーティーを楽しんでいる

バリアフリーに配慮した親世帯の空間。日向ぼっこのできる中庭に直結し、その様子は子世帯の家族室からもうかがうことができる

中庭は親世帯の日向ぼっこの場所であり、子世帯の遊び場でもある。この空間を通じて上下階の2世帯の様子が伝わる。気遣いながら暮らすこの家のシンボルとなる空間

1階

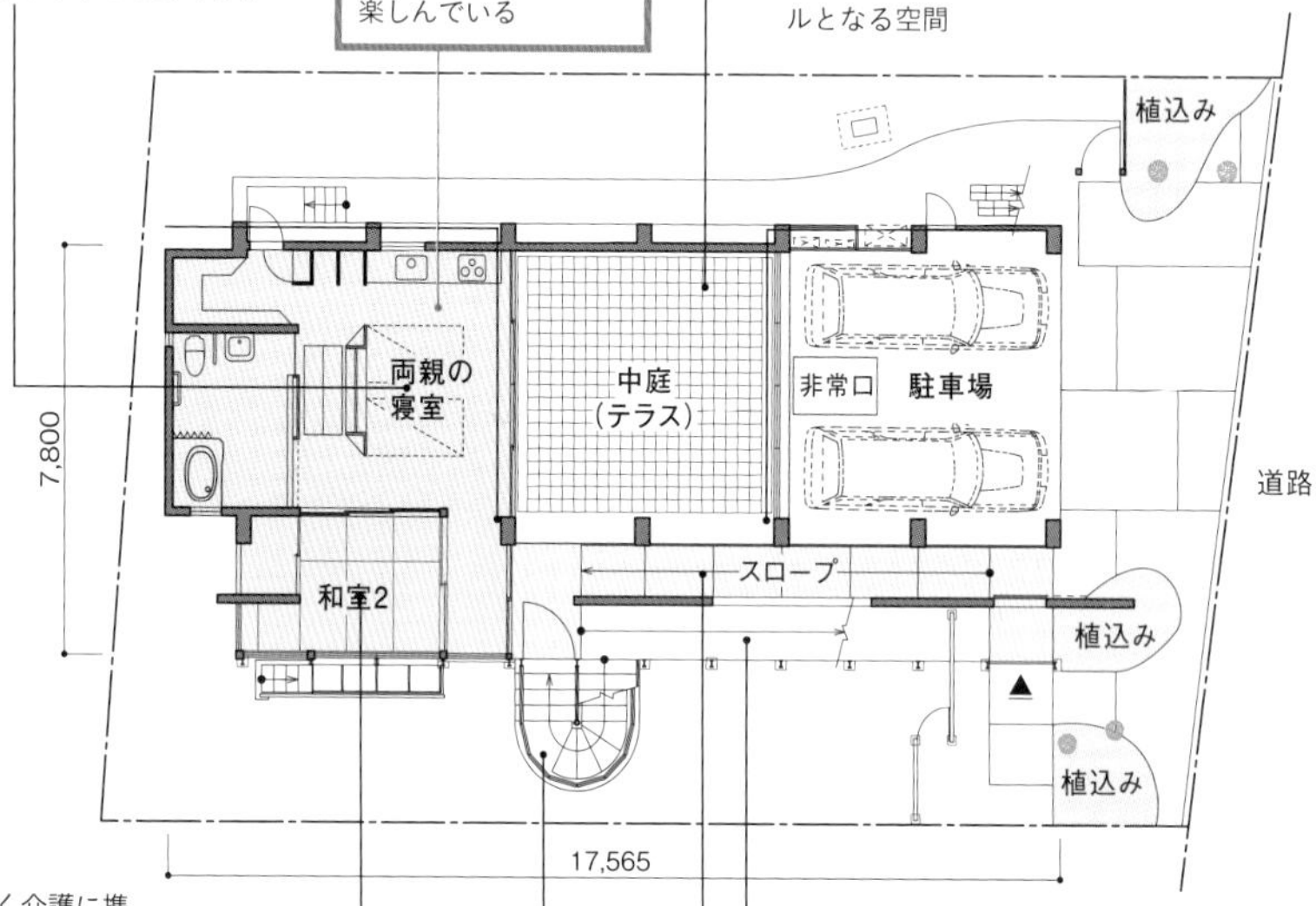
植込み
両親の寝室
中庭
(テラス)
非常口
駐車場
7,800
道路
スロープ
和室2
植込み
植込み
17,565

絶え間なく介護に携わる母親が1人で落ち着くための空間。障子で仕切っても気配が伝わる

地下の夫婦の主寝室と上階の子供室を直接つなぐ階段。子供はこの外気の階段を下りてお風呂に入りにくる

外気の空間であるスロープは周囲の樹木、中庭、上下の空間を緩やかにつなぐ

B階

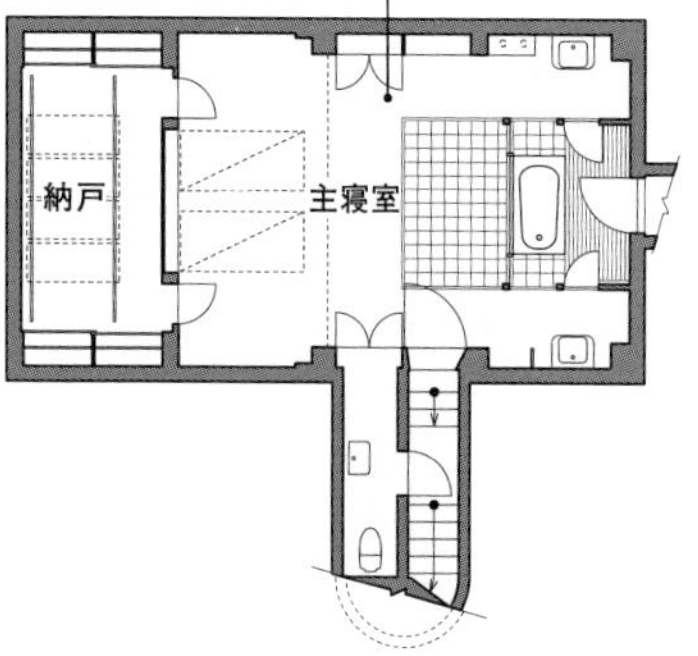
納戸
主寝室

子世帯の主寝室は半地下に設け、オープンな浴室とくつろぎの空間を一体化。全天のトップライトはガラスブロックの床で空が見えるとともに、地上階では中庭となる

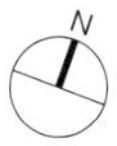
N

S＝1：250

建築概要
所在地：東京都世田谷区
敷地面積：298.67㎡
延床面積：218.45㎡
設計：スタジオ・アルテック

竣工時の家族構成

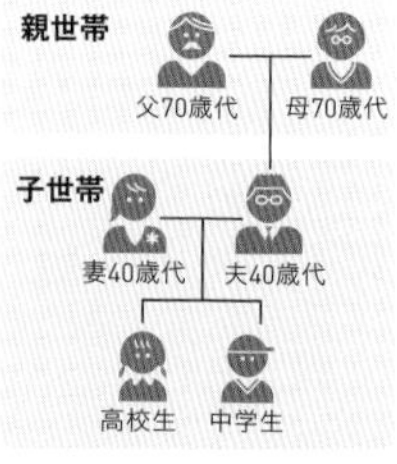
親世帯
父70歳代
母70歳代
子世帯
妻40歳代
夫40歳代
高校生
中学生

周囲の緑と混在する外郭
正面1階はガレージ。ファサードには既存の樹木が生かされている。立体としてみたときに完結形ではなく周囲の緑と混在する外郭としている。入口は左に廻り込んだところにある

半地下の主寝室の天井は全面トップライト
地下階に設けた天井高約3mの子世帯の主寝室。ガラスブロックの天井から光が注ぐ。正面はガラスで囲まれた浴室ブース

写真：新建築社写真部

親世帯はバリアフリーの住まいに
玄関から写真正面の親世帯入口を経て上階までのすべてをつなぐスロープを設置。正面に見える部屋は、介護に携わる母親の部屋。和室で床が高くなっている

中庭やスロープで二世帯をつなぎ介護環境を整える

介護を必要とする親との三世代二世帯住居である。敷地は東京郊外の古い住宅地にあるが、宅地の分割により緑は減り、環境変化が進んでいる。

親世帯には、父を介護している母の心身が休まる場を設けること、子世帯には、見守りの必要に応じて援助しやすいことが求められた。緑が少なくなるなかで、建築はボリュームを主張させないで、緑を身近に介在させる必要がある。

これらの方法で二世帯が中庭や通路部分の「構築された外気の空間」を介して一体となり、高齢者の領域を抱え込むような構成になっている。それとなく相手の様子を気遣いながらコミュニケーションをはかることができる。親世帯はバリアフリー仕様で、介護者が近くで独自に過ごす空間を備えている。

フロア間の移動は階段とスロープのダブル・アクセスで、2階の子世帯の家族スペースも子供の領域もじかに外部とつながる。

このような手法は、「人生の歴史的時間の容れ物」として、あらゆる人生の状況変化に対応する普遍的な住居となりうると考えている。［室伏次郎］

玄関のみ共用プラン

将来、容易に部屋を増減できるプラン

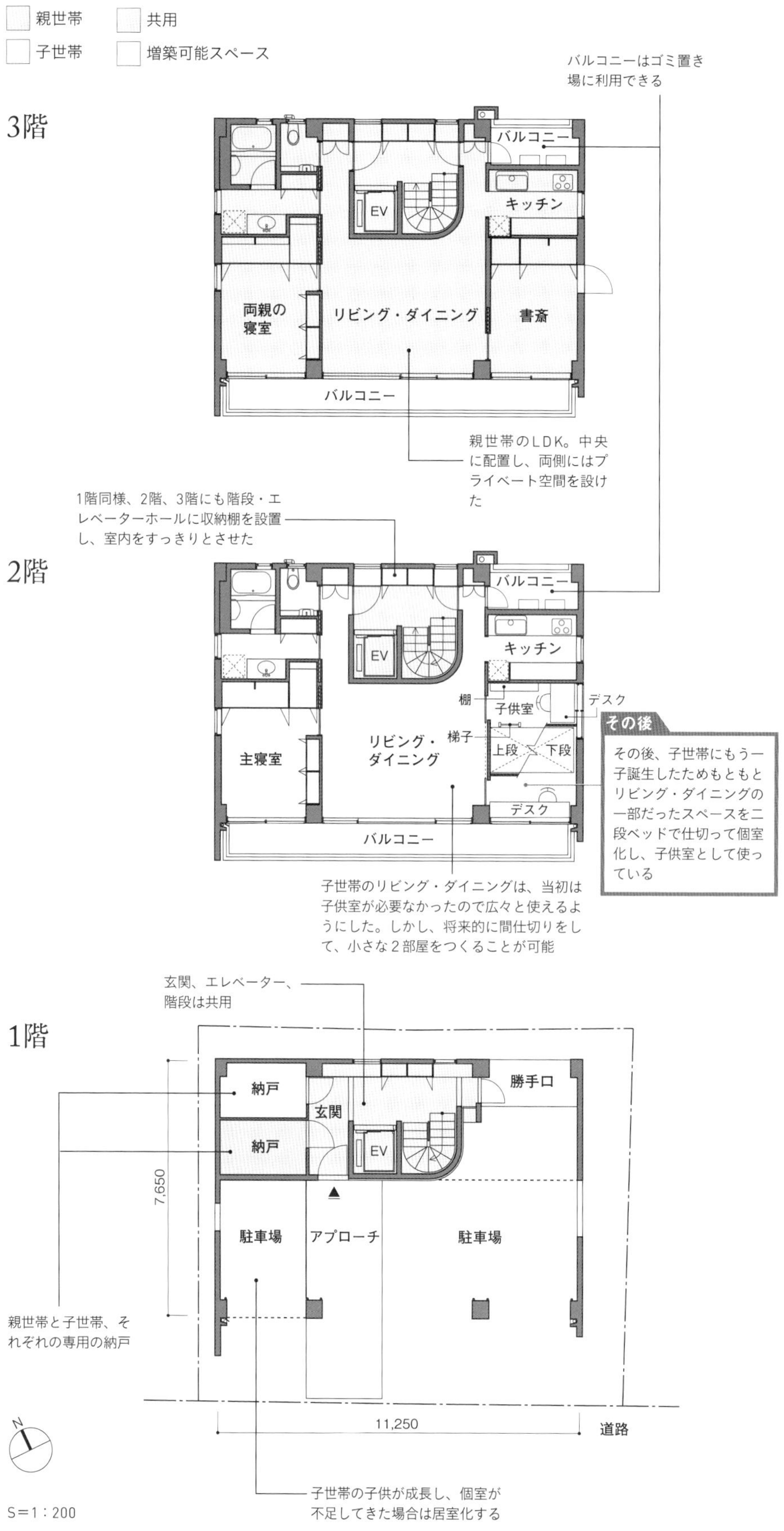

親世帯
子世帯
共用
増築可能スペース
3階
バルコニーはゴミ置き場に利用できる
バルコニー
EV
キッチン
両親の寝室
リビング・ダイニング
書斎
バルコニー
親世帯のLDK。中央に配置し、両側にはプライベート空間を設けた
1階同様、2階、3階にも階段・エレベーターホールに収納棚を設置し、室内をすっきりとさせた
2階
バルコニー
EV
キッチン
棚
子供室
デスク
その後
梯子
上段
下段
主寝室
リビング・ダイニング
デスク
バルコニー
その後、子世帯にもう一子誕生したためもともとリビング・ダイニングの一部だったスペースを二段ベッドで仕切って個室化し、子供室として使っている
子世帯のリビング・ダイニングは、当初は子供室が必要なかったので広々と使えるようにした。しかし、将来的に間仕切りをして、小さな2部屋をつくることが可能
玄関、エレベーター、階段は共用
1階
納戸
玄関
勝手口
納戸
EV
7,650
駐車場
アプローチ
駐車場
親世帯と子世帯、それぞれの専用の納戸
11,250
道路
N
子世帯の子供が成長し、個室が不足してきた場合は居室化する
S＝1：200

建築概要
所在地：神奈川県
敷地面積：149.77㎡
延床面積：254.34㎡
設計：SMA

竣工時の家族構成

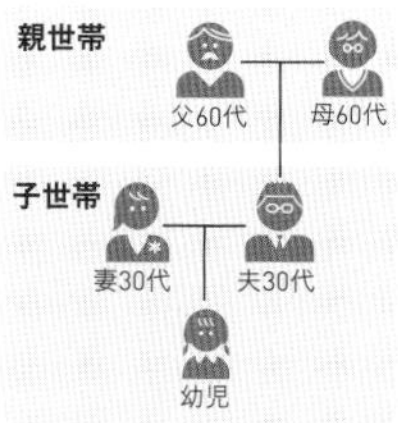

親世帯
父60代
母60代
子世帯
妻30代
夫30代
幼児

鉄筋コンクリート造の2階、3階を二世帯が住み分ける
2階、3階がほぼ同じ間取りの上下分離型二世帯住宅。シンプルな平面によりシンプルな立面となったが、南面いっぱいにバルコニーを設置し、1階をピロティーにしたことで、街に開く住宅となった

外に開かれた開放的な空間
3階の親世帯のリビング・ダイニング。自然をできる限り享受するため、南側全面に大きな掃出し窓を設置した

2階の子世帯スペースは部屋の増減を可能に
大きなリビング・ダイニンの木造の間仕切りは取り払うことも、仕切って小さな2室をつくることもできる

ピロティーはさまざまに使うことができる
アプローチ、駐車・駐輪場のほかに、作業スペース、雨の日の遊び場、将来は、ここに部屋を増築することもできる

共用の玄関ホールは広めに設える
3階の親世帯を考慮してエレベーターを設置。隣（写真左手前）には階段もある。正面には各世帯の納戸が並ぶ。その左手に玄関ドアがある

不確定な将来の変化にピロティーを活用する

街道沿いの商店街から一筋奥へ入った通りに町家風に住宅が建ち並んでいる。そこに長年住み慣れた家を、家族の代替わりにしたがって、建て替えることになった。若夫婦に第一子が生まれたことがきっかけである。だから「三世代二世帯住居」の典型となるはずなのだが、話はまだまだ簡単ではない。今後の家族構成の変化が予測不確定だからだ。とりあえず第二子までは予定しておきたいし、子供の成長はスペースの増設を要求するだろう。

将来、必要になるはずのスペースを今から確保しつつ、それを無駄にしない方法。その特殊解が、1階をピロティーにしておくことだった。

近隣の商店街からは貸し駐車場の需要が見込まれるので、広いピロティーは費用対効果としても当面の間有効であろう。また、いざピロティーを室内化するなら、これほど容易な増築方法はなかろう。すでに構造体が準備されているからである。かくして二世帯分の各層とピロティーを重箱のように3層積み重ねる断面構成を計画の主題とし、そこに不確定な将来を柔軟に着地させることにした。［増田奏］

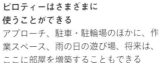

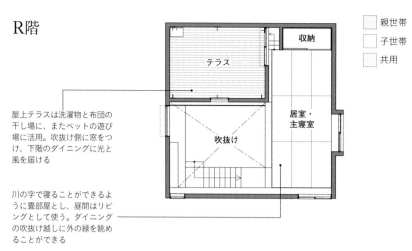

玄関のみ共用プラン

サブの玄関を確保し完全分離も可能に

親世帯
子世帯
共用

R階

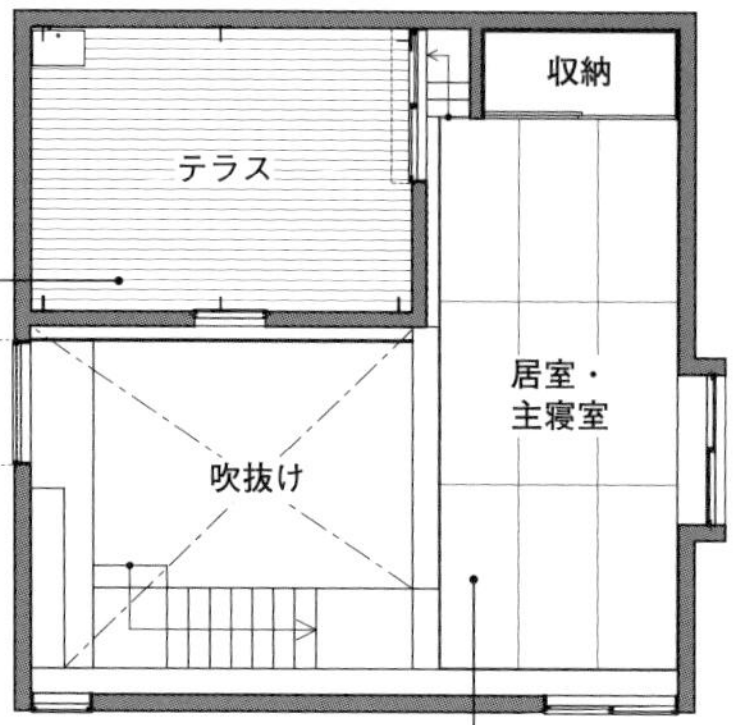

収納
テラス
居室・
主寝室
吹抜け

屋上テラスは洗濯物と布団の干し場に、またペットの遊び場に活用。吹抜け側に窓をつけ、下階のダイニングに光と風を届ける

川の字で寝ることができるように畳部屋とし、昼間はリビングとして使う。ダイニングの吹抜け越しに外の緑を眺めることができる

2階

ロフトはDKと同じ階にあるため、多様に使え重宝する。普段はペットの部屋になっている

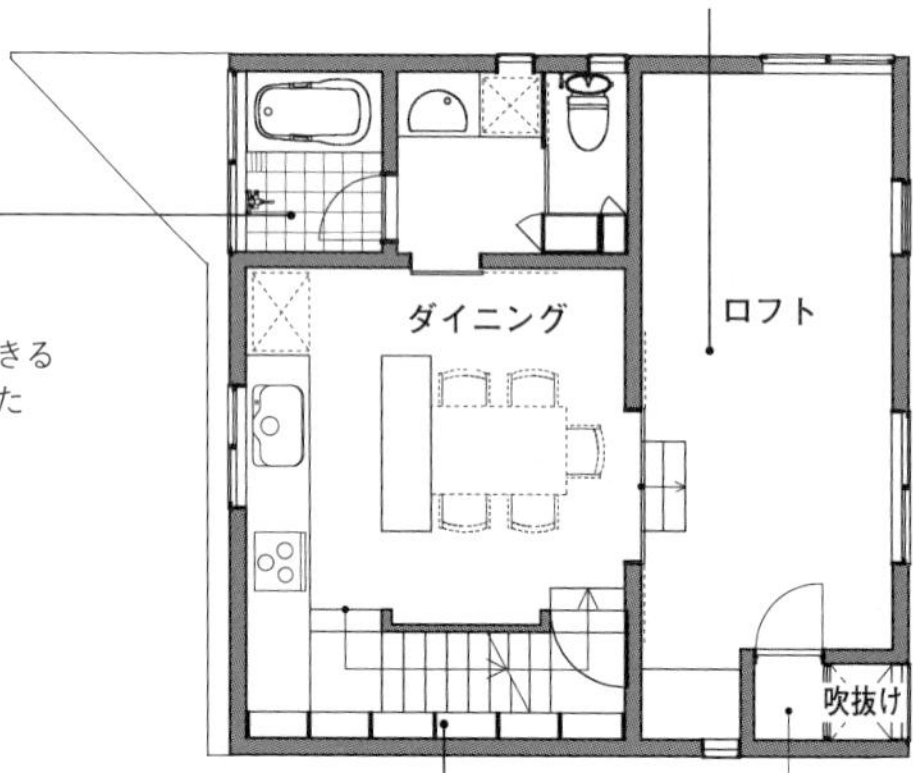

ダイニング
ロフト
吹抜け
ペット室

借景を楽しみながら入浴できるように、大きな窓を設置した

階段側面は本棚や収納に使える。図書館のように階段に座って本を読める

1階

使用時間がもっとも短い玄関は共用。ただし、トラブルの原因になりやすいため、ポストや下駄箱は2つ設置した

親世帯スペースは階段を降りて半地下に入る

半地下の親世帯スペース。ハイサイドライトにより採光を確保した。キッチンと浴室、洗面・トイレをコンパクトにまとめている

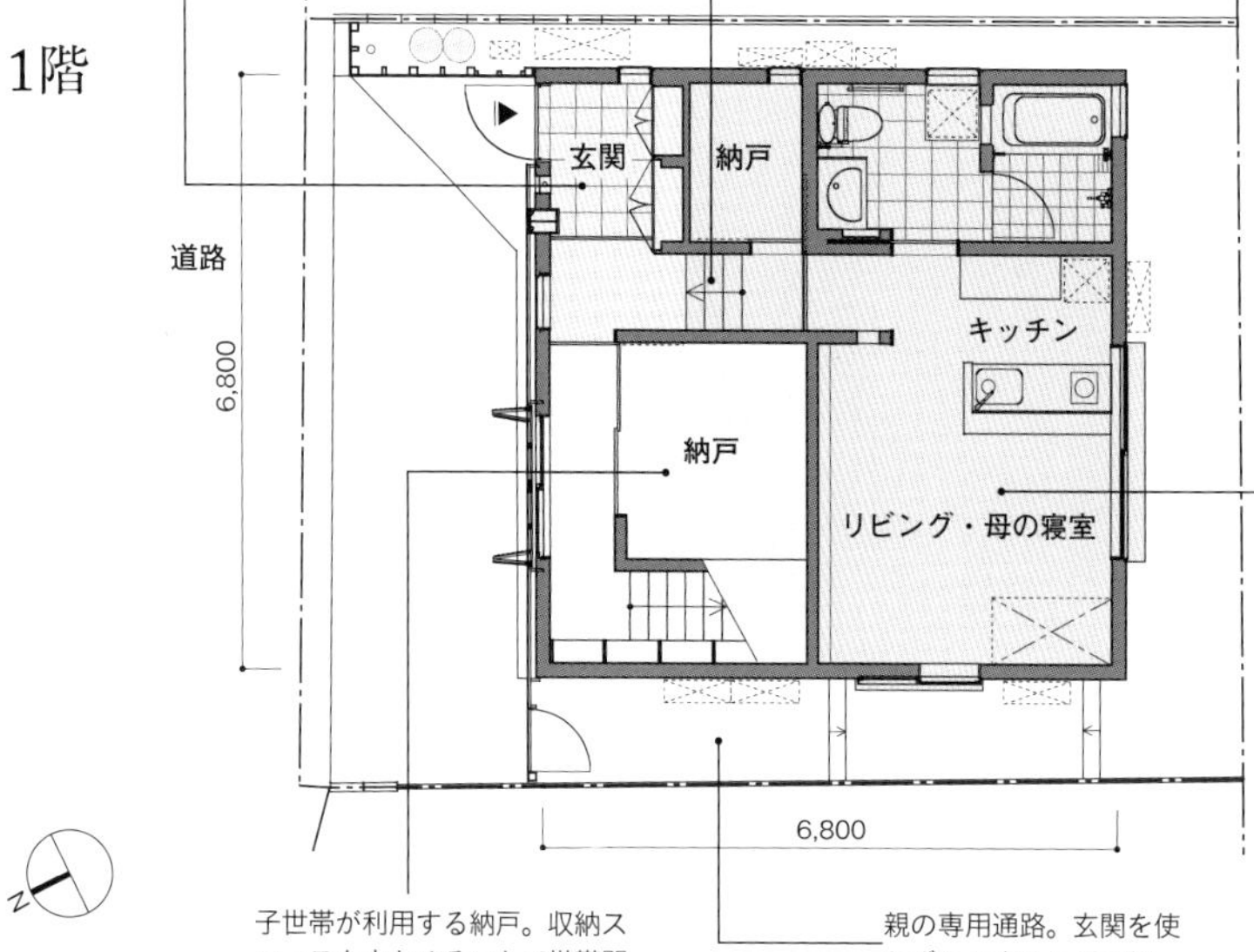

玄関
納戸
道路
6,800
キッチン
納戸
リビング・母の寝室
6,800
N

子世帯が利用する納戸。収納スペースをまとめることで世帯間の音対策にもなる

親の専用通路。玄関を使わずとも出入りが可能

S＝1：150

建築概要
所在地：神奈川県横浜市
敷地面積：94.10㎡
延床面積：92.48㎡
設計：鈴木アトリエ

竣工時の家族構成

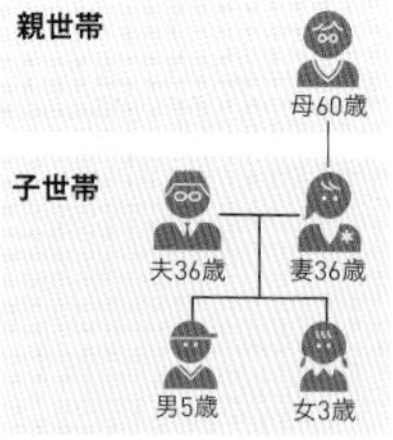

親世帯
母60歳
子世帯
夫36歳
妻36歳
男5歳
女3歳

窓の取り方で視線の抜けをつくる
吹抜けをもつ子世帯のダイニング・キッチンは北側にある景色を各所の窓から取り込む。キッチンにいながら屋上の様子を見ることもできる。視線の抜けで狭さを感じさせない工夫

車は縦列駐車、塀の代わりに外壁を格子面にして外囲いの趣に
外壁に開放できる格子戸をデザイン。真夏、サッシを開けて格子を閉めれば、安心・快適に就寝できる。玄関庇はステンレスを加工したオリジナル。シャープな印象の外観となった

ダイニングと上部ロフトのリビングをつなげる
小屋裏のロフトではなく、同一階につくることで、利便性の高い空間に

ロフト階のリビングは転用の利く畳間に
屋上テラスへとつながる畳間は昼間はリビング、夜は寝室になる。ダイニングを見下ろす位置にあり、吹抜け越しに北側の景観を眺めることができる

親世帯の部屋は高窓から採光
半地下に潜った親世帯の上部をロフトにして、音の問題をクリア。床はコルク仕上げで蓄熱式床暖房を採用

半地下やロフトを活用して27坪で分離型を目指す

夫の母親との二世帯住宅。嫁姑の問題が起こらないようにと配慮して、なるべく居住空間を分離させることを目指した。玄関は共用だが、西側に専用のアプローチを設けて、2アクセスとしている。

建坪14坪の2層に2世帯の生活空間を詰め込むのは厳しく、どうしても収納スペースにしわ寄せがくる。そこで、物をまとめてしまう納戸と、棚類で「見せる収納」に分けて考えた。また、親世帯の居室の上に位置するロフトはダイニングに連続しており、日常の荷物置き場に活用できる。さらにその上のロフト階の畳間は寝室とリビングにしているが、これは、ダイニングとフロアを分け、併用が気にならないようにした。

屋上テラスは壁を立ち上げたことで、もう1つの部屋に。2階建てだが3層分の空間を感じさせるつくりとした。

駐車スペースは縦列とし、どうにか確保できた。しかし、外構を設けられなかったため、外壁を格子面とし、外囲いの趣を演出。中央部に設けた格子戸は開閉する。内側のサッシを開放して格子戸を閉めれば、プライバシーの確保・防犯と通風の両方が実現する。［鈴木洋子］

玄関のみ共用プラン

二世帯から一世帯の住まいに減築して在宅ワークへ切替え

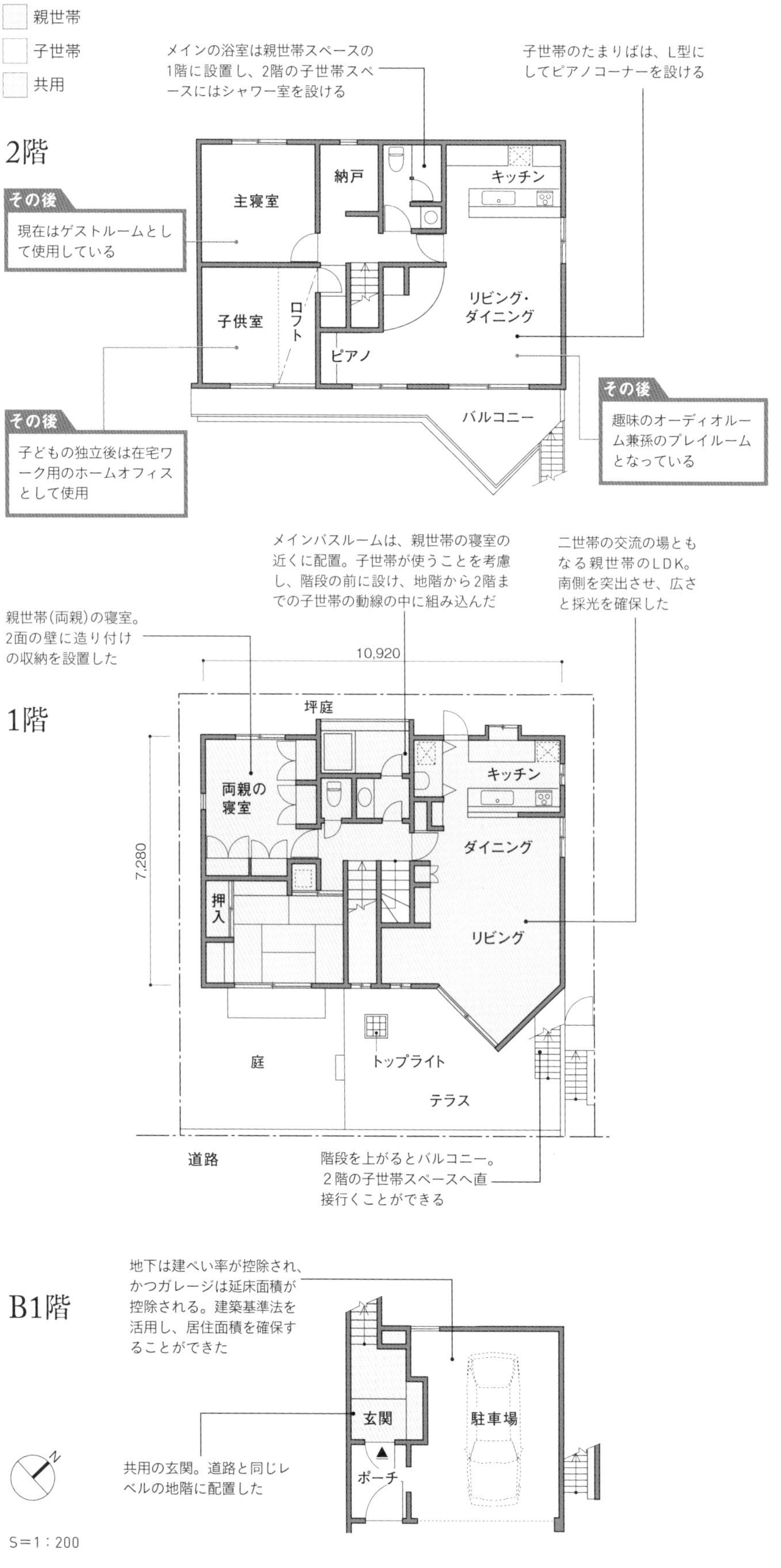
親世帯
子世帯
共用
メインの浴室は親世帯スペースの1階に設置し、2階の子世帯スペースにはシャワー室を設ける
子世帯のたまりばは、L型にしてピアノコーナーを設ける
2階
その後
現在はゲストルームとして使用している
主寝室
納戸
キッチン
子供室
ロフト
リビング・ダイニング
ピアノ
バルコニー
その後
子どもの独立後は在宅ワーク用のホームオフィスとして使用
その後
趣味のオーディオルーム兼孫のプレイルームとなっている
メインバスルームは、親世帯の寝室の近くに配置。子世帯が使うことを考慮し、階段の前に設け、地階から2階までの子世帯の動線の中に組み込んだ
二世帯の交流の場ともなる親世帯のLDK。南側を突出させ、広さと採光を確保した
親世帯(両親)の寝室。2面の壁に造り付けの収納を設置した
10,920
1階
坪庭
両親の寝室
キッチン
ダイニング
7,280
押入
リビング
トップライト
庭
テラス
道路
階段を上がるとバルコニー。２階の子世帯スペースへ直接行くことができる
地下は建ぺい率が控除され、かつガレージは延床面積が控除される。建築基準法を活用し、居住面積を確保することができた
B1階
玄関
駐車場
ポーチ
共用の玄関。道路と同じレベルの地階に配置した
N
S＝1：200

建築概要
所在地：神奈川県横浜市
敷地面積：167.91㎡
延床面積：167.84㎡
設計：AA プランニング

竣工時の家族構成

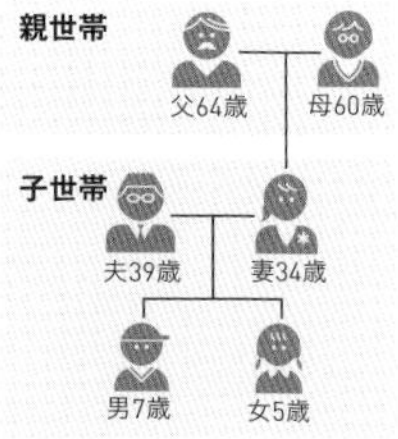
親世帯
父64歳
母60歳
子世帯
夫39歳
妻34歳
男7歳
女5歳

その後

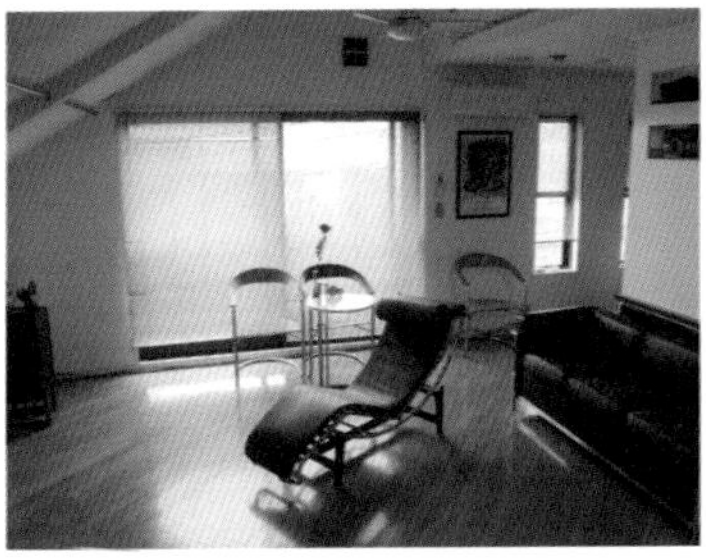

25年を経て２階のＬＤＫをリフォーム
子世帯の子どもが巣立った後、大人だけでの暮らしになったため、大きなテーブルは外してソファを置き、オーディオ＆シネマルームにした。インテリアは黒から白へ変更

地下のガレージはRC造。その上にロフト付き2階建ての木造を載せた4層の混構造である

子世帯のＬＤＫは高さを確保し広々と
隣地境界からの北側斜線制限により、いちばん低いところは天井高1.6m。そこから屋根なりの勾配天井で高さを確保して空間に広がりを創出した。カーブのついた左手前のカウンターは、子どもの勉強机になったり、アイロン掛けになったり。パーティー時はセルフサービスコーナーになる

共用の玄関は地階に配置
収納スペースをたっぷり確保できる壁面収納を設け、扉に鏡を設置。土間にはトップライトを設置し、光を取り入れる

二世帯の家族が減ったら キッチンの共用化を図る

昭和最後の年に、二世帯住宅を建築。当初は、子世帯は30代の夫婦と小学生の長男と幼稚園の長女。親世帯は妻の両親。

それまでの家の玄関は、道路から2.5mほど外階段で上がった1階にあったが、二世帯住宅に建て替えた際に、道路レベルの地階にガレージをつくり、玄関も配置した。その上に、ロフト付き2階建て木造住宅を建築した。木造であるが4層である。

地階の玄関は二世帯で共用し、1階に親世帯、2階に子世帯が住む上下分離型。メインバスルームは親世帯の寝室の近くに配置、2階の子世帯にはシャワーブースを設けた。キッチンは完全に分離というスタイルである。

新築当初は二世帯合わせて6人家族だったが、月日を経て、父は他界、母はホームに入所し、息子と娘は独立した。そのため、現在この家に住んでいるのは夫婦のみとなった。子ども室は在宅ワーク用のホームオフィスになり、2階のリビングは趣味のオーディオ&シネマルームとして使いつつ、時々やってくる孫たちのプレイルームとして活用している。

［青木恵美子］

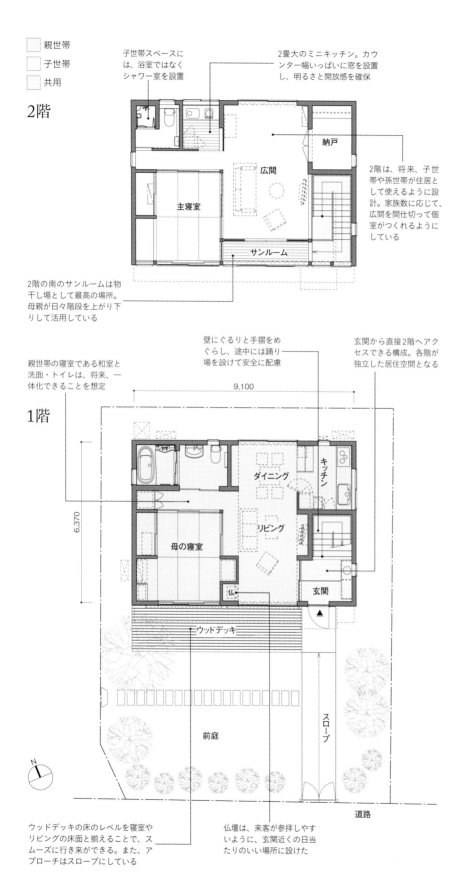

玄関のみ共用プラン

母親の住居の2階を子供や孫が住む構えに

親世帯
子世帯
共用

2階

子世帯スペースには、浴室ではなくシャワー室を設置

2畳大のミニキッチン。カウンター幅いっぱいに窓を設置し、明るさと開放感を確保

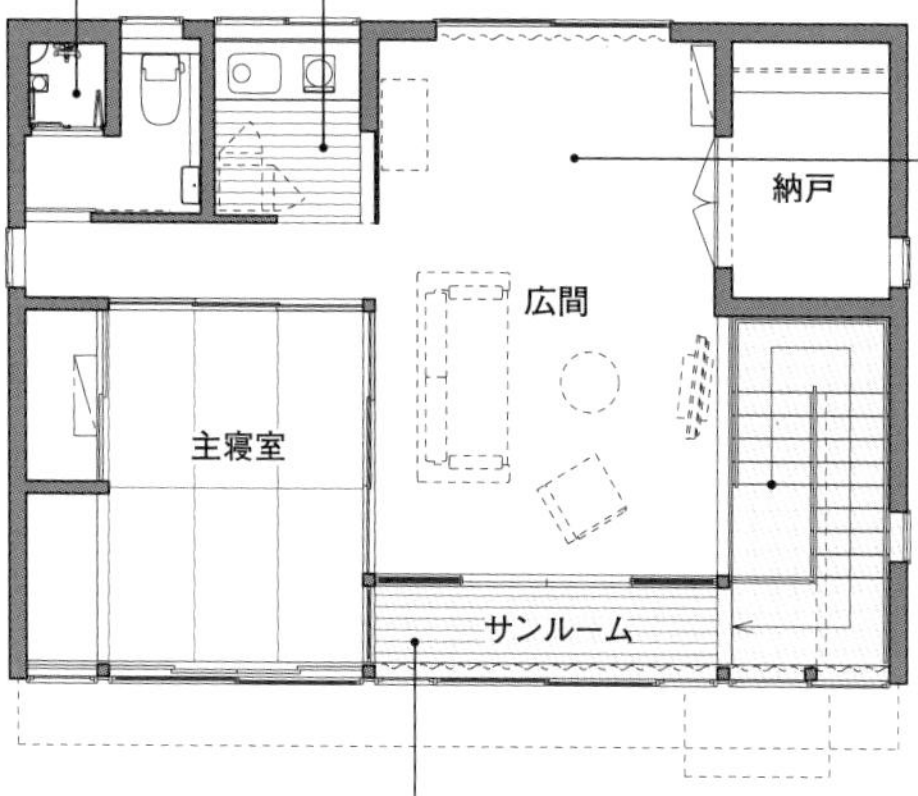

納戸
広間
主寝室
サンルーム

2階は、将来、子世帯や孫世帯が住居として使えるように設計。家族数に応じて、広間を間仕切って個室がつくれるようにしている

2階の南のサンルームは物干し場として最高の場所。母親が日々階段を上がり下りして活用している

壁にぐるりと手摺をめぐらし、途中には踊り場を設けて安全に配慮

玄関から直接2階へアクセスできる構成。各階が独立した居住空間となる

親世帯の寝室である和室と洗面・トイレは、将来、一体化できることを想定

1階

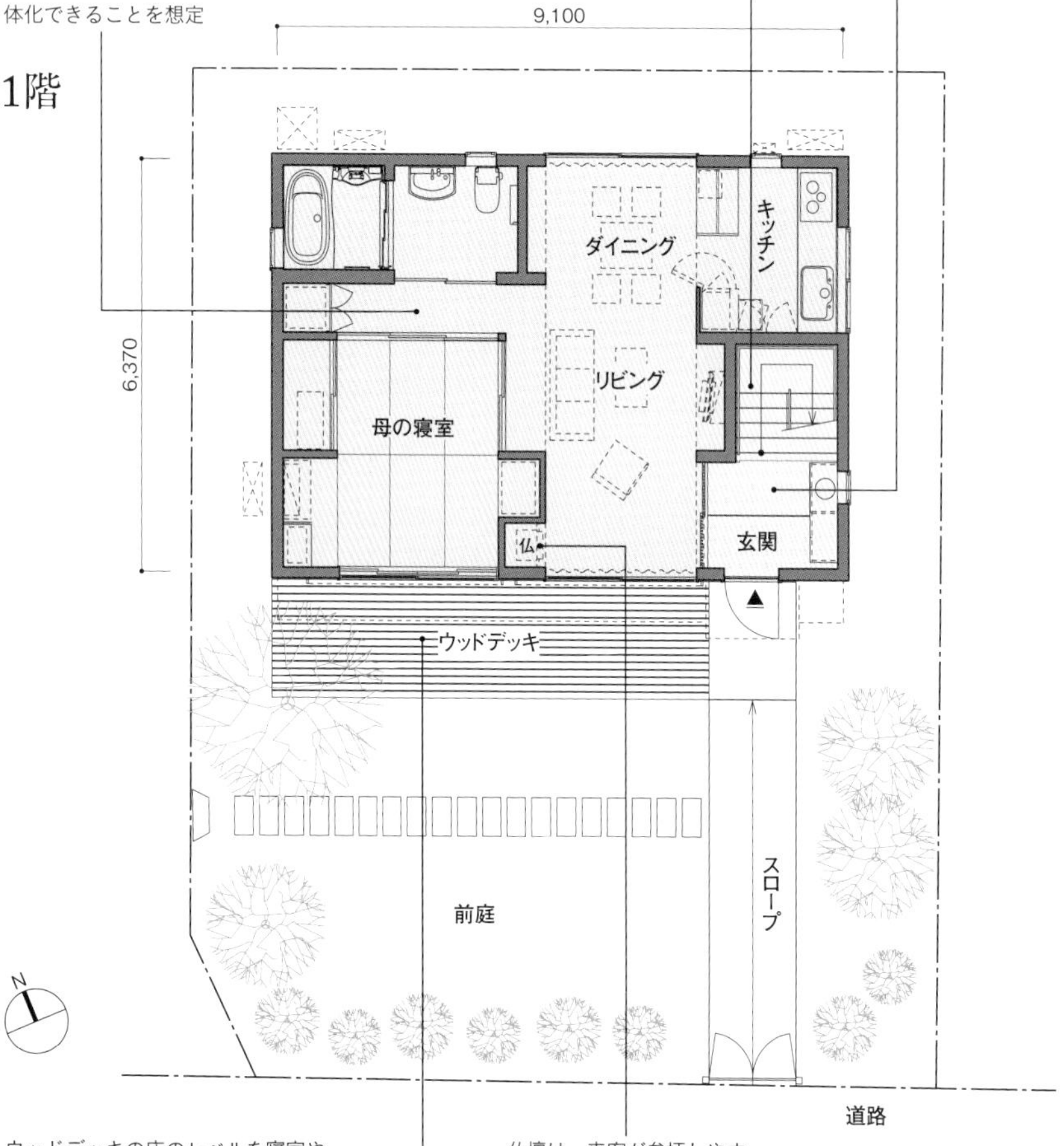

9,100
6,370
ダイニング
キッチン
リビング
母の寝室
仏
玄関
ウッドデッキ
前庭
スロープ
道路
N

ウッドデッキの床のレベルを寝室やリビングの床面と揃えることで、スムーズに行き来ができる。また、アプローチはスロープにしている

仏壇は、来客が参拝しやすいように、玄関近くの日当たりのいい場所に設けた

S＝1：150

建築概要
所在地：神奈川県横浜市
敷地面積：180.29㎡
延床面積：115.09㎡
設計：荻津郁夫建築設計事務所

竣工時の家族構成

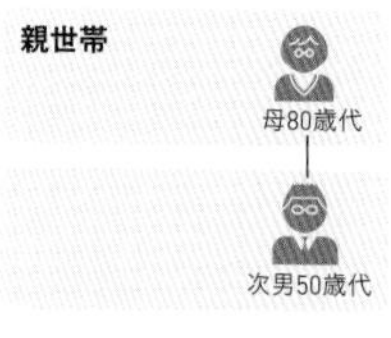

親世帯
母80歳代
次男50歳代

親世帯のリビングには木を多用
躯体蓄熱床暖房を全体に設置して、ヒートショックのない空間に

2階の広間と格子で連なるサンルーム
子世帯の広間の前にあるが、当初より母の物干し場としての機能も兼ね備えている。親子間の交流の場にもなる

主寝室は広間の延長空間
子世帯の住居スペース。畳の主寝室は、昼間は広間と一体にして使用可能。和の要素を取り入れ、できるだけフレキシブルな構成とした

南側に多くの窓を設置
南側を大きく開口したシンプルな外観。1階開口部には、防犯、通風のために縦型のブラインド式雨戸を設置

共用玄関に手洗い器を設置
両世帯とも帰宅すると、玄関収納に組み込んだ手洗い器を使用する。踊り場までのひな壇状の階段は、ディスプレイの場でもある。踊り場下はキッチン側から使える収納になっている

玄関の吹抜けでお互いの気配を感じながら暮らす

1階は、共用の玄関からウッドデッキに至るまでバリアフリーを徹底させ、将来の車椅子使用や介護にも配慮した80歳代の母親の住居として完結できる計画とした。

2階にもう一世帯の生活空間を設け、玄関の吹抜けを介して上下階が緩やかにつながる。お互いの気配を感じながら生活できる構成。子供や孫たちがそのときの状況に応じて住める構えで、新築時は50歳代の次男が2階に居住することとなった。

採光を重視して、1階、2階とも南面に大きな開口をとり、母が毎日階段の上がり下りをして洗濯物を干すサンルームを2階に設けた。また、1階の開口部には縦型のブラインド式通風雨戸を設けて、防犯や採光のコントロールをしながら通風ができるように配慮している。

南面の大きな開口部からの日射のダイレクトゲインを生かし、電気ヒートポンプによる低温水躯体蓄熱暖房システムを構築。ベタ基礎のコンクリートを蓄熱体として利用し、深夜電力を活用して低ランニングコストでの全館暖房を実現している。

［荻津郁夫］

完全分離プラン［1棟だが、玄関も別］

一緒に住むことの意義を見いだす

敷地に余裕があり、比較的広い床面積を確保できる場合は、親世帯と子世帯を切り離す「完全分離」のプランを採用することが多くなります。このときは、建物の配置計画あるいはアプローチの設計が計画の第一歩となります。各世帯の駐車スペースの位置、アプローチの通し方、玄関の位置によって、二世帯の距離感が決まるからです。

完全分離で住むことを選択した家族は、基本的に生活上の干渉の度合いは最低限にしたいと考えているものです。しかし、そのまま気配も気遣いもない設計をしては、街中にあふれるマンションや長屋形式の他人どうしが住む集合住宅と同じです。1つの敷地に一緒に住むということ、親族であれ血族であれ、肩を並べて住むということにどのような意義を見いだすか──それが設計における腕の見せ所です。

具体的には、外部空間の配置と開口部の取り方が重要で、窓越しの視線や通過程度の短時間の移動による気配を考えた設計がポイントになります。なお、親世帯の目の前を通過しなければ出入りできない家では、そのことが「心の負担」となって、二世帯住宅の暮らしが破綻することもあります。視線の干渉を強要するような設計をしないよう注意したいものです。

干渉の度合いを少なくする配慮を

生活空間だけでなく、水道・ガス・電気などのインフラを分けるかどうかということも、給湯機や配管の工事費、維持費の上昇につながる重要な問題です。

また音の問題は、特に木造においては配慮すべき要件となりますが、構造的に完全に解消することは難しいため、部屋の配置や使用時間のズレを調整して、干渉の度合いを少なくする配慮が求められます。このように、日常において強制しないで気配を感じるような工夫により、「一緒に住んでいるという感覚」をどのようにもたらすかが完全分離型の設計の手掛かりになるのです。

なお、完全分離プランにはフロアで分ける上下割りと、左右で分ける縦割りがあります。縦割りのほうが独立性が高く、音のトラブルも発生しにくいのですが、2軒建てる場合とほぼ同じ建設費がかかってしまいます。

スケルトン+インフィルの分離も重要

二世帯住宅は、竣工後10年程度で住み手や暮らし方が変わっていきます。完全分離型は親世帯の部分を賃貸住宅として他人に貸しやすい側面がありますが、敷地内に他人を住まわすことにどの程度リアリティをもっているのか……。二世帯住宅の賃貸化は、実際のところあまり積極的に行われていません。将来、一世帯スペースを賃貸にするというのは、あくまでも仮定の話で、確実にそのとおりになるとは限りません。

完全分離プランとして設計しつつも、スケルトン+インフィル（外殻と中身）を分離する考え方や基本骨格（構造）の選び方は、その住宅の将来を大きく左右することになるので、十分に検討しておいたほうがよいでしょう。

［鈴木信弘］

Point ［すべて分離］の設計手法

- 建物の配置計画や玄関の位置について考える
- 外部空間の配置と開口部の取り方を考える
- インフラも分離させるか検討する
- 上下割りと縦割りのどちらが適切か検討する
- 連絡扉（屋内行き来の有無）と緩衝帯のあり方を考える
- 将来、他人に貸すかどうかを考える

Reference

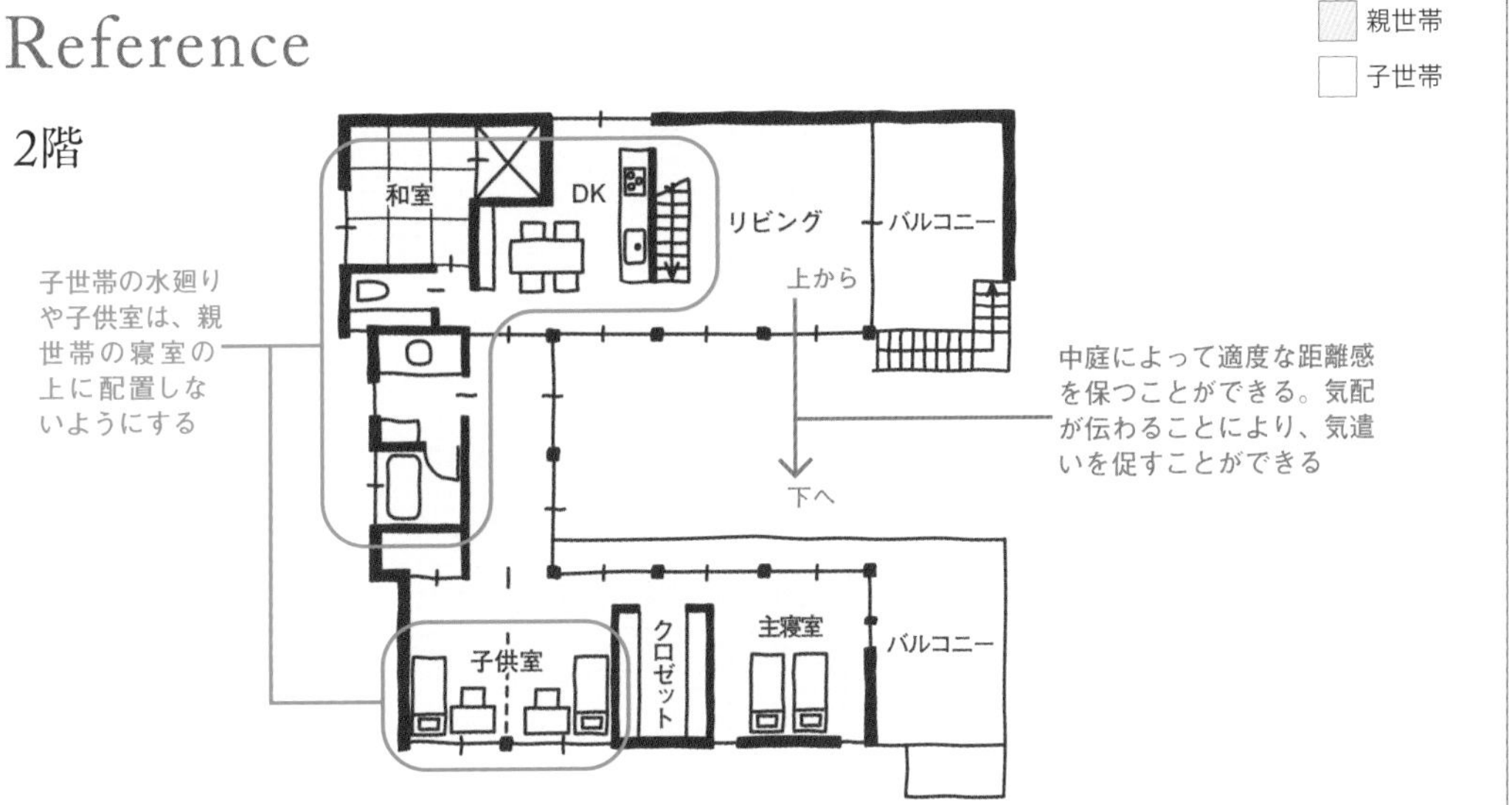
親世帯
子世帯
2階
和室
DK
リビング
バルコニー
上から
下へ
子供室
クロゼット
主寝室
バルコニー
子世帯の水廻りや子供室は、親世帯の寝室の上に配置しないようにする
中庭によって適度な距離感を保つことができる。気配が伝わることにより、気遣いを促すことができる

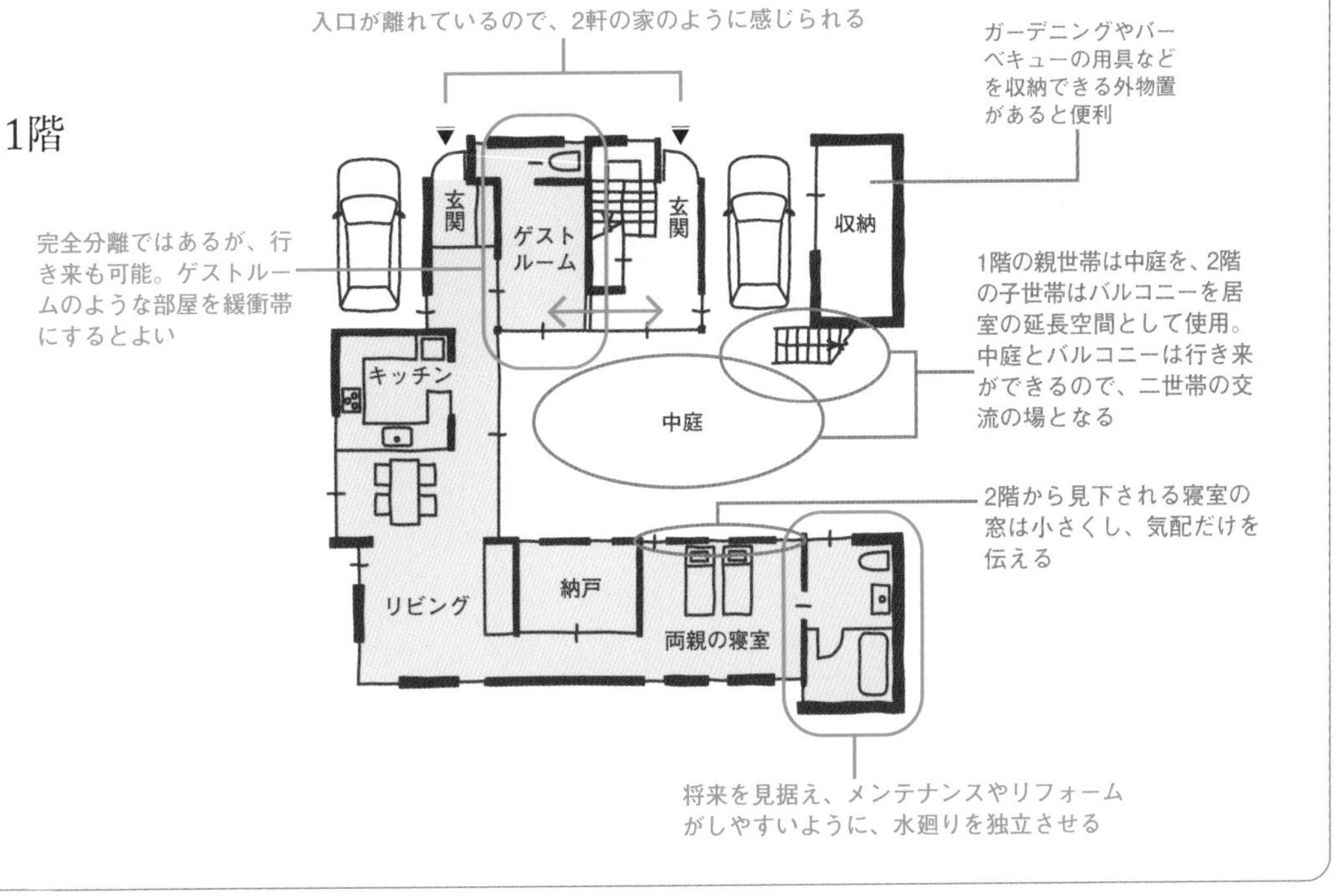
入口が離れているので、2軒の家のように感じられる
1階
玄関
ゲストルーム
玄関
収納
キッチン
中庭
リビング
納戸
両親の寝室
ガーデニングやバーベキューの用具などを収納できる外物置があると便利
完全分離ではあるが、行き来も可能。ゲストルームのような部屋を緩衝帯にするとよい
1階の親世帯は中庭を、2階の子世帯はバルコニーを居室の延長空間として使用。中庭とバルコニーは行き来ができるので、二世帯の交流の場となる
2階から見下される寝室の窓は小さくし、気配だけを伝える
将来を見据え、メンテナンスやリフォームがしやすいように、水廻りを独立させる

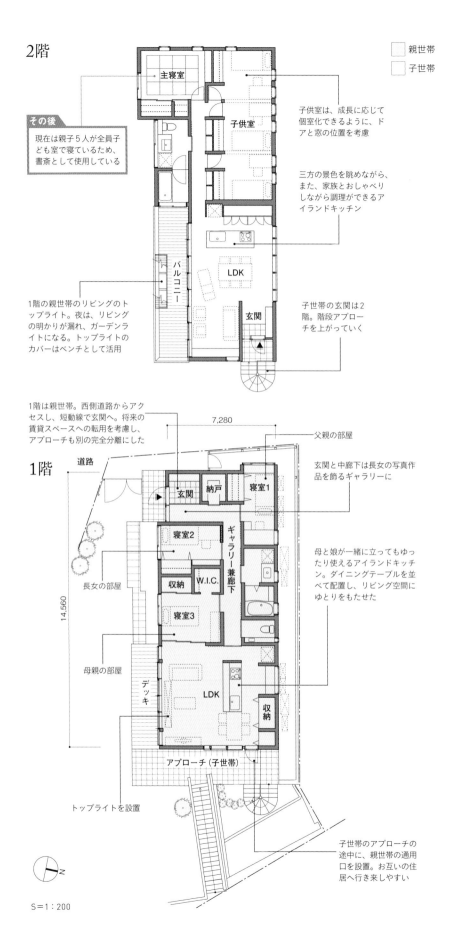

完全分離プラン

西と東の各道路からアクセスする完全分離

2階

親世帯
子世帯

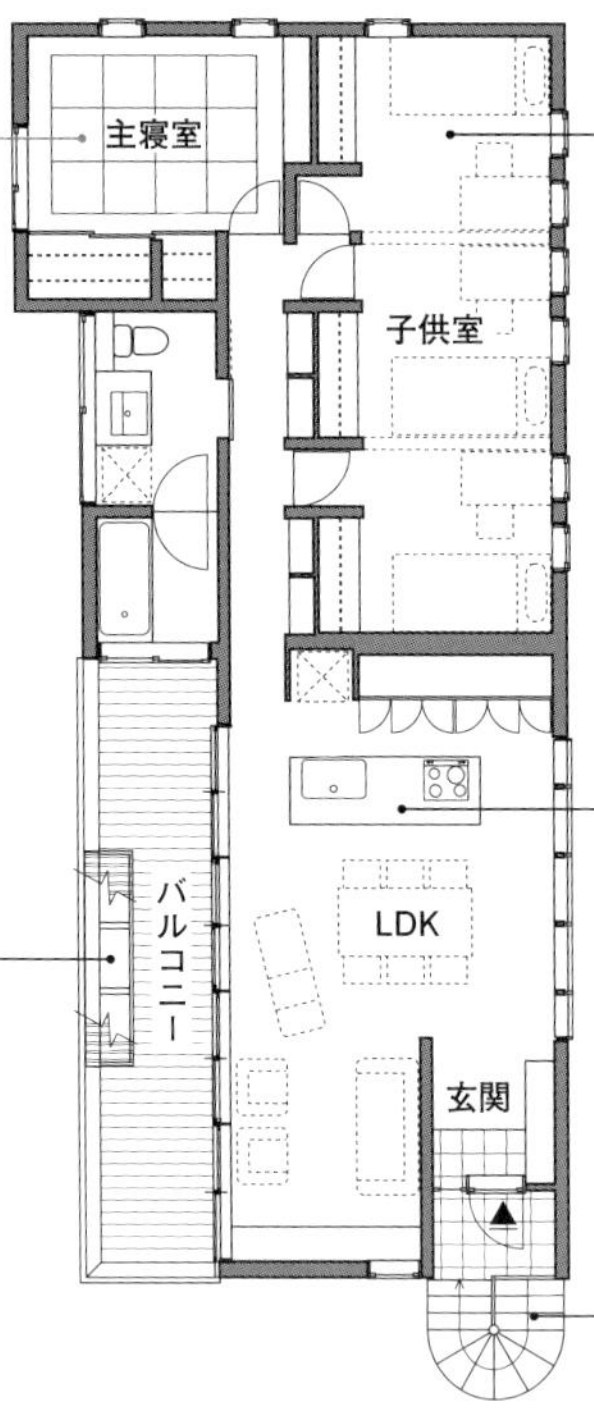

主寝室
子供室
バルコニー
LDK
玄関

その後

現在は親子５人が全員子ども室で寝ているため、書斎として使用している

子供室は、成長に応じて個室化できるように、ドアと窓の位置を考慮

三方の景色を眺めながら、また、家族とおしゃべりしながら調理ができるアイランドキッチン

1階の親世帯のリビングのトップライト。夜は、リビングの明かりが漏れ、ガーデンライトになる。トップライトのカバーはベンチとして活用

子世帯の玄関は2階。階段アプローチを上がっていく

1階は親世帯。西側道路からアクセスし、短動線で玄関へ。将来の賃貸スペースへの転用を考慮し、アプローチも別の完全分離にした

1階

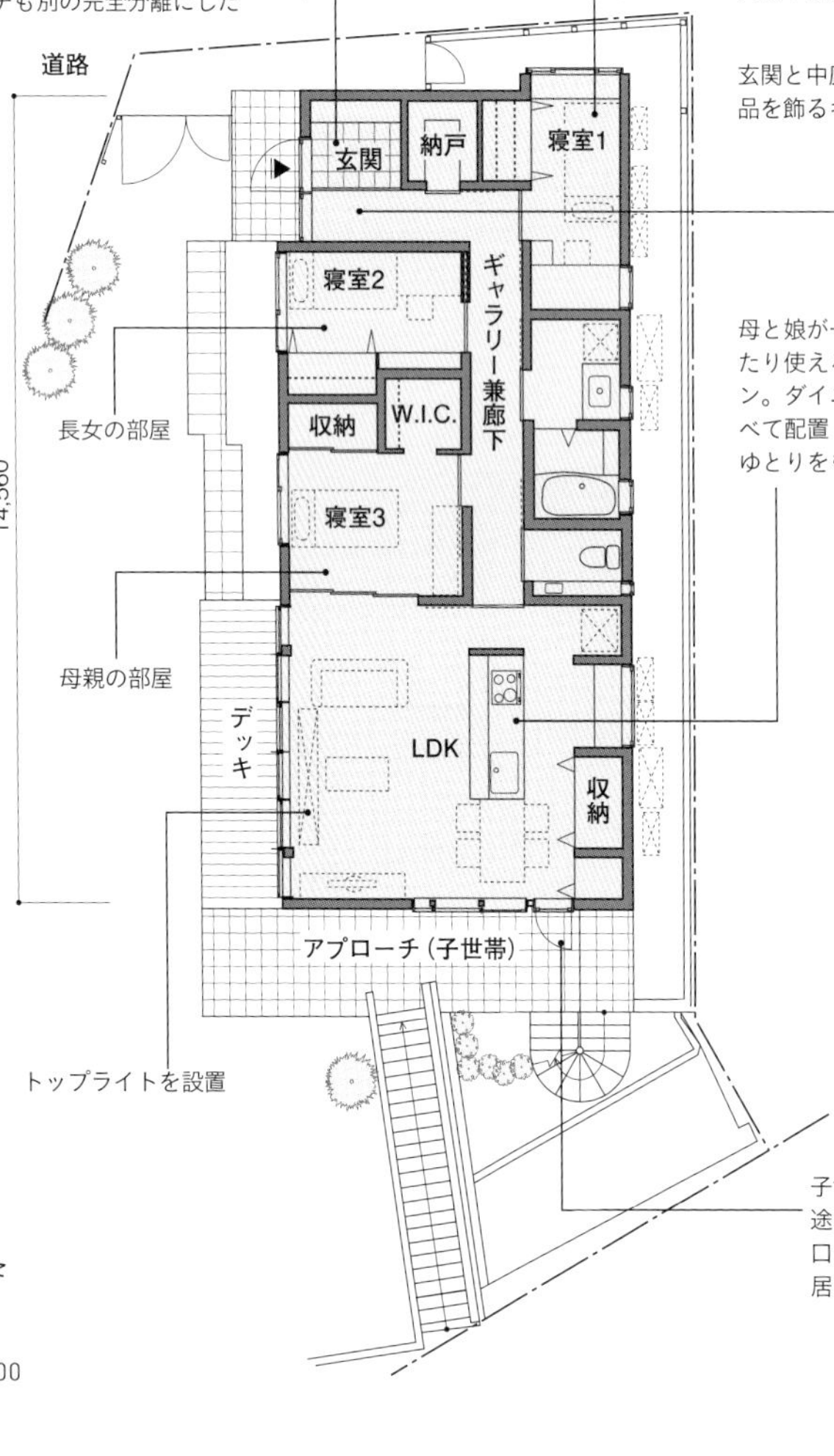

7,280
道路
14,560
玄関
納戸
寝室1
寝室2
ギャラリー兼廊下
収納
W.I.C.
寝室3
デッキ
LDK
収納
アプローチ（子世帯）

父親の部屋

玄関と中廊下は長女の写真作品を飾るギャラリーに

長女の部屋

母と娘が一緒に立ってもゆったり使えるアイランドキッチン。ダイニングテーブルを並べて配置し、リビング空間にゆとりをもたせた

母親の部屋

トップライトを設置

子世帯のアプローチの途中に、親世帯の通用口を設置。お互いの住居へ行き来しやすい

S＝1：200

建築概要

所在地：神奈川県横浜市
敷地面積：291.78㎡
延床面積：222.96㎡
設計：unit-H 中村高淑建築設計事務所

竣工時の家族構成

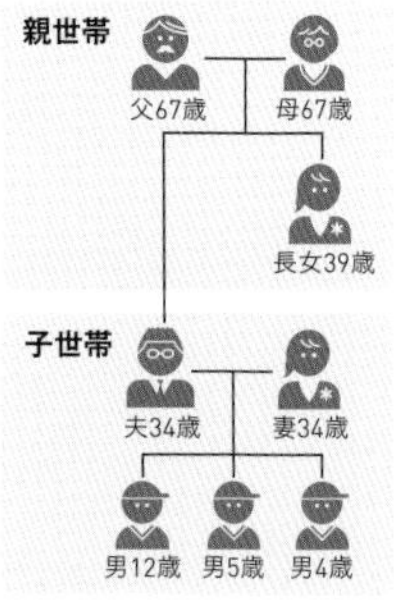

親世帯
父67歳
母67歳
長女39歳
子世帯
夫34歳
妻34歳
男12歳
男5歳
男4歳

東側道路から外階段でアクセスする
廻り階段を上がって子世帯の玄関へ。外階段で直接2階にアプローチする

2階の子世帯のＬＤＫは南側に連窓を設置
三方に窓を設けた明るいＬＤＫ。南側には大きなバルコニーを設置し、高低差がある敷地ならではの眺望を得る。正面左手が玄関

やさしい表情の木の外構を設える
親世帯のメインの玄関口。西側道路からは比較的フラットにアクセスできる

１階の親世帯のＬＤＫはデッキまで空間が延びる
アイランドキッチンを設置した広々としたＬＤＫ。南側の大きな窓の先にウッドデッキを設けた。正面の樹木に守られ、開放感とプライバシーの両方を得ることができる

1階の親世帯の廊下をギャラリーに
長女の作品を壁に飾り、ギャラリーのように演出。将来の車椅子使用にも対応できる幅を確保した

「合図と気づき」の仕掛けで上下分離型の音の問題をカバー

線路沿いの高低差の大きい住宅地に建つ二世帯住宅。東と西の2面接道を生かし、各世帯のアプローチを分けた。親世帯は比較的フラットな西側道路を利用し、子世帯は東側道路から外階段でアクセスする。生活機能を上下階で完全に分離させたこの住宅は、建築基準法上は長屋となる。こうした構成は、将来、1世帯分を賃貸住宅に転用する際も有利だ。

親世帯は1階。バリアフリー対応とし、床の段差をなくし、引戸を多用。LDKとつながる庭や、廊下を兼ねたギャラリーが特徴的である。

子世帯は2階。LDKの前には庭代わりの広いバルコニーを設置し、高台のメリットを活かした眺望を得る。1階の親世帯のリビングに光を注ぐトップライトがバルコニーの床に並ぶ。夜はリビングの明かりが漏れ、バルコニーのガーデンライトになる。消灯は親世帯の就寝の合図であり、「静かにしようね」という子供たちへのメッセージである。防音上、1階はRC造が望ましいが、コストと地盤の状況から木造を選択。「気づき」の仕掛けで対応できるようにした。

［中村高淑］

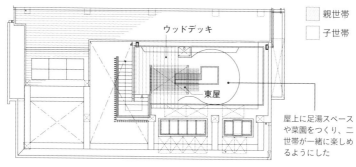

完全分離
プラン

中庭やデッキを挟む縦割りの完全分離型

R階

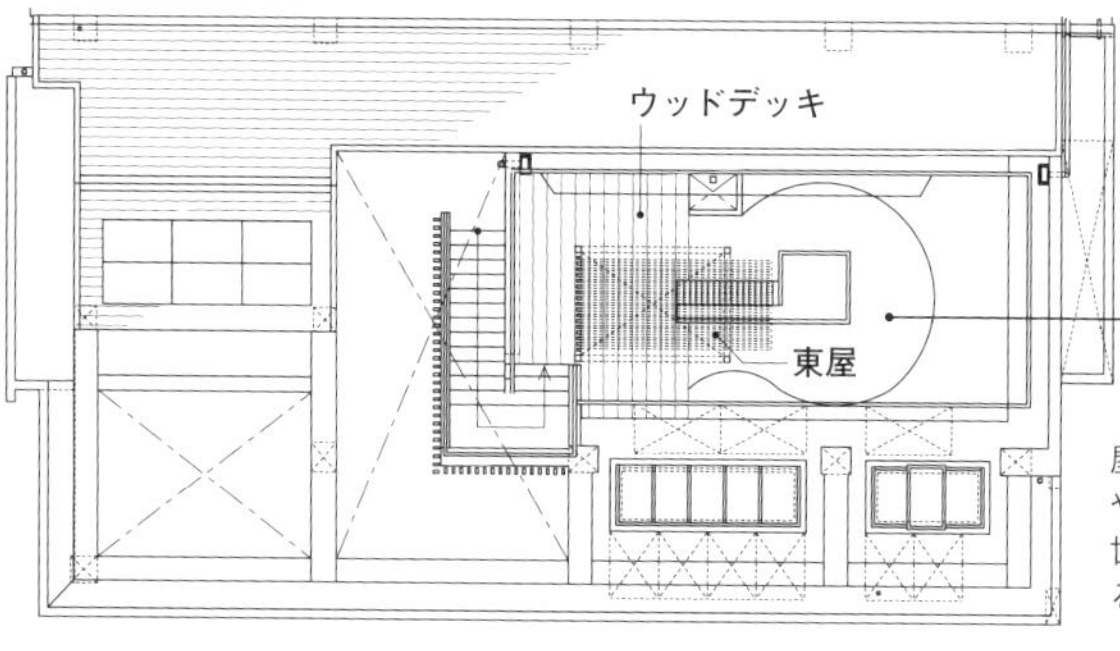
親世帯
子世帯
ウッドデッキ
東屋

屋上に足湯スペースや菜園をつくり、二世帯が一緒に楽しめるようにした

親世帯（母親）スペースと子世帯スペースの間に設けた共用のデッキから屋上に上がることができる

2階

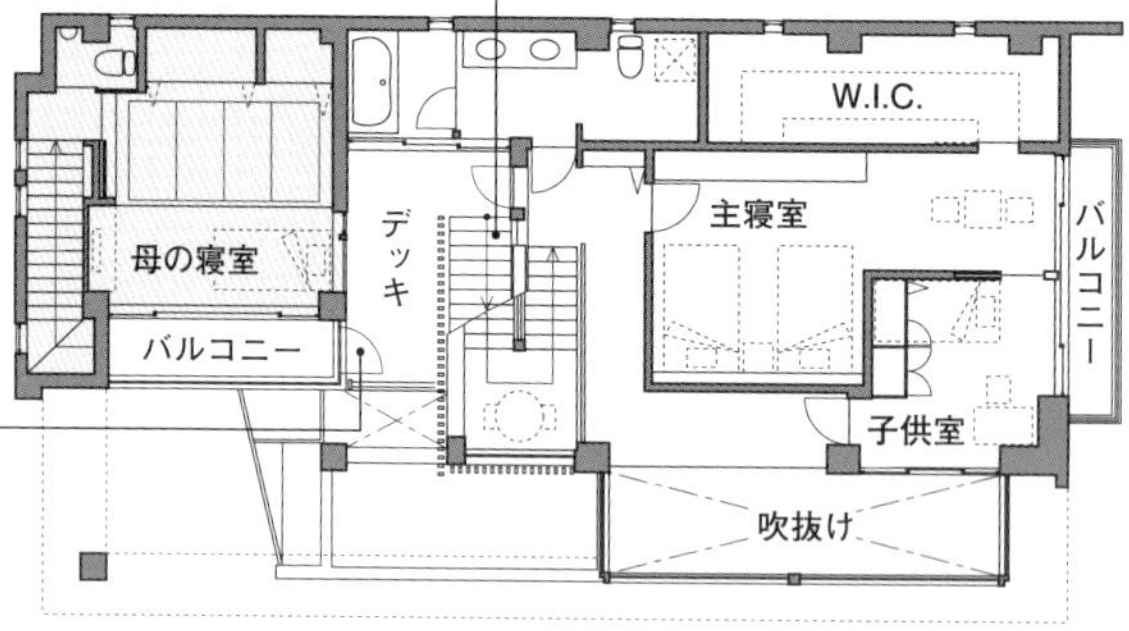
W.I.C.
主寝室
デッキ
母の寝室
バルコニー
バルコニー
子供室
吹抜け

バルコニーから共用のデッキへ出られる。介護が必要になったとき、デッキを通って、すぐに母親のもとを訪ねられる

親世帯(母親)スペースはLDKとサニタリーゾーンを隣接させ、コンパクトにまとめた

親世帯(母親)スペースと子世帯スペースをつなぐ連絡ドア。緊急を要するときは、迅速に行き来できるので便利

1階

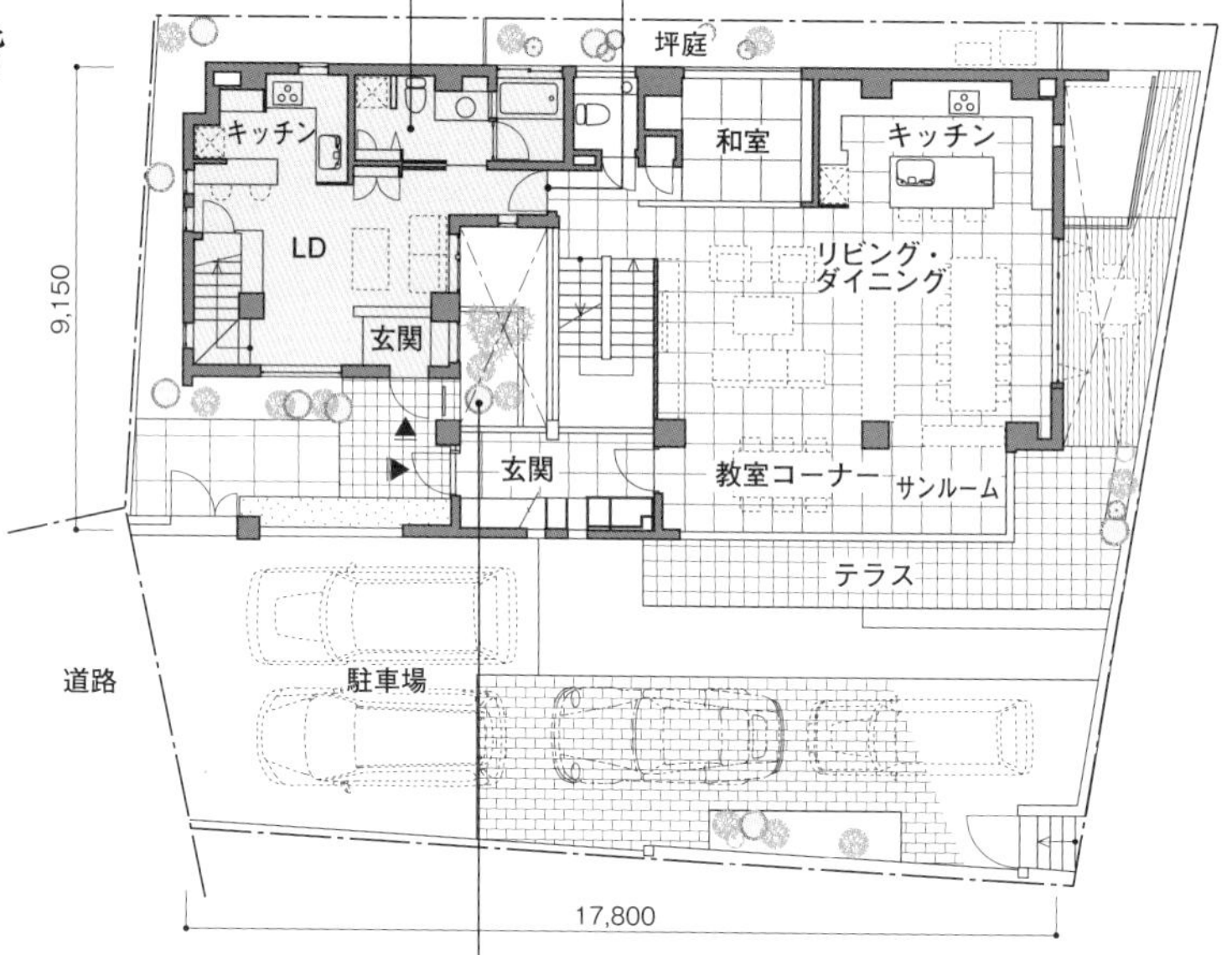
坪庭
キッチン
和室
キッチン
LD
リビング・ダイニング
玄関
9,150
玄関
教室コーナー
サンルーム
テラス
道路
駐車場
17,800

地下に設けた中庭の吹抜けを挟んで2つの世帯を分離。左側が親世帯(母親)スペース、右側が子世帯スペース

B1階

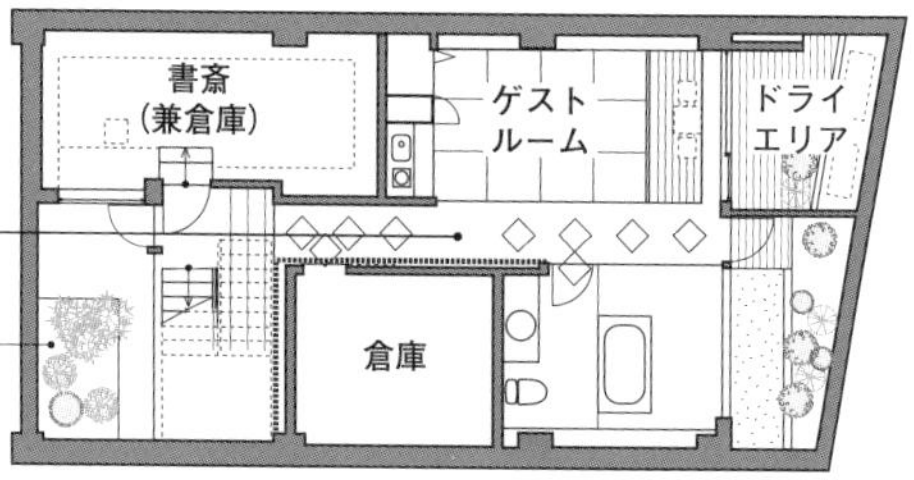
書斎
(兼倉庫)
ゲスト
ルーム
ドライ
エリア
パティオ
倉庫

地下は夫の書斎とゲストスペース。ミニキッチンとサニタリーゾーンも併設してある

N

S＝1：250

建築概要
所在地：横浜市都筑区
敷地面積：337.90㎡
延床面積：327.18㎡
設計：豊田空間デザイン室

竣工時の家族構成

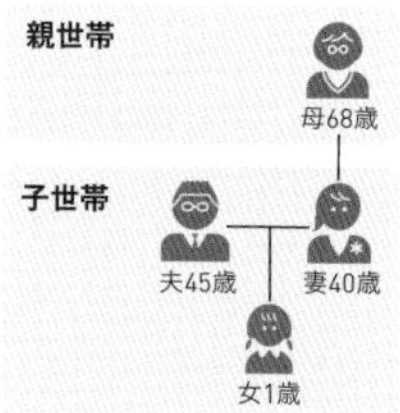
親世帯
母68歳
子世帯
夫45歳
妻40歳
女1歳

屋上は共用の癒しスペース
写真中央に足湯スペースがある。丸型の周囲で野菜を育てる予定。日差しを得ることと、プライバシーの確保の両面に配慮した

RCのラーメン構造でシャープな趣に
シャープで開放感のある建物につなげてカーポートを設置。上部をテラスとして使えるようにするとともに、建物が陰らないデザインとした

1階の親世帯（母親）のLDKは落ち着いた色調
LDKと玄関を同一空間にし、明るさと開放感を確保。正面奥の扉は、子世帯スペースとの連絡ドア

1階の子世帯のリビング・ダイニング＆和室は和風モダン
コンクリートのクールさと和室の和みが調和するリビング。階段室の向こうにパティオの緑が見える。パティオ越しに親世帯の気配が感じられる。左手奥が玄関

自然を取り込む子世帯のダイニング
吊り下げたダークブラウンの天井板が空間の区切りをイメージさせるとともに、凛とした雰囲気を醸し出す。太いコンクリートの柱の右がサンルーム

母親の自立生活と介護を見据え2棟の各フロアをつなげる

閑静な住宅地で、しかも遊歩道に面し、緑を借景できるという恵まれた立地条件である。建て主の要望は、生活空間を完全に分けることと、将来の介護を見据えたプランにしてほしいということ。

敷地は100坪以上と広く、親世帯は母親1人であるが元気で自立した生活を営めることから、完全分離型が可能である。そこで、左右にそれぞれの居住スペースを配置する縦割りプランを採用。介護が必要になったとき、連絡ドアを開ければ、すぐに母親を訪ねることができる。

両世帯とも、1階にLDKを配置。その間には中庭を設け、開口部越しにお互いの気配が感じられるように工夫した。2階はプライベート空間。両世帯とも、間に設けたデッキへ出られ、さらにそこから屋外階段を上ると屋上庭園。足湯や家庭菜園を一緒に楽しめる。

子世帯のLDKには大開口を設け、四季の移ろいが感じられる和風のモダンな空間にした。親世帯はやさしいナチュラルな色調に。またサニタリーを隣接させ、行き来をラクにし、階段は勾配を緩やかにした。将来、昇降機を容易に設置することも可能である。　［豊田悟］

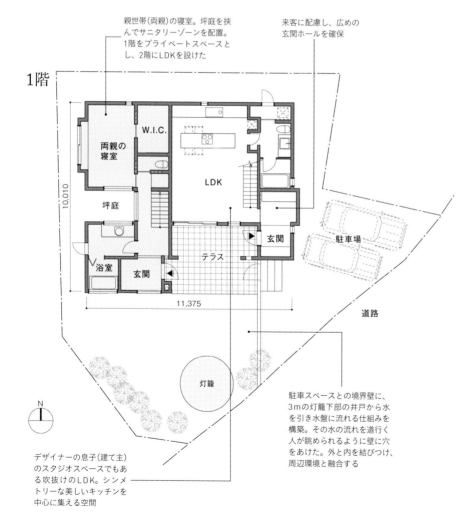

完全分離プラン

連棟型の二世帯住宅で各々の生活を大切に

親世帯
子世帯

2階

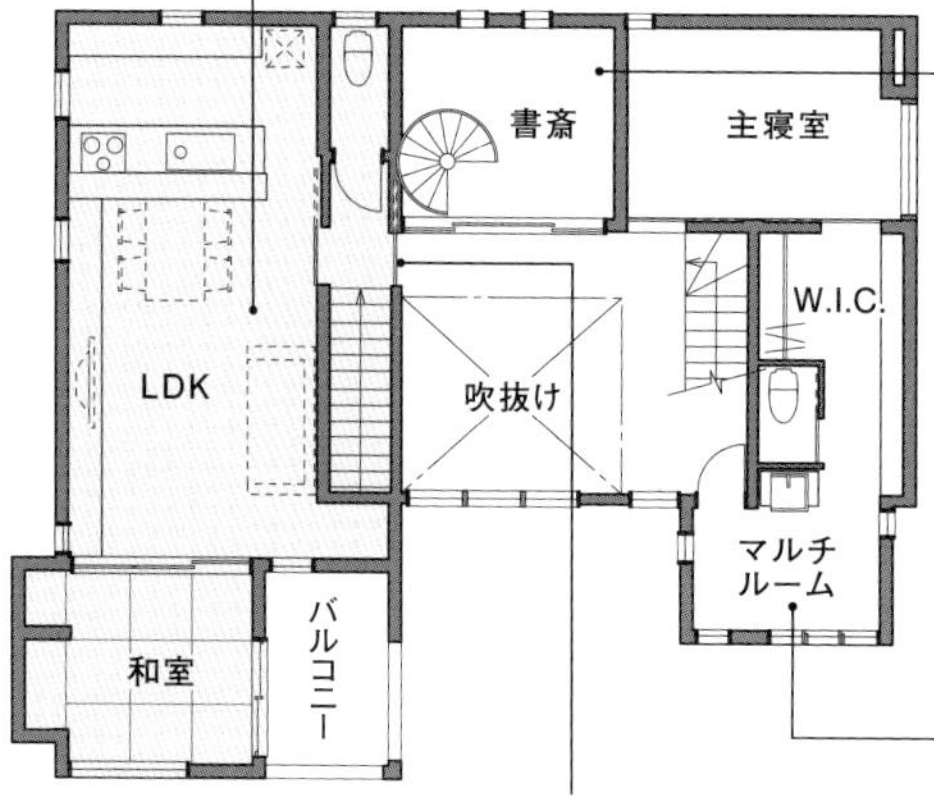
書斎
主寝室
W.I.C.
LDK
吹抜け
マルチ ルーム
和室
バルコニー

親世帯のLDK。和室の床のレベルをLDKと同じにし、延長空間として使えるようにした

子世帯LDKと吹抜けでつながる建て主の書斎。ガラスのパーティションや大きな窓の先に広がる、道路向こうの緑を眺めながら、創作活動に熱が入る

とくに固定した用途のないマルチルーム。起床したらウォークインクロゼット内を通って、その日のスタイルを決め、服を着替えて、洗顔し、ひと息ついて1階へ下りる。そして、いざスタート！

親世帯との連絡ドア

1階

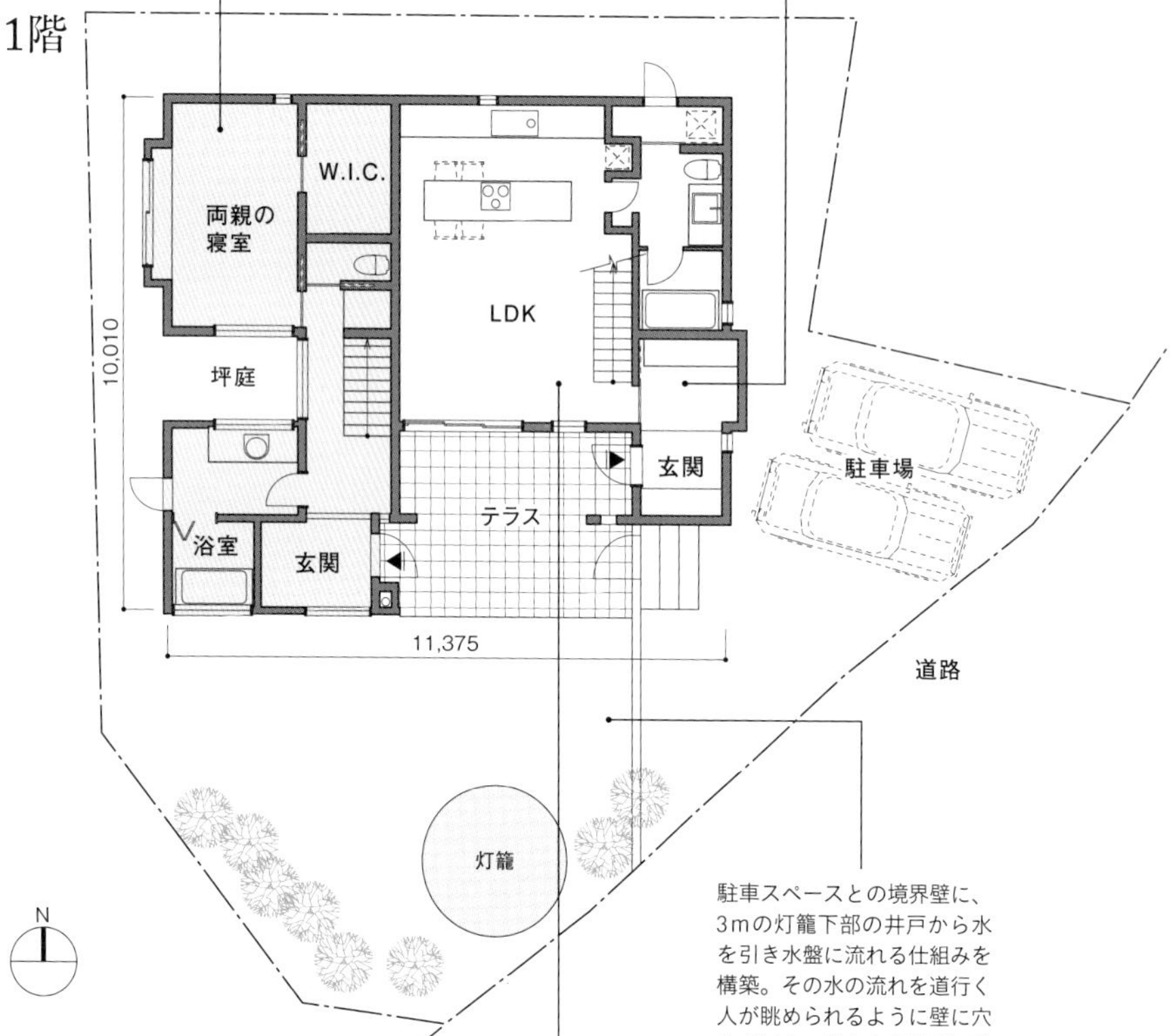
両親の寝室
W.I.C.
LDK
坪庭
浴室
玄関
テラス
玄関
駐車場
10,010
11,375
道路
灯籠
N

親世帯(両親)の寝室。坪庭を挟んでサニタリーゾーンを配置。1階をプライベートスペースとし、2階にLDKを設けた

来客に配慮し、広めの玄関ホールを確保

駐車スペースとの境界壁に、3mの灯籠下部の井戸から水を引き水盤に流れる仕組みを構築。その水の流れを道行く人が眺められるように壁に穴をあけた。外と内を結びつけ、周辺環境と融合する

デザイナーの息子(建て主)のスタジオスペースでもある吹抜けのLDK。シンメトリーな美しいキッチンを中心に集える空間

S=1：200

建築概要

所在地：神奈川県鎌倉市
敷地面積：277.29㎡
延床面積：172.24㎡
設計：AA プランニング

竣工時の家族構成

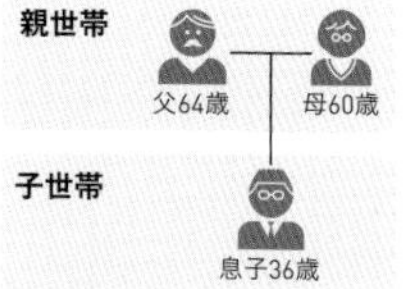
親世帯
父64歳
母60歳
子世帯
息子36歳

湘南の光に合う真っ白な縦割りの二世帯住宅
左が親世帯、右が子世帯。中央のテラスに面する子世帯のLDKは外に開いたスタジスペースでもある。境界壁に計画した水盤と井戸からの水の流れが周辺環境と融合する

書斎の仕切りはパーティション
ガラスのパーティションを閉めると個室に。手前にLDKの吹抜けが広がる。螺旋階段は海が見える屋上へとつながる

大きな吹抜けに大きな窓を設置
子世帯のLDK＝スタジスペースはテラスに面するリビング上部が大きく吹抜けている。その吹抜けに設置した大きな窓は澄んだ空や歴史ある街並みとつながり、デザイナーである建て主の創作活動を助ける

リビングの勾配天井の先に高窓を設置
高窓から差し込む湘南の光で、一日中明るい親世帯の2階のLDK。西側の窓からは長谷観音がうかがえ、南側の窓からは道路反対側の旅館の緑が楽しめる

連棟型の中間領域に共用のテラスを設ける

リタイアした両親の住まいと、プロダクトデザイナーである息子の情報発信基地という2つの顔をもつ建物で、息子が建て主になって建築した完全分離の二世帯住宅である。建て主が希望した設計条件は、敷地内の樹齢80年の松、敷地向かいの文化財建物、そして海にほど近いという周辺環境にマッチし、建て主のライフスタイルを表現した住宅にすること。

道路に近い東側を子世帯ゾーン、西側を親世帯ゾーンとし、住居が左右に分かれる連棟型に。南側中央には共用スペースであるテラスを設けた。スタジオの機能をもつ子世帯のLDKはこのテラスに面し、延長空間として活用。一方、親世帯にとっては玄関までのアプローチ空間である。親世帯の居住スペースは敷地の奥にあり、静かな落ち着いた日々を過ごすことができる。もっとも条件のよい2階の南側にはバルコニーを設け、心地よい光と風を堪能。西面の窓からは鎌倉の長谷観音の眺望を楽しむことができる。竣工から13年。父親が他界し、母親と息子の生活になったが、それぞれの生活を十分満喫しているようだ。

［青木恵美子］

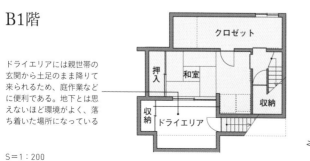

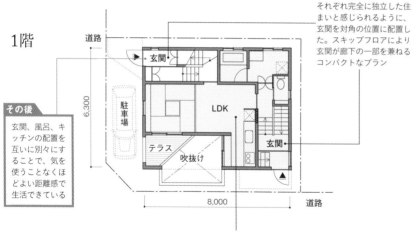

親世帯
子世帯

完全分離プラン

厳しい敷地条件を5層で克服

3階

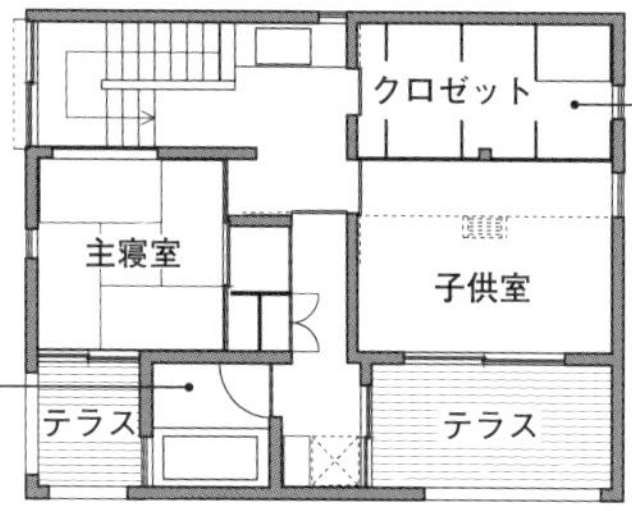
クロゼット
主寝室
子供室
テラス
テラス

クロゼットの上部にロフトを設置

浴室はテラスに面し、またトップライトがあるので露天風呂のように楽しむことができる。昼間は洗濯物干し場に利用

2階

子供スペース
LDK
テラス

中2階のトイレ

食品庫

食卓前に作業台を設置。家族全員が料理に参加できるようにするための工夫。また、LDKに広がりをつくることもできた

その後
1階と2階の間にあるトイレは、寝室から少し遠い。2階と3階の間にあるとなおよかったかも

その後
外の空気を感じられるテラスで食事を楽しむこともある

1階

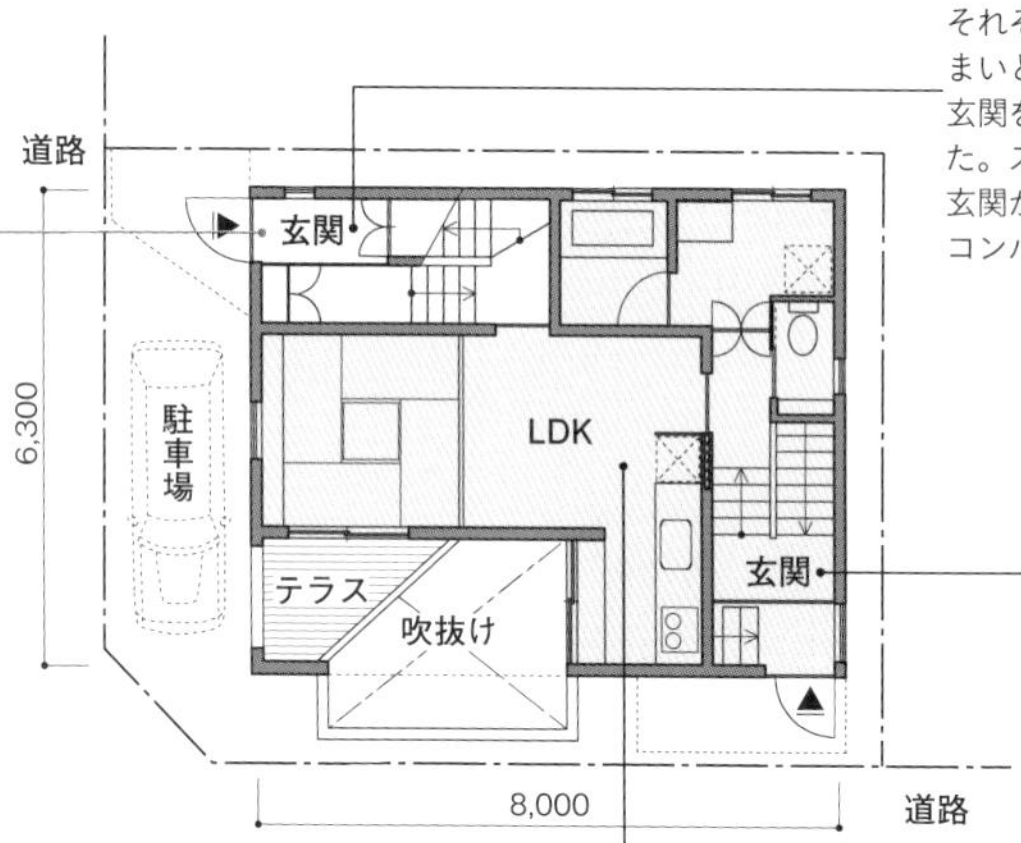
道路
玄関
駐車場
6,300
LDK
テラス
吹抜け
玄関
8,000
道路

それぞれ完全に独立した住まいと感じられるように、玄関を対角の位置に配置した。スキップフロアにより玄関が廊下の一部を兼ねるコンパクトなプラン

その後
玄関、風呂、キッチンの配置を互いに別々にすることで、気を使うことなくほどよい距離感で生活できている

キッチンの窓から、ドライエリアの吹抜けを挟んでテラスが見える。通常より床が高いため、プライバシーと開放感の両方が得られる

B1階

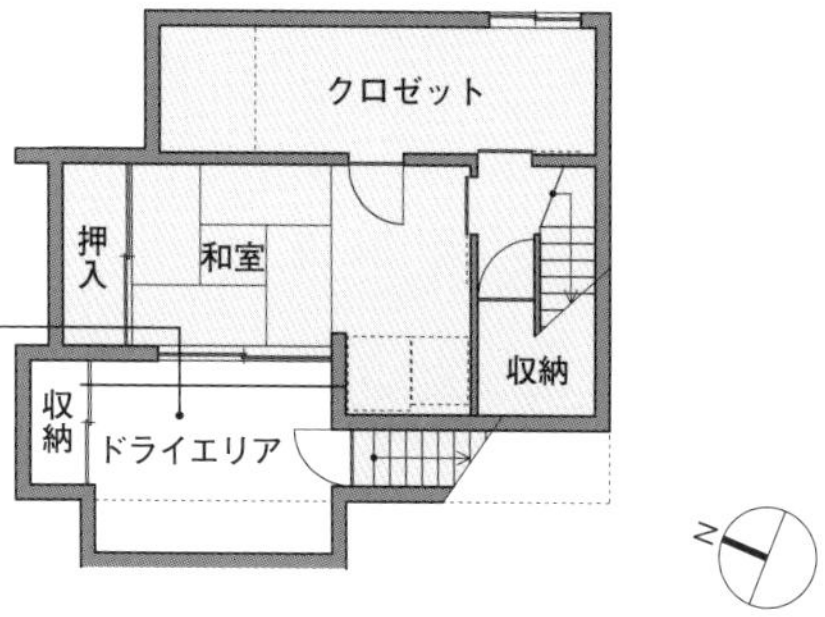
クロゼット
押入
和室
収納
収納
ドライエリア

ドライエリアには親世帯の玄関から土足のまま降りて来られるため、庭作業などに便利である。地下とは思えないほど環境がよく、落ち着いた場所になっている

S＝1：200

建築概要
所在地：神奈川県横浜市
敷地面積：85.86㎡
延床面積：143.40㎡
設計：鈴木アトリエ

竣工時の家族構成

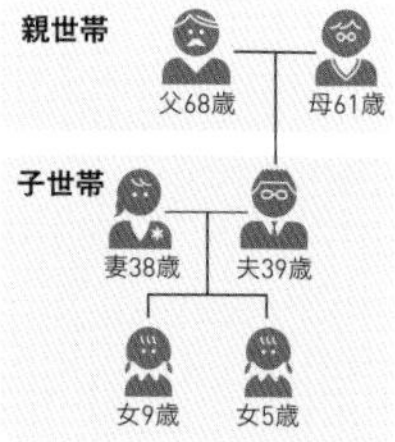
親世帯
父68歳
母61歳
子世帯
妻38歳
夫39歳
女9歳
女5歳

屋根のない形状でも
テラスやバルコニーには軒をつくる
各階に有するテラスやバルコニーの形状を工夫してすべての場所に軒を設けた。その結果、彫りの深い外観となった

2階の子世帯のリビングに子供スペースがつながる
LDKにつなげて和室と子供スペース(写真手前)を配置。子供スペースは、当初はおもちゃ部屋であったが、現在は勉強室として使用されている。この部屋があることで散らかるのを防ぐことができる

2階のリビングに空中の庭
子世帯の畳リビングから続くテラスに、上階の軒を利用してハンモックを設置。窓先に外部空間を取り込むことで広がりと楽しみが増える仕掛け

地下を感じさせない地下の和室
ドライエリアを設けた地下室の床面は地面から1.5m下がっている。掃き出し窓による庭付きの落ち着く部屋である

3階の子供室にもベランダと吹抜け
将来2つに分けることを想定。ロフトはクロゼットの上部を活用したもので、風の通り道ともなる

各階に半外部空間を設置し、住まいに光と風を取り込む

南側と東側からの採光はほとんど期待できない26坪の北西角地である。生まれ育ったこの土地に、息子夫婦が戻り、実家を二世帯住宅に建て替えた。

それぞれの要望を面積換算していくと、地階＋1階を親世帯、2階＋3階＋ロフトを子世帯とする5層の居住スペースが必要となった。当初は鉄筋コンクリート造で検討していたが、地盤が悪くコストも厳しいため、地下のみを鉄筋コンクリート造とし、地上を木造で計画した。地下といっても完全に埋め込まず、1階の床レベルを地上1ｍに設定したのは、道路からプライバシーを守るためと、地階が床面積の緩和を受ける高さにしたかったからである。また地下であっても風通しや日照を得られるよう小さな庭付きとしたため、平均地盤面の算定に影響し、その設定には苦労した。

1階は、敷地の対角線上に各世帯の玄関を設け、お互いのプライバシーが最低限守れる長屋形式としている。それぞれの階には必ずテラスやバルコニーを設け、自然を少しでも室内に取り込めるように工夫した。

［鈴木信弘］

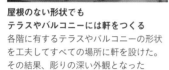

完全分離プラン

二棟をテラスで結び交流と気遣いを促す

□ 親世帯
□ 子世帯

1階と2階のテラスは階段でつながる。下は庭と一体の、上は北側の公園の広がりに面している。2世帯同士のみならず交流の場所として有効な外部空間

子世帯のダイニング・キッチンは上階のテラスとつながる

2階

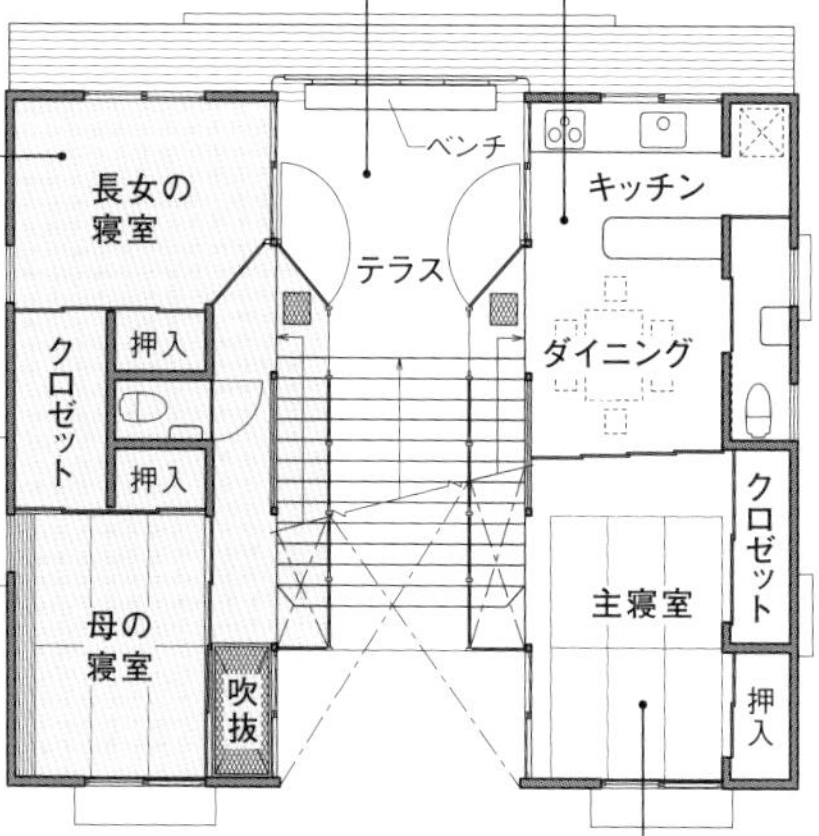

長女の寝室
ベンチ
テラス
キッチン
ダイニング
クロゼット
押入
押入
母の寝室
吹抜
主寝室
クロゼット
押入

北側の個室は長女の居室。南側は長女の書斎であるが、ゲストルームとして使用することを想定している計画

子世帯のプライベート空間は、1階の和室と洋室の2部屋と2階の和室。これら3つの部屋は子供の成長に合わせて親子でさまざまな使い分けが可能。たとえば幼児期は2階の部屋を2人の子供用とする。成長とともに1階の2部屋を子供がそれぞれが使うというように

お互いの玄関につながる多目的な土間空間。家にあげないで済ませる接客の場所

西棟は親世帯スペース

東棟は子世帯スペース

1階

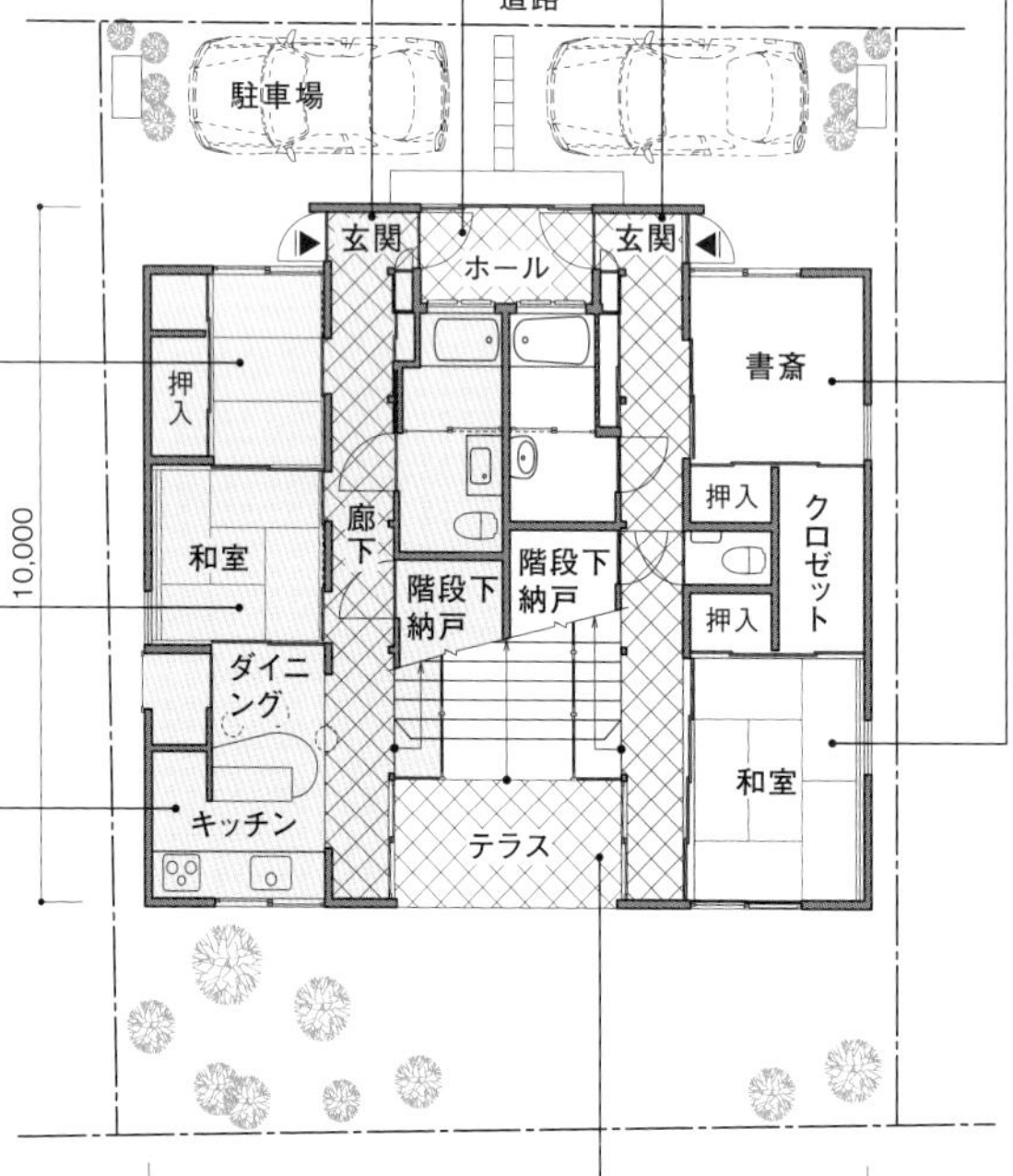

道路
駐車場
玄関
ホール
玄関
押入
書斎
押入
クロゼット
押入
和室
廊下
階段下納戸
階段下納戸
ダイニング
和室
キッチン
テラス
10,000
10,780

畳の続き部屋の融通無碍さを生かして大勢の接客に応じることができる

親世帯のダイニング・キッチンは下階のテラスとつながる。テラスでの二世帯の交流の拠点となる

両世帯とつながるテラス。階段の上もテラスになっていて、右手に子世帯のダイニング・キッチンがある。1階の親世帯のダイニング・キッチンとはテラスを介してつながる

N

S＝1：200

建築概要

所在地：東京都練馬区
敷地面積：218.27㎡
延床面積：182.08㎡
設計：スタジオ・アルテック

竣工時の家族構成

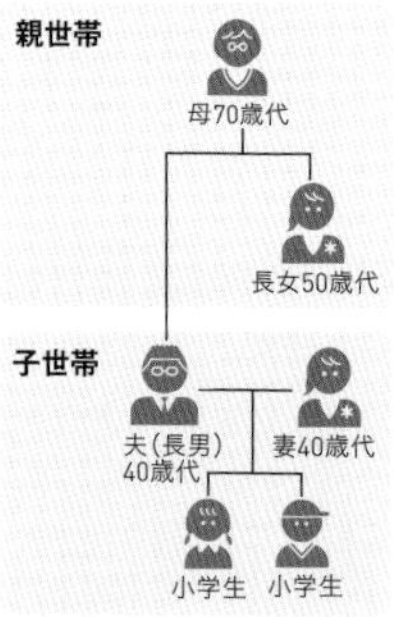

親世帯
母70歳代
長女50歳代
子世帯
夫(長男)
40歳代
妻40歳代
小学生
小学生

上下階のテラスで二世帯を結ぶ
上下階につながるテラスはお互いの様子が垣間みられる場所で、交流の場ともなる外気の居場所。1階のテラスはテラコッタタイル、階段と2階のテラスの床は木製

写真：新建築社写真部

東棟(左)を子世帯、西棟(右)を親世帯に
縦割りの二世帯住宅で、2階は2棟の間がテラスになっている。1階中央は共用の多目的ホール。ここに、それぞれの入口がある

親世帯の1階は
続き間とダイニング・キッチンを配置
西棟の親世帯の1階は長い廊下に面して、多目的に使える畳の続き間とダイニング・キッチンがある。3空間は建具で仕切ることが可能

2層にわたるテラスを介し それぞれのLDKがつながる

母と姉の親世帯と息子家族の子世帯の二世帯三世代住宅である。計画は、親世帯を西棟、子世帯を東棟に分け、その間に共用の隙間という外部空間のコミュニケーションスペースを立体的に構成し、2世帯住居ならではのライフスタイルが生み出せる場としている。

外階段でつなげた2層にわたるテラスという外気の空間にはどちらかの厨房が面しており、共通の催事に使われる。このように互いが垣間見られる空間を設えて、それぞれを気遣いながらコミュニケーションを成立させることがテーマとなっている。自由で解放的な空気を感じられることがコミュニケーションの成立にリアリティを与えると考えている。

曖昧な共用の場をもつことで成立する交感の場があること、そのような住戸相互の隙間を構築された外気の生活空間とすること、また個室には複数のアプローチをもたせることで、さまざまな使われ方に対応させる。これらは都市の集住体に備えるべき要素であると考えた。この二世帯住宅は、場所性に基づきながら、都市の共同住宅の一般解となりうる型を表現しようと計画した。［室伏次郎］

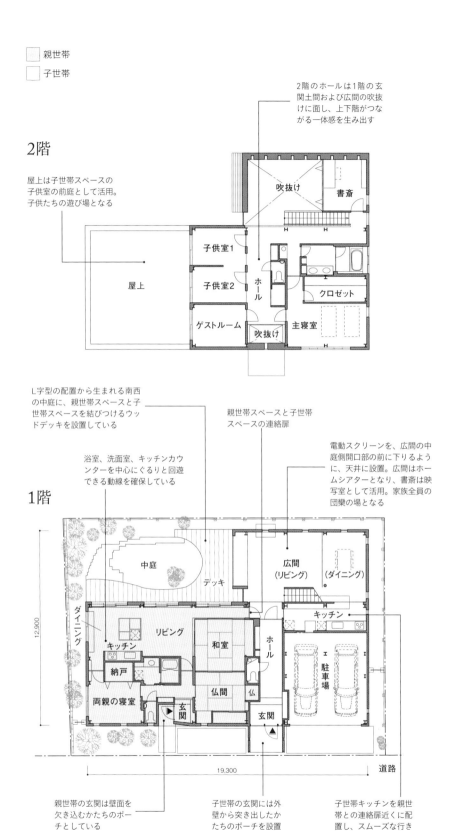

完全分離プラン

住居は完全分離させ中庭を共用する

親世帯
子世帯

2階のホールは1階の玄関土間および広間の吹抜けに面し、上下階がつながる一体感を生み出す

2階

屋上は子世帯スペースの子供室の前庭として活用。子供たちの遊び場となる

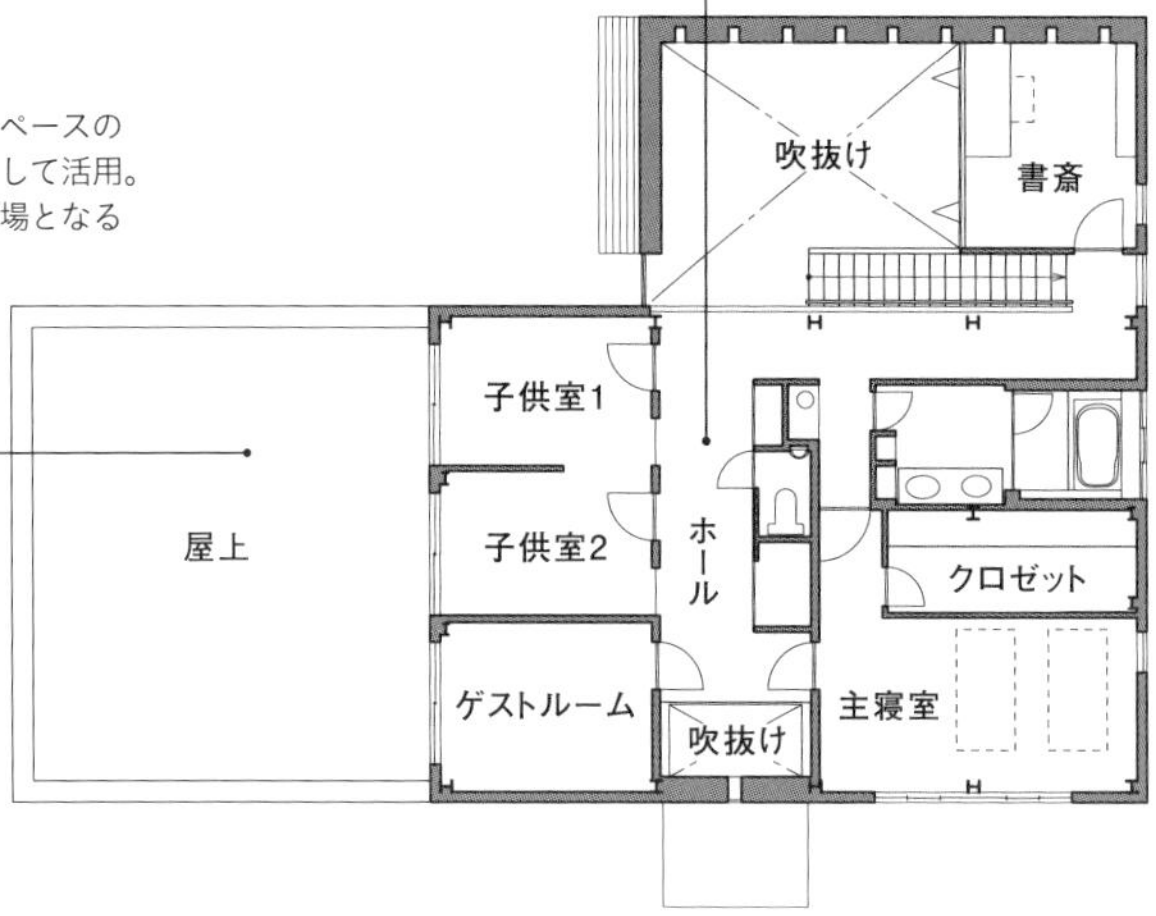

吹抜け
書斎
子供室1
子供室2
屋上
ホール
クロゼット
ゲストルーム
吹抜け
主寝室

L字型の配置から生まれる南西の中庭に、親世帯スペースと子世帯スペースを結びつけるウッドデッキを設置している

親世帯スペースと子世帯スペースの連絡扉

電動スクリーンを、広間の中庭側開口部の前に下りるように、天井に設置。広間はホームシアターとなり、書斎は映写室として活用。家族全員の団欒の場となる

浴室、洗面室、キッチンカウンターを中心にぐるりと回遊できる動線を確保している

1階

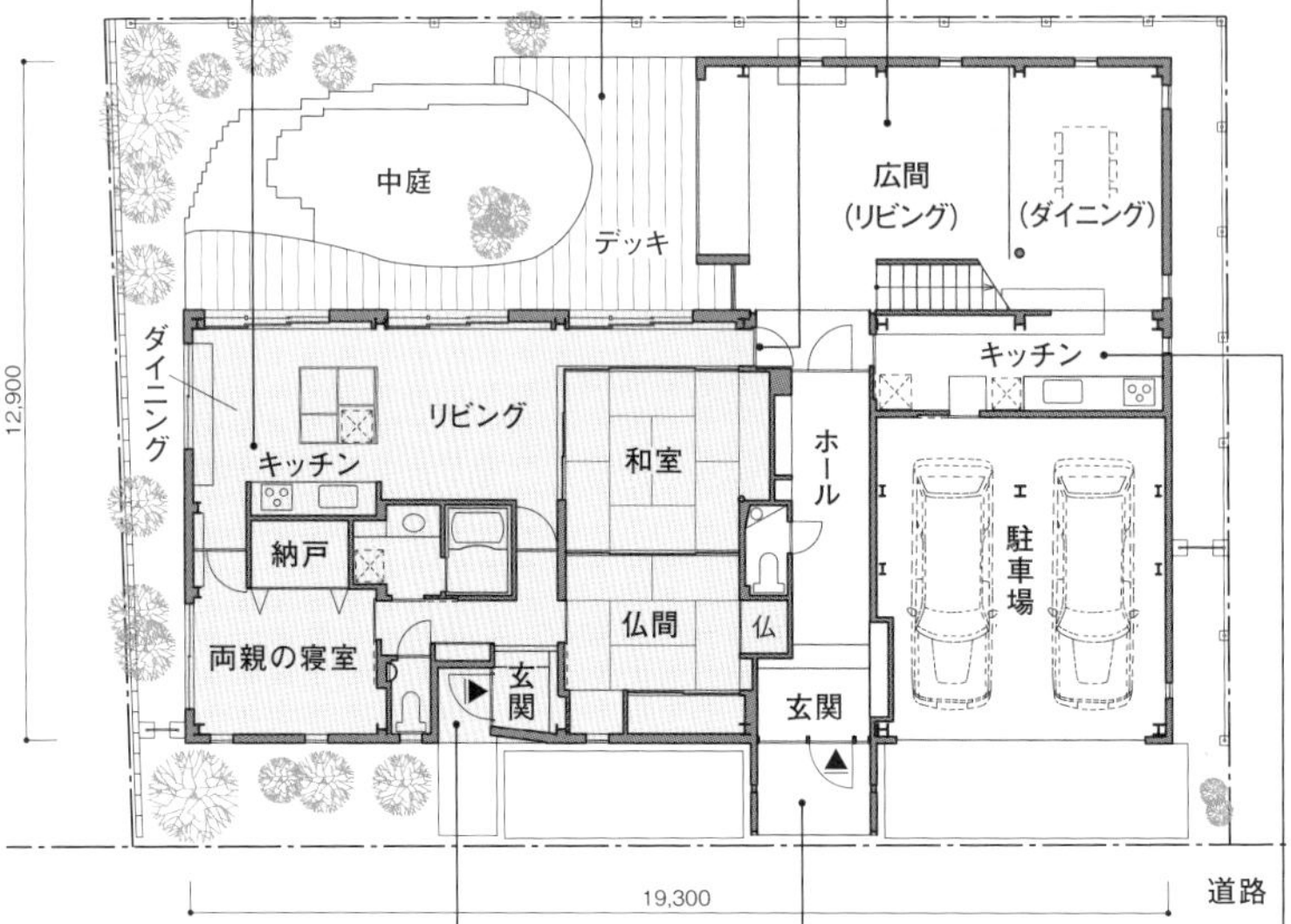

中庭
デッキ
広間
(リビング)
(ダイニング)
ダイニング
リビング
キッチン
キッチン
和室
ホール
駐車場
納戸
仏間
仏
両親の寝室
玄関
玄関
12,900
19,300
道路

親世帯の玄関は壁面を欠き込むかたちのポーチとしている

子世帯の玄関には外壁から突き出したかたちのポーチを設置

子世帯キッチンを親世帯との連絡扉近くに配置し、スムーズな行き来を可能にしている

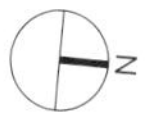

N

S＝1：250

建築概要

所在地：秋田県秋田市
敷地面積：345.87㎡
延床面積：310.81㎡
設計：荻津郁夫建築設計事務所

竣工時の家族構成

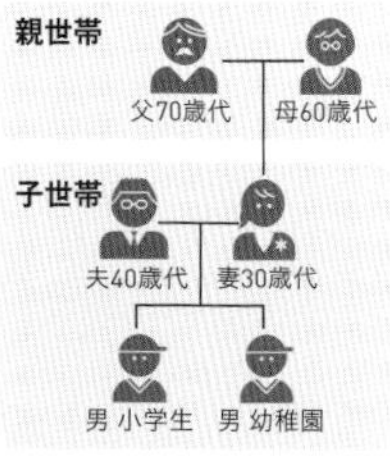

親世帯
父70歳代
母60歳代
子世帯
夫40歳代
妻30歳代
男 小学生
男 幼稚園

ウッドデッキと中庭は二世帯を連結
右側が親世帯のリビング・ダイニングで、正面奥が子世帯の広間。

土壁風の1階上部に金属板の2階を組み合わせる
正面外観。手前が子世帯玄関。左手の壁がくぼんでいる部分が親世帯玄関

壁面収納で玄関を整然と
子世帯の玄関ホール。壁面収納を造り付け、すっきりとした佇まいに。手前側に、二世帯が映画を楽しむ広間の入口がある

子世帯の広間にホームシアターの設備を備える
中庭、デッキと連なる大開口を備えた明るく広々としたリビング・ダイニング。右の写真は、窓前の天井のくぼみに設置した電動スクリーンを下ろした状態。右に暖炉がある

回遊できる動線を重ね合わせて機能的な平面を構成

親世帯と、4人家族（息子2人）の子世帯が2区画の敷地を合わせて1棟として建築した完全分離型の二世帯住宅。

各世帯の生活は独立しているが、親世帯の縁側の突き当たりの「連絡扉」を介して、子世帯の広間へと通じ、二世帯はいつでも双方から行き来ができるプランとしている。また、L字型平面で囲んだ中庭は、その親世帯の縁側から子世帯の広間までウッドデッキでつないでいるので、二世帯交流の場となる。

子世帯の広間（LDK）は、階段を取り込んだ吹抜け空間。中庭に面した大きな窓前に映写スクリーンが下りると、ホームシアターに一変し、三世代が集う場となる。ダイニング上の書斎は映写室でもある。2階は主寝室、子供室、サニタリーがあるプライベートゾーン。中央のトイレと収納スペースを囲む回遊動線のなかに、個室の入口がある。行動をスムーズにするだけでなく、音を妨げる役目も果たす。親世帯スペースも、中央に水廻りを集約配置。ここを回遊すれば、玄関からダイニングへも寝室へも直接アクセスできる。

［荻津郁夫］

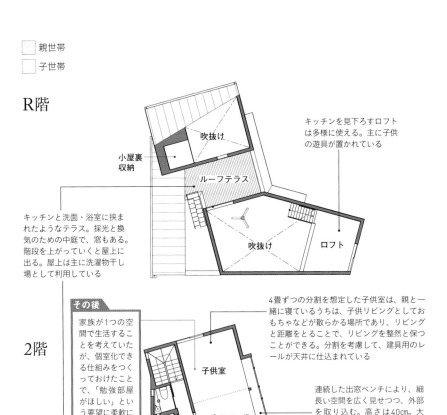

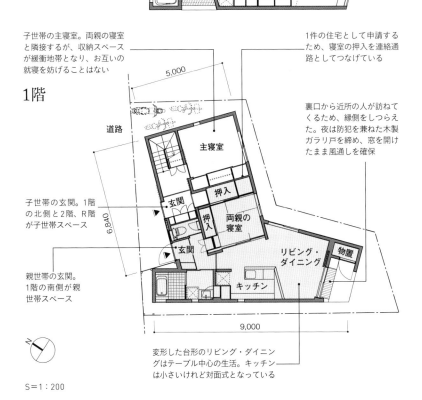

完全分離プラン

長いLDKの両端を子供スペースに使う

親世帯
子世帯

R階

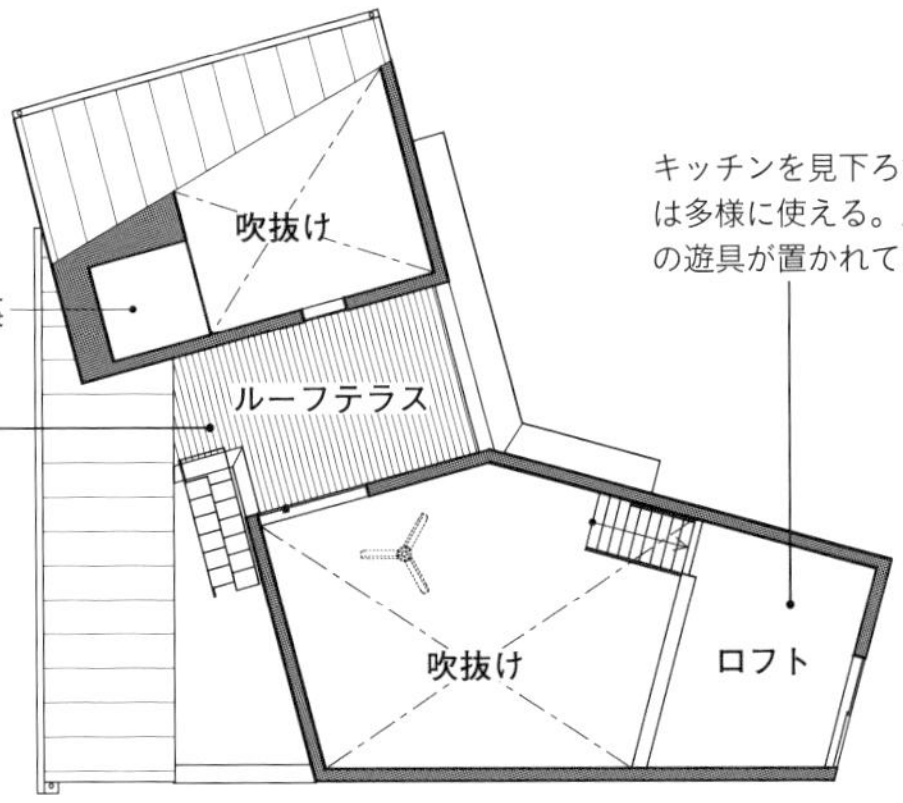

吹抜け
小屋裏収納
ルーフテラス
吹抜け
ロフト

キッチンを見下ろすロフトは多様に使える。主に子供の遊具が置かれている

キッチンと洗面・浴室に挟まれたようなテラス。採光と換気のための中庭で、窓もある。階段を上がっていくと屋上に出る。屋上は主に洗濯物干し場として利用している

その後

家族が1つの空間で生活することを考えていたが、個室化できる仕組みをつくっておけたことで、「勉強部屋がほしい」という要望に柔軟に対応できた

2階

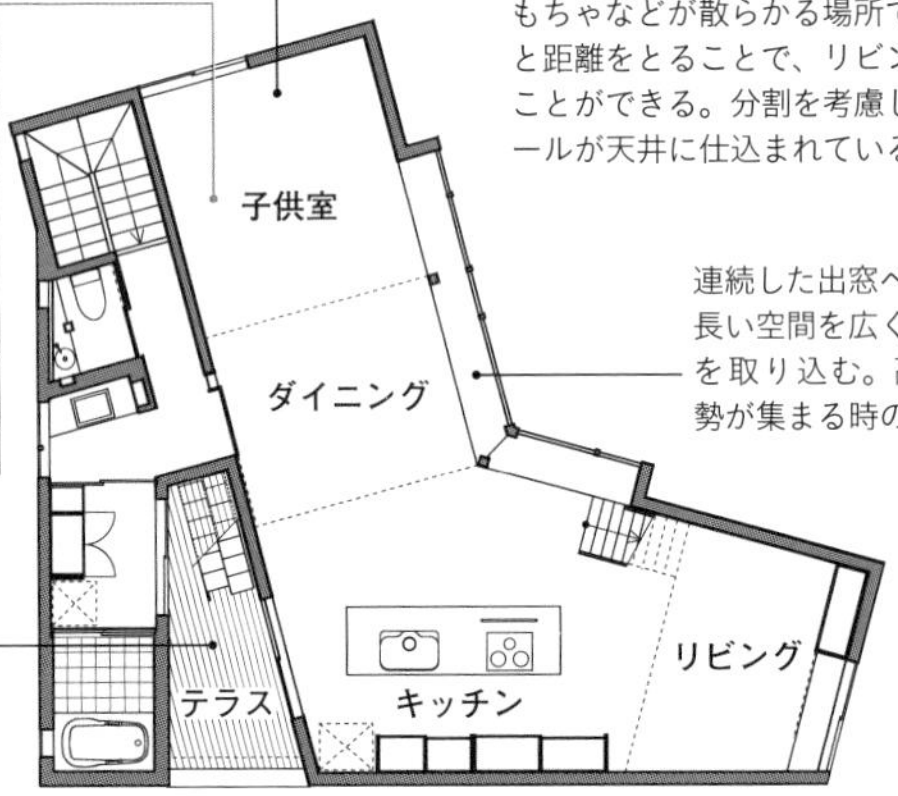

子供室
ダイニング
リビング
キッチン
テラス

4畳ずつの分割を想定した子供室は、親と一緒に寝ているうちは、子供リビングとしておもちゃなどが散らかる場所であり、リビングと距離をとることで、リビングを整然と保つことができる。分割を考慮して、建具用のレールが天井に仕込まれている

連続した出窓ベンチにより、細長い空間を広く見せつつ、外部を取り込む。高さは40cm。大勢が集まる時のベンチにもなる

子世帯の主寝室。両親の寝室と隣接するが、収納スペースが緩衝地帯となり、お互いの就寝を妨げることはない

1件の住宅として申請するため、寝室の押入を連絡通路としてつなげている

1階

5,000
道路
主寝室
押入
玄関
押入
両親の寝室
玄関
リビング・ダイニング
物置
キッチン
6,840
9,000

裏口から近所の人が訪ねてくるため、縁側をしつらえた。夜は防犯を兼ねた木製ガラリ戸を締め、窓を開けたまま風通しを確保

子世帯の玄関。1階の北側と2階、R階が子世帯スペース

親世帯の玄関。1階の南側が親世帯スペース

N

変形した台形のリビング・ダイニングはテーブル中心の生活。キッチンは小さいけれど対面式となっている

S＝1：200

建築概要

所在地：神奈川県横浜市
敷地面積：112.30㎡
延床面積：129.87㎡
設計：鈴木アトリエ

竣工時の家族構成

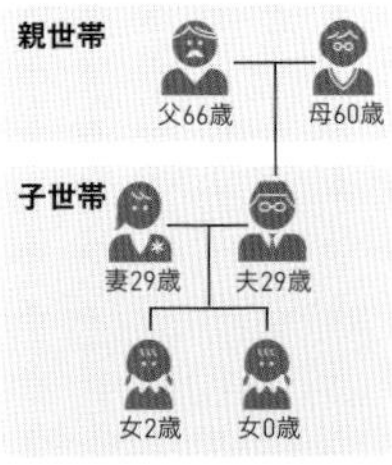

親世帯
父66歳
母60歳
子世帯
妻29歳
夫29歳
女2歳
女0歳

狭いながらも広く感じる工夫を
1階親世帯のLDK。キッチンの手元が隠れるくらいの高さで仕切る。和室の建具は天井まであるので、狭さを感じさせない

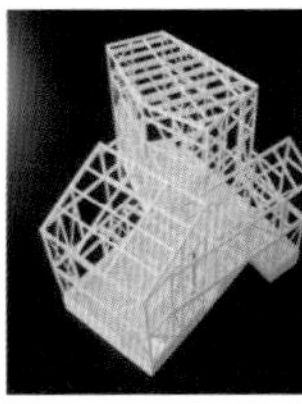

2世帯住宅に見えない外観
全体のボリュームは3つの箱を組み合わせた形状。玄関部分の全体を板張りで仕上げている。一見、2世帯住宅の印象はない

子世帯にはアイランドキッチンを設置
中央に置かれるアイランドはみんなが参加しやすく、小さい子供の様子に目が届く。だれもが自然と手伝うようになったという

距離感をもつ長いリビング
2階子世帯のLDKは長くくびれたワンルーム。天井の高さを場所によって変えたため、単調にならずに変化のある空間になっている

L型変形地を生かした ブーメラン型リビング

「43条ただし書き」の空地〔※〕のため、車の入らない変形敷地。くびれた東側には墓地があり、眺めのよい場所とはいえない環境に建てた、夫の両親との二世帯住宅である。

完全分離型で共用部はないが、1軒の住宅として申請するため寝室の押入を連絡通路としてつなげている。普段の生活はまったく独立したものとなっている。しかし、近い将来、親の介護が必要になったときには、寝室間の押入部分を取り外すとワンルームとして使うことができるようにしている。

2階の子世帯スペースも、浴室、洗面室、トイレを除くと、L型の部屋はワンルームで、キッチンを中心にダイニングとリビングを振り分けている。ダイニング奥の子供室はオープンとし、将来、2分割できるように考慮してはいるが、ロフトの併用と出窓ベンチを椅子や机にと、遊びや勉強の際、いろいろな使い方ができるため、現在は特に仕切りをせずに済んでいる。平面の形状が複雑であることと、屋根面の勾配の処理が難しいため、3つの小屋に分けて架構を考えた。［鈴木信弘］

※道路に接していない敷地であっても、敷地の周囲の状況および建築物の条件により建築を許された敷地

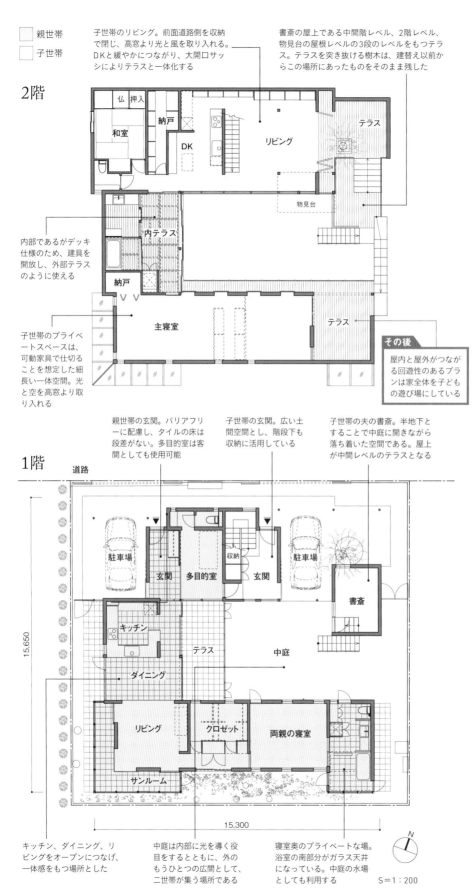

完全分離プラン

コートハウスで両世帯とも好環境に

親世帯
子世帯

2階

子世帯のリビング。前面道路側を収納で閉じ、高窓より光と風を取り入れる。DKと緩やかにつながり、大開口サッシによりテラスと一体化する

書斎の屋上である中間階レベル、2階レベル、物見台の屋根レベルの3段のレベルをもつテラス。テラスを突き抜ける樹木は、建替え以前からこの場所にあったものをそのまま残した

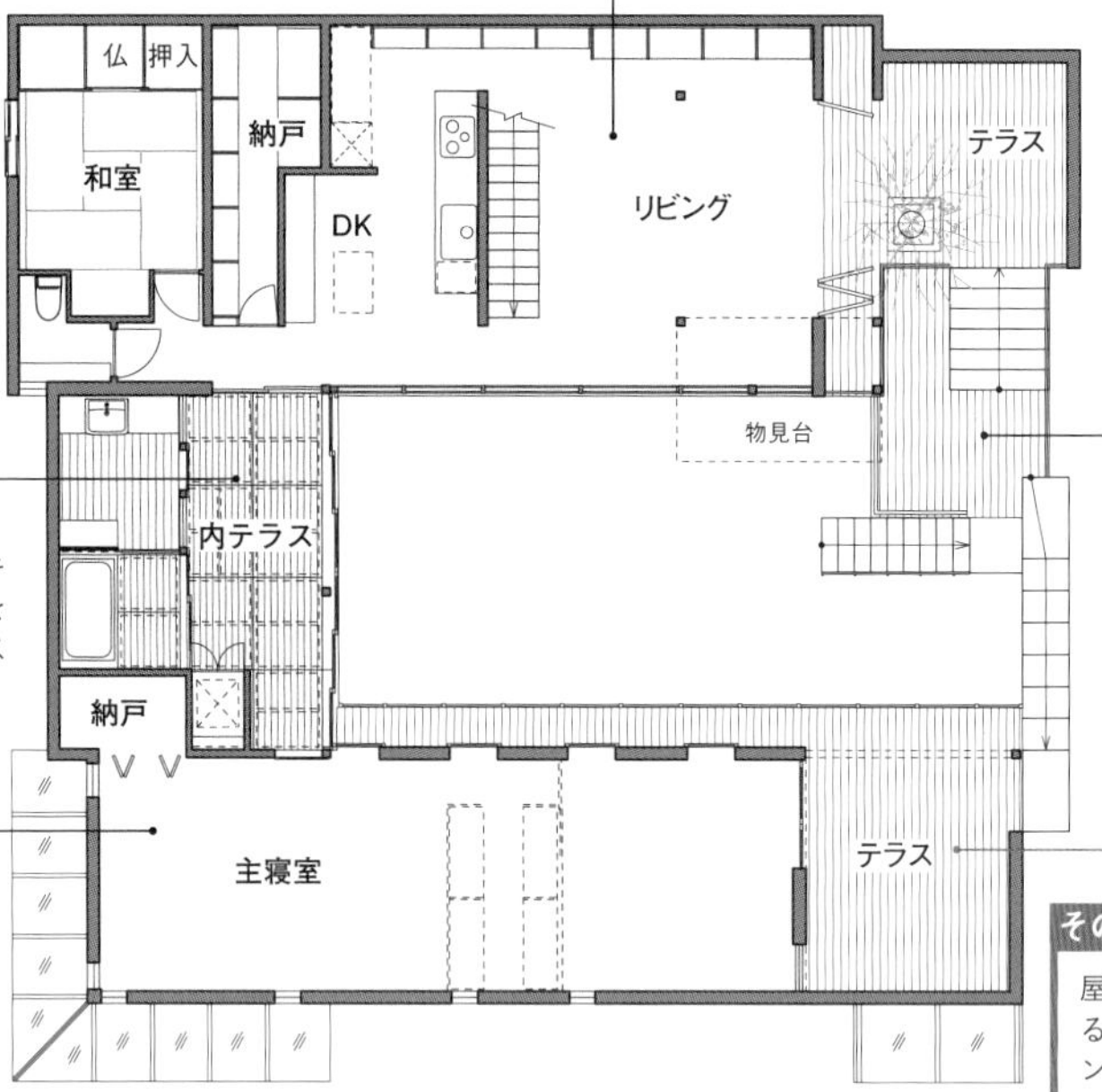

仏
押入
和室
納戸
DK
リビング
テラス
物見台
内テラス
納戸
主寝室
テラス

内部であるがデッキ仕様のため、建具を開放し、外部テラスのように使える

子世帯のプライベートスペースは、可動家具で仕切ることを想定した細長い一体空間。光と空を高窓より取り入れる

その後
屋内と屋外がつながる回遊性のあるプランは家全体を子どもの遊び場にしている

1階

親世帯の玄関。バリアフリーに配慮し、タイルの床は段差がない。多目的室は客間としても使用可能

子世帯の玄関。広い土間空間とし、階段下も収納に活用している

子世帯の夫の書斎。半地下とすることで中庭に開きながら落ち着いた空間である。屋上が中間レベルのテラスとなる

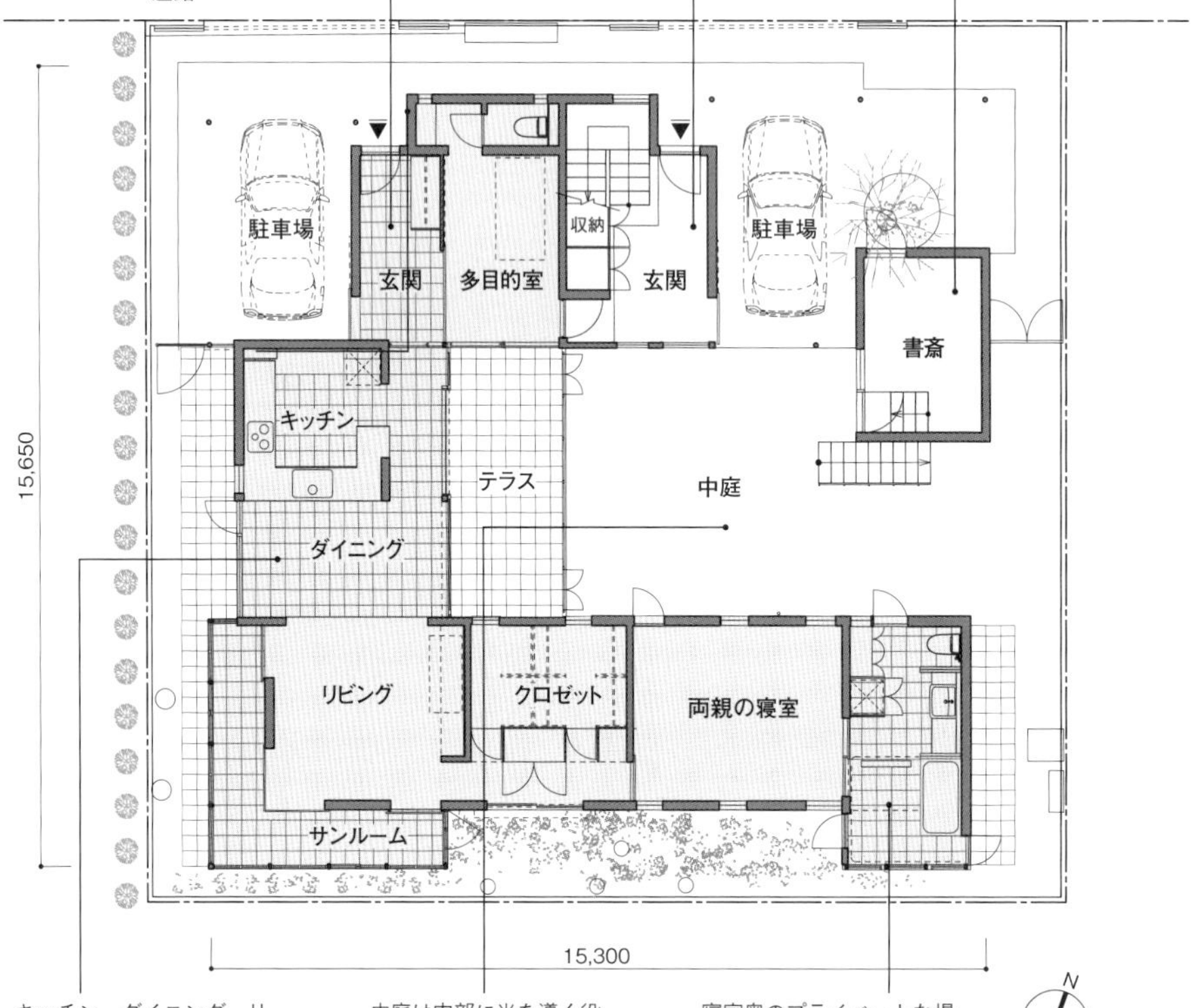

道路
駐車場
玄関
多目的室
収納
玄関
駐車場
書斎
キッチン
テラス
中庭
ダイニング
リビング
クロゼット
両親の寝室
サンルーム
15,650
15,300
N

キッチン、ダイニング、リビングをオープンにつなげ、一体感をもつ場所とした

中庭は内部に光を導く役目をするとともに、外のもうひとつの広間として、二世帯が集う場所である

寝室奥のプライベートな場。浴室の南部分がガラス天井になっている。中庭の水場としても利用する

S＝1：200

建築概要
所在地：東京都大田区
敷地面積：320.15㎡
延床面積：312.73㎡
設計：スタジオ・アルテック

竣工時の家族構成

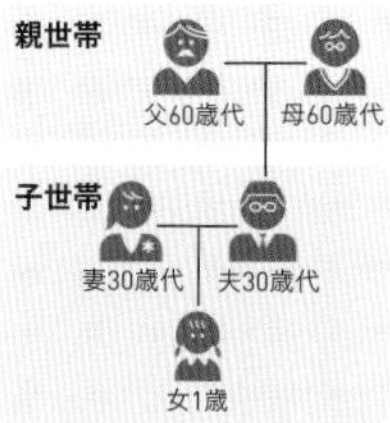

親世帯
父60歳代
母60歳代
子世帯
妻30歳代
夫30歳代
女1歳

木の上の小屋のような空気の流れる場所
大木が顔を出すテラスはリビングの延長空間。移り行く季節を感じるとともに、木の上のテラスとして外から身を隠すような安心感を生む

隙間をもった構成で、街に対して閉じきってしまわない
2階は収納部分を張り出すかたちで、通りに対して閉じているが、ガレージやテラス、ハイサイドライトなどの狭間を配置することで、気配まで閉じきった住宅とはなっていない

中庭によって近すぎない距離をつくる
2階のＬＤＫは全面窓に。1階の親世帯と気配を感じ合うことで無理のない交流が可能になる

くつろぎながら籠らない内の広間
リビングは家の中心にあり、奥まった安心感と中庭の気配を同時に感じる場、寝室などプライベート領域ともスムーズにつながる

来客もペットも菜園も、いろいろな交流の場
中庭は家の中心となる広間で、二世帯の交流の場である。中庭を介して見る、見られるの関係が生まれると同時に、お互いの気配を察し合うことが可能。中間の高さであるテラスから眺めると家の内部で行われていることが一望できる

中庭に対面させて部屋を並べ二世帯の気配を感じ合う

60代の両親と息子家族の二世帯住宅である。以前の家は大きな日本家屋で、薄暗く、つねに照明をつけて暮らしていたため、明るい家を望まれた。また、周辺は古くからの住宅地でいまだ長閑《のどか》な雰囲気であるが、将来を見越し、セキュリティに配慮してほしいとのことだった。

周囲に対しては閉じるが、明るい家という要望に応えコートハウスを計画した。1階の親世帯スペースは、玄関から奥に行くにしたがってプライベートな空間になる配置。折れ曲がることで仕切りは最低限に。2階の子世帯スペースではパブリックな場とプライベートな場を平行に配置し、浴室と屋内テラスでつないだ。上下階においては生活の場所をずらすことで木造特有の音の問題を軽減した。さらに、2階スラブに80㎜のコンクリートを打つことで、音の対策に加え、剛性の向上にもつながった。

フラットな床の2層構成、中庭を囲う平面計画から、閉じた住宅とならないように、空につながる物見台、中間層のテラスを屋根とする半地下の書斎を配置し、さまざまなレベルのつながりへの手がかりをもつ空間を設計した。［室伏暢人］

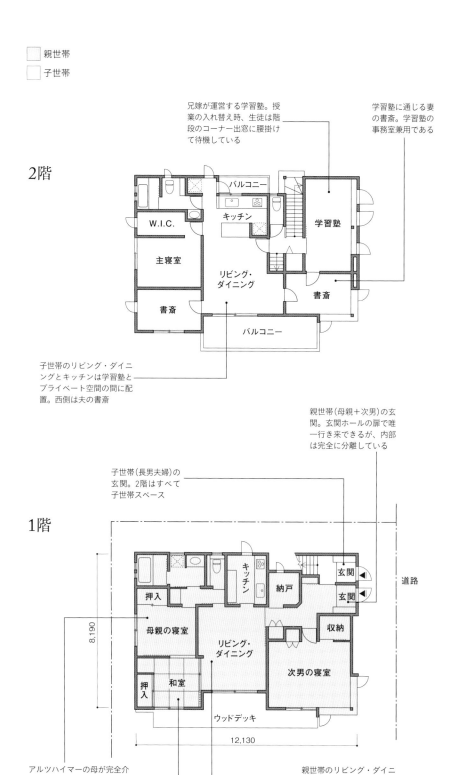

完全分離
プラン

母親の介護を優先し
バリアフリー対策を

親世帯
子世帯

兄嫁が運営する学習塾。授業の入れ替え時、生徒は階段のコーナー出窓に腰掛けて待機している

学習塾に通じる妻の書斎。学習塾の事務室兼用である

2階

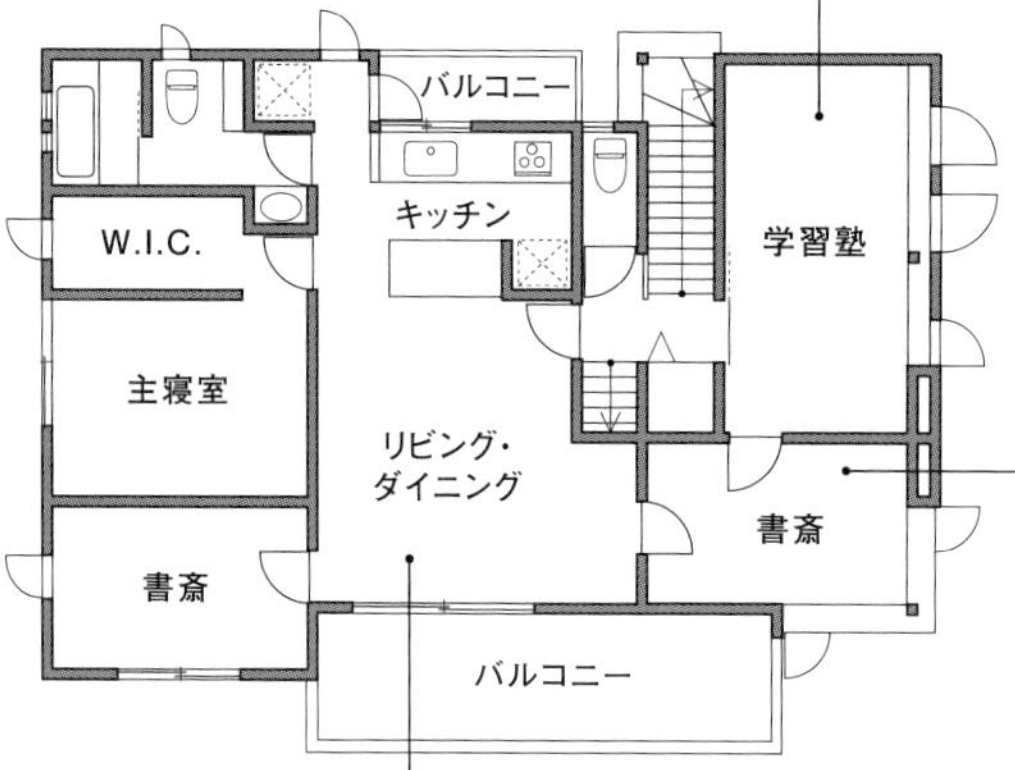

バルコニー
キッチン
W.I.C.
学習塾
主寝室
リビング・
ダイニング
書斎
書斎
バルコニー

子世帯のリビング・ダイニングとキッチンは学習塾とプライベート空間の間に配置。西側は夫の書斎

親世帯（母親＋次男）の玄関。玄関ホールの扉で唯一行き来できるが、内部は完全に分離している

子世帯（長男夫婦）の玄関。2階はすべて子世帯スペース

1階

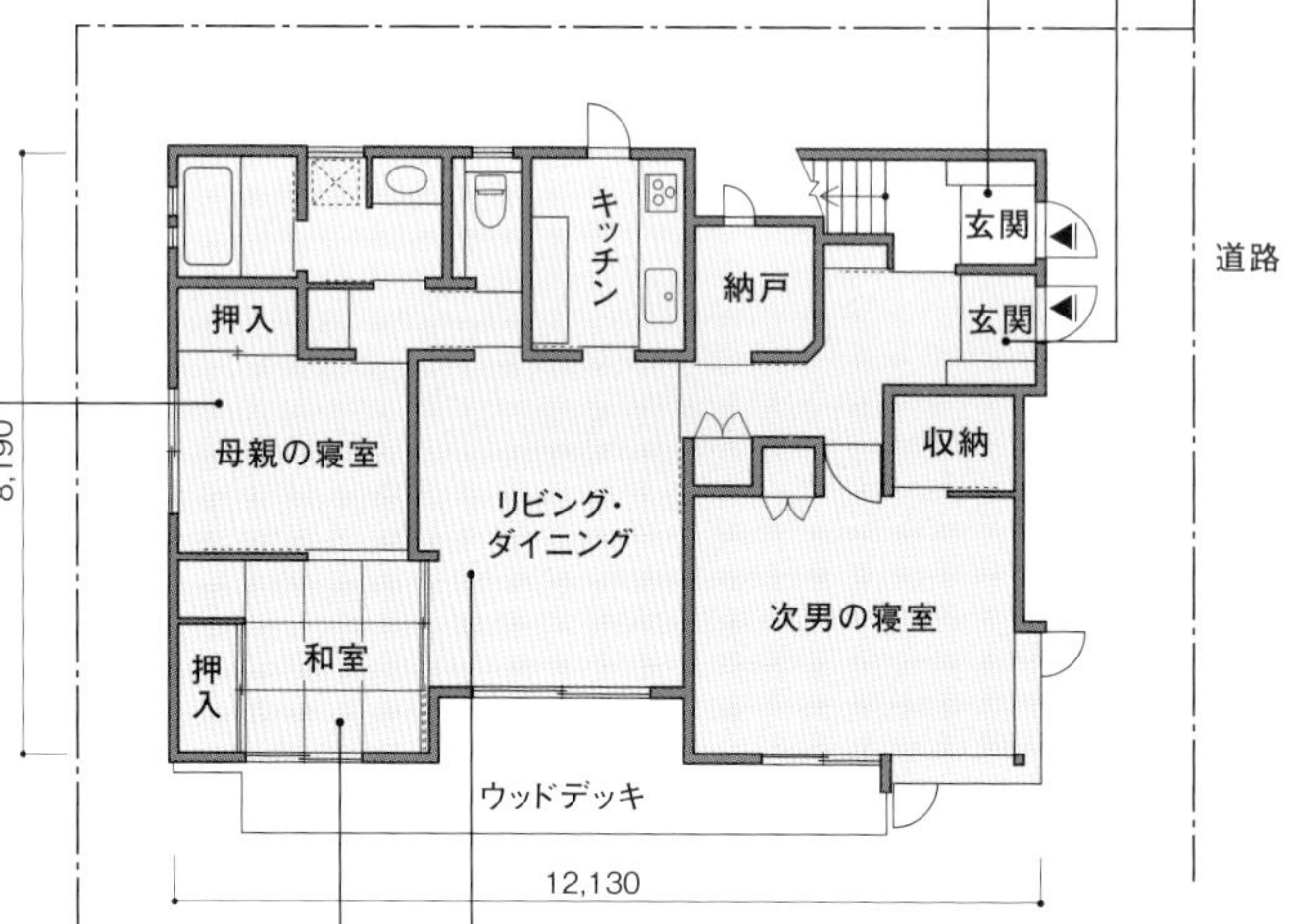

キッチン
納戸
玄関
玄関
道路
押入
母親の寝室
収納
8,190
リビング・
ダイニング
次男の寝室
和室
押入
ウッドデッキ
12,130

アルツハイマーの母が完全介護になったときを想定して、入浴、トイレなどの動線を計画。奥まった静かな寝室でゆったりと休める

親世帯のリビング・ダイニングは広い庭に向かって張り出したウッドデッキとつながる。季節ごとに変化する庭を楽しむことができる

母親を見守る部屋。介護は次男がしている

N

S＝1：200

建築概要
所在地：神奈川県横浜市
敷地面積：304.20㎡
延床面積：178.99㎡
設計：AAプランニング

竣工時の家族構成

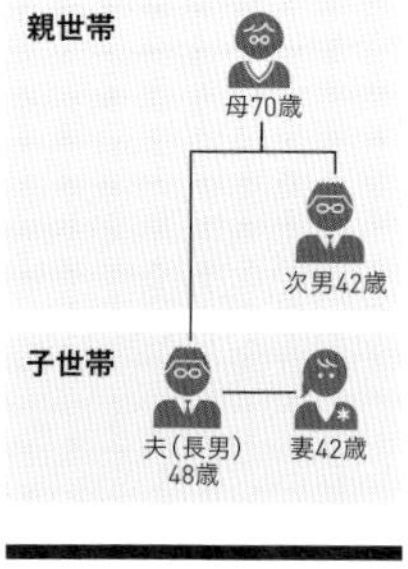

親世帯
母70歳
次男42歳
子世帯
夫（長男）
48歳
妻42歳

兄弟で暮らす2世帯の玄関を並列して配置
玄関が並列して並んでいるが、上下階分離の2世帯住宅である。ほとんど接することなく独立した生活を営むことが可能である

母親が気楽に外出できる玄関に
親世帯の玄関は、靴の脱ぎ履きが便利なベンチや、入口からホールへ誘導する手摺など動線を細かくシミュレーションして計画した

家族の動線と風の流れを考慮
2階の子世帯のリビング・ダイニング。手前のリビング側にバルコニー、奥のキッチン側にサービスバルコニーがあり、風の通り抜けは抜群

コーナー窓で明るさと広がりを確保
兄嫁の運営する学習塾の事務スペースでもある妻の書斎。コーナー窓から見える緑が目にやさしい

バリアフリー対策を施す
高齢の母親に配慮して、床の段差をなくし、引戸、手摺を設置した完全バリアフリーの浴室

兄弟の二世帯住宅のため プライバシーの確保を重視

親世帯はアルツハイマー病をわずらう母と次男、子世帯は長男夫婦が暮らす家である。東側に両世帯の玄関ドアが並んでいるが、1階、2階で住み分ける上下分離型の二世帯住宅。

親世帯の住居は、もちろん介護を優先し、手摺を設け、段差は極力なくし、将来は車椅子で回遊できるように、外せる壁を組み込んだ。アルツハイマー病の母は新しい設備機器の操作が困難なため、立つと流れる便器やIHクッキングヒーターなど、便利で安全な機器を導入した。昼間、介護者がいないときに事故が起きないように、キッチンに鍵をつけるなど、微に入り細をうがち、介護に気を配る家となった。

また、ライフスタイルの異なる兄弟の二世帯住宅でもあるため、玄関脇のドアは普段は閉めた状態。いざという時には行き来できるが、玄関も別の完全分離型プランで、お互いのプライバシーの確保を重視したつくりになっている。

竣工から3年後、母は他界したが、兄弟それぞれの生活のプライバシーは保持され、快適に過ごしているようだ。

［青木恵美子］

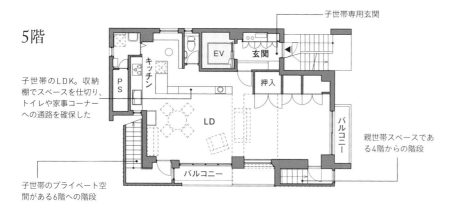

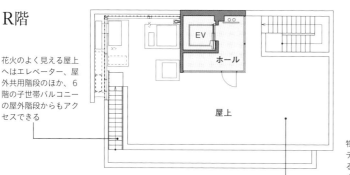

完全分離プラン

職住一体6階建ての3フロアに二世帯住宅

親世帯
子世帯
共用

R階

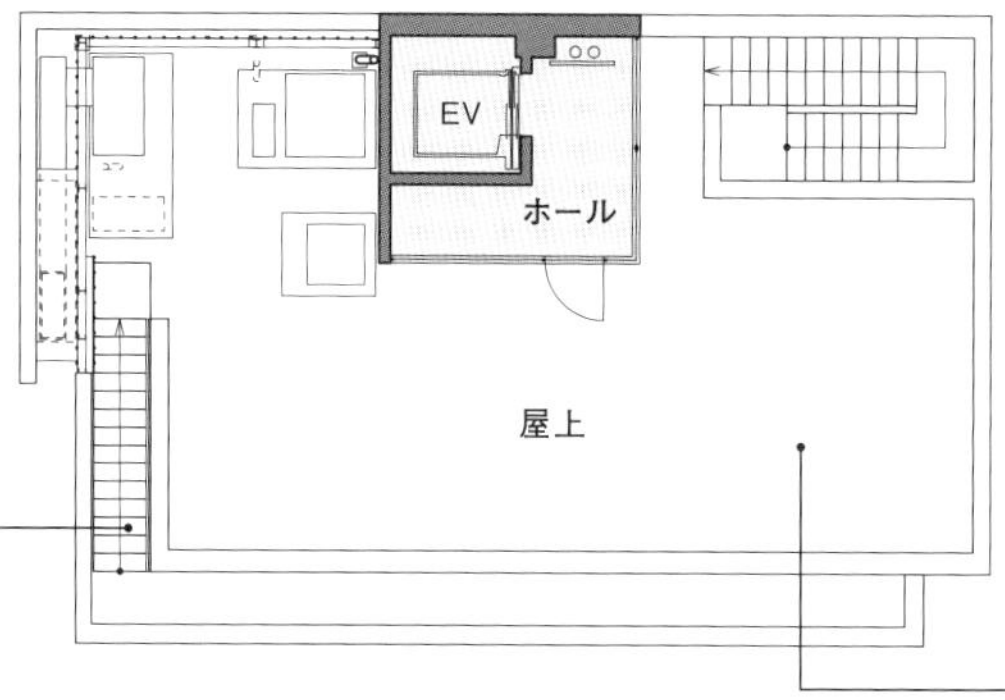
EV
ホール
屋上

花火のよく見える屋上へはエレベーター、屋外共用階段のほか、6階の子世帯バルコニーの屋外階段からもアクセスできる

物干し場、バーベキューテラス、気分転換のできる空中庭園として、行き止まりのない住宅内動線が空へ伸びていく

6階

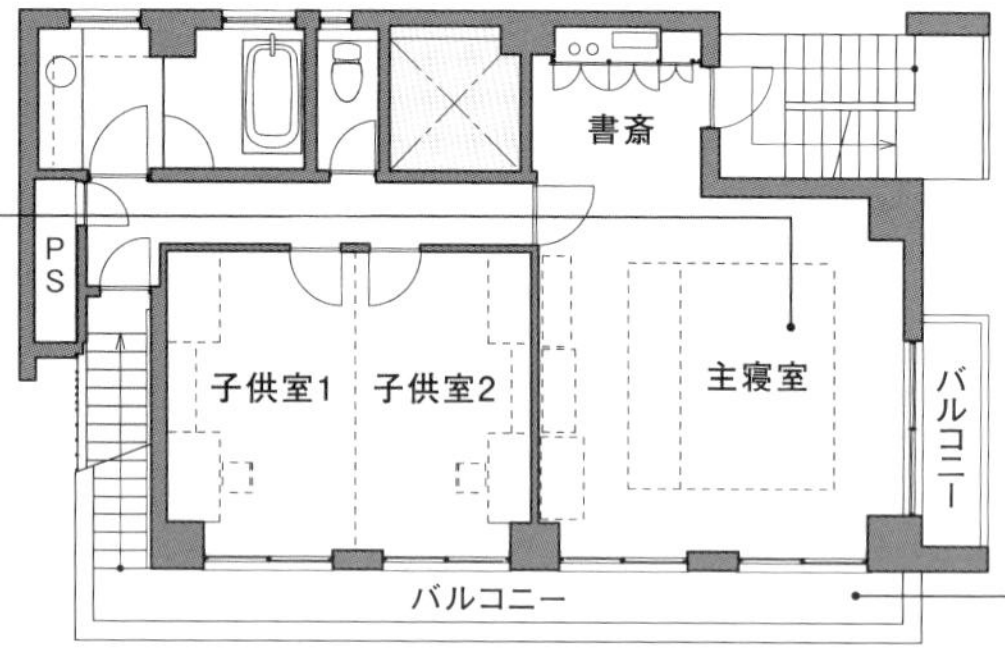
書斎
PS
子供室1
子供室2
主寝室
バルコニー
バルコニー

子世帯の夫婦の寝室は、4.5畳大の木製収納ボックスを置き、その上に布団を敷くスタイル。大きな収納スペースを確保することができた

子世帯のプライベート空間からバルコニーを通って屋外階段を上がると屋上へ出る。バルコニーは5階の内階段の屋根でもある

5階

子世帯専用玄関

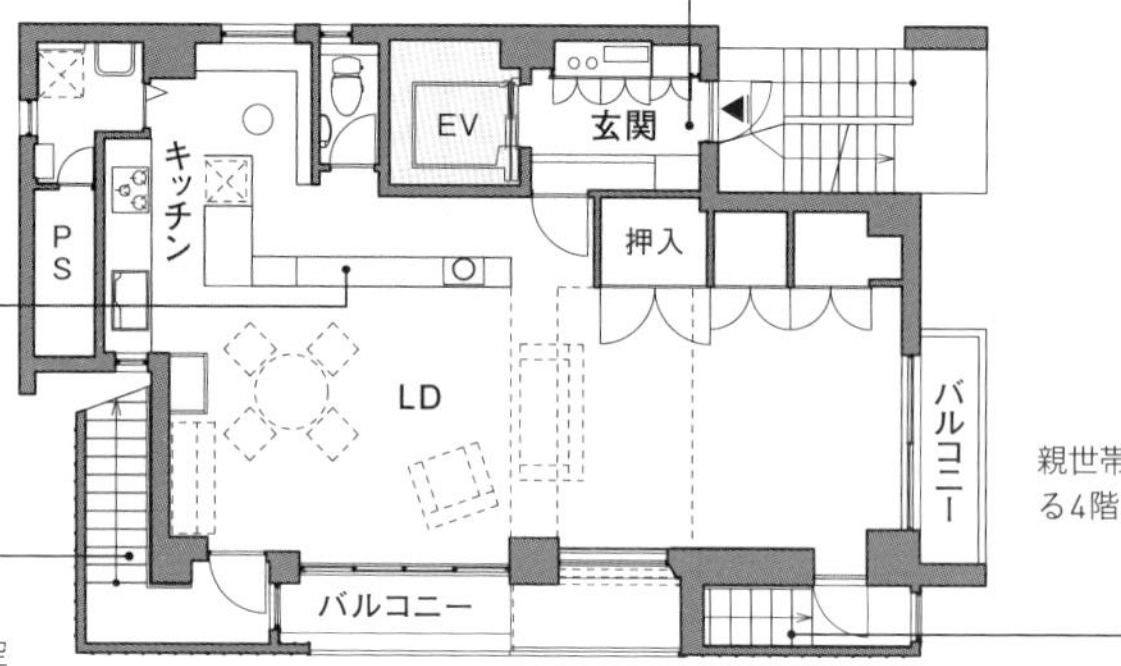
EV
玄関
キッチン
PS
押入
LD
バルコニー
バルコニー

子世帯のLDK。収納棚でスペースを仕切り、トイレや家事コーナーへの通路を確保した

親世帯スペースである4階からの階段

子世帯のプライベート空間がある6階への階段

4階

親世帯専用玄関

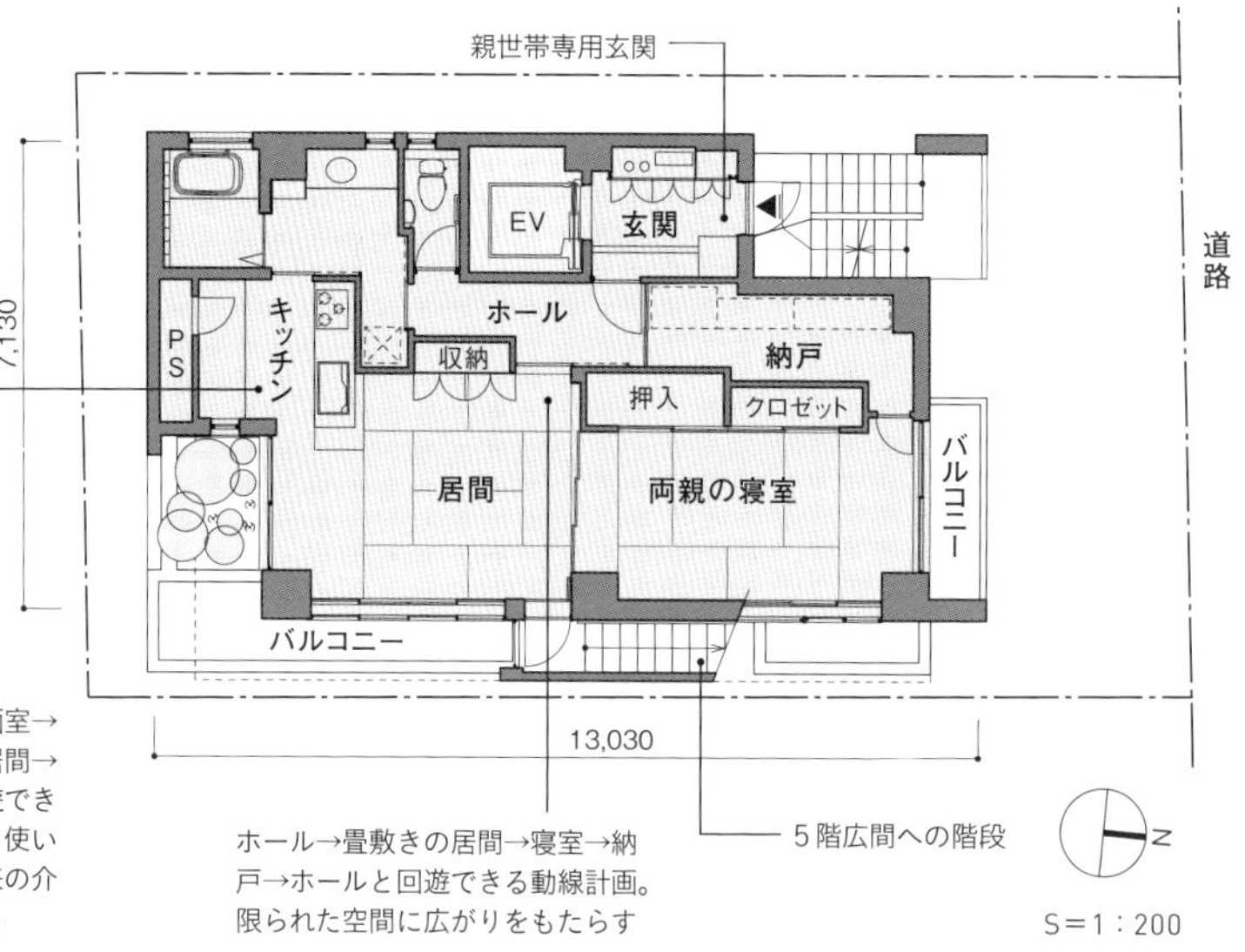
道路
7,130
EV
玄関
ホール
キッチン
PS
収納
納戸
押入
クロゼット
居間
両親の寝室
バルコニー
バルコニー
13,030
N

ホール→洗面室→キッチン→居間→ホールと回遊できる動線計画。使いやすさと将来の介護にも備える

ホール→畳敷きの居間→寝室→納戸→ホールと回遊できる動線計画。限られた空間に広がりをもたらす

5階広間への階段

S＝1：200

建築概要

所在地：神奈川県厚木市
敷地面積：164.35㎡
延床面積：528.12㎡
設計：荻津郁夫建築設計事務所

竣工時の家族構成

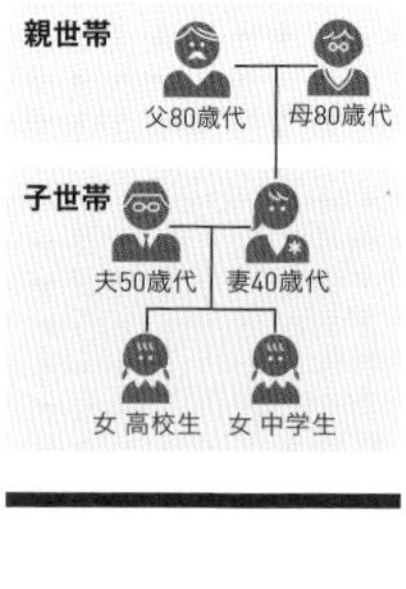
親世帯
父80歳代
母80歳代
子世帯
夫50歳代
妻40歳代
女 高校生
女 中学生

内階段のシルエットが特徴的
コンクリート打ち放しのボリュームの外側に内階段を設置。L字型に巻きつくようにプライベートな動線を鉄骨造で構成した

5階の子世帯のLDKは二世帯が集う場
右奥に、両親が4階から上がってくる内階段がある。ソファ、カーテンともテーマカラーのブルーに統一

子世帯のLDKは大きなワンルーム
右手の収納棚の後ろに玄関、EV、トイレがある。収納棚の上はオープンにして間接照明を組み込んでいる。左奥ピアノの脇に6階の子世帯プライベートスペースへつながる内階段がある

4階の両親の寝室は畳の二間続き
左手に5階居間へつながる階段のシルエットが見える。正面の居間の先には坪庭がある

エントランス廻りは
テーマカラーのブルーで彩る
左は工場（現：カフェ）入口。右の階段を2階に上がると共用の玄関

家族の距離感を調整する
内階段を外観デザインに生かす

職住一体6階建てビルの4～6階が80歳代の両親世帯と、50歳代夫婦＋中高校生娘2人の子世帯の二世帯住宅になっている。1～3階の仕事場（建築当初は給食センター、現在はカフェ＋料理教室）へはエレベーターと屋外階段でアクセスする。

外階段の2階を共用の玄関とし、4階には親世帯、5階には子世帯のそれぞれ玄関を設ける。完全分離だが、居間どうしを内階段で連結し、両世帯の自由な行き来を可能に。その階段の形をそのまま南面のファサードのアクセントとする。

子世帯の寝室と子供室、浴室は6階。5階の広間から6階のプライベートスペースへの内階段を西端とし、東端に上がってくる4階の親世帯からの内階段とはもっとも離れた位置に。家族間の距離感を調整している。内階段は鉄骨造で、鉄筋コンクリート造のメインのボリュームの外側に巻きついた構成である。

子世帯の内階段の上部は、6階の各部屋からバルコニーを経て屋上へ辿り着く屋外階段。限られた敷地計画のなかで、長く行き止まりのない動線を折り畳むように組み込んだ。

［荻津郁夫］

特殊解プラン
［二世帯の構成や建物の形さまざま］

権利や税金などを考慮して規模や区分を決める

二世帯住宅のカテゴリーは共用部の多寡によって分類するのが分かりやすく、前項までの4つのケースはそうした分類でまとめています。ただし、その範疇に納まらないケースもあるので、ここではそれらをまとめて「特殊解プラン」と名付けました。具体的には、多世帯住宅の事例が多く、建築の種別としては土地を分割して建てる「分棟」か、集合住宅の形式が多いようです。

特殊解プランに共通するのは、土地に対する意思です。「その土地に家族がずっと住み続けられるように」という家系の存続をイメージして計画することが多いようです。したがって、土地・建物の登記や、資金の分担、税金などについて、設計者は知らぬ存ぜぬでは済まされません。特に、区分登記や、相続税・贈与税に関しては、建物の規模や構造、予算に関わることなので、間取りについて検討する以前に整理しておく必要があります。

とはいえ、この手の二世帯住宅は家族構成やライフスタイルの変化に対応させようとして、細かなシミュレーションを重ねても、実際にはあまり意味がありません。将来に安心をもてる構えは大切ですが、あまり先のことまで考えても、そのとおりにならないことのほうが多いのです。大切なポイントだけは押さえておくくらいの気持ちでよいでしょう。

建物を分割できるようにしておく

特殊解プランには、申請上は1軒の建物ですが、将来、土地を分割する際に建物を切り離すことを考慮して計画しておくパターンがよくあります。親が所有する土地に子供が家を建てる場合に相続税対策として採用される方法で、相続税の納付にあたり、土地を分割して物納できるようにしているのです。この場合は、建物を切り離す際に、インフラである水道、ガス、電気設備の切り離しのための工事費が発生しないように、建築当初から配管、配線の設備を分離しておき、契約も別々に結ぶようにしておかなければなりません。

土地を分割して別棟を建てる

相続税対策や子供の独立心を育てることを目的に、生前に土地を区分して贈与するケースもあります。この場合は、親の広い敷地の一部を仮想分割して計画を進めることになります。ただし、建築基準法の申請上の仮想区分線は、登記上の区分ではないことが多いため、土地を担保に金融機関から融資を受ける場合には注意が必要です。土地が分割されていても、建物をつなげて交流の場をつくることは設計上可能です。

集合住宅形式で多世帯住宅を建築

多世帯住宅を集合住宅形式で建てる場合の利点は、各世帯の区画が明確で、専用部と共用部の区分も明確ですから、区分登記が可能な建物になることです。したがって、世帯ごとに住宅ローンを組むことができ、将来、親が亡くなった場合には、その住宅部分を、容易に賃貸スペースとして出せます。これは、資産活用としてよく使われる手法です。

［鈴木信弘］

Point ［特殊な分離］の設計手法

- 登記（単独・共有・区分）について事前調整を十分に行う
- 相続税・贈与税について検討する
- 間取りの耐用年数（寿命）を考える
  特に、短期的な需要で短命な建築としないように心掛ける
- 特殊事情に引きずられないようにし、住宅としての普遍性を保つ
- 多世帯の住宅のつくり方と建築基準法とを整合させる

Reference

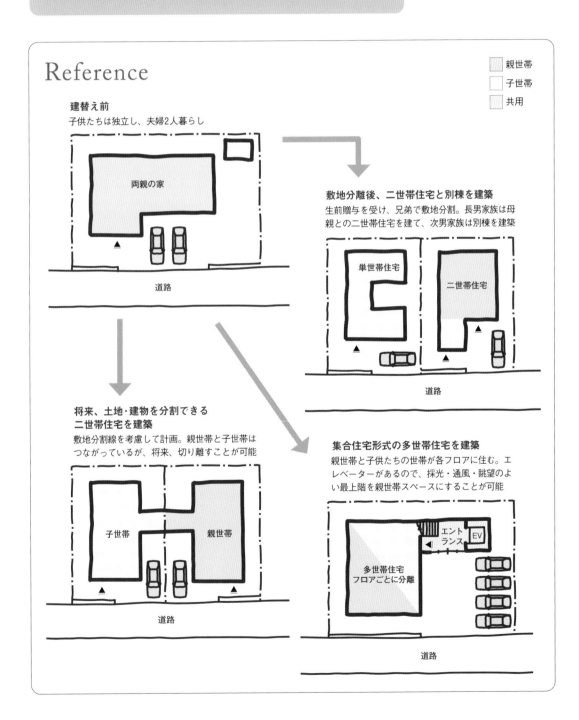

親世帯
子世帯
共用

建替え前
子供たちは独立し、夫婦2人暮らし

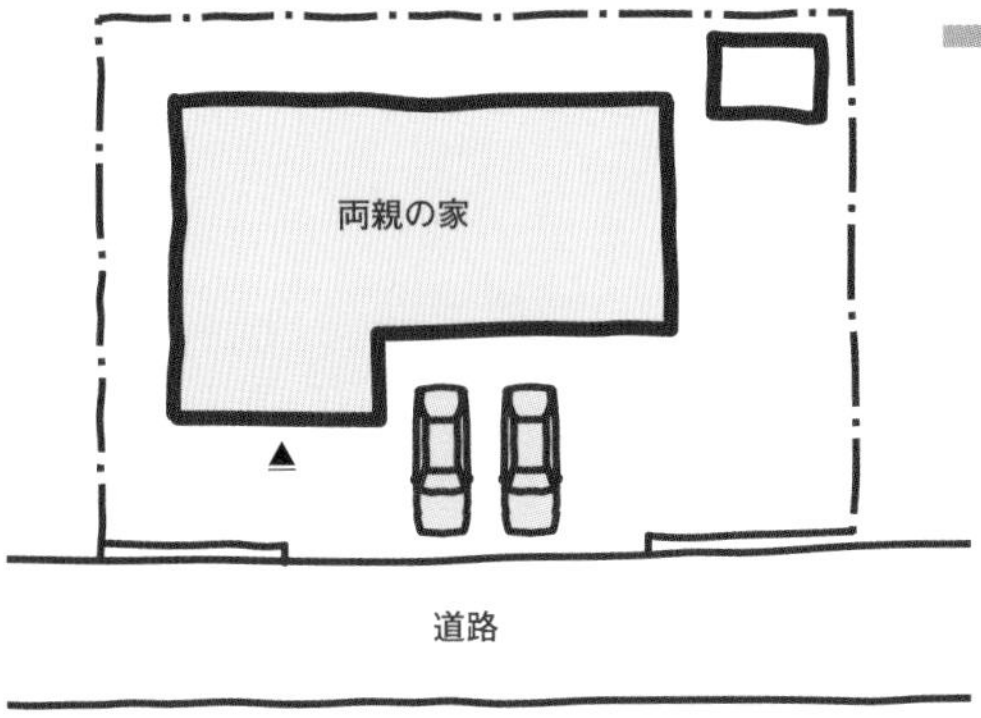
両親の家
道路

敷地分離後、二世帯住宅と別棟を建築
生前贈与を受け、兄弟で敷地分割。長男家族は母親との二世帯住宅を建て、次男家族は別棟を建築

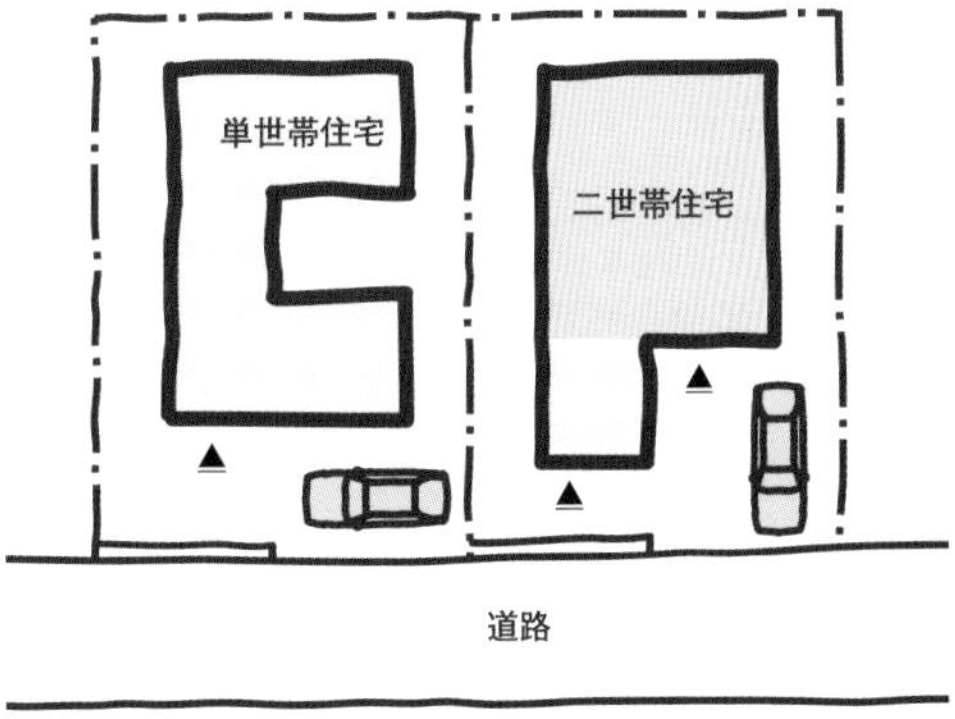
単世帯住宅
二世帯住宅
道路

将来、土地・建物を分割できる二世帯住宅を建築
敷地分割線を考慮して計画。親世帯と子世帯はつながっているが、将来、切り離すことが可能

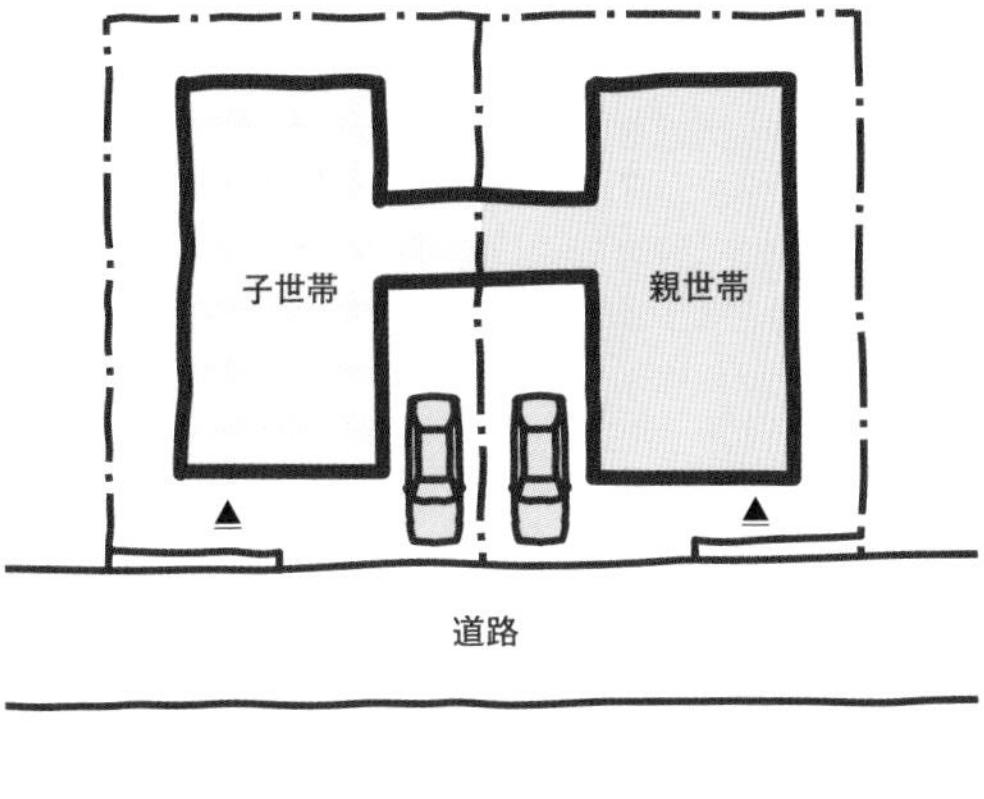
子世帯
親世帯
道路

集合住宅形式の多世帯住宅を建築
親世帯と子供たちの世帯が各フロアに住む。エレベーターがあるので、採光・通風・眺望のよい最上階を親世帯スペースにすることが可能

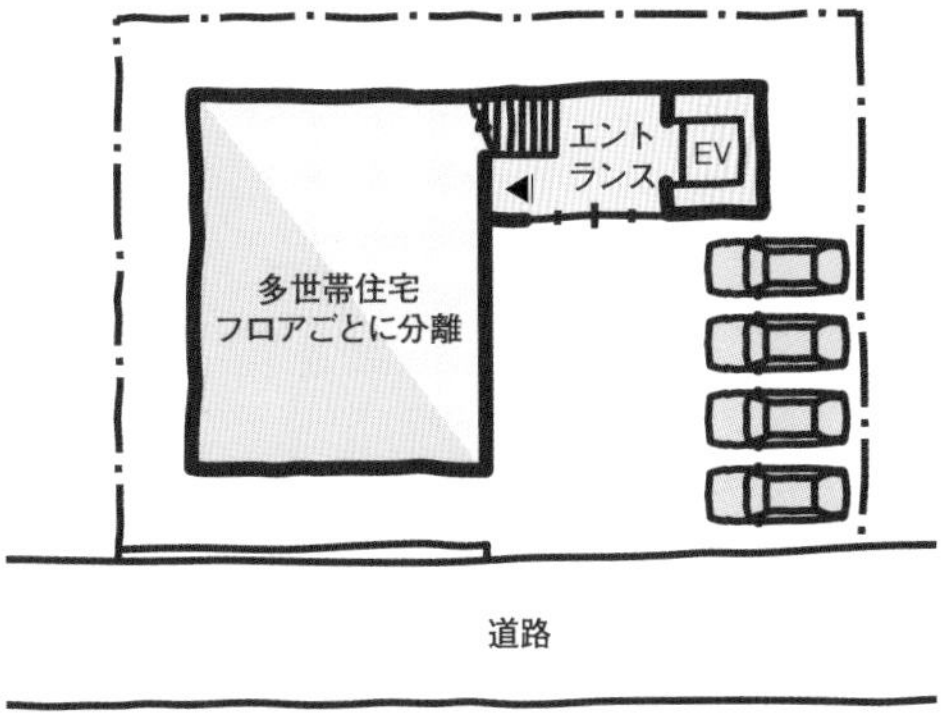
エントランス
EV
多世帯住宅
フロアごとに分離
道路

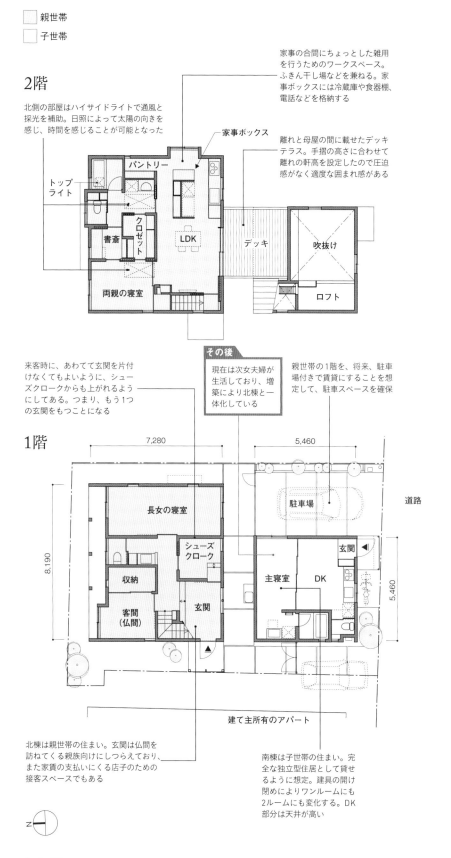

特殊解
プラン

親世帯住居の1階を貸間にすることも想定

親世帯
子世帯

2階

北側の部屋はハイサイドライトで通風と採光を補助。日照によって太陽の向きを感じ、時間を感じることが可能となった

家事の合間にちょっとした雑用を行うためのワークスペース。ふきん干し場などを兼ねる。家事ボックスには冷蔵庫や食器棚、電話などを格納する

離れと母屋の間に載せたデッキテラス。手摺の高さに合わせて離れの軒高を設定したので圧迫感がなく適度な囲まれ感がある

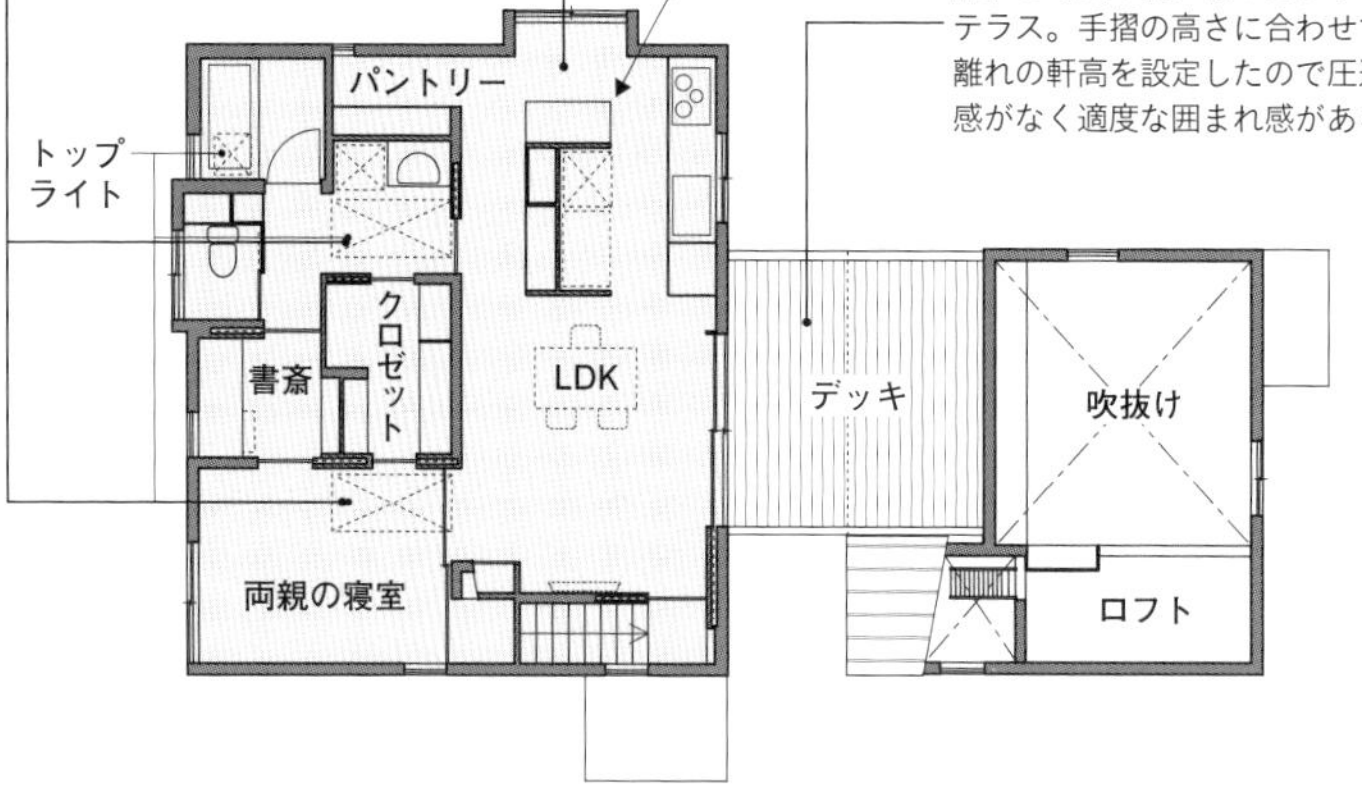

家事ボックス
パントリー
トップライト
クロゼット
書斎
LDK
デッキ
吹抜け
両親の寝室
ロフト

その後
現在は次女夫婦が生活しており、増築により北棟と一体化している

来客時に、あわてて玄関を片付けなくてもよいように、シューズクロークからも上がれるようにしてある。つまり、もう1つの玄関をもつことになる

親世帯の1階を、将来、駐車場付きで賃貸にすることを想定して、駐車スペースを確保

1階

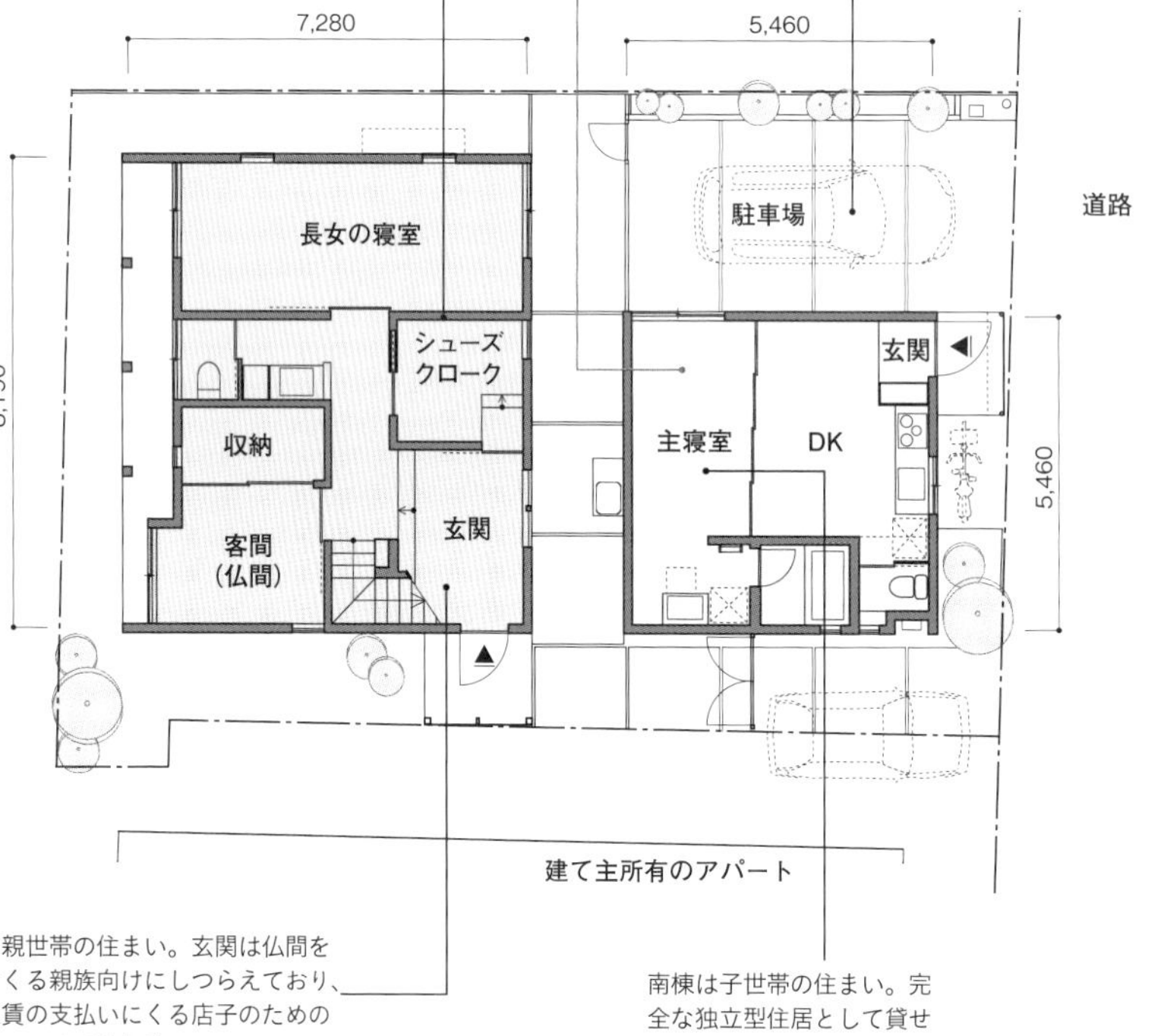

7,280
5,460
8,190
5,460
道路
長女の寝室
駐車場
シューズクローク
収納
客間
(仏間)
玄関
主寝室
DK
玄関
建て主所有のアパート
S=1:200

北棟は親世帯の住まい。玄関は仏間を訪ねてくる親族向けにしつらえており、また家賃の支払いにくる店子のための接客スペースでもある

南棟は子世帯の住まい。完全な独立型住居として貸せるように想定。建具の開け閉めによりワンルームにも2ルームにも変化する。DK部分は天井が高い

S=1：200

建築概要
所在地：東京都
敷地面積：184.84㎡
延床面積：143.57㎡
設計：鈴木アトリエ

竣工時の家族構成

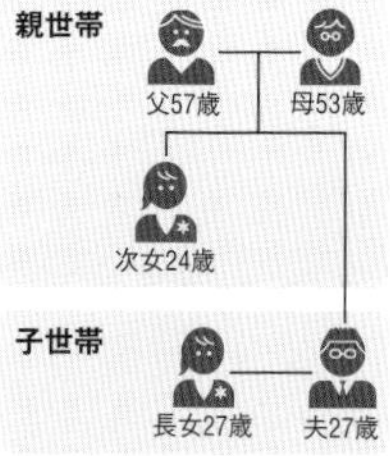

親世帯
父57歳
母53歳
次女24歳
子世帯
長女27歳
夫27歳

シューズクロークを備えて玄関をいつもきれいに
親世帯の玄関には下駄箱を置かず、隣に設けたシューズクロークから直接出入りする

大きな家と小さな家が南北で分かれる
右手の子世帯スペースは貸間にもできるように出入口は道路に面している。親世帯の生活空間は道路からはほとんど見えない

LDKで使う物を家事ボックスに収納
親世帯のLDK空間には冷蔵庫、食器、電話や家事机、生活小道具などの雑多なものを格納する家事ボックスを設置。目隠しの役目を担い回遊性をつくりだす

舞台裏の隠れた家事コーナー
親世帯のキッチン奥の家事コーナー。テーブルは脚のないタイプで動線上邪魔にならないように配慮

コアプランで回遊性を
親世帯の2階は回遊性のあるプランとするため、真ん中にクロゼットに配置。生活の動線を裏で完結して、LDKに持ち込まないことも可能であり、廊下をつくらずに行動をスムーズに行えるというメリットがある

北側の寝室にも南の光を
両親の寝室に南からの光と風を取り込むハイサイドライトを設置

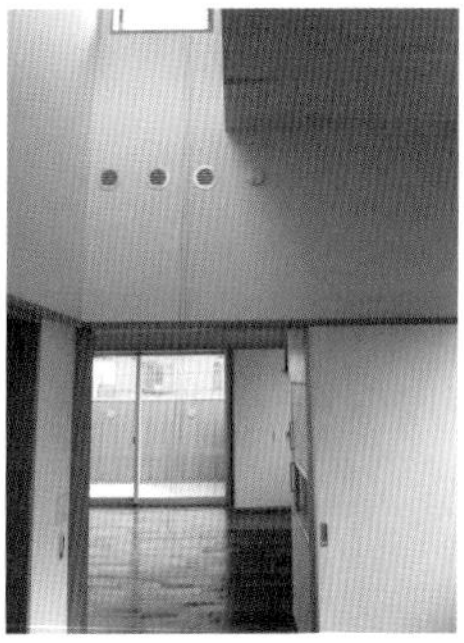

大きな家とせず将来を考慮して賃貸を想定

建て主夫妻は2度の家づくりの経験上、二世帯住宅のプランがその時点の「今」を重視しすぎると、使い勝手が長持ちしないことを知っていた。したがって暮らしの変化や家族構成の変化に耐えうるような骨格をもつ住宅を希望した。具体的には、高齢になってからは大きな家はいらないとは思いつつも、長女は海外勤務のため荷物置場として部屋を必要とし、最近結婚した次女は、部屋のつくりによっては同居してもよい気持ちをもつなど、不安定な要件（要望）があげられた。

そこで、同居を想定しつつも、場合によっては他人に賃貸できるように、設備や配管などのインフラの構造も分離が可能になるような設定を行った。離れとする一方で、上下階でも分離できるような構成とすることで解決したのである。

親世帯は快適環境を得られやすい2階フロアですべてが完結する間取りに。1階は、将来分離する際に東側からアプローチして玄関を増築できる配置である。離れは1戸の賃貸部屋を想定して、付近の家賃相場から割り出した広さの中で吹抜けやロフトを設け、狭さを感じさせないプランとした。

［鈴木信弘］

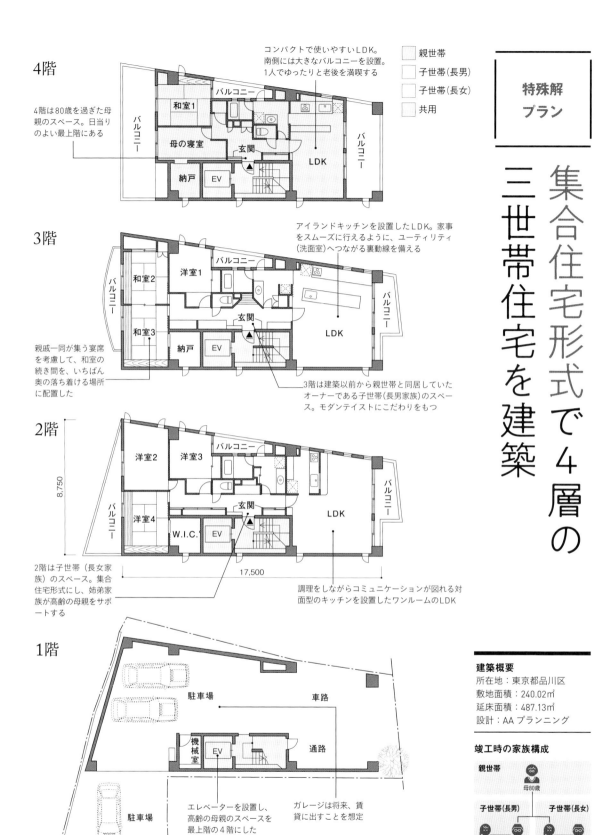

特殊解プラン

集合住宅形式で4層の三世帯住宅を建築

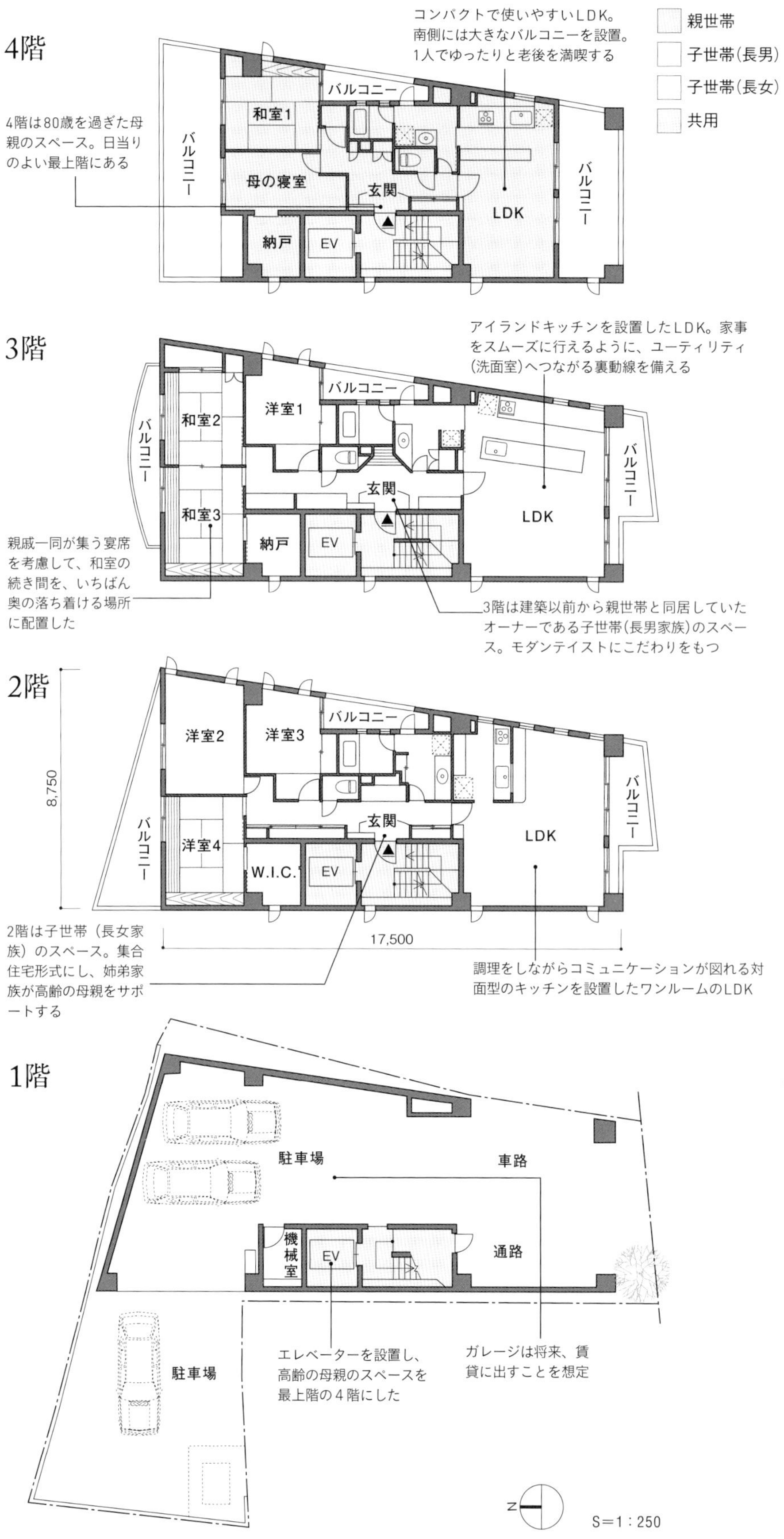
親世帯
子世帯(長男)
子世帯(長女)
共用
4階
コンパクトで使いやすいLDK。南側には大きなバルコニーを設置。1人でゆったりと老後を満喫する
4階は80歳を過ぎた母親のスペース。日当りのよい最上階にある
和室1
母の寝室
納戸
EV
玄関
LDK
バルコニー
3階
アイランドキッチンを設置したLDK。家事をスムーズに行えるように、ユーティリティ(洗面室)へつながる裏動線を備える
和室2
和室3
洋室1
納戸
EV
玄関
LDK
バルコニー
親戚一同が集う宴席を考慮して、和室の続き間を、いちばん奥の落ち着ける場所に配置した
3階は建築以前から親世帯と同居していたオーナーである子世帯(長男家族)のスペース。モダンテイストにこだわりをもつ
2階
洋室2
洋室3
洋室4
W.I.C.
EV
玄関
LDK
バルコニー
8,750
17,500
2階は子世帯(長女家族)のスペース。集合住宅形式にし、姉弟家族が高齢の母親をサポートする
調理をしながらコミュニケーションが図れる対面型のキッチンを設置したワンルームのLDK
1階
駐車場
車路
機械室
EV
通路
駐車場
エレベーターを設置し、高齢の母親のスペースを最上階の4階にした
ガレージは将来、賃貸に出すことを想定
N
S＝1：250

建築概要

所在地：東京都品川区
敷地面積：240.02㎡
延床面積：487.13㎡
設計：AA プランニング

竣工時の家族構成

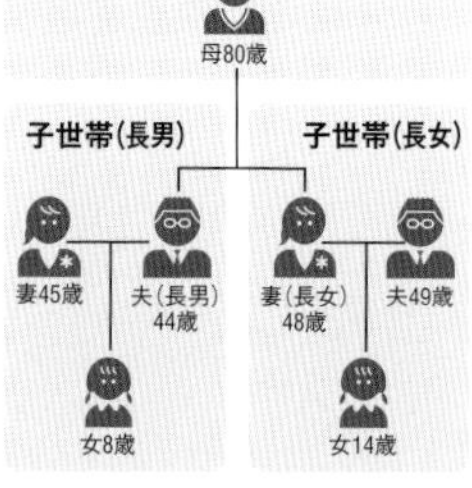
親世帯
母80歳
子世帯(長男)
妻45歳
夫(長男)44歳
女8歳
子世帯(長女)
妻(長女)48歳
夫49歳
女14歳

日当たりのよい母親のＬＤＫ
4階の親世帯(母親) のLDKは、母親に快適な老後を過ごさせたい、というオーナーの意向で、採光・通風が重視された

長男世帯は機能性とデザイン性の両方にこだわる
3階の子世帯(長男家族) のLDK。アイランドキッチンにするなどこだわりのスペース。日常雑品まで細々とした物の収納を考えて、背面収納を設計した

3階の長男世帯に親戚が大勢集まれる続き間を設置
以前から同居していたオーナーである3階の子世帯 (長男家族) に、親戚が集まれる続き間を設けた。モダンなデザインにすることで、ほかの部屋との調和を保つ

都市に馴染むコンクリート打放しに
RC造の4階建て。1階がガレージで、2階～4階の各フロアごとに三世帯が暮らす。コンクリート打放しのクールな表情をもつが、1本の木が街並みとつなぐ役目を果たす

高齢の母のスペースを日当たりのよい最上階に

東京都心の商店街で、職住一致の米屋を営んでいた父親が他界し、母親と長男家族が住む、老朽化した木造2階建て住宅を建て替えることにした。マンション建設ラッシュが進む周辺の環境条件を考慮して、長女家族も加わり、集合住宅形式の三世帯住宅を計画。姉弟家族が、当時80歳の高齢の母をサポートすることになった。

1階は、貸すことも考えてピロティー式の駐車場とするほか、三世帯共用の玄関とエレベーターを配置。三世帯のプランはすべて異なり、2階の長女家族は標準的な3LDK、建て主である3階の長男家族は和室2間続きがある3LDK、そして最上階である4階の母の住まいは2LDKである。

以前、住居はお店の奥にあり、陽が入らず暗かったため、母親は日当りのよい4階の住まいに満足していた。老衰で他界するまで、自立して生活していたという。今後、4階スペースにはもう1人の子供の家族か、結婚して所帯をもった孫世帯が住む見込み。今後もずっと血縁の三世帯住宅としてあり続ける予定だ。

［青木恵美子］

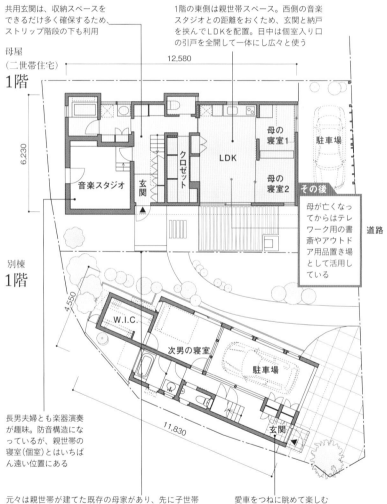

特殊解プラン

二世帯住宅と別棟を敷地を分割して建築

第一種高度斜線を避けた屋根形状の2棟が並ぶ
次男世帯の住まい（左手2004年竣工）と、親世帯＋長男世帯の二世帯住宅（2010年竣工）は、それぞれが気に入った建築家に依頼して建てた

共用玄関は、収納スペースをできるだけ多く確保するため、ストリップ階段の下も利用

1階の東側は親世帯スペース。西側の音楽スタジオとの距離をおくため、玄関と納戸を挟んでLDKを配置。日中は個室入り口の引戸を全開して一体にし広々と使う

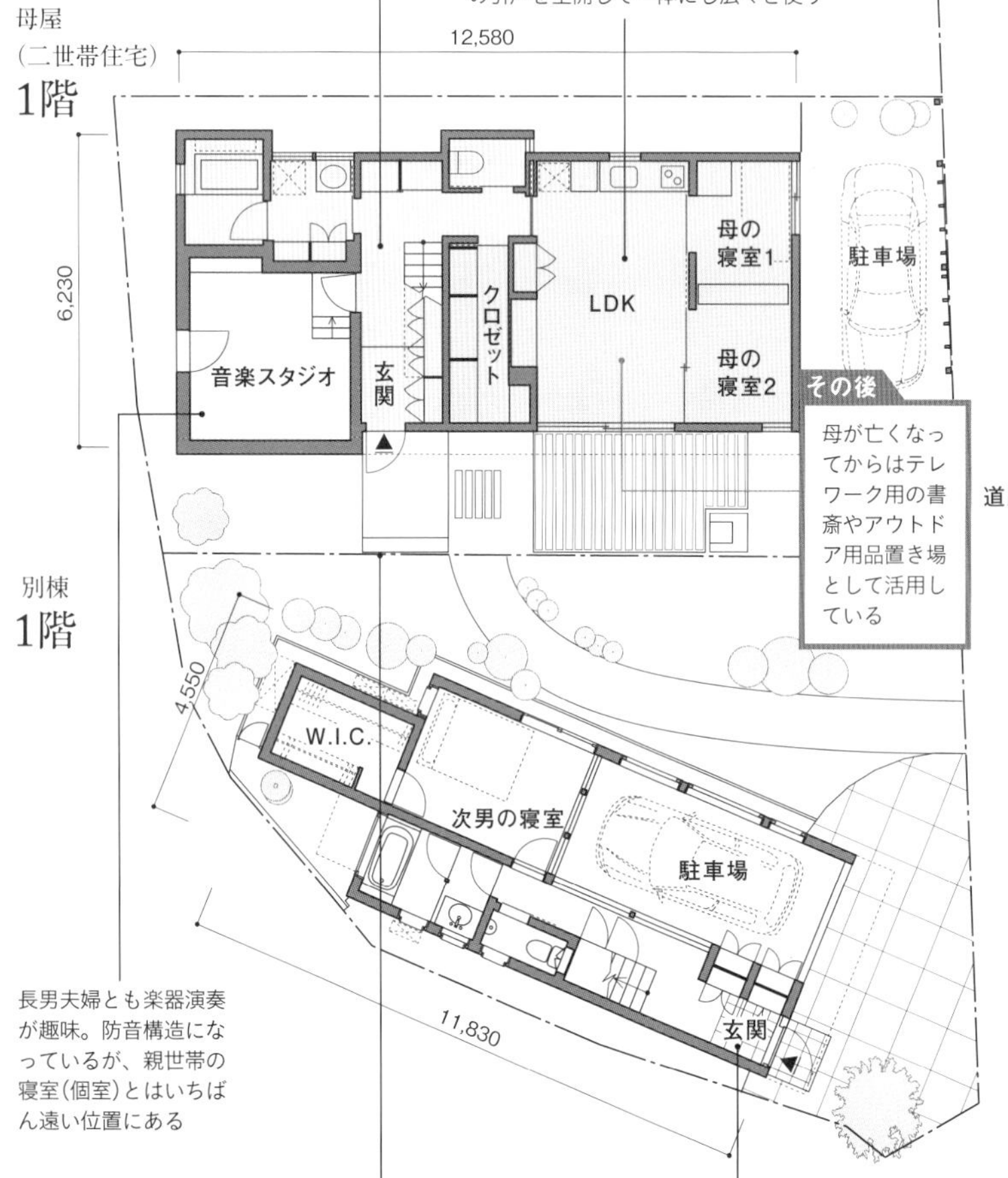

母屋
（二世帯住宅）
1階
12,580
6,230
音楽スタジオ
玄関
クロゼット
LDK
母の寝室1
母の寝室2
駐車場
その後
母が亡くなってからはテレワーク用の書斎やアウトドア用品置き場として活用している
道路
別棟
1階
4,550
W.I.C.
次男の寝室
駐車場
玄関
11,830

長男夫婦とも楽器演奏が趣味。防音構造になっているが、親世帯の寝室（個室）とはいちばん遠い位置にある

元々は親世帯が建てた既存の母家があり、先に子世帯（次男）が結婚を機に庭先に家を計画した。その際に敷地を2分割するラインを定め、既存の母家も新築子世帯（次男）宅もどちらも単独で現行の建築基準法を満たすようにした。かつ子世帯（次男）宅は母家への陽当たりを考慮し、できる限りコンパクトな形状にして南側に寄せて建築した
その6年後に長男が、母屋を母親との二世帯住宅に建て替えることを決意。一緒に計画したわけではないが、現在は仕切りを設けず、2つの住宅に挟まれたスペースを1つの庭として、一緒に広々と使っている

愛車をつねに眺めて楽しむことができるように、ガレージと玄関ホールの間をガラスの仕切りにした

N
S＝1：200

建築概要
所在地：神奈川県横浜市
母屋：母親＋長男世帯
敷地面積：151.35㎡
延床面積：144.97㎡
設計：鈴木アトリエ
別棟：次男世帯
敷地面積：128.29㎡
延床面積： 95.84㎡
設計：unit-H 中村高淑建築設計事務所 +5'st

竣工時の家族構成（2010年）

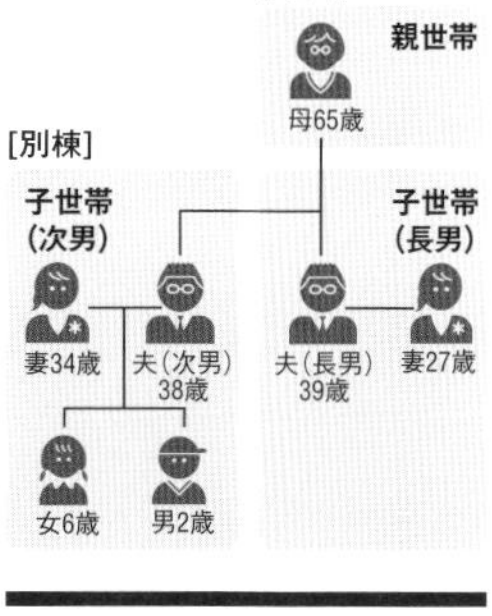

[母屋]
親世帯
母65歳
[別棟]
子世帯（次男）
子世帯（長男）
妻34歳
夫（次男）38歳
夫（長男）39歳
妻27歳
女6歳
男2歳

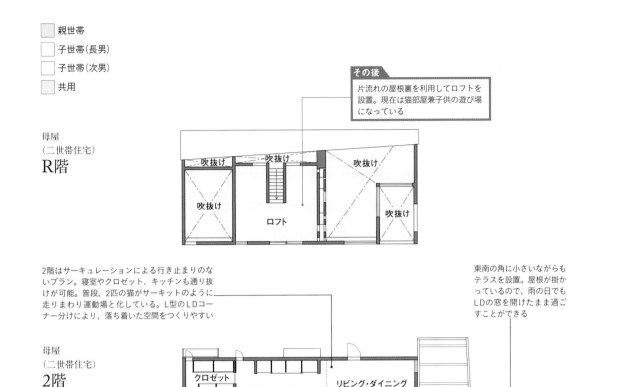

親世帯
子世帯(長男)
子世帯(次男)
共用

その後
片流れの屋根裏を利用してロフトを設置。現在は猫部屋兼子供の遊び場になっている

母屋
(二世帯住宅)
R階

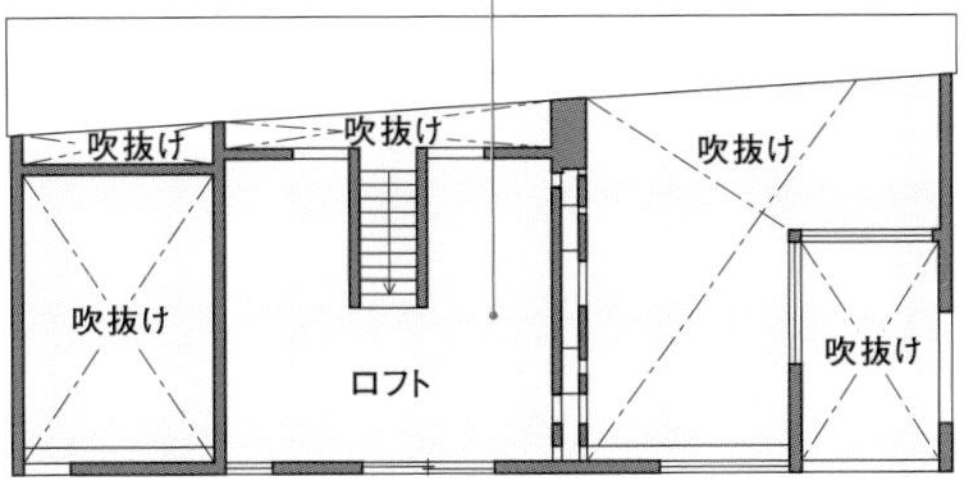
吹抜け
吹抜け
吹抜け
吹抜け
ロフト
吹抜け

2階はサーキュレーションによる行き止まりのないプラン。寝室やクロゼット、キッチンも通り抜けが可能。普段、2匹の猫がサーキットのように走りまわり運動場と化している。L型のLDコーナー分けにより、落ち着いた空間をつくりやすい

東南の角に小さいながらもテラスを設置。屋根が掛かっているので、雨の日でもLDの窓を開けたまま過ごすことができる

母屋
(二世帯住宅)
2階

トイレ、洗面台、洗濯スペースは世帯ごとに設けた。南面のベンチ付き廊下に洗濯物の室内干しができるようになっている。共働き夫婦のための家事効率をアップさせる工夫

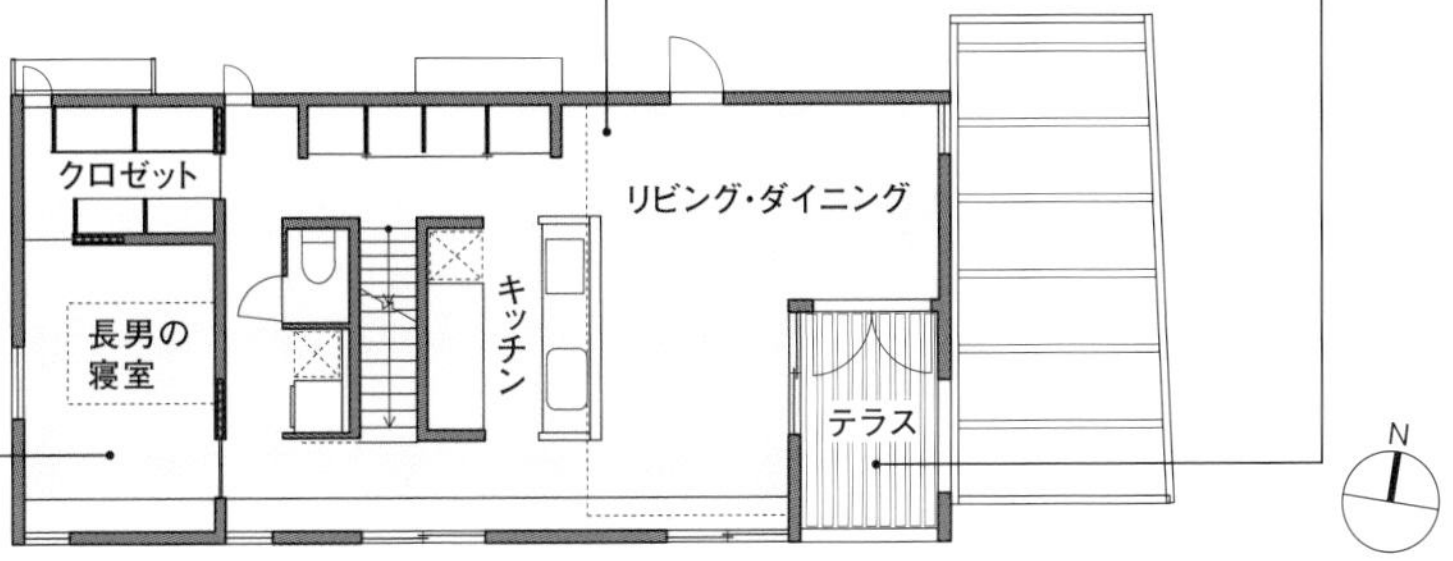
クロゼット
長男の寝室
キッチン
リビング・ダイニング
テラス
N

S＝1：200

別棟
3階

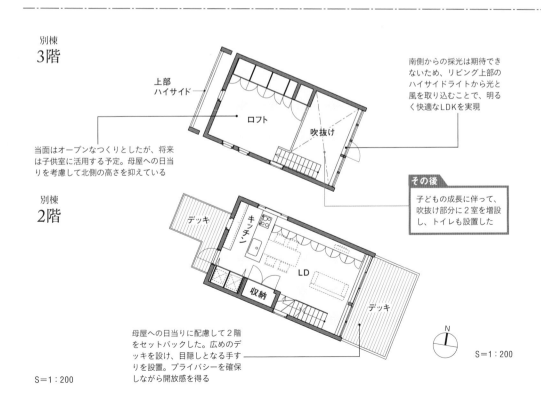

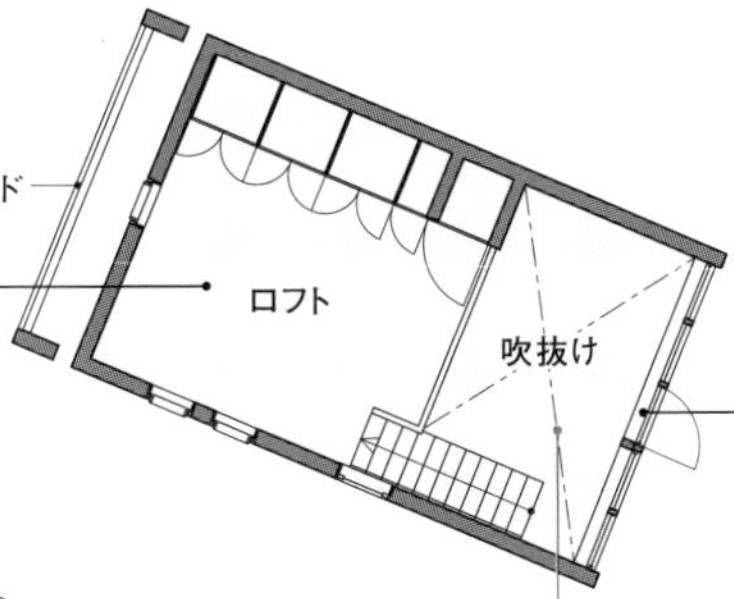
上部
ハイサイド
ロフト
吹抜け

南側からの採光は期待できないため、リビング上部のハイサイドライトから光と風を取り込むことで、明るく快適なLDKを実現

当面はオープンなつくりとしたが、将来は子供室に活用する予定。母屋への日当りを考慮して北側の高さを抑えている

その後
子どもの成長に伴って、吹抜け部分に2室を増設し、トイレも設置した

別棟
2階

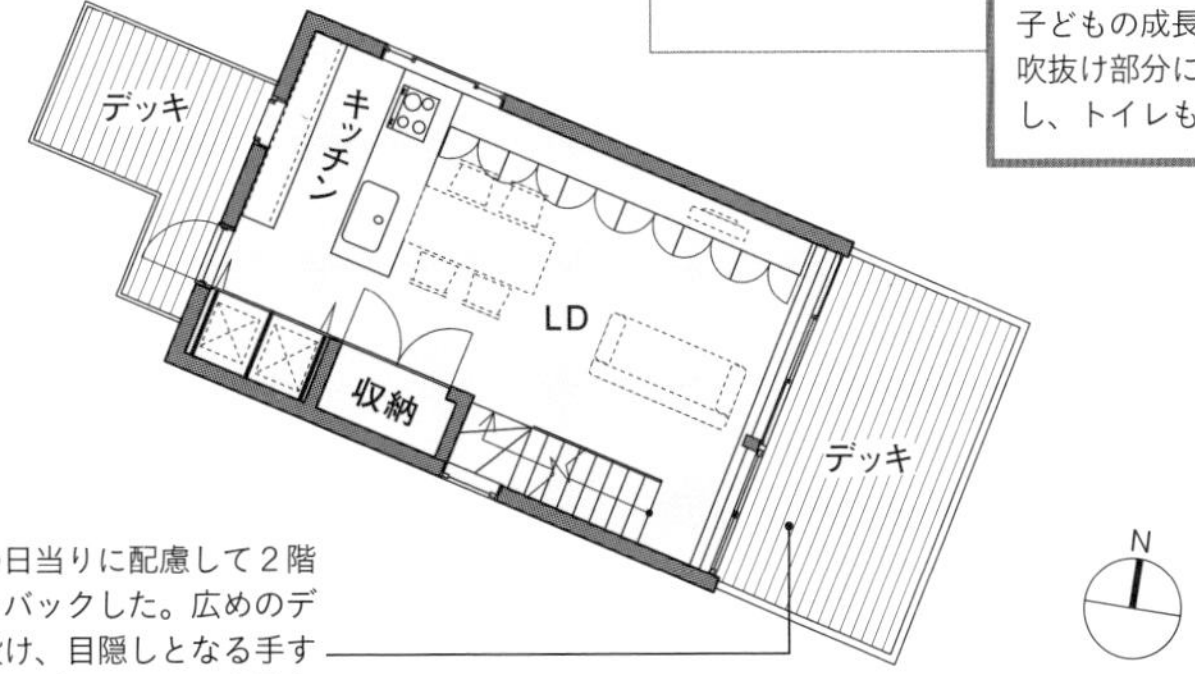
デッキ
キッチン
LD
収納
デッキ
N

母屋への日当りに配慮して2階をセットバックした。広めのデッキを設け、目隠しとなる手すりを設置。プライバシーを確保しながら開放感を得る

S＝1：200

S＝1：200

母屋（二世帯住宅）

音楽室と浴室は共用部から使いやすい配置に
来客も多い音楽室は玄関のすぐ横に、両世帯が使う浴室はそれぞれの動線から入りやすい配置に

天井までの大きな引戸で大きくも小さくも
壁が動いているような大きな建具はこの部屋をワンルームにも3ルームにも変化させることが可能。使い方を決めつけることは避けた

テラスを挟んだL型のリビングは外部と一体化した空間
テラスを取り込んで、2つのコーナーに分離。同じ空間でちょっとだけ質の違う2つの居場所は魅力的なため、家具をときどき移動してダイニングとリビングを入れ替えたりしている

次男世帯の別棟との間を空け一緒に使う庭を確保する

次男世帯の別棟が斜めに配置され、北側に小さな庭がつくられていた。母屋を親世帯＋長男世帯との二世帯住宅に建て替えるに当たって、その雰囲気を残すことを考えた。そのため、建物を北側に寄せ、東側に縦列の駐車場を設け、南側に庭を確保した。南玄関までのアプローチを兼ね、次男世帯の敷地に面するため、交流が自然に生まれる。また、二世帯分の住居スペースを確保するため、建物は上階にいくにしたがって段々とせり出すような断面形状になっている。

１階には共用の玄関と浴室、東側に親世帯スペースを、西側には長男夫妻の趣味である楽器演奏ができる音楽スタジオを配置。そのため、音対策が重要なテーマとなった。音楽スタジオは防音構造とし、親世帯の個室をいちばん遠い東端にして、間には玄関や納戸などを設けて幾重もの壁を隔てて対応した。

２階の子世帯スペースはサーキュレーションをもつ８の字動線プラン。行き止まりがないので、日常生活の小さなストレスを減らす効果がある。二世帯住宅の見えにくいストレスを減らす工夫の１つといえるだろう。

［鈴木洋子］

別棟

家での仕事やホームパーティーに活躍するリビング
吹抜けを設けることで、コンパクトながら明るく開放感のある2階LDKに。3階はロフト状の将来の子供スペース

その後

吹抜け部分を増床し個室とトイレをつくった

傾斜屋根の下を全面窓にしてスタイリッシュに
2階リビングとし、ルーフデッキを設けてセットバック。北側の母屋の日当たりを確保した

ガレージと玄関ホールの仕切りをガラス張りに
ガレージは隣接する玄関ホールとの間をガラス張りとして、趣味性の高い車を日常的に愛でることができるようにした

母屋の日当たりを考慮して次男家族の別棟を建設

母屋の100坪ほどの敷地を兄弟で分割して、次男は南側の敷地に、妻と半年後に誕生する子供の住まい（別棟）を建築した。スタイリッシュな次男夫婦にふさわしい、シンプルでモダンななかにもやさしさや温かさをプラスしたコンパクトな家を目指した。夫婦からは明るく開放的でくつろげる家が求められ、1階に愛車のためのビルトインガレージ、2階はリビングと広いウッドデッキ、ロフト状の3階には子供のためのフレキシブルな空間を配置した。

設計にあたって配慮したことは、母屋への日当たりをできるだけ遮らないようにすること。建物を南側に寄せて、母屋との間を空け、また、2階、3階部分をセットバックしてルーフデッキを設け、母屋に陽が差し込むようにした。別棟は、東方向の光と視界の抜けを利用してLDKのデッキ側を全面吹抜けとした。この吹抜けが効を奏し、空間に面積以上のゆとりや開放感を生み出している。

また、駐車場は趣味性の高い車を日常的に、玄関や寝室から愛でることができるように、間仕切りをガラス張りに。この家の見せ場となった。［中村高淑］

建築家の二世帯住宅を訪ねる① 「管《くだ》の家」

築30年の歴史が教示する気配と距離感のバランス

玄関に至るアプローチ／旗竿敷地の奥に「管の家」がある

2階屋上テラス／緑が生い茂った庭に面する

1階の玄関ホール／土間になっているここは、さまざまな部屋につながる「混ざる空間」

高橋鷹志（たかはし たかし）

1936年東京生まれ。1961年東京大学工学部建築学科卒業、1968年東京大学大学院数物系研究科建築学専門課程博士課程単 位取得満期退学、工学博士（東京大学）。名古屋工業大学講師、東京大学教授、新潟大学教授、日本大学研究所教授、早稲田大学人間科学部特任教授などを歴任。東京大学名誉教授。「園児の社会性獲得と空間との相互関係に関する研究」など、住環境と人間形成の関係性に関する研究を行う

「**管の家**」1983年竣工。建築家 高橋鷹志・公子と両親の二世帯住宅として両氏が設計。コンクリートブロック＋鉄骨造、2階建て
敷地面積：466.257㎡
建築面積：113.832㎡
延床面積：196.684㎡

故高橋公子さん／「管の会」がここで開かれていた

緑に包まれる「管の家」

1983年に竣工した「管の家」は、当時日本女子大学住居学科で教鞭をとられていた建築家の高橋公子さんと、東京大学建築学科で教鞭をとられていた高橋鷹志さんが共同設計で建てた自邸です。

世田谷の閑静な住宅地の旗竿敷地の奥にあって、道路に対しては少し引きを取って遠慮がちに建っています。外観は、1階と2階＋中2階で仕上げを変えています。1階はコンクリートブロック造、2階・中2階は、金属（亜鉛鉄板）葺きですが、壁と屋根が連続し、すっぽり包まれたようになっています。そのため、一般的な2階建てのように見えます。

訪問の折、鷹志さんはにこやかに迎えてくれました。まず、外観をぐるりと見せていただき、それから内部へ招いてくれました。

30年前、二世帯住宅への建替えが決定

「管の家」が建てられた経緯について話してくださいました。現在の「管の家」が建っている場所に木造住宅があり、高橋夫妻と、公子さんのご両親が一緒に暮らしていました。当時、借地の一部を返納することになり、敷地が狭くなったために旧宅を建替える必要が生じたとのこと。旧宅が木造で築50年以上経っていたことも、建替えを決定させる要因になったようです。以前から、ご両親と一緒に生活しておられたので、新築する家は、自然と二世帯住宅が計画され、ご両親も賛成してくれたそうです。

玄関共用の上下分離プランに

建設当時の「管の家」の間取りを紹介します。1階は、二世帯が共用する玄関と親世帯の住居で、2階・中2（部分的にロフトになっている）が子世帯の住居になっていました。玄関ホールを挟んで、左側をご両親の住居に、右側を公子さんのアトリエ（設計事務所）に使っていたようです。現在も変わっていませんが、玄関ホールに階段があり、子世帯は直接2階へ上がれるようになっていました（第1期）。

時を経て移り変わっていく「管の家」

二世帯住宅としてつくられたこの家も、やがてご両親が他界し、高橋夫妻2人だけの生

第1期／1983年 竣工時～
二世帯住宅としての暮らし

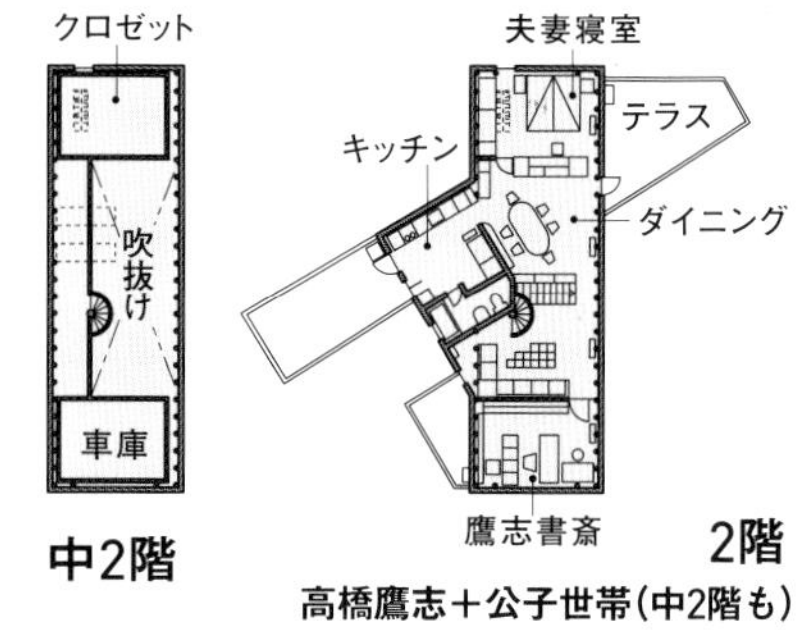
クロゼット
吹抜け
車庫
中2階
夫妻寝室
テラス
キッチン
ダイニング
鷹志書斎
2階

高橋鷹志＋公子世帯（中2階も）

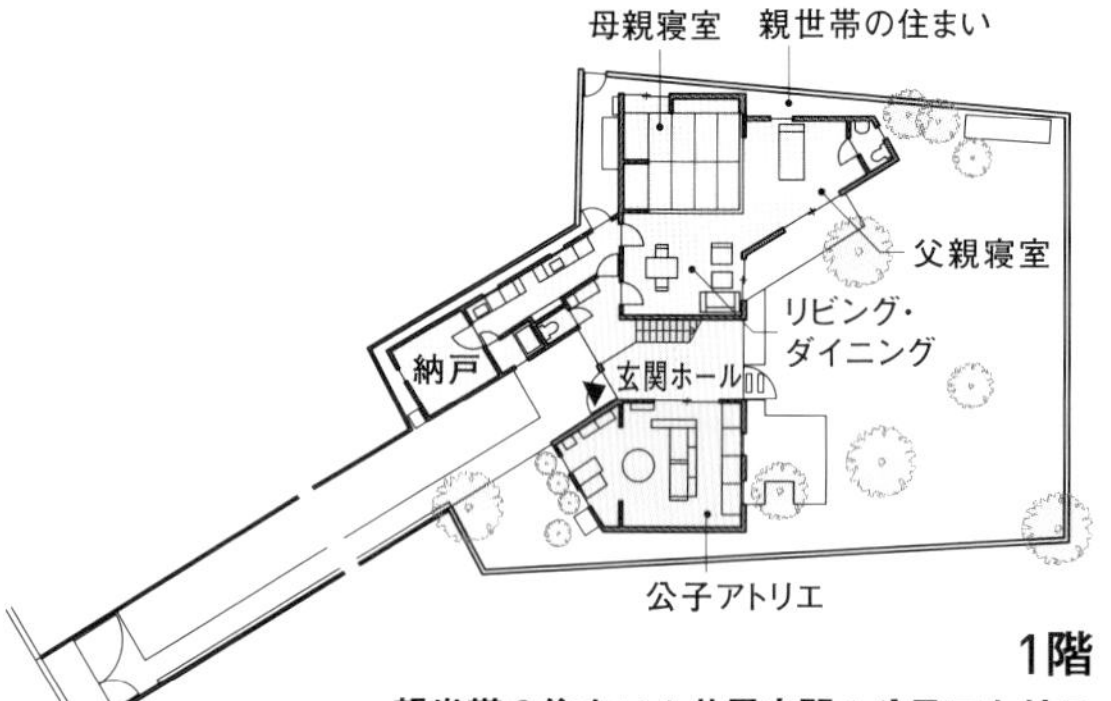
母親寝室
親世帯の住まい
父親寝室
リビング・
ダイニング
納戸
玄関ホール
公子アトリエ
1階

親世帯の住まい＋共用玄関＋公子アトリエ

「管の家」は、高橋鷹志＋公子夫妻と公子さんのご両親（父親82歳・母親74歳）との二世帯住宅としてスタート。玄関を共用し、1階はご両親のスペースと公子さんのアトリエとして使い、2階＋中2階は鷹志＋公子夫妻が使用する

第2期／1988年～
単世帯＋人々が集う暮らし

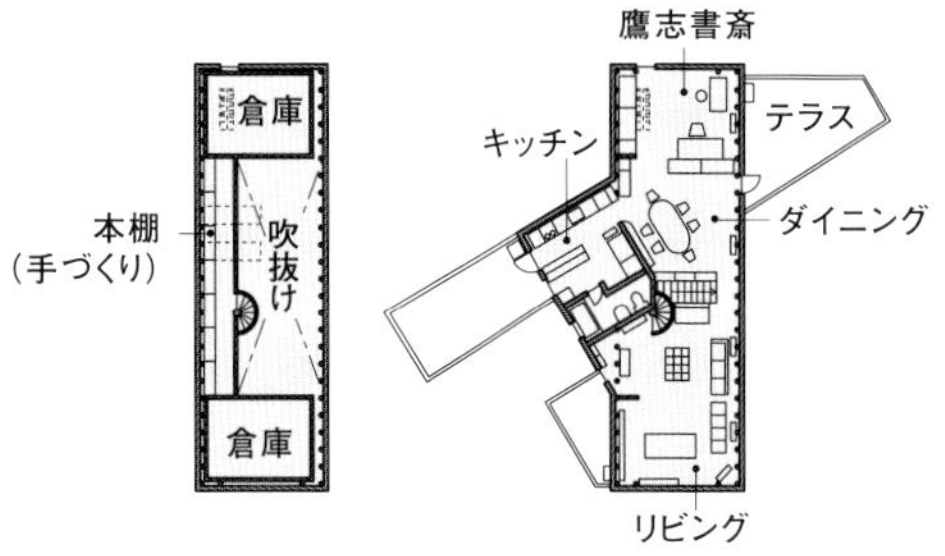
倉庫
本棚
（手づくり）
吹抜け
倉庫
鷹志書斎
キッチン
テラス
ダイニング
リビング

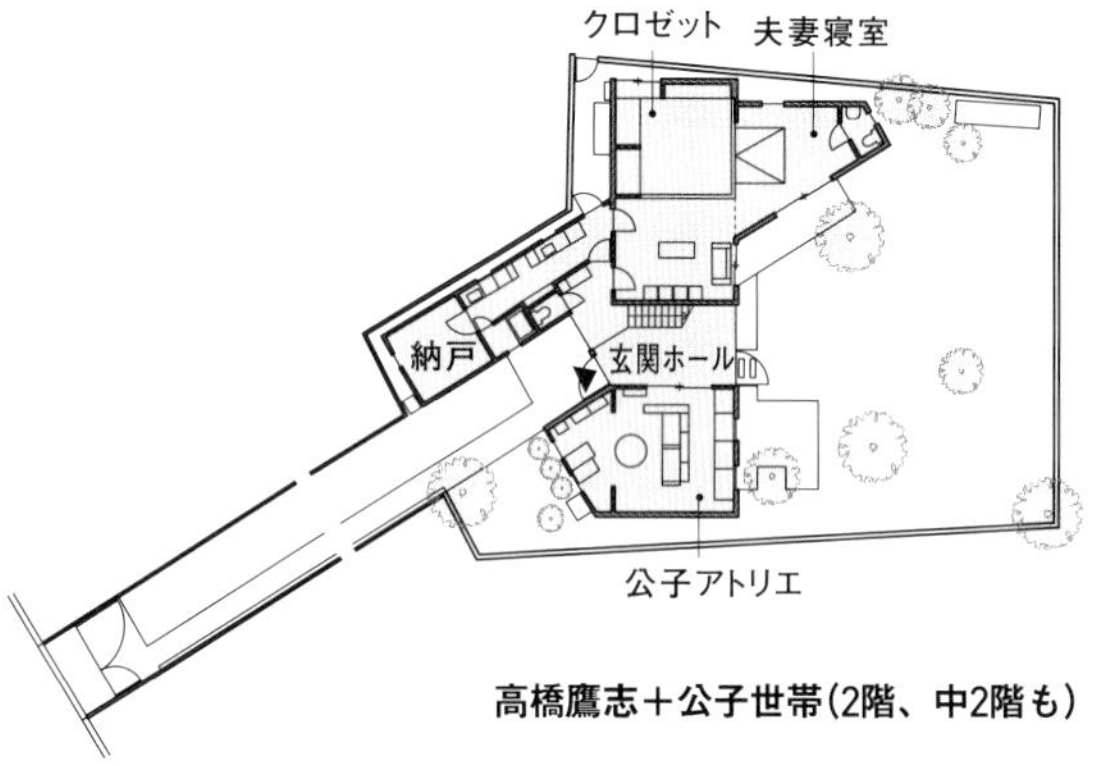
クロゼット
夫妻寝室
納戸
玄関ホール
公子アトリエ

高橋鷹志＋公子世帯（2階、中2階も）

ご両親の他界によって、1階を鷹志＋公子夫妻の寝室として使用し、2階の寝室は書斎に変わる。このとき1階の和室を板の間にリフォームした。当時、2階では「管の会」というパーティを定期的に催すようになり、鷹志さんと公子さんの教え子が集まっていた

高橋世帯　親世帯
共用　賃貸スペース

活が始まります。以前、ご両親が使われていた1階を夫婦の寝室として、2階はリビングやダイニング兼友人や学生が集うパーティ空間として使うようになります（第2期）。

当時、その集まりを「管の会」と呼んでいました。筆者も学生の時、「管の会」に参加したことがあります。広いワンルームの好きな場所にそれぞれが座り、議論したり食事をしたりする楽しいパーティでした。公子さんだけでなく、ときには鷹志さんもキッチンに立って、料理の支度をされていたことを覚えています。

その後、1997年に公子さんが亡くなるのを機に「管の家」の使い方が大きく変わります。

鷹志さん1人の暮らしになることで、スペースにゆとりが生まれ、1階を大原工務店に貸すことにしたのです。鷹志さんの寝室は1階から中2階に移り、寝室と公子さんのアトリエだったところを大原工務店が事務室として使い始めます。大原工務店は、公子さんが設計した住宅をいくつか施工しており、「管の家」の工事を行ったのも大原工務店です。大原工務店の入居に伴って、鷹志さんの書庫が手狭になり、2000年に、庭の一部に2階建ての書庫が増築されます。2階のテラスからも直接出入りできるようにしました（第3期）。

大原工務店の入居は、鷹志さんが再婚するまで続きます。

再婚を機に、再び1階の北東側は高橋夫妻の寝室として、南西側の旧公子アトリエは書庫として使うことになります。このとき、庭の書庫は撤去され、現在に至ります（第4期）。

第3期／1997年～
単身世帯＋賃貸の暮らし

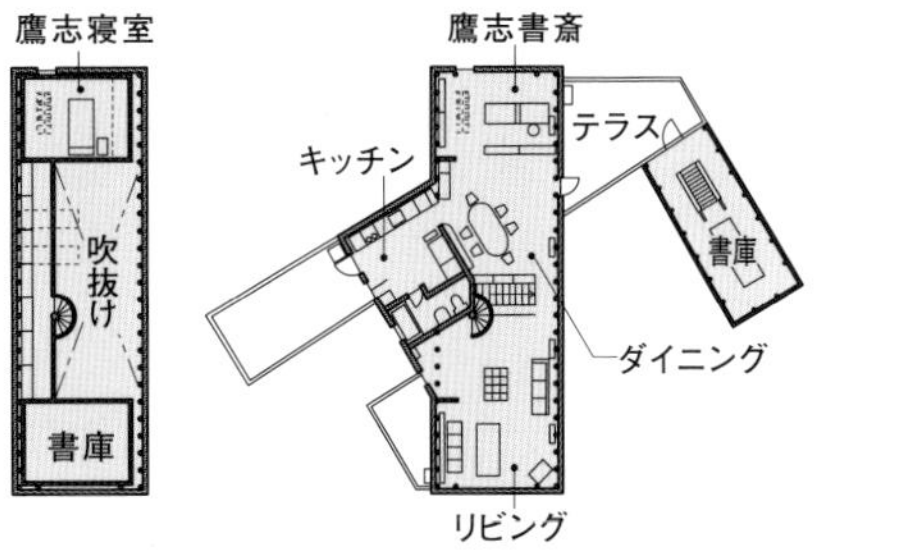

高橋鷹志＋公子世帯(中2階も)

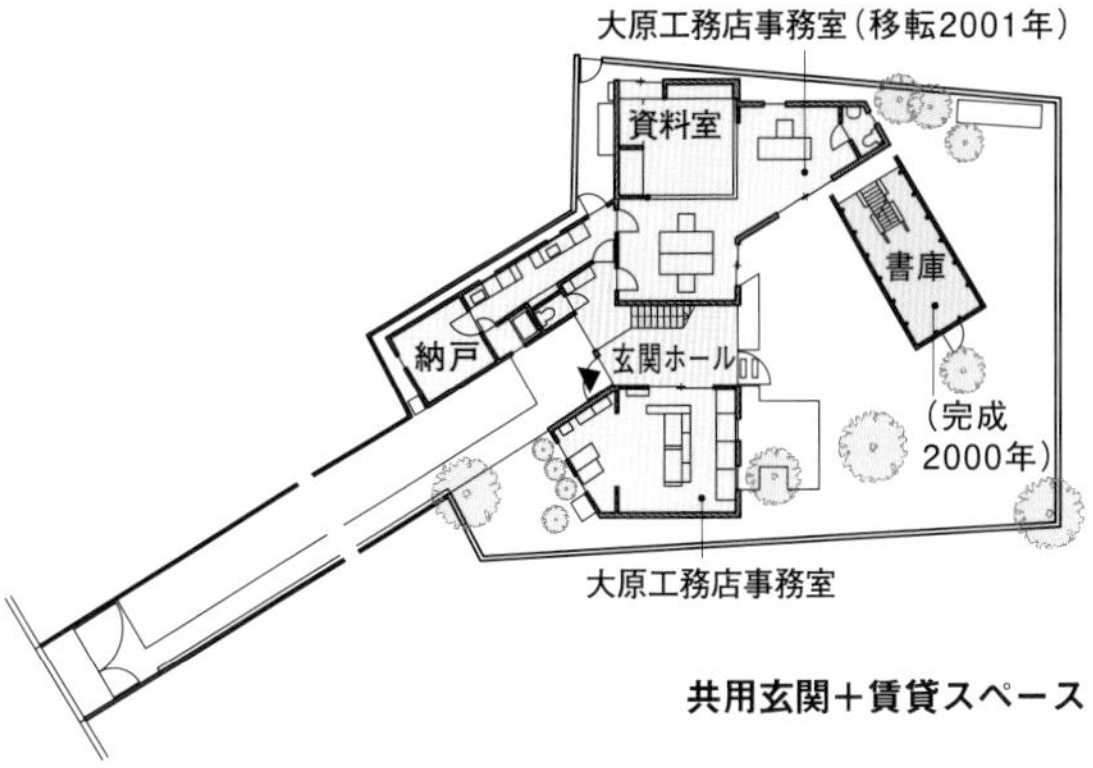

共用玄関＋賃貸スペース

1997年に公子さんが他界して、1階を大原工務店に貸すことになる。大原工務店は「管の家」の施工会社で気の置けない間柄であったのと、「管の家」のメンテナンスにも好都合ということで入居することになった。このとき、庭に書庫が増築される

第4期／2003年～現在
単世帯の暮らし

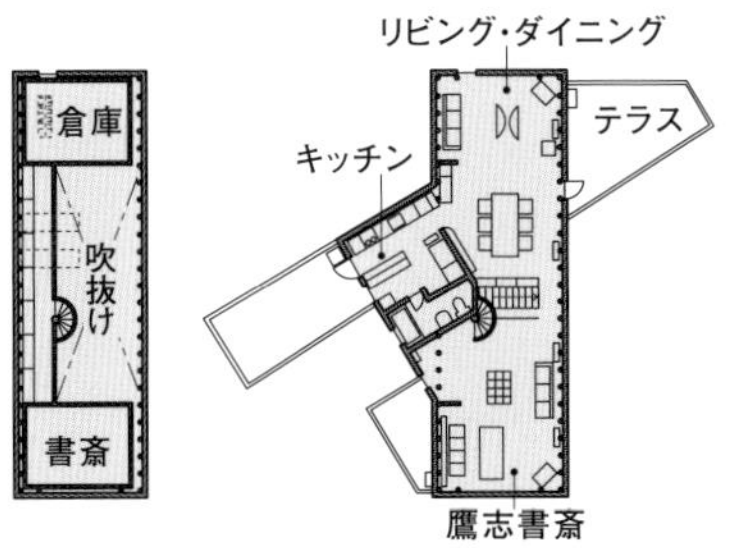

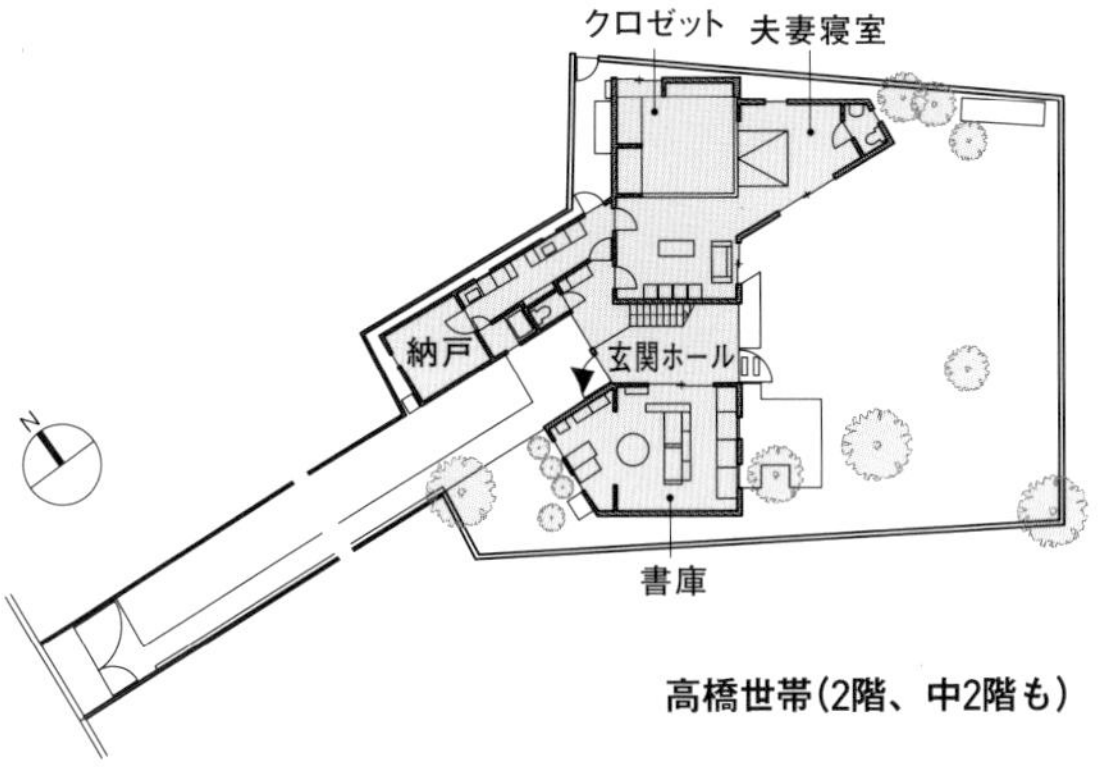

高橋世帯(2階、中2階も)

2001年には大原工務店が移転。鷹志さんの再婚で、再び1階を寝室として使用するようになる。庭に増築された書庫は撤去され、「管の家」が建設された当時の庭にもどる。2階で行われていた「管の会」も徐々に回数を減らしていった

二世帯住宅の要は、「不自由さを含んだ混ざる空間」

玄関共用の設計術

「管の家」では、玄関だけを共用し、水廻りはそれぞれに設けています。では、玄関を共用スペースにした効果は何だったのでしょうか。

公子さんは、かねがね住宅に対して、「不自由さを含んだ混ざる空間」を主張していました。1階の玄関ホール（階段含む）が「混ざる空間」なのです。玄関は、親世帯や子世帯、アトリエに来る客人の共用スペースであり、南の庭に抜ける通り抜け土間でもあります。郵便物の受け渡し、ちょっとした会話、お互いの存在を感じられる程よい空間になっています。ここで混じりあうことで、お互いの「気配」を感じ、「気遣い」が生まれます。また、「不自由さを含んだ」とは、階段が親世帯と子世帯を分割する装置となっていることです。高齢者にとっては、物理的にも心理的にも、階段が障害となるので、結果的に、お互いのプライベートな空間には侵入しないという気遣いにつながるのでしょう。

親世帯と子世帯を1階と2階の上下で分けるのは一般的になりつつありますが、その場合のつなげ方には工夫が必要だと思います。

「管の家」のような混ざる空間（玄関ホール）のつくり方は、お互いのプライバシーを尊重しつつも、気配は感じられるという意味で、巧妙なつなぎ方だと感じました。このような領域があるからこそ、関心をもちつつも干渉しすぎない関係が生まれるのだと思います。

2階のワンルームのリビング・ダイニング／広い部屋を家具で仕切っている。本棚で仕切った奥には書斎がある。左手に見える縦長の窓は、竣工時は壁だった

気配を受け止めながら、心地よい距離感を見つける

1 中2階のロフト／現在は書斎として使われている
2 中2階のロフトをつなぐ廊下／両端に書斎と書庫がある。2階のリビングが見渡せる
3 1階の書庫／元々は公子さんのアトリエであったが、現在は多くの書籍が収納されている
4 キッチン／清潔感のある白を使っている。「管の会」の集まりでは、鷹志さんもキッチンに立って調理をしてくれた
5 浴室／トイレと洗面・浴室はワンルームになっている。
6 トイレ／2階では、唯一扉で仕切られた部屋。そのほかには扉はいっさいない
7 サニタリーコーナー／水廻りは1ヵ所に集約されていて、配管などの効率化が図られている

インタビューは2012年7月に行った。写真は神田雅子、鈴木信弘の撮影による

ワンルームから学ぶ気配と距離感

最後に、2階の使い方を尋ねました。キッチンやリビングだけでなく、書斎、ロフトなどから構成される2階の大きなワンルームは、日常のさまざまなシーンが展開する空間となっています。鷹志さんにとって、そこは「生活のすべて」とのこと。サニタリー空間を除いてほかには、ドアが1つもありません。

鷹志さんは言います。「壁で仕切った監獄のような部屋は嫌いです。日本のかつての住まいには完全に閉じられた部屋はありませんでした。たとえば障子や襖で仕切っても音が漏れ、聞こえたりしました。そのときには、空間の使い方に作法があったものです。私の父も、みんなに見られる場所で原稿を書いていました」。日本の昔の住居と現在の近代的な住居の大きな違いは、まさにここにあります。昔の人は、プライバシー（音）の問題を承認していたからこそ、生活に作法が生まれ、相手を気遣う思いやりが生まれるのだと思います。

壁で仕切ることは簡単ですが、気配が消えてしまいます。家族は気配を受け止めながら、それぞれが自分にあった心地よい距離感を見つけて、一緒に暮らしていくのが理想のかたちなのではないかと思います。もちろん、そこには家族どうしのマナーがあることが前提です。管の家は、その「距離感」を教えてくれる二世帯住宅です。

［安田博道］

PART 3

二世帯住宅のデザイン50のアイデア

CASE 1

気遣う

二世帯住宅だからこそ――

CASE 1-1

共用キッチンに各世帯の専用冷蔵庫を設置

息子家族との同居型二世帯住宅は、主婦の場であるキッチンから嫁姑問題に発展することが多い。そもそも、親世帯と子世帯は食事時間が異なるので、キッチンを使う時間帯がずれるのが常だ。だからキッチンは共用でも、冷蔵庫だけは分けることで、嫁姑問題が解消される場合が少なくない。［青木恵美子］

キッチン収納平面図

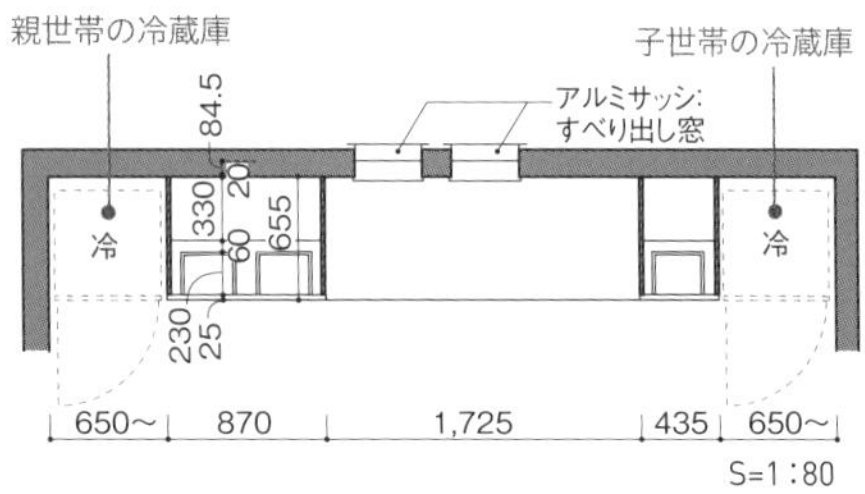

親世帯の冷蔵庫
子世帯の冷蔵庫
アルミサッシ:
すべり出し窓
84.5
20
330
60
655
230
25
冷
冷
650～
870
1,725
435
650～
S=1：80

キッチン収納展開図

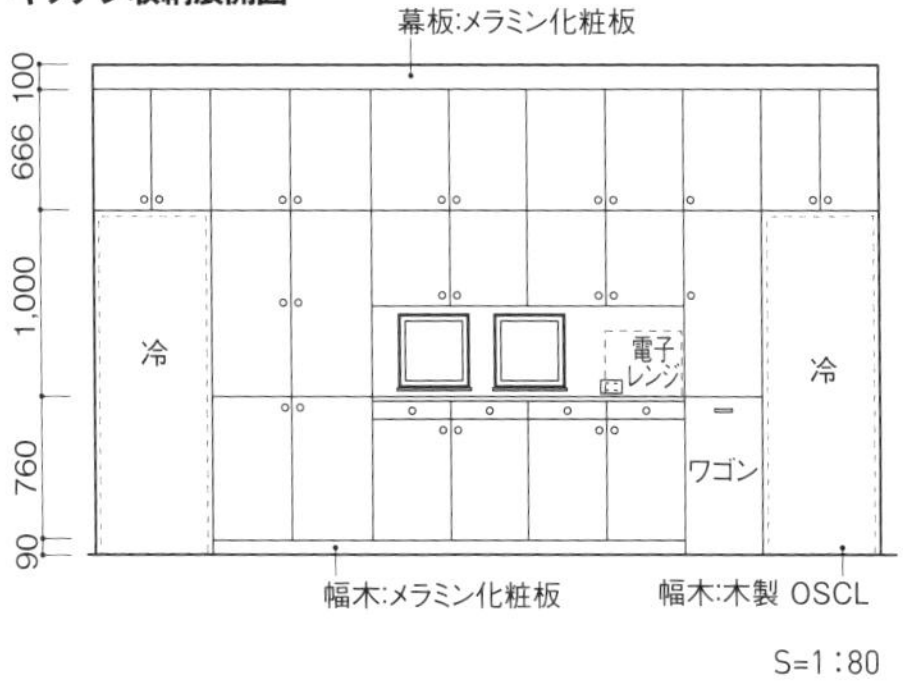

幕板:メラミン化粧板
100
666
1,000
760
90
冷
冷
電子
レンジ
ワゴン
幅木:メラミン化粧板
幅木:木製 OSCL
S=1：80

食器棚の両側に、親世帯と子世帯のそれぞれの冷蔵庫を設置するスペースを設けた

CASE
1-2

一緒にうまく暮らす距離感は3m程度

いくら「みんな仲良く」といっても、二世帯住宅では広いワンルームのリビングより、狭くても2つに分かれるようなL型のリビングのほうがよい場合もある。子育て時にはひたすら子供に引っ掻きまわされるリビングは2つのスペースをもつことで、子供の散らかしをまとめることができる。また、家族が思い思いに自分の好きなことをするためには、3m程度の距離がとれるように空間をつくるとよい。それが一緒にうまく暮らす秘訣になると思う。［鈴木信弘］

家族のスペースは、階段越しに見えるワークスペースと畳の間のリビング・ダイニングの2つに分かれているほうが思い思いに過ごすことができる

LDK廻り平面図

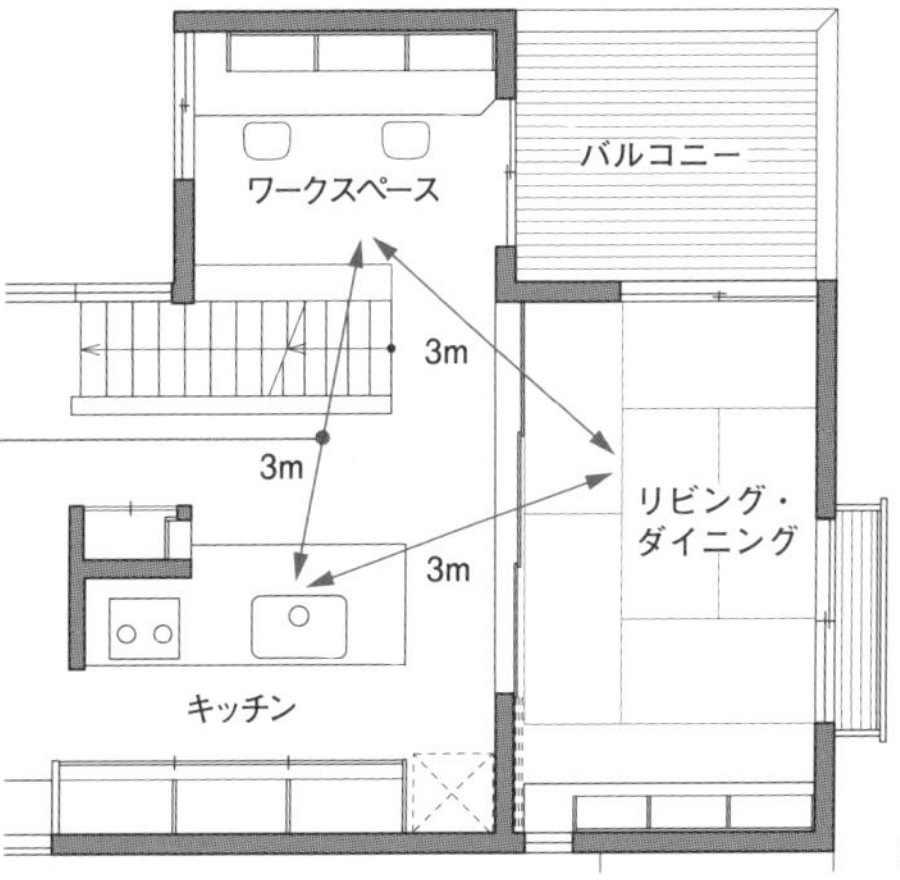

バルコニー
ワークスペース
3m
3m
3m
リビング・ダイニング
キッチン

ワークスペース、リビング・ダイニング、キッチンがそれぞれ3mというほどよい距離をとっていることで、一緒にいながら1人を感じられて心地よい

S=1：100

本棚とテーブルを備え、読書や勉強に使用する家族図書館をキッチン脇に配置。リビング・ダイニングにいながら家族図書館で勉強する子供たちを、なんとなく見守れるのがよい

キッチンを中心にリビング・ダイニングと家族図書館が2方向に分かれている。3つのスペースが3mの距離を保つ。家族スペースのトライアングルと呼べるだろう

LDK廻り平面図

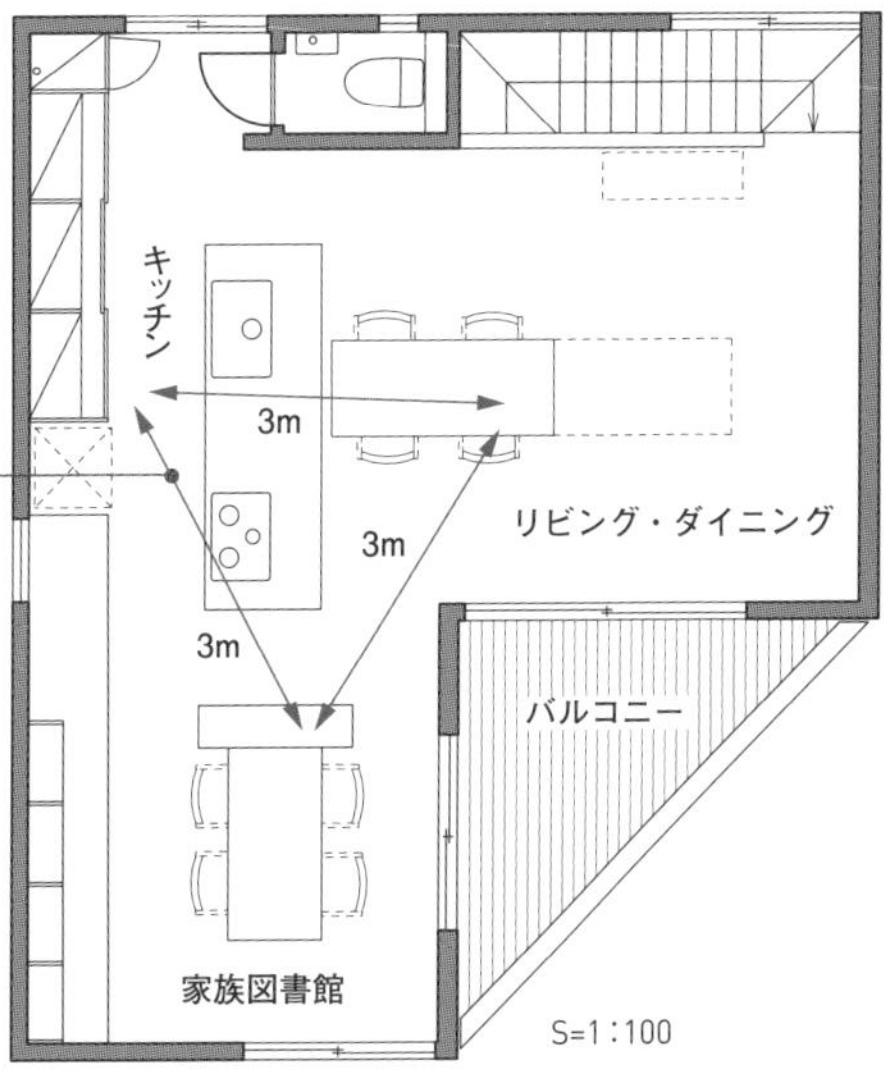

キッチン
3m
3m
3m
リビング・ダイニング
バルコニー
家族図書館

S=1：100

CASE 1-3

親世帯の就寝を知らせるトップライト兼デッキガーデンライト

二世帯住宅で失敗しやすいのが音の問題。とくに木造住宅の場合、ドスンドスンといった重量音を完全に防ぐことは難しい。そこで、1階の親世帯に設けたトップライトが、夜は光を通して上階の子世帯のデッキガーデンライトとして機能し、明かりが消えると就寝の合図となり、住まい手の配慮を促す仕掛けを考えた。［中村高淑］

1階の親世帯LDKのトップライトが夜は光を通して、2階の子世帯デッキへのガーデンライトになり、消えると就寝の合図になる

トップライトの上部にガラス面の保護も兼ねて木製のベンチを設けた。子供たちの遊び場になったり、お風呂上がりに涼んだり、愛煙家パパの喫煙場所としても使われる

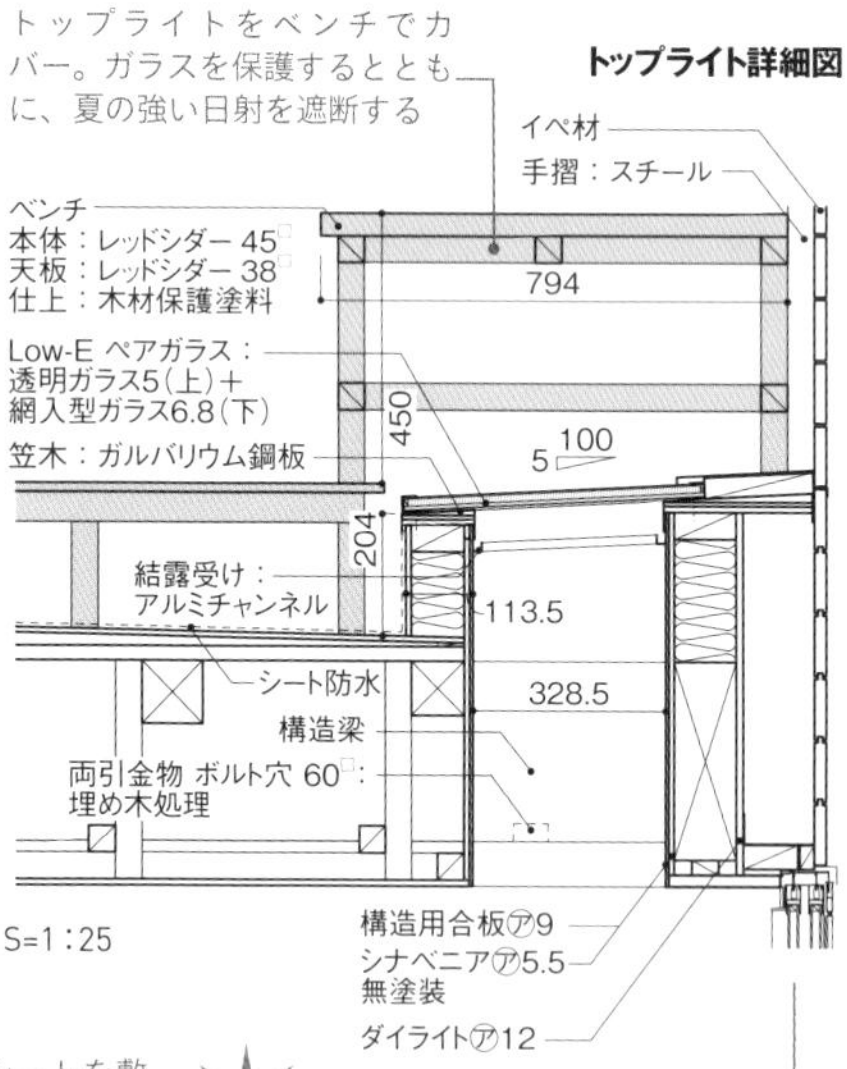

トップライトをベンチでカバー。ガラスを保護するとともに、夏の強い日射を遮断する
トップライト詳細図
イペ材
手摺：スチール
ベンチ
本体：レッドシダー45□
天板：レッドシダー38□
仕上：木材保護塗料
794
Low-E ペアガラス：
透明ガラス5(上)＋
網入型ガラス6.8(下)
450
5
100
笠木：ガルバリウム鋼板
204
結露受け：
アルミチャンネル
113.5
シート防水
328.5
構造梁
両引金物 ボルト穴 60□：
埋め木処理
S=1：25
構造用合板㋐9
シナベニア㋐5.5
無塗装
ダイライト㋐12

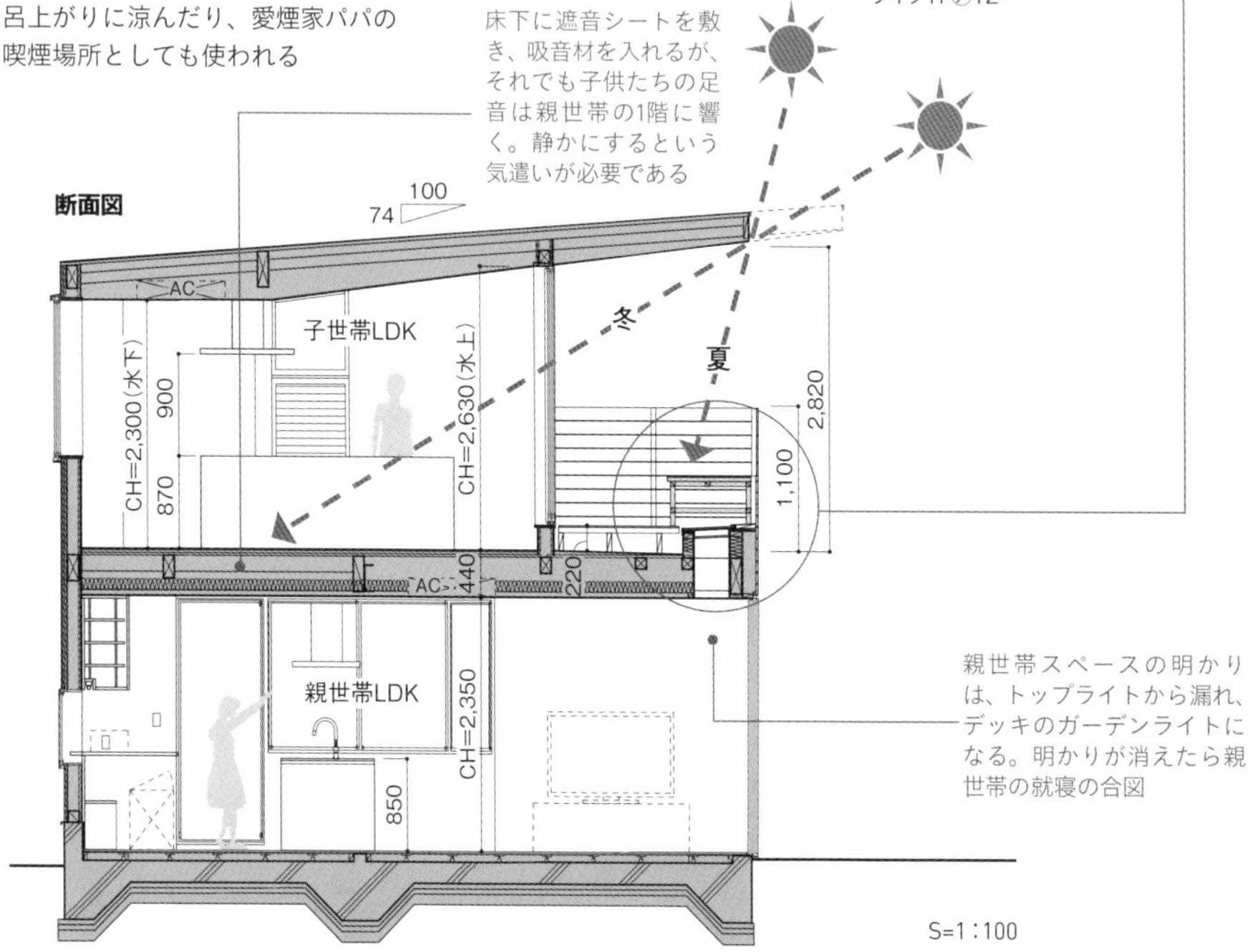

床下に遮音シートを敷き、吸音材を入れるが、それでも子供たちの足音は親世帯の1階に響く。静かにするという気遣いが必要である
断面図
100
74
AC
子世帯LDK
冬
夏
CH=2,300(水下)
900
870
CH=2,630(水上)
2,820
1,100
440
220
AC
親世帯LDK
CH=2,350
850
親世帯スペースの明かりは、トップライトから漏れ、デッキのガーデンライトになる。明かりが消えたら親世帯の就寝の合図
S=1：100

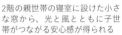

CASE 1-4

地階から屋上までの吹抜けのパティオが二世帯の空間を分ける

二世帯を縦割りにしてパティオを中間に設けることで、親世帯と子世帯の独立性を保ちながら関係性がもてる緩衝ゾーンになる。壁で仕切るよりも開口部を通して間接的にお互いの気配が感じられたほうがよい。自然光も得られる。[豊田悟]

リビングに取り込まれた階段越しに、大きな開口部を通して自然光と植栽が楽しめる。その向こうには親世帯の小窓が見える

地階のパティオのシンボルツリーを見上げると、光に照らされた枝葉が輝いて美しい

地階は、パティオ（ドライエリア）によって暗さが解消され、植栽の緑が安らぎをもたらす

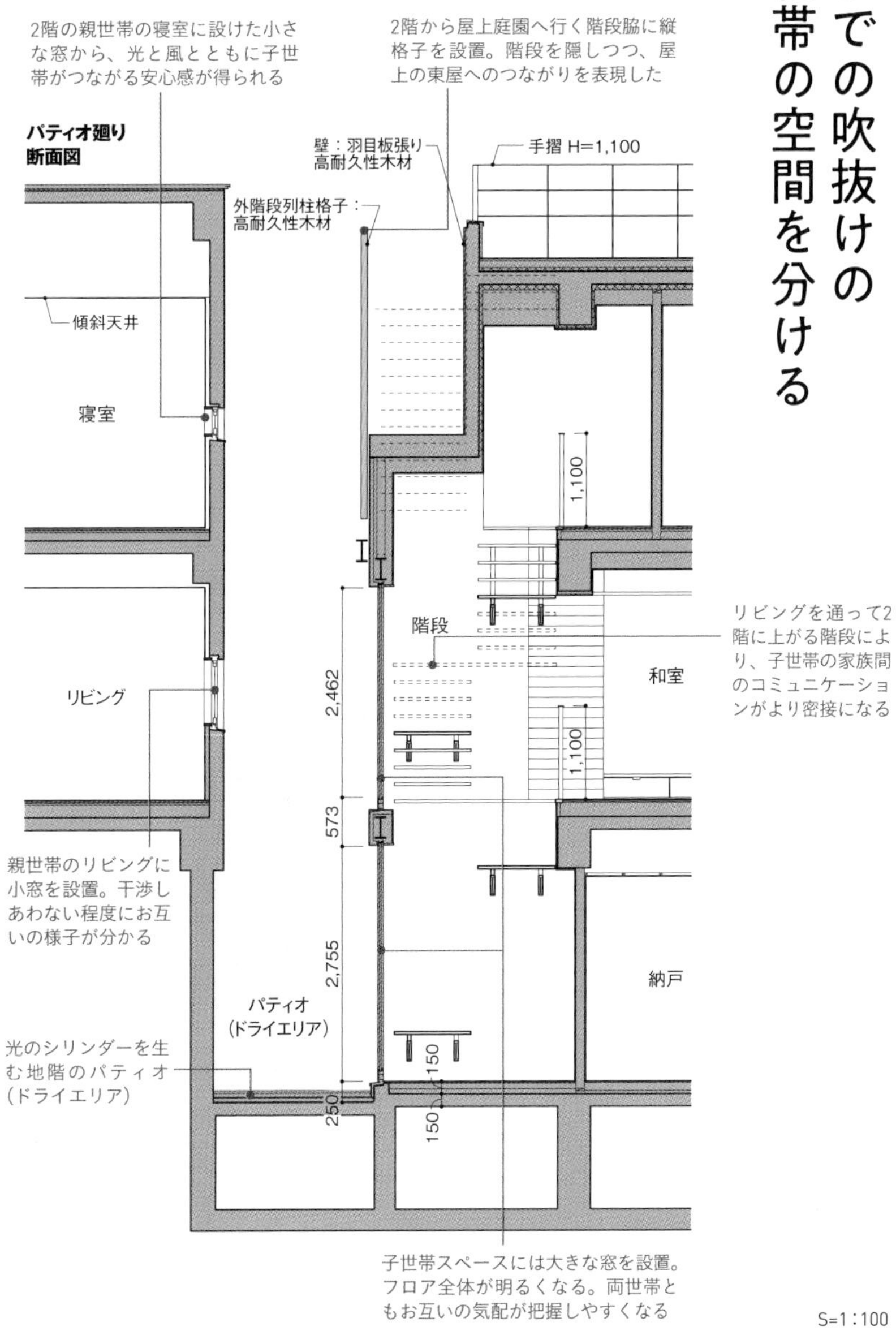

2階の親世帯の寝室に設けた小さな窓から、光と風とともに子世帯がつながる安心感が得られる
2階から屋上庭園へ行く階段脇に縦格子を設置。階段を隠しつつ、屋上の東屋へのつながりを表現した
パティオ廻り断面図
壁：羽目板張り 高耐久性木材
手摺 H=1,100
外階段列柱格子：高耐久性木材
傾斜天井
寝室
1,100
階段
リビングを通って2階に上がる階段により、子世帯の家族間のコミュニケーションがより密接になる
和室
リビング
2,462
1,100
573
親世帯のリビングに小窓を設置。干渉しあわない程度にお互いの様子が分かる
2,755
納戸
パティオ（ドライエリア）
光のシリンダーを生む地階のパティオ（ドライエリア）
150
250
150
子世帯スペースには大きな窓を設置。フロア全体が明るくなる。両世帯ともお互いの気配が把握しやすくなる
S=1：100

CASE
1-5

言うのがためらわれる「NG」サインは鍵で

二世帯で暮らす場合、親子であっても、お互いに気遣うことが大切である。二世帯の連絡扉の親世帯側と子世帯側の両側に鍵を設置した。鍵が解錠されていれば「お入りください」のサイン。施錠されていれば「NG」。NGは親子であれお互いに言うのがためらわれるものだ。そこで、言葉ではなくサインに。二世帯の住居を隔てるのは1枚の引戸だが、これだけでも、十分プライバシーを確保することができる。[青木恵美子]

左奥の引戸が連絡扉。扉の向こうが親世帯スペース、手前が子世帯スペース。鍵を上手に使うことで、プライバシーの確保とコミュニケーションの両方を図ることができる

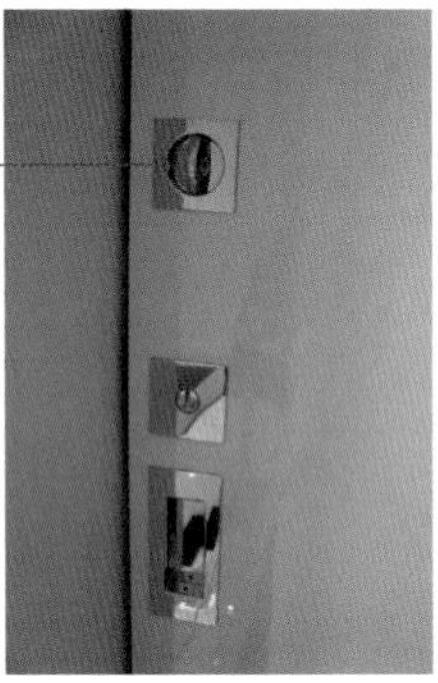
連絡扉の子世帯側。上のサムターンをまわせば鍵がかかる。下に、反対側の親世帯側から使うサムターンがある。引手はその下にある

ドアの両側に鍵がついている。鍵が開いている時は「入っていいよ！」のサイン

CASE
1-6

仏壇・仏間の位置は玄関の近くがよい

実家である親世帯スペースには親戚縁者の訪問が多く、仏壇に礼拝していく人も少なくない。そこで、仏壇は玄関からすぐの部屋に置く。こうすると気兼ねなく迎えられる。また、仏間に大きめの納戸を設けておくと、大きいものでもすぐ片付けられるので便利である。[鈴木信弘]

仏間廻り平面図

納戸の奥行を通常の3尺から4尺にすることで、仏間に置かれる家具を容易に片付けることが可能

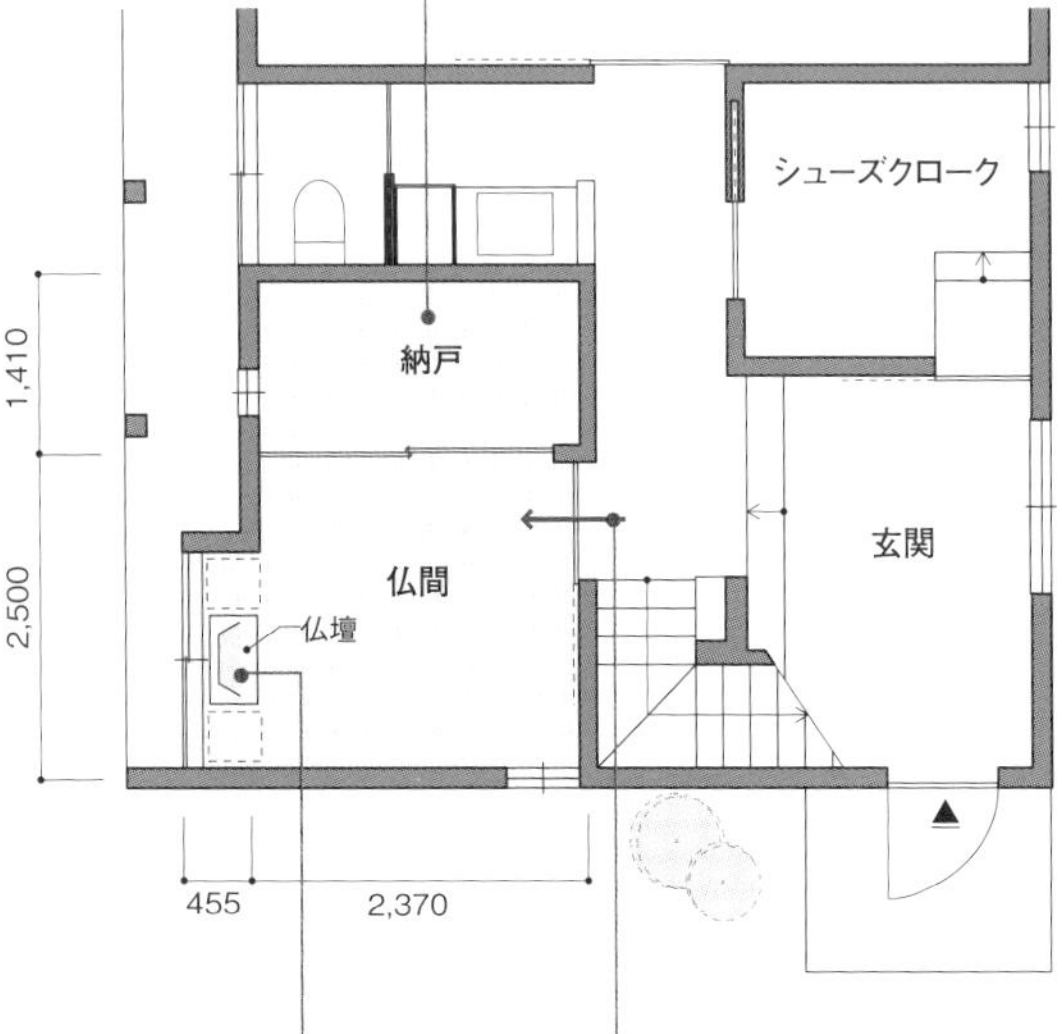
シューズクローク
納戸
仏間
仏壇
玄関
1,410
2,500
455
2,370

仏壇の位置は入口正面ではなく、奥のほうが落ち着いてよい

仏間は閉め切っていることが多いが、昼間は引戸を開け放してこもりがちな空気を入れ替えたい

S=1：120

広めの玄関から上がった奥に位置する仏間。来訪者が多いお盆などを考慮すると入口は引戸がよい。応接室を兼ねている

CASE 1-7

吹抜けの空調対策はつなげつつ仕切る

この吹抜けは、家全体を緩やかにつなぐことで、気配や雰囲気を伝えるという重要な働きをするが、そのままでは2階のリビング・ダイニングの空調効率が問題になる。そこで空調使用時には、普段、壁の中に収納している扉を引出し、区画することで対応する。光を通すポリカーボネート製扉やガラスの欄間を採用しているので、一体感は失われない。[北川裕記]

家全体を緩やかにつなぐ吹抜け。正面奥は子世帯の主寝室、吹抜け下の正面にある将来の子供室ともつながる。下の写真は階段手摺奥と右側壁面内に収納されていた半透明ポリカーボネート製引戸を閉めたところ。上部はガラスの欄間になっている

写真：平井広行

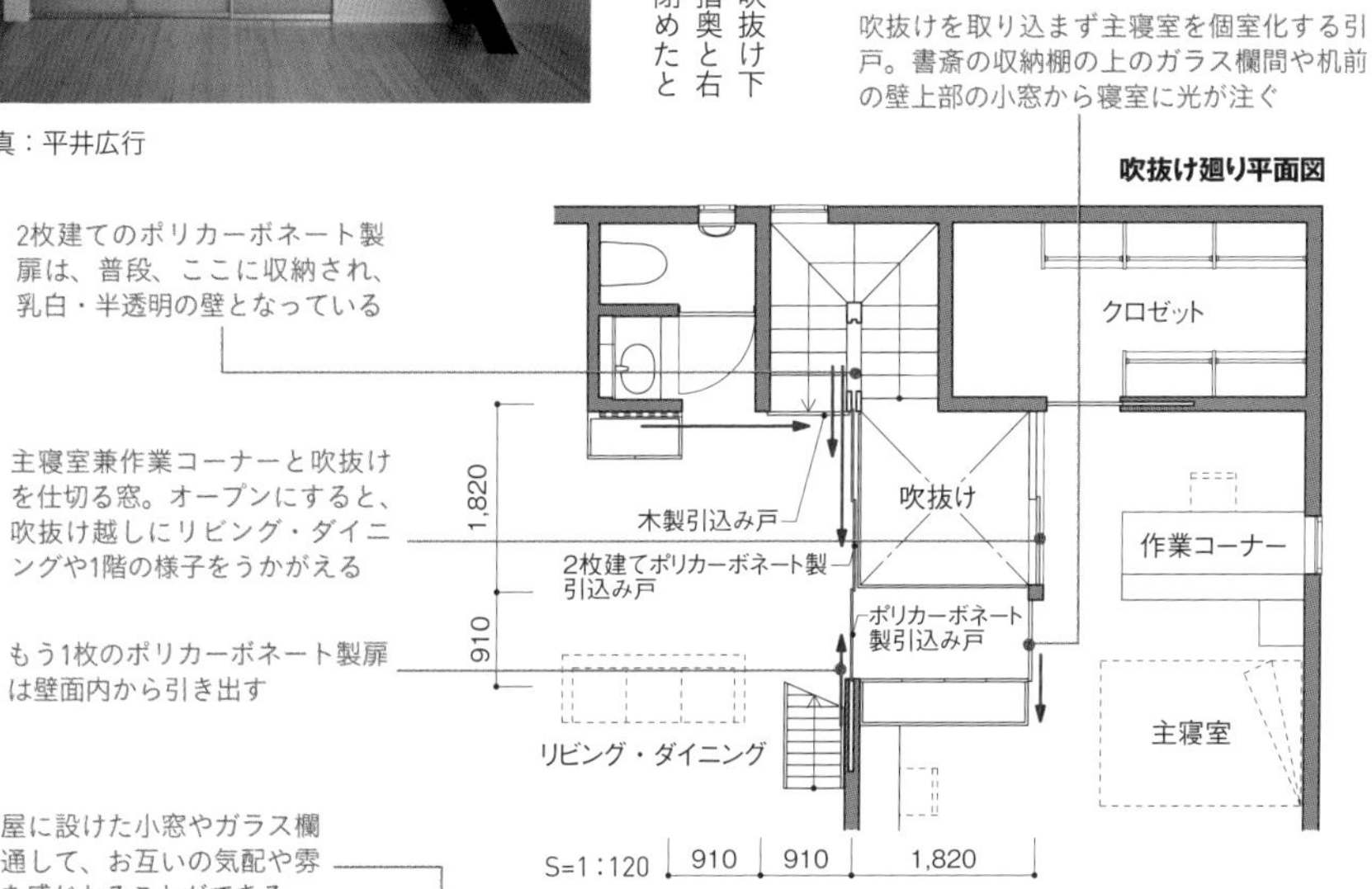

吹抜けを取り込まず主寝室を個室化する引戸。書斎の収納棚の上のガラス欄間や机前の壁上部の小窓から寝室に光が注ぐ
吹抜け廻り平面図
2枚建てのポリカーボネート製扉は、普段、ここに収納され、乳白・半透明の壁となっている
主寝室兼作業コーナーと吹抜けを仕切る窓。オープンにすると、吹抜け越しにリビング・ダイニングや1階の様子をうかがえる
もう1枚のポリカーボネート製扉は壁面内から引き出す
クロゼット
吹抜け
木製引込み戸
2枚建てポリカーボネート製引込み戸
ポリカーボネート製引込み戸
作業コーナー
主寝室
リビング・ダイニング
1,820
910
S=1：120
910
910
1,820

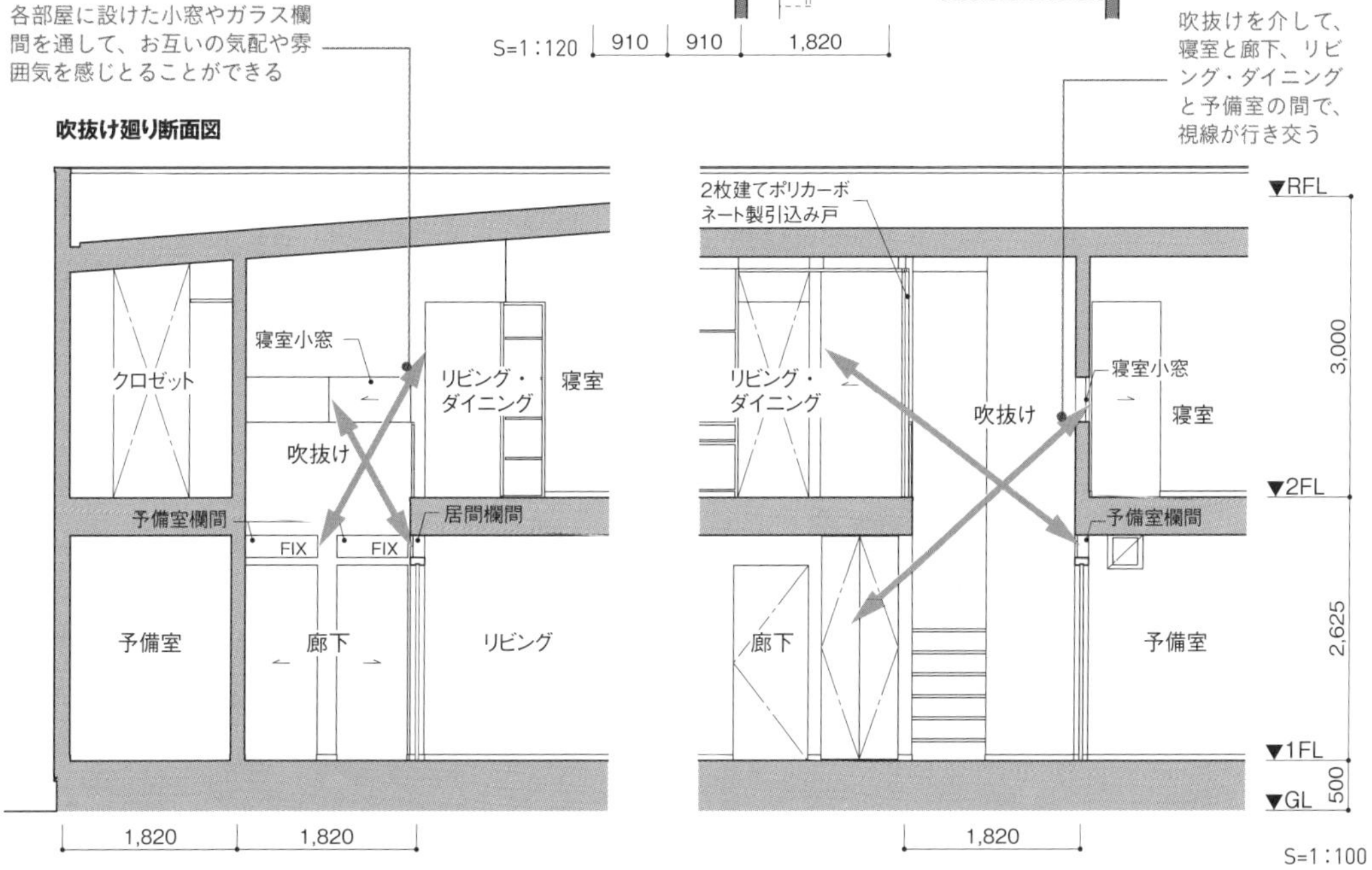

各部屋に設けた小窓やガラス欄間を通して、お互いの気配や雰囲気を感じとることができる
吹抜けを介して、寝室と廊下、リビング・ダイニングと予備室の間で、視線が行き交う
吹抜け廻り断面図
2枚建てポリカーボネート製引込み戸
クロゼット
寝室小窓
リビング・ダイニング
寝室
吹抜け
予備室欄間
居間欄間
FIX
FIX
予備室
廊下
リビング
リビング・ダイニング
吹抜け
寝室小窓
寝室
予備室欄間
廊下
予備室
▼RFL
3,000
▼2FL
2,625
▼1FL
500
▼GL
1,820
1,820
1,820
S=1：100

CASE 1-8

お互いの健康を気遣い 共用玄関に手洗い器を設置

1階に親世帯、2階に子世帯が暮らす二世帯住宅で、玄関は共用している。両世帯の健康のため、帰宅と同時にうがいや手洗いができるように、共用玄関の収納部に手洗い器を組み込んだ。階段室の吹抜けを貫く縦長の窓前に設置したので、明るく衛生的だ。収納下部には照明器具を埋め込み、間接照明を施している。［荻津郁夫］

2階まで伸びる縦長の窓は東に面するので、朝日が入りすがすがしい

カウンターの上に器がそのまま置いてあるように、手洗い器がすっきりと埋め込まれている

手洗い器に光る朝日と床を照らす間接照明により、家族は気持ちよく外出し、帰宅する

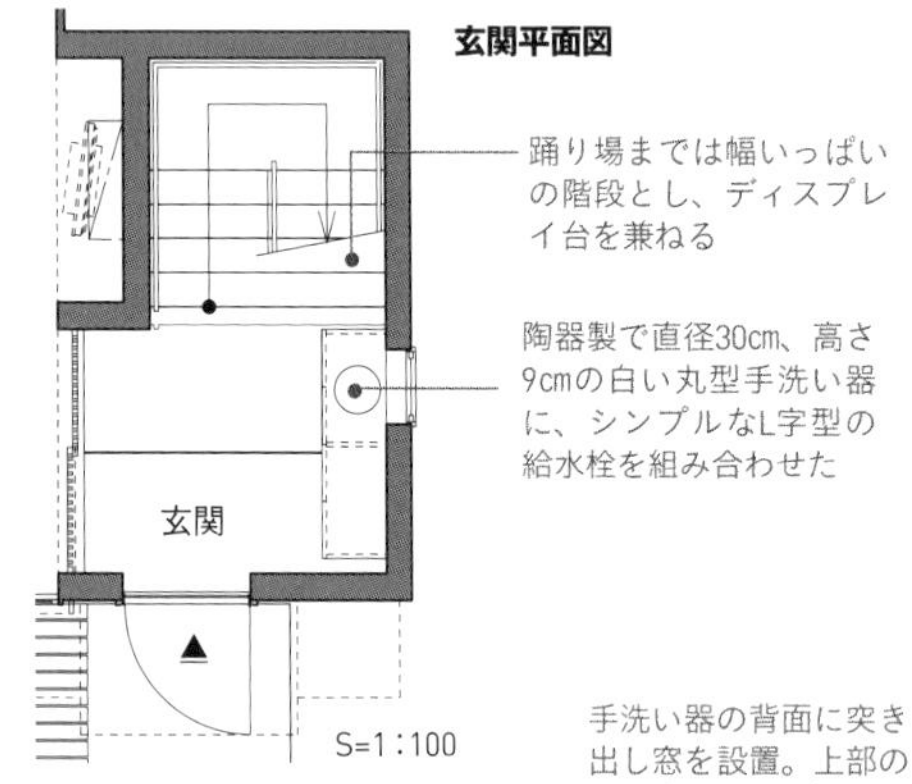
玄関平面図
踊り場までは幅いっぱいの階段とし、ディスプレイ台を兼ねる
陶器製で直径30cm、高さ9cmの白い丸型手洗い器に、シンプルなL字型の給水栓を組み合わせた
玄関
S=1：100

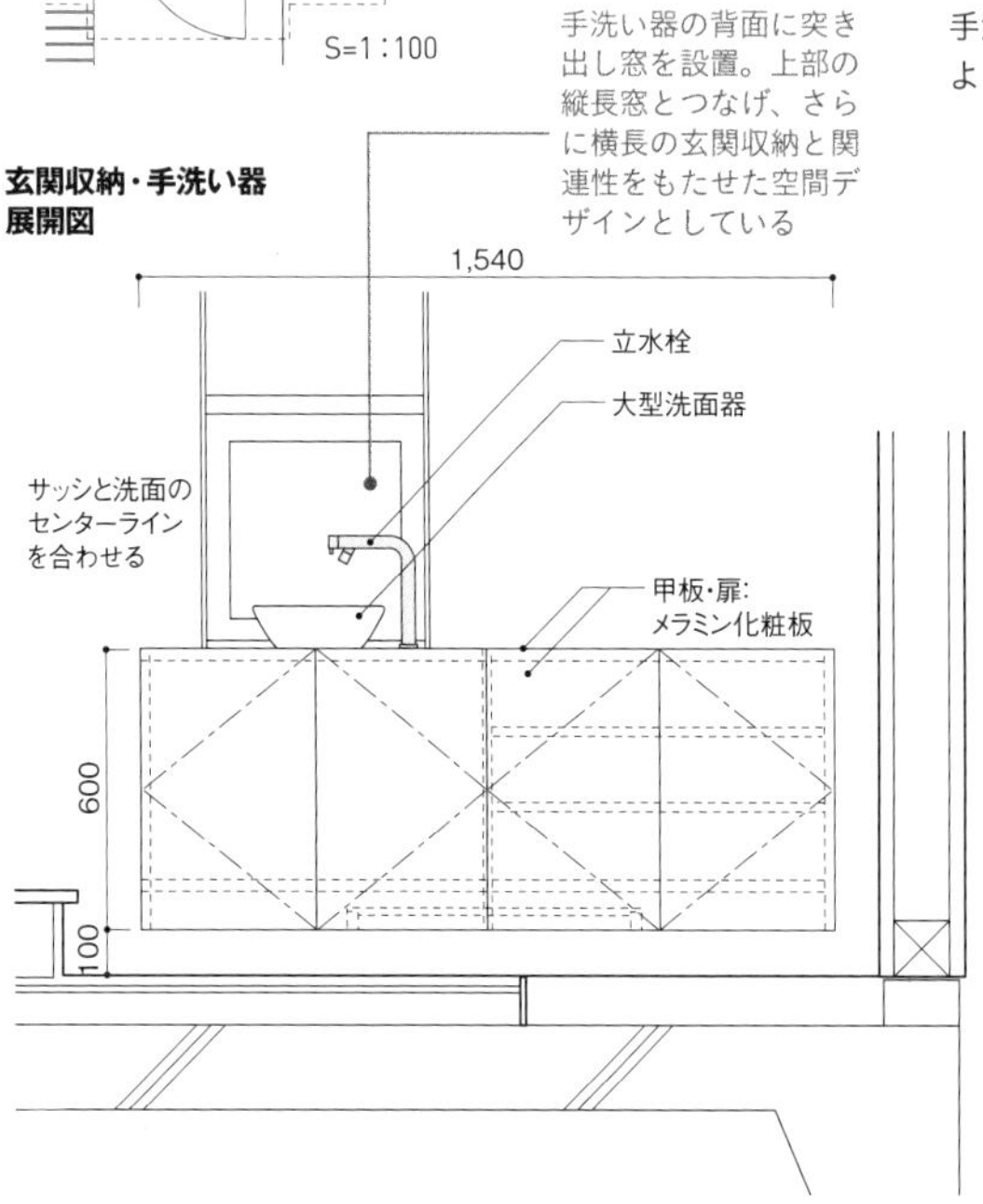
玄関収納・手洗い器展開図
手洗い器の背面に突き出し窓を設置。上部の縦長窓とつなげ、さらに横長の玄関収納と関連性をもたせた空間デザインとしている
1,540
立水栓
大型洗面器
サッシと洗面のセンターラインを合わせる
甲板・扉：メラミン化粧板
600
100
S=1：30

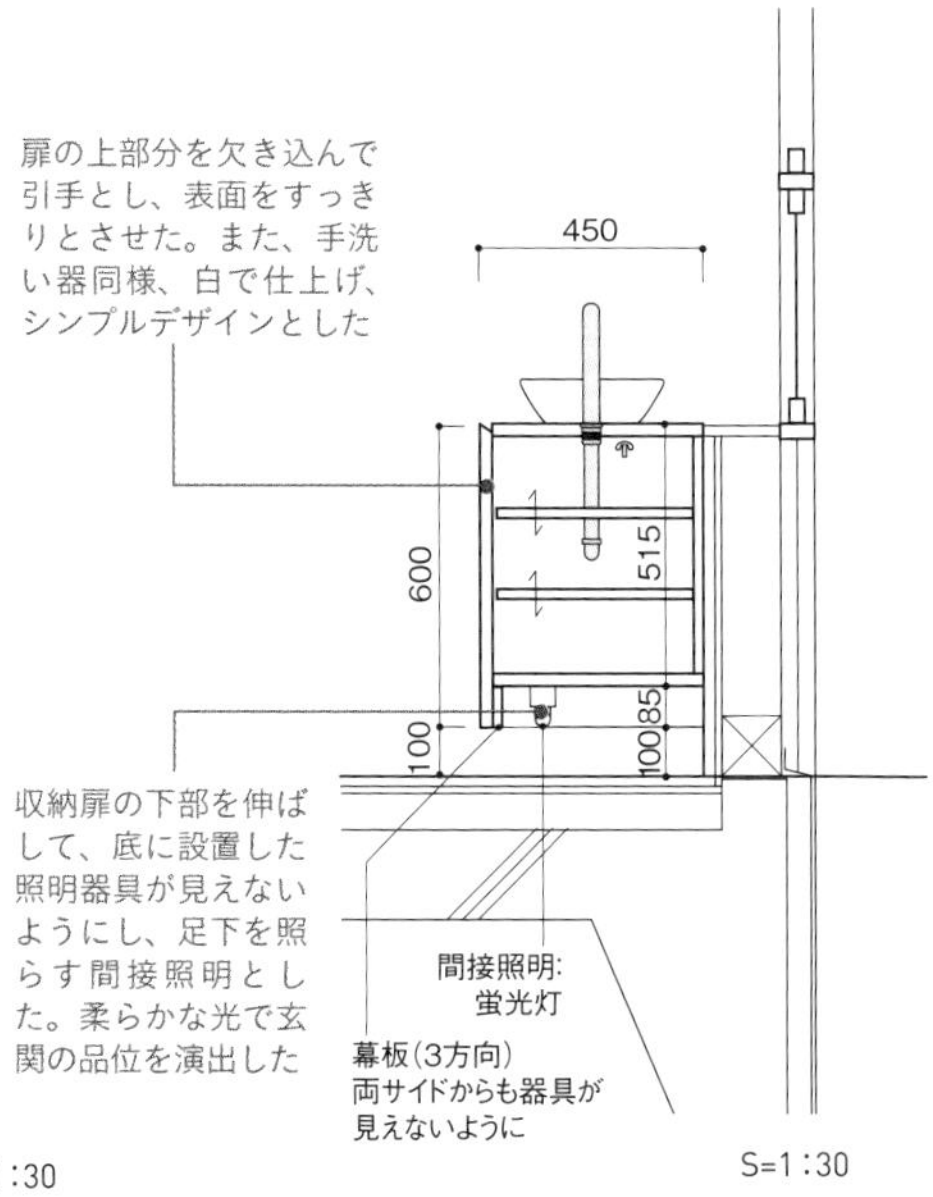
扉の上部分を欠き込んで引手とし、表面をすっきりとさせた。また、手洗い器同様、白で仕上げ、シンプルデザインとした
450
600
515
100
85
100
収納扉の下部を伸ばして、底に設置した照明器具が見えないようにし、足下を照らす間接照明とした。柔らかな光で玄関の品位を演出した
間接照明：蛍光灯
幕板（3方向）両サイドからも器具が見えないように
S=1：30

CASE 1-9

子世帯空間の天窓や高窓から1階の親世帯空間に光を届ける

住宅密集地に立地するため、主に屋上のペントハウスの天窓と、吹抜け最上部にあたる3階天井下の高窓から光を取り入れている。この自然光を吹抜け、蹴込み板のない透かし階段、足元を開けた吊り下げ収納棚、床に設けたスリットなどを通して、1階の親世帯の部屋まで届けている。[北川裕記]

正面奥は吹抜け上部の高窓。手前の収納棚は天井から吊り下げて足元を空けている

写真：平井広行

断面図

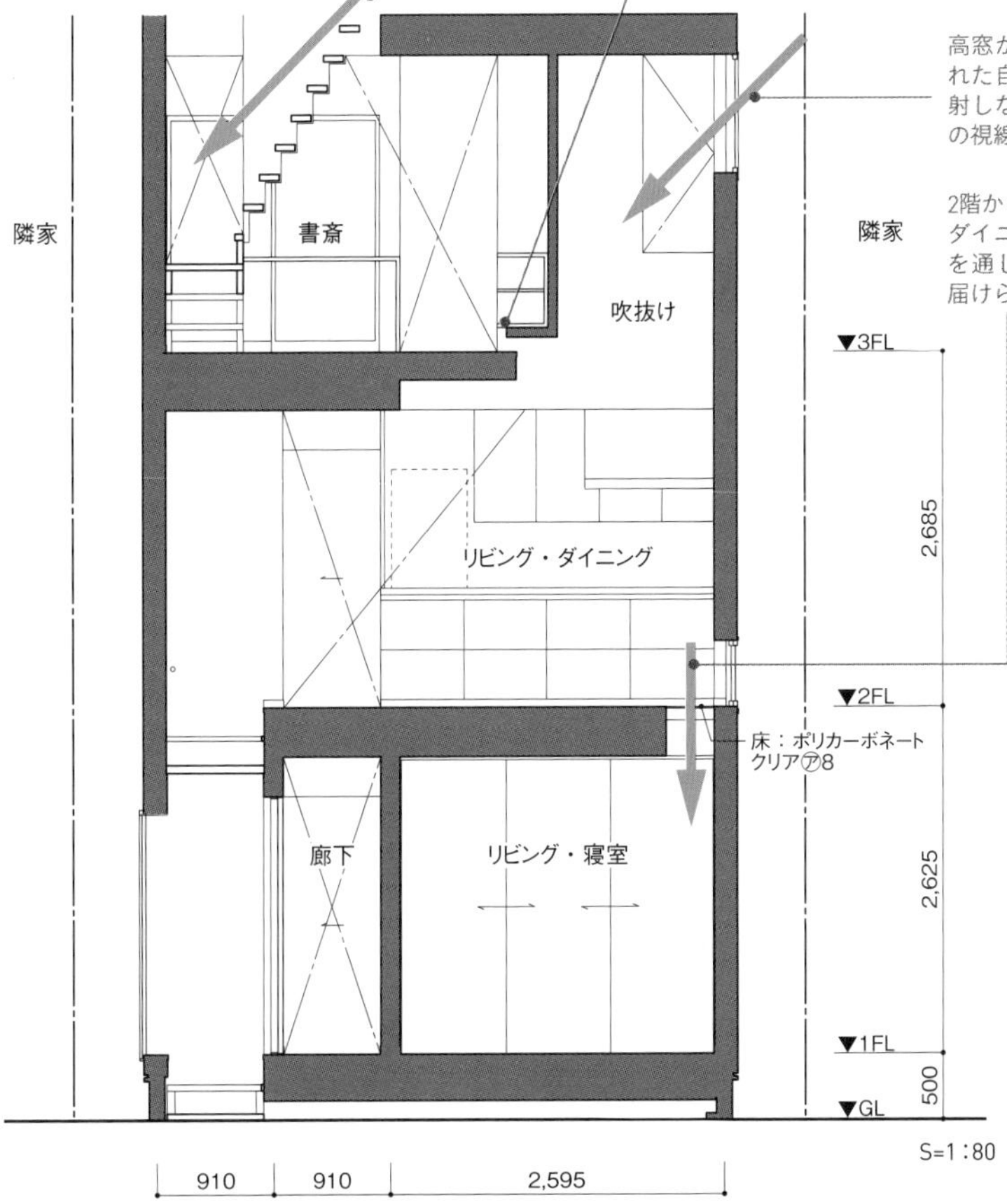
天窓からの光／屋上のペントハウスの天窓から取り入れた光は、階段室を通して、まず3階に届けられる
光の廻り込みに加え、視覚的な効果も狙って足元を開けた構成にしている
高窓からの光／高窓から取り込まれた自然光は、白い壁と天井に反射しながら下りてくる。隣家からの視線を気にすることもない
2階からの光／子世帯のリビング・ダイニングの床に設けたスリットを通して、光は1階の親世帯まで届けられる

1階にある親世帯のリビング・寝室。右上に見えるのが2階の床に開いたスリット窓。ここから自然光が届けられる

CASE 1-10

アクリル蹴込み板を透過する明かりがトイレ使用中のサイン

2階の共用LDKを真ん中に配置し、1階を親世帯、3階を子世帯のスペースとした。ただし、1階の玄関とトイレは共用だ。LDKに招いた来客は階段下に設けた1階トイレを利用するが、使用中の場合もある。そこで階段の蹴込み板をアクリル板とし、透過する明かりによって、1階まで行かなくても利用状況が分かるように工夫した。［中村高淑］

階段の蹴込み部分に設置したアクリル板からトイレの明かりが透過しているので、現在はトイレ使用中。この明かりは1階に下りる前に2階で気づくことができる

階段室廻り平面図

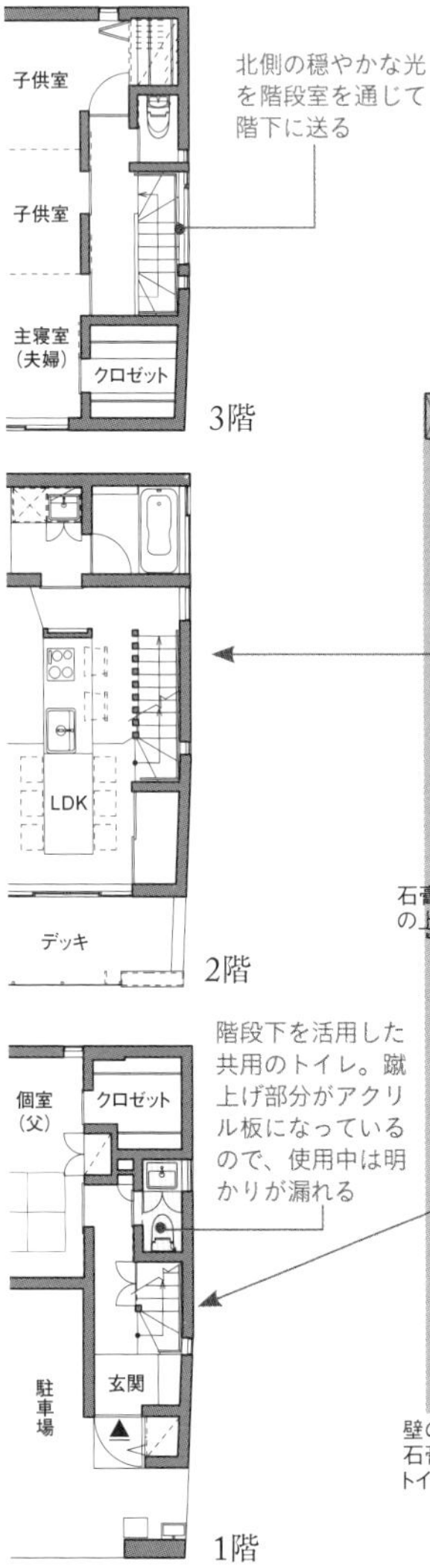

S=1：200

階段室廻り断面図

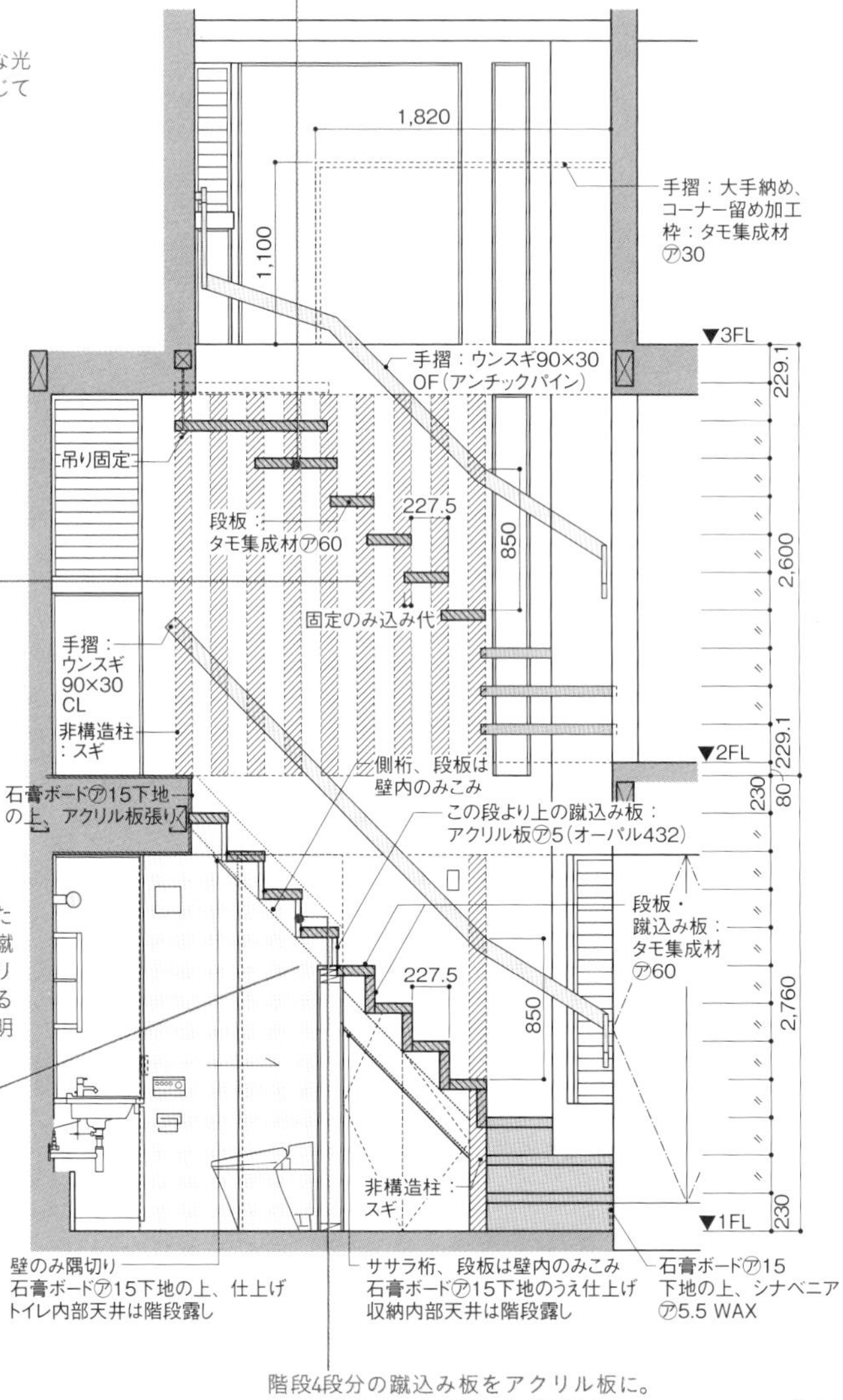
2階と3階をつなぐ階段には蹴込み板をつけずオープンに。3階の階段室に設置した大きな窓から注ぐ光が2階のLDKに届く

階段4段分の蹴込み板をアクリル板に。ここからトイレ内の明かりが透過する

S=1：60

CASE 1-11

上下階の音の対策は最低でも遮音措置を行う

音対策におけるプランニング上の基本は、寝室の上部に水廻りをもってこないことだが、親の寝室の上にリビングがきてしまうような場合、その遮音は相当慎重になる。では真上でなければ大丈夫かというと、思いのほか音が伝わることもある。したがって、最低でも床面と天井面の両方に遮音措置を講じることが望ましい。[鈴木信弘]

断面図

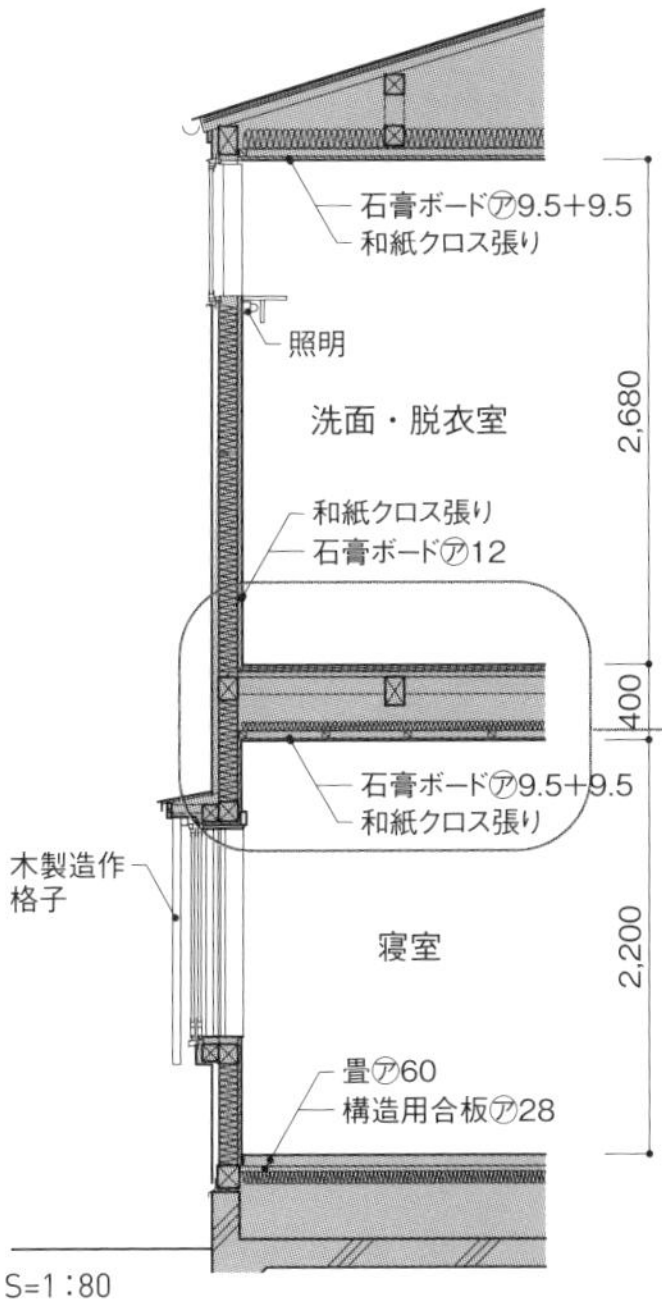

断面詳細図

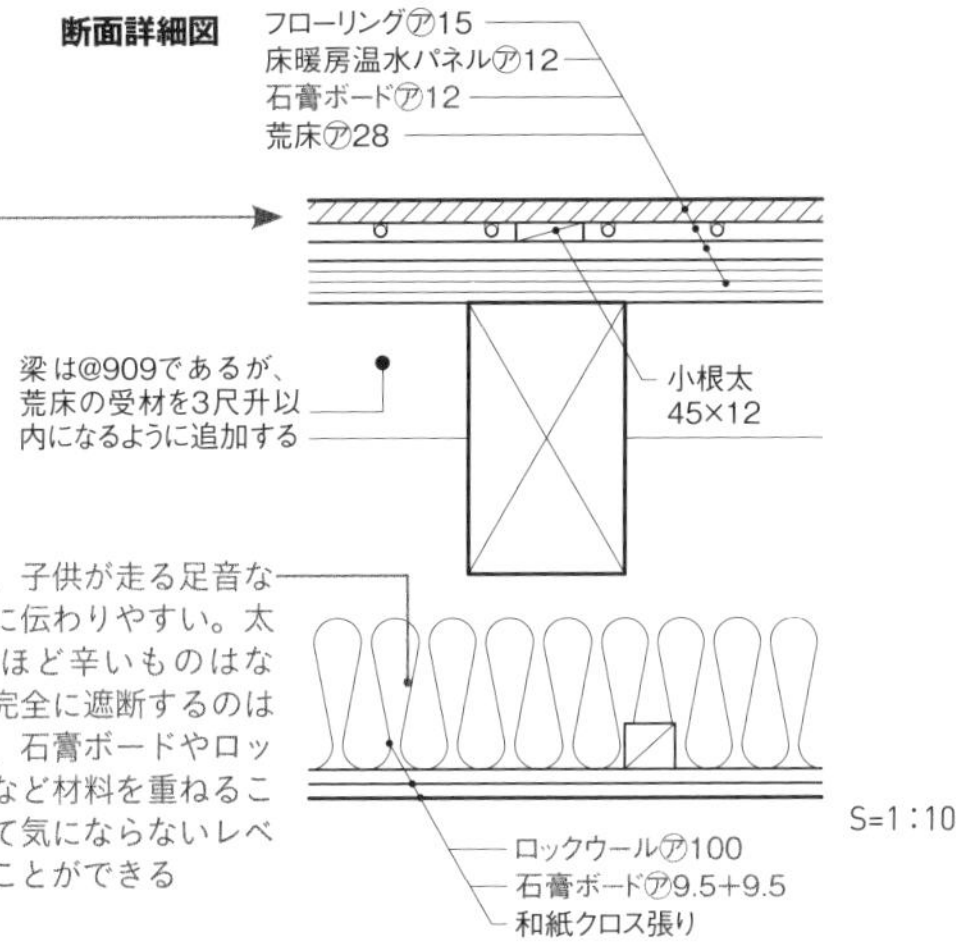
木造では、子供が走る足音などが下階に伝わりやすい。太鼓状の音ほど辛いものはない。音を完全に遮断するのは難しいが、石膏ボードやロックウールなど材料を重ねることによって気にならないレベルにすることができる

CASE 1-12

自転車置き場を列柱で見え隠れに納める

傾斜地に建つこの住宅は、北側道路から駐車スペースを経て2階の玄関にアクセスする。建物と駐車スペースの間に設けた木製デッキに列柱を立て、その裏側を自転車置き場にした。雑然とした感じにならないように、また、見え隠れさせることで防犯に配慮すると同時に玄関ポーチらしさを演出している。[野口泰司]

30㎜厚のベイヒバのスノコ中央に立てられた列柱が、裏の自転車置き場を見え隠れの状態にする

自転車置き場平面図

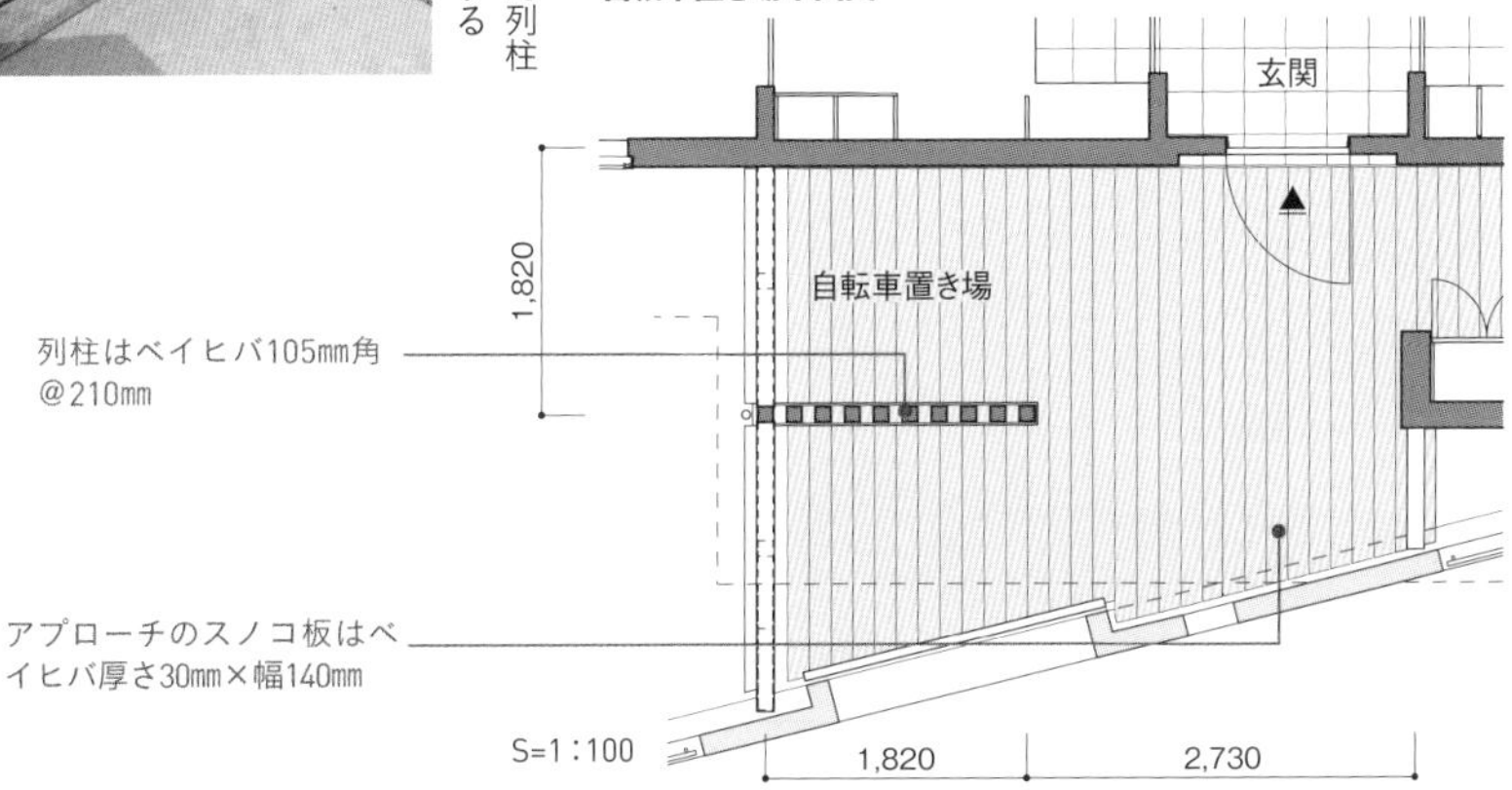

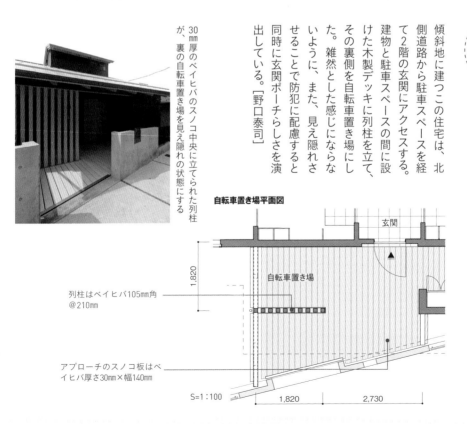

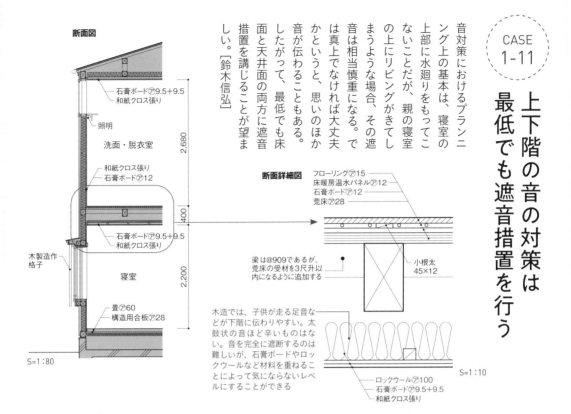

CASE 1-13

シリンダー状のコアと引戸で視線を遮りながら気配を伝える

親世帯と子世帯の間に階段室を配置した。シリンダー状のコアは1階から3階まで吹き抜けていて、トップライトから光が入る階段室となっている。子世帯の広間と親世帯の空間を、必要に応じて引戸で間仕切り、さまざまな生活の場面に対応する。

シリンダー状のコア（階段室）は土壁仕上げで、曲面の引戸が出入口となっている

階段室廻り平面図

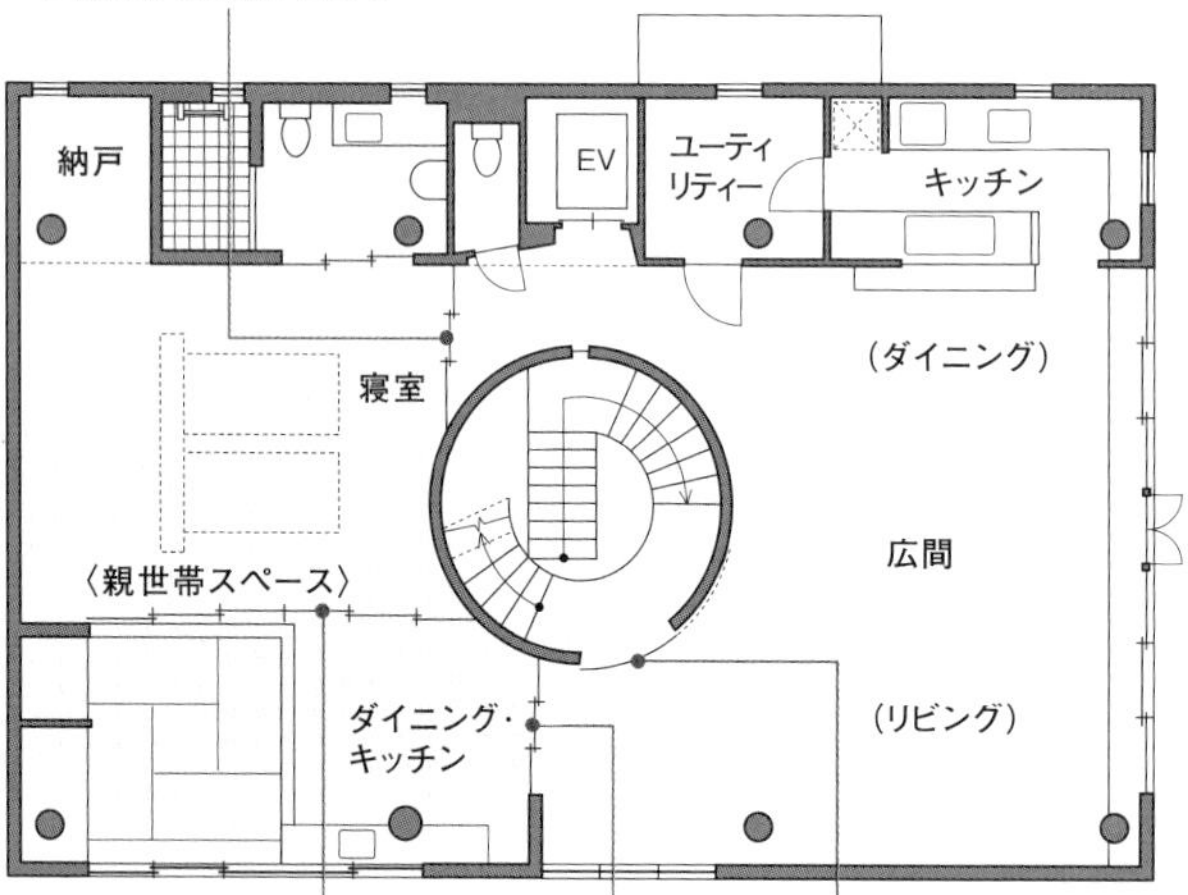
子世帯の広間と親世帯寝室を仕切る引戸。子世帯のキッチンに親世帯の気配が伝わる
S=1：200
親世帯の寝室とダイニング・キッチンを間仕切る引戸。来客時に閉じて畳の間で接客する
親世帯スペースの表玄関ともいえる間仕切り引戸
階段室の曲面の引戸は、広間や親世帯スペースの門扉のような役割を果たす

階段室の曲面の引戸断面図

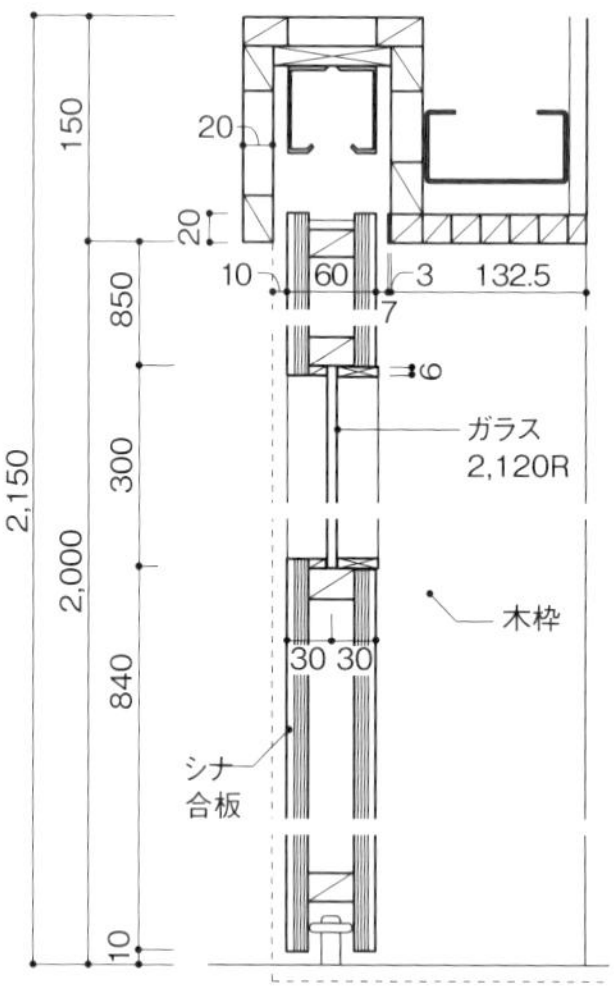

階段室の曲面の引戸展開図

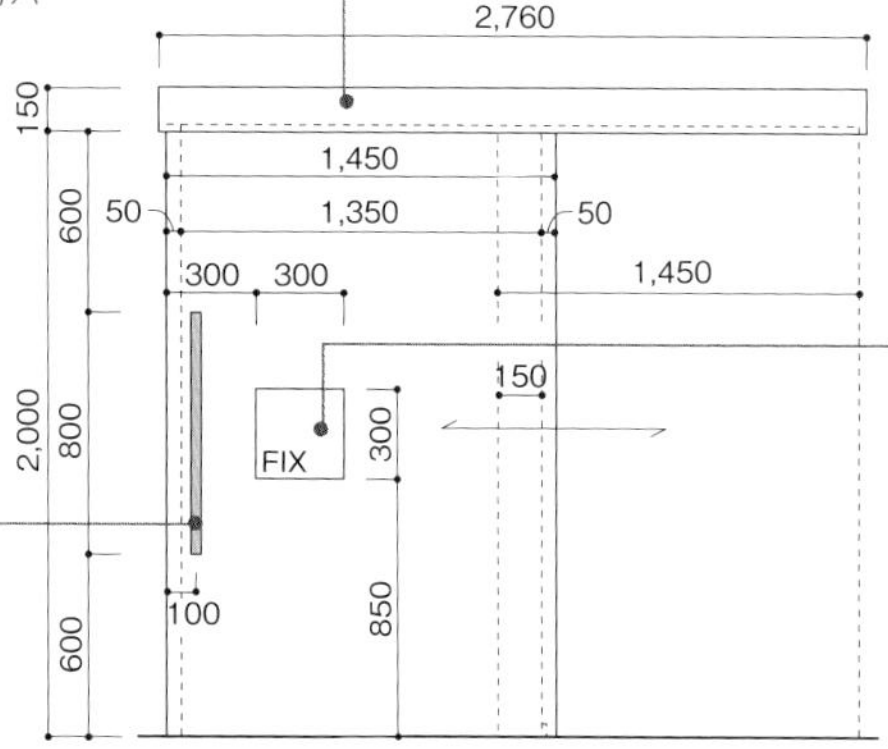
曲面加工した木製のレールカバー
引戸にガラスを入れた。閉じた状態でも、階段室のトップライトからの明るい光が入る
木製の引手ハンドル
S=1：50

階段室の曲面の引戸詳細図

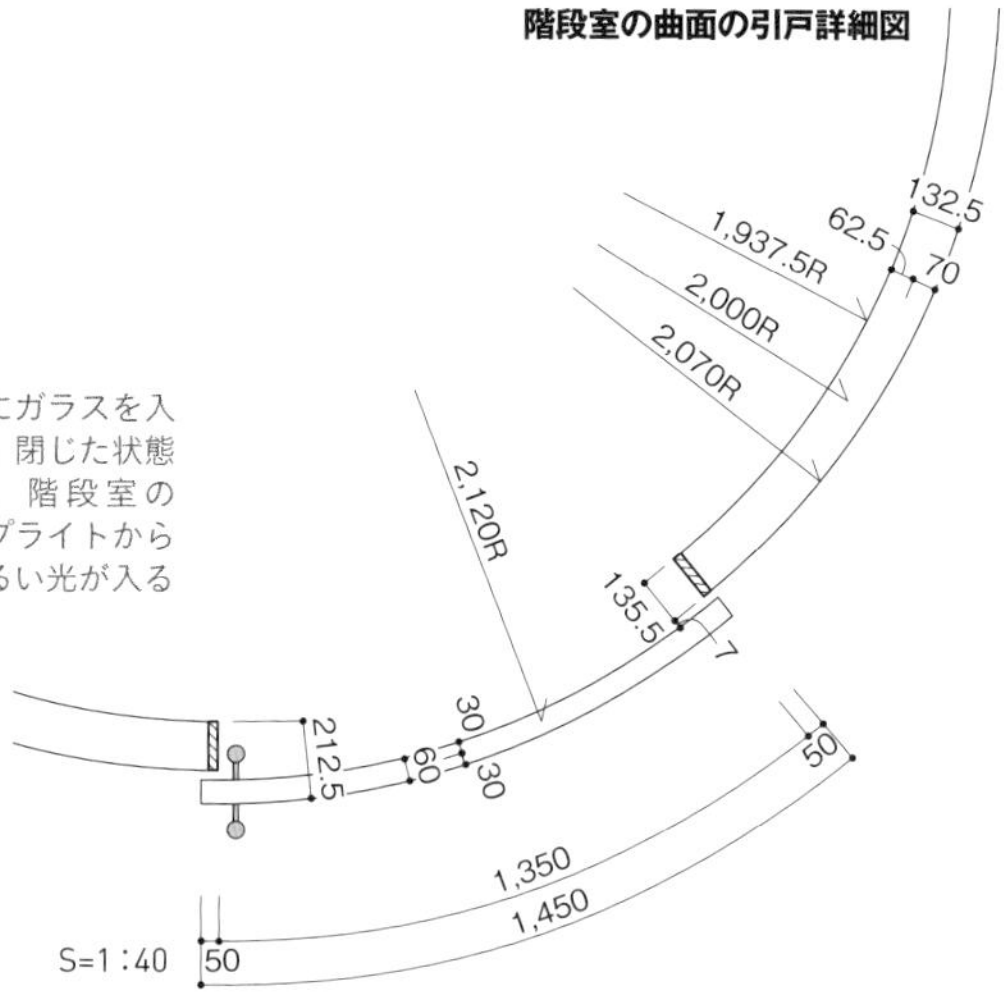

引戸上の欄間をガラスにしたので、広間とダイニング・キッチン、寝室の天井がひとつながりになっている。また、引戸には小さなガラスを入れ、光がこぼれるデザインとした。［荻津郁夫］

広間と親世帯DK間の引戸展開図

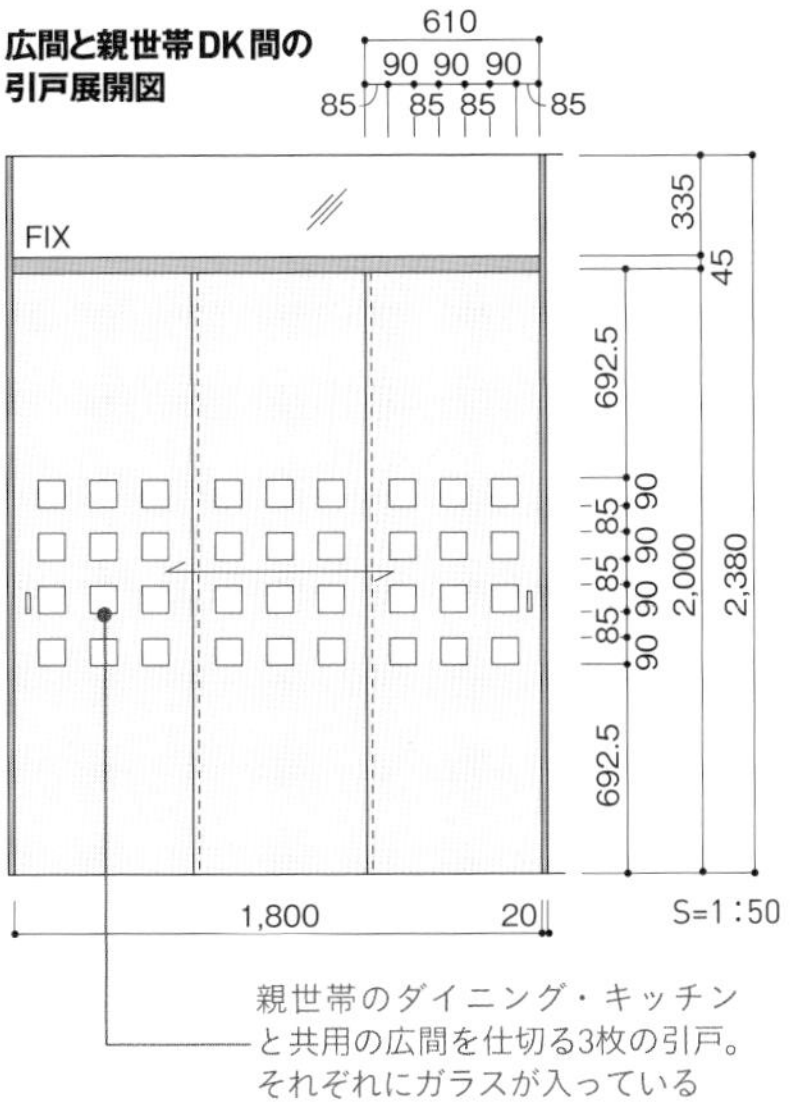

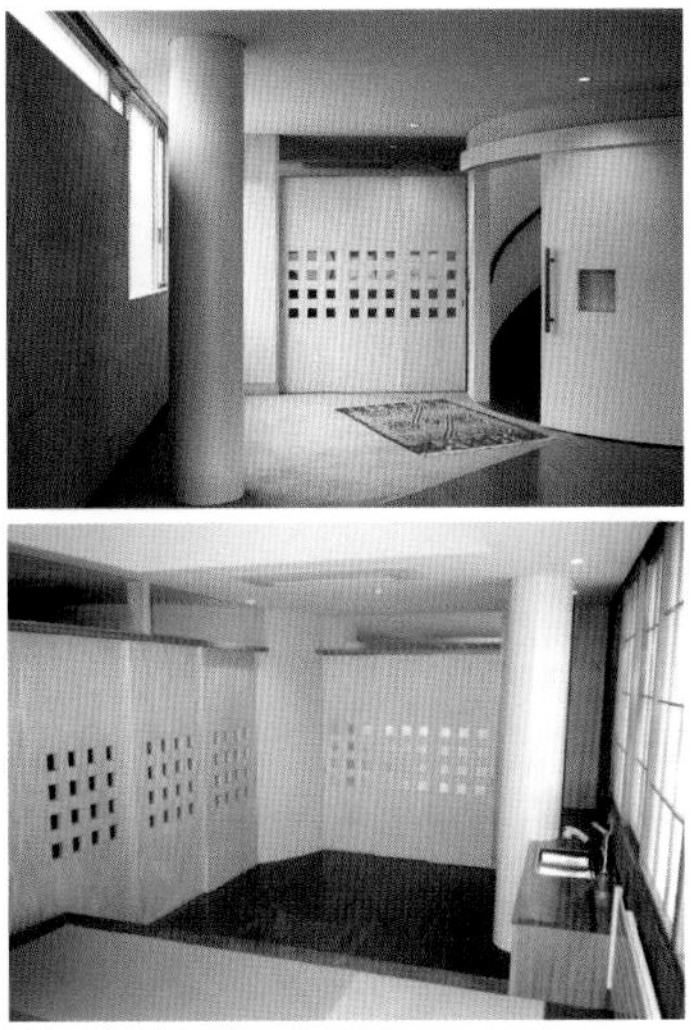

共用の広間と親世帯のダイニング・キッチン、寝室の3空間は、間仕切り引戸によって、視線を遮りながら気配を伝え合うことができる

親世帯の寝室とDK間の引戸展開図

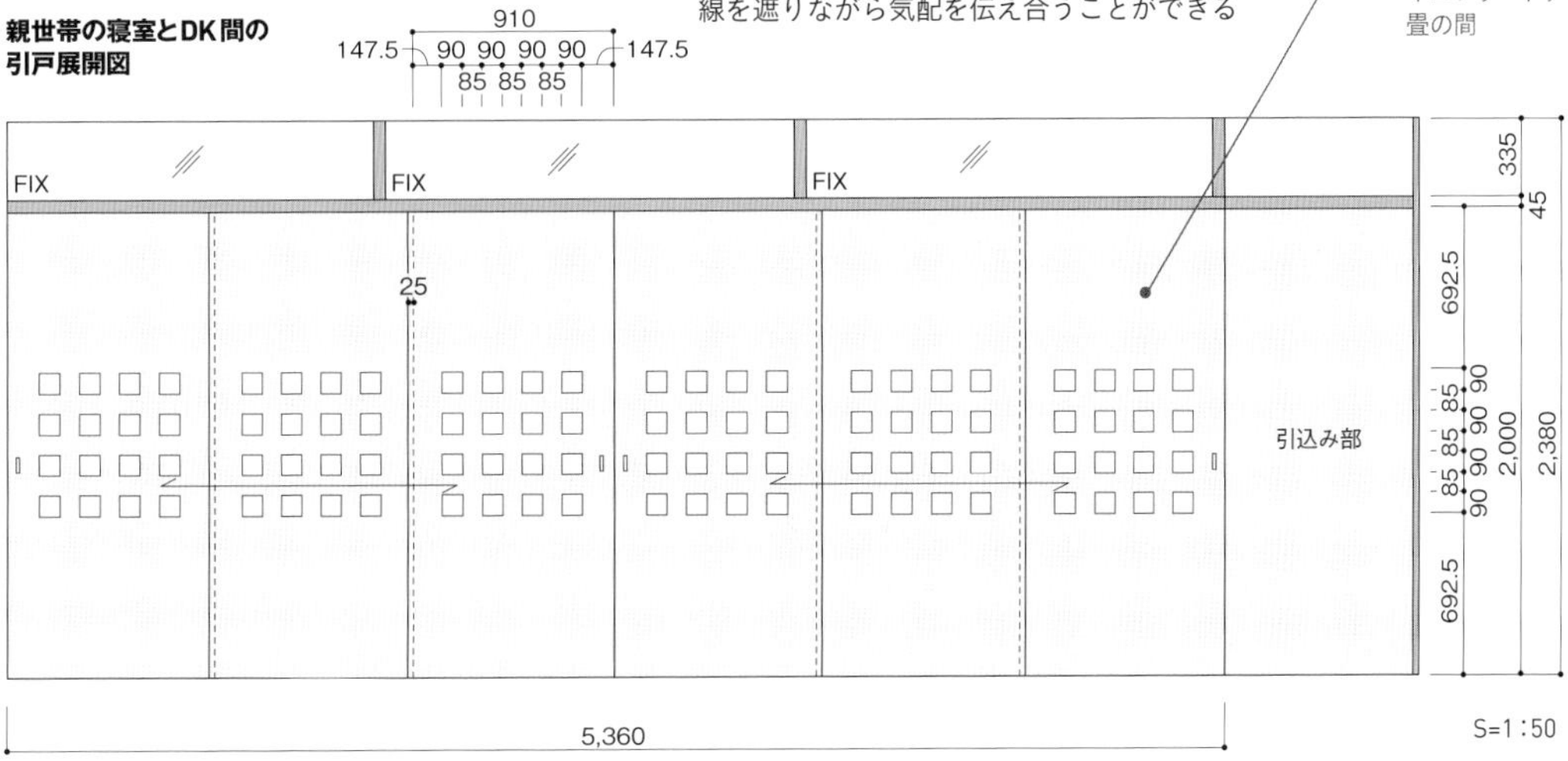
6枚の間仕切り引戸。手前が寝室、奥がダイニング・キッチンと畳の間

引戸とシリンダー状コアの詳細図

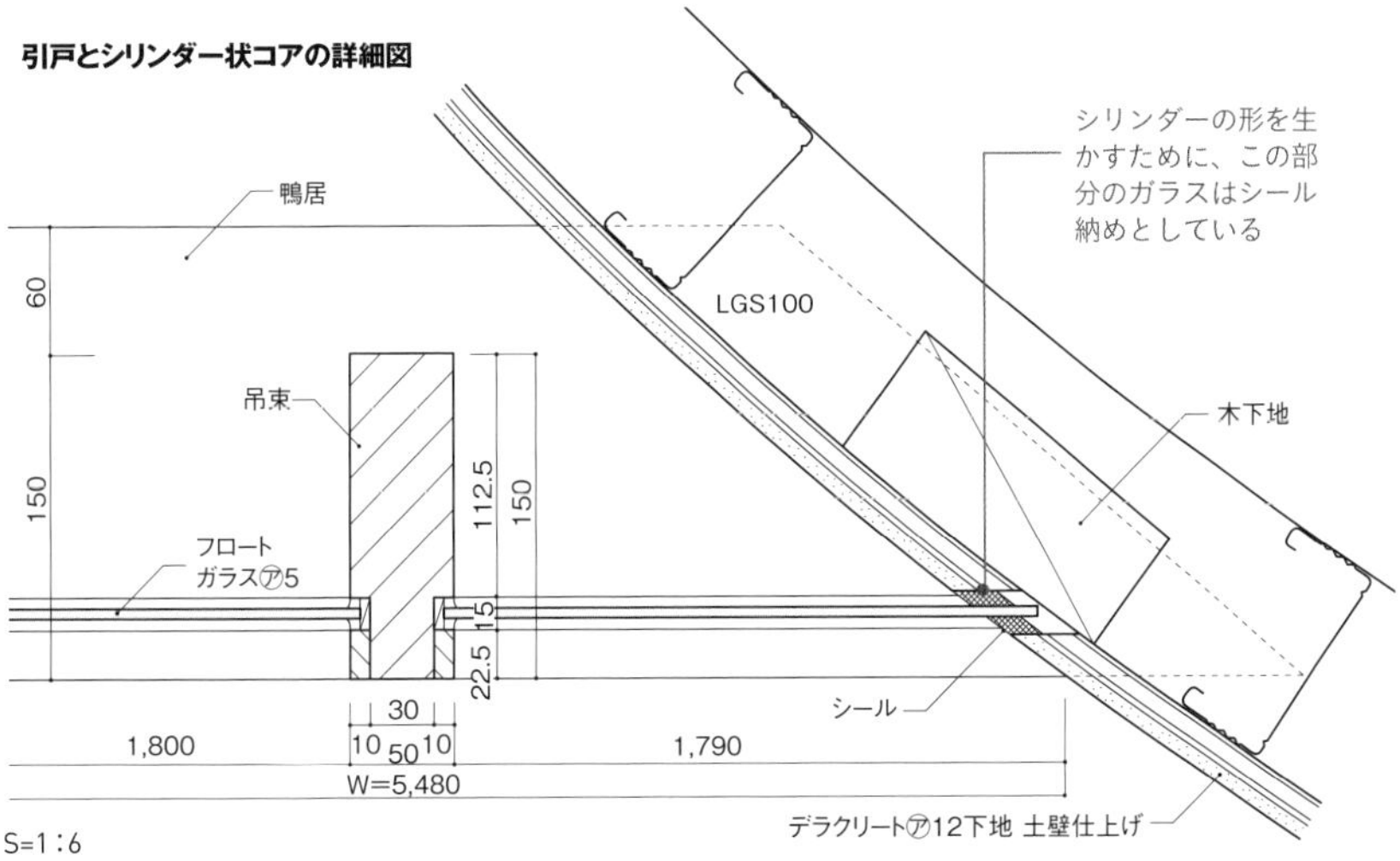

子世帯キッチン前から親世帯の寝室方向を見る。欄間のガラスや引戸の小窓から気配が伝わる

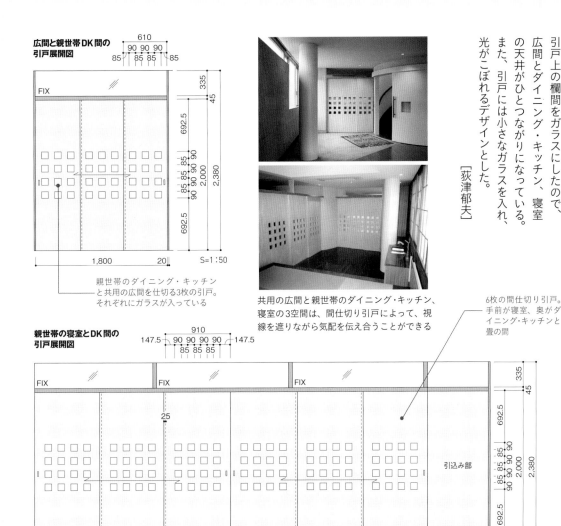

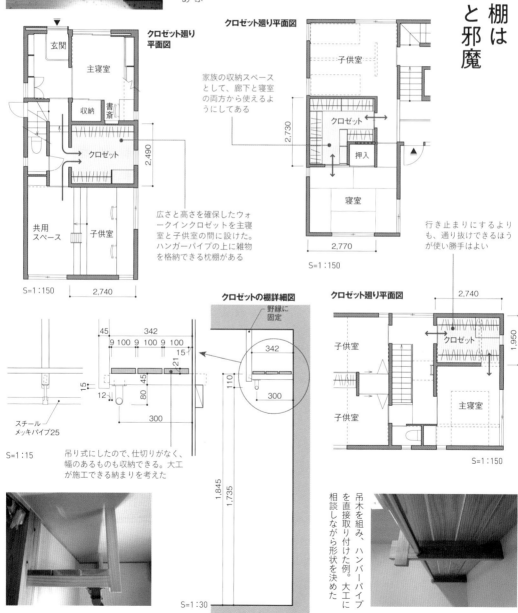

CASE 1-14

クロゼットの棚は仕切りがあると邪魔

小さな家では、大きなクロゼットを設けて、家具をなるべく減らす方法をとる場合が多い。その際のプランニングのコツは、個室の間に設けたり、通り抜けができるようにすることである。棚は仕切りがあると邪魔なので、吊り式でつくるのがよい。ハンガーパイプの高さは手が届く1.8m程度に設置することが多い。したがってその上部を枕棚にして収納力を確保する。[鈴木信弘]

4～5畳のクロゼット。天井が高く、収納量たっぷり。洋服のハンガーパイプは合計の長さが5mもある。上段にはトランクや大型の物を収納できる

クロゼット廻り平面図

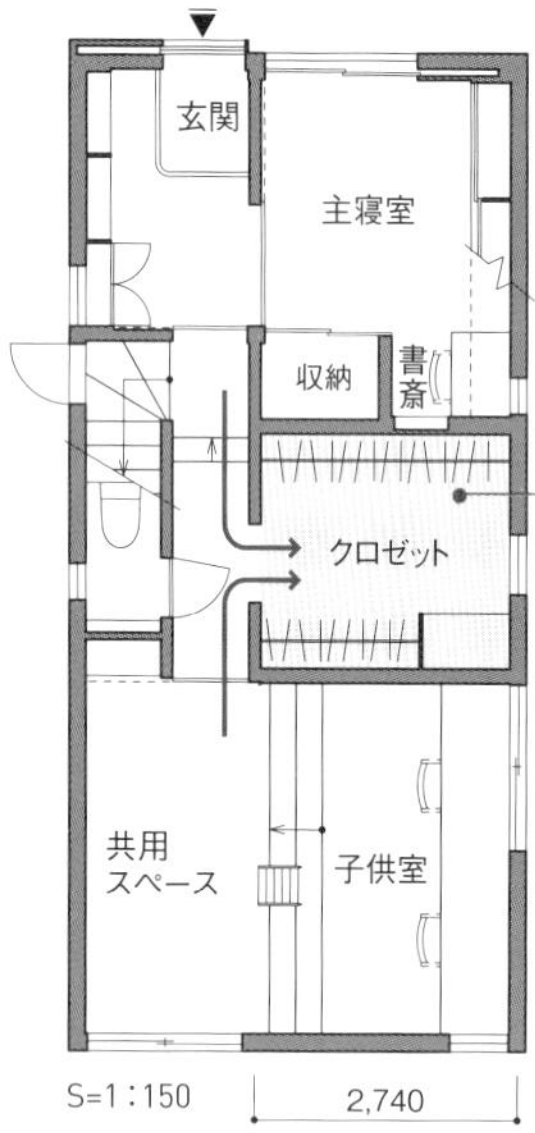
玄関
主寝室
収納
書斎
クロゼット
2,490
共用スペース
子供室
S=1：150
2,740

広さと高さを確保したウォークインクロゼットを主寝室と子供室の間に設けた。ハンガーパイプの上に雑物を格納できる枕棚がある

クロゼット廻り平面図

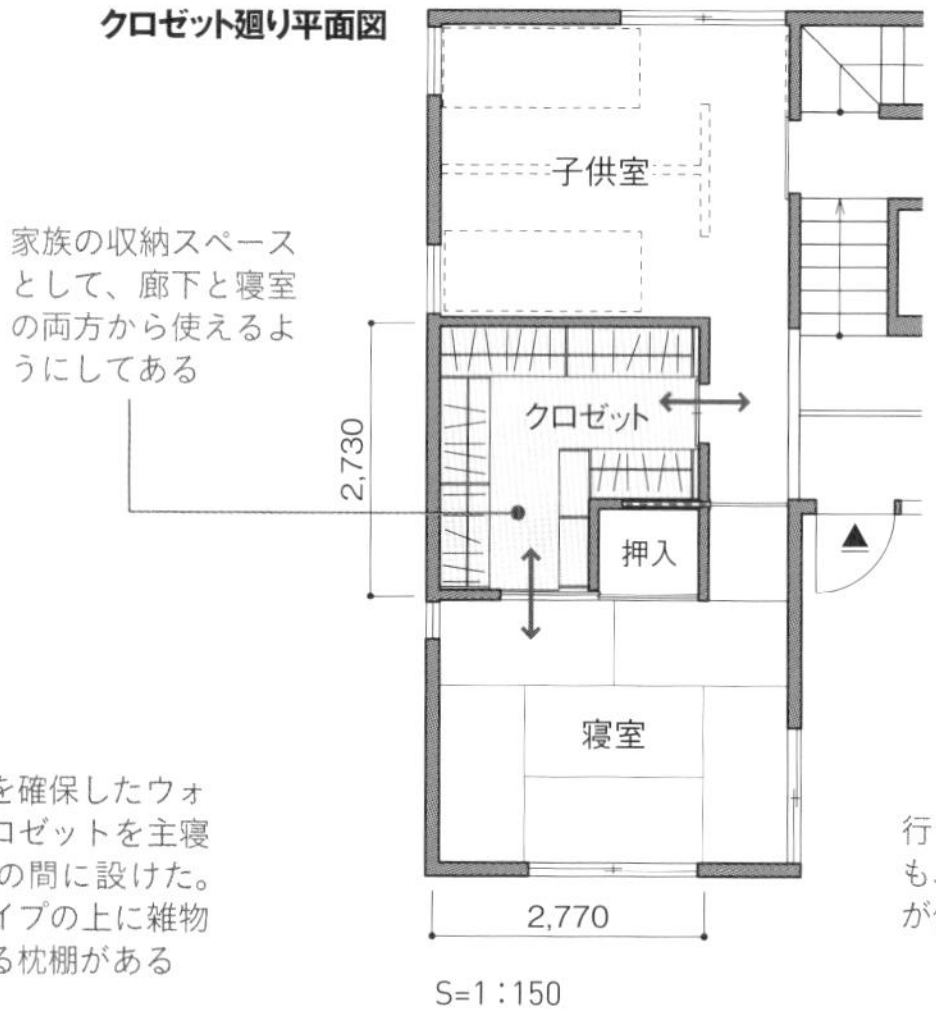
子供室
クロゼット
2,730
押入
寝室
2,770
S=1：150

家族の収納スペースとして、廊下と寝室の両方から使えるようにしてある

クロゼット廻り平面図

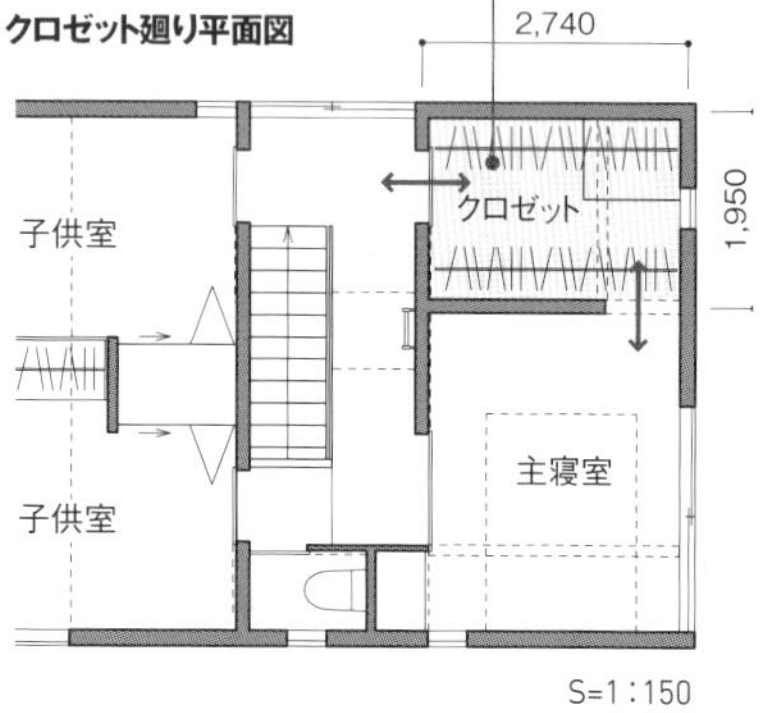
2,740
子供室
クロゼット
1,950
子供室
主寝室
S=1：150

行き止まりにするよりも、通り抜けできるほうが使い勝手はよい

クロゼットの棚詳細図

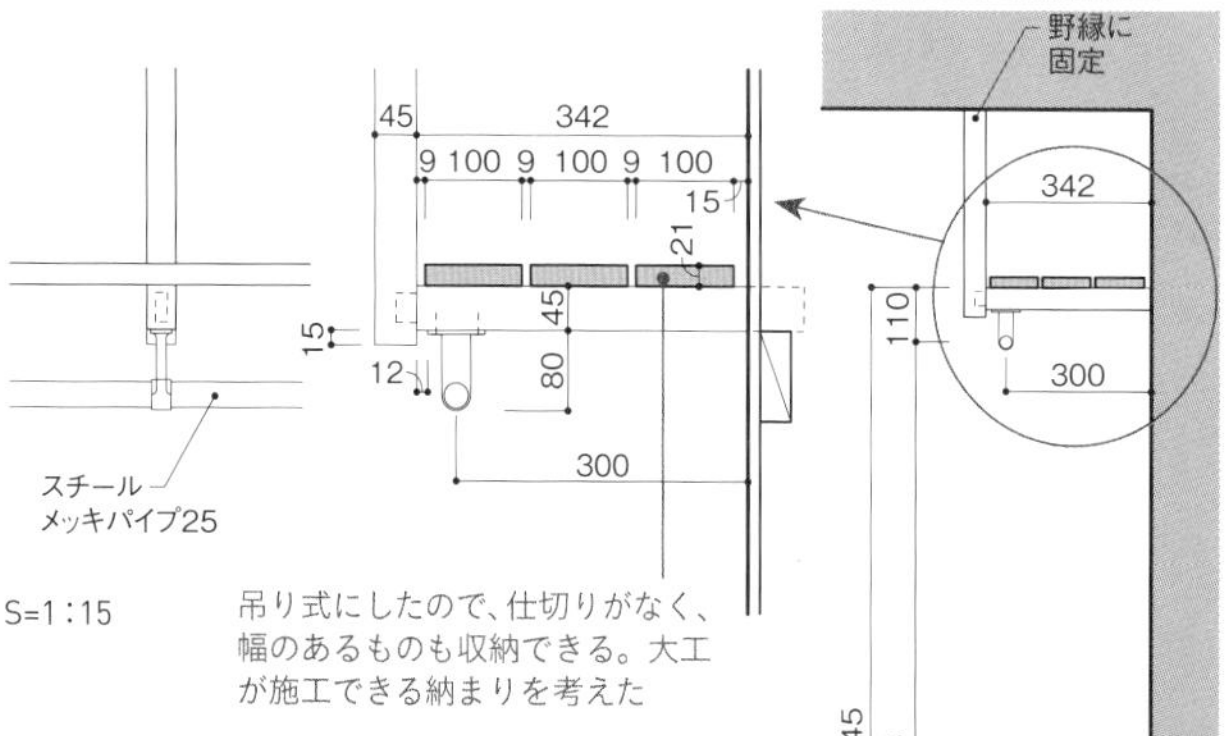
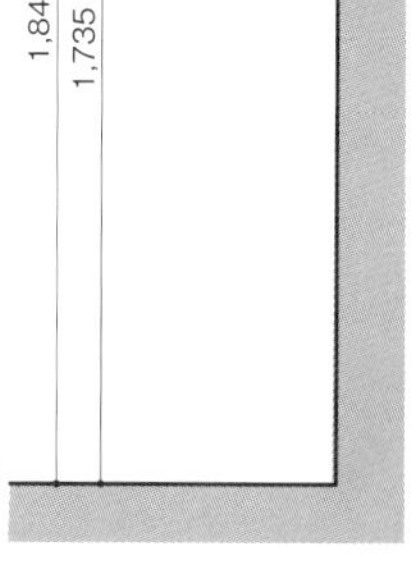
45
342
9 100 9 100 9 100
15
21
45
15
80
12
300
スチールメッキパイプ25
S=1：15
野縁に固定
342
110
300
1,845
1,735
S=1：30

吊り式にしたので、仕切りがなく、幅のあるものも収納できる。大工が施工できる納まりを考えた

吊木を組み、ハンバーパイプを直接取り付けた例。大工に相談しながら形状を決めた

CASE 2

二世帯住宅だからこそ――楽しむ

CASE 2-1

屋根をくり貫いてルーフバルコニーをつくる

勾配屋根をくり貫いて床をつくり、FRP防水を施したルーフバルコニー。ほとんどの住宅の屋上は空に向かって半球状に開けているので、眺望や天空を楽しめる絶好、かつ簡単に入手可能なアウトドアスペースだ。ヒバやサワラの残材で食卓や椅子もつくってしまった。［野口泰司］

屋根をくり貫くようにしてつくったルーフバルコニー。180度開けた遠望と大空が広がる

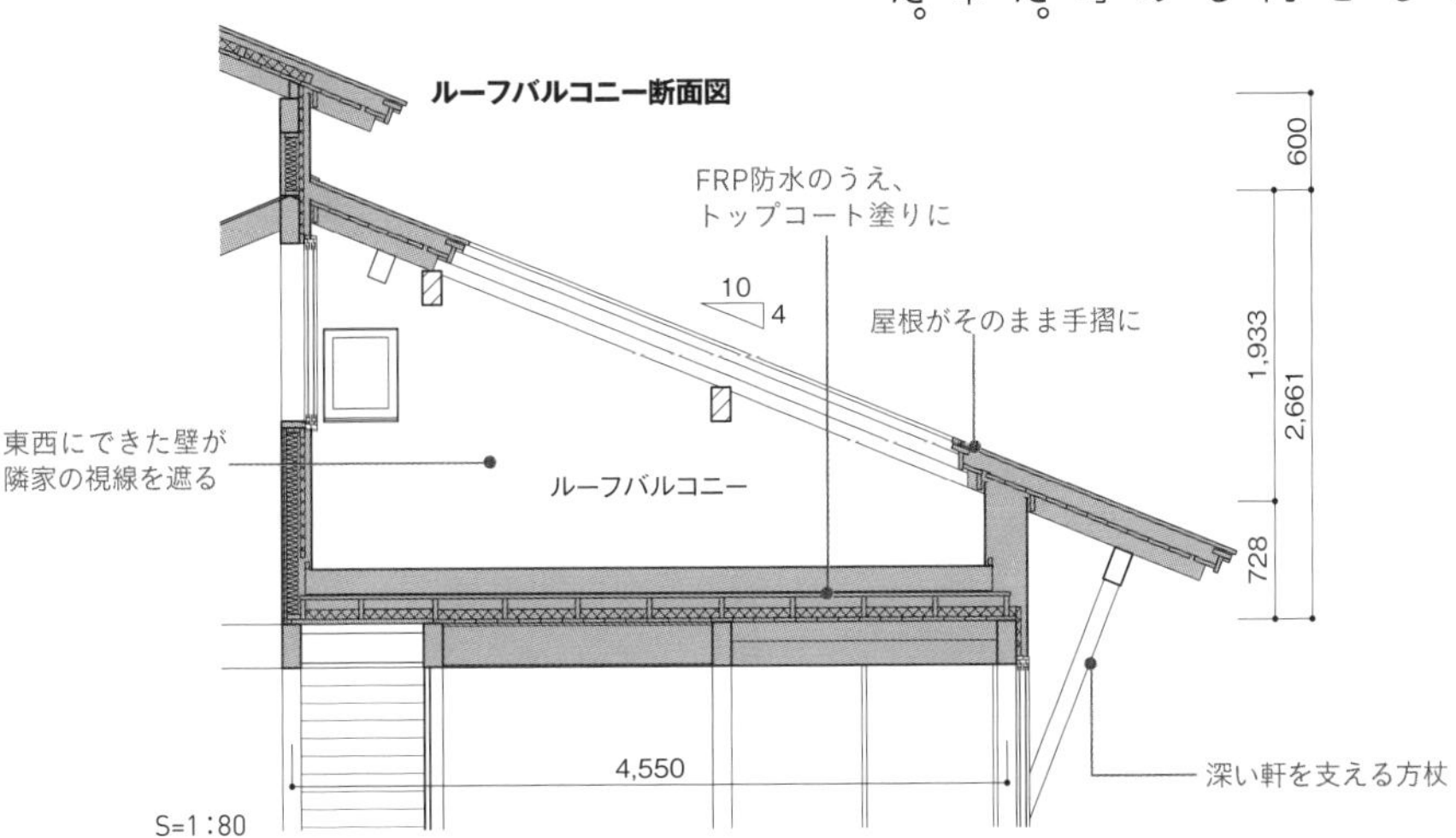

ルーフバルコニー断面図
FRP防水のうえ、
トップコート塗りに
10
4
屋根がそのまま手摺に
600
1,933
2,661
728
東西にできた壁が
隣家の視線を遮る
ルーフバルコニー
4,550
深い軒を支える方杖
S=1：80

CASE 2-2

ロの字型に囲んだパティオを二世帯共用のアウトドアリビングに

リビング・ダイニングの延長に、約30畳という広々としたウッドデッキ敷きのパティオがある。四方が囲まれているので、他人の視線を気にせず過ごせるプライベートな半外部空間だ。室内もブラインドなどの目隠しは必要なく、常に外とつながり、開放感を満喫できる。[豊田悟]

パティオ立面図

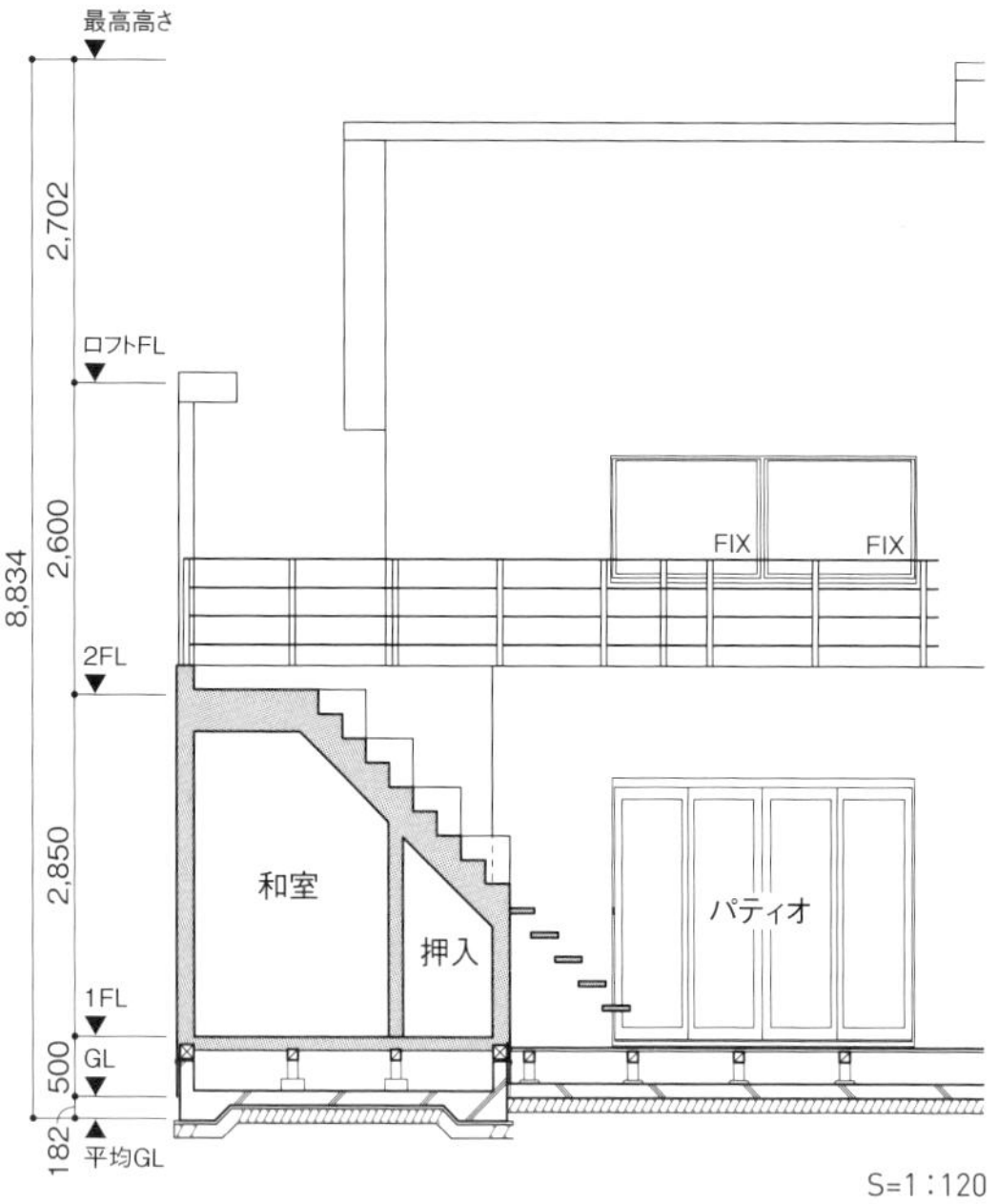
最高高さ
2,702
ロフトFL
2,600
8,834
FIX
FIX
2FL
2,850
和室
押入
パティオ
1FL
500
GL
182
平均GL
S=1：120

パティオ廻り平面図

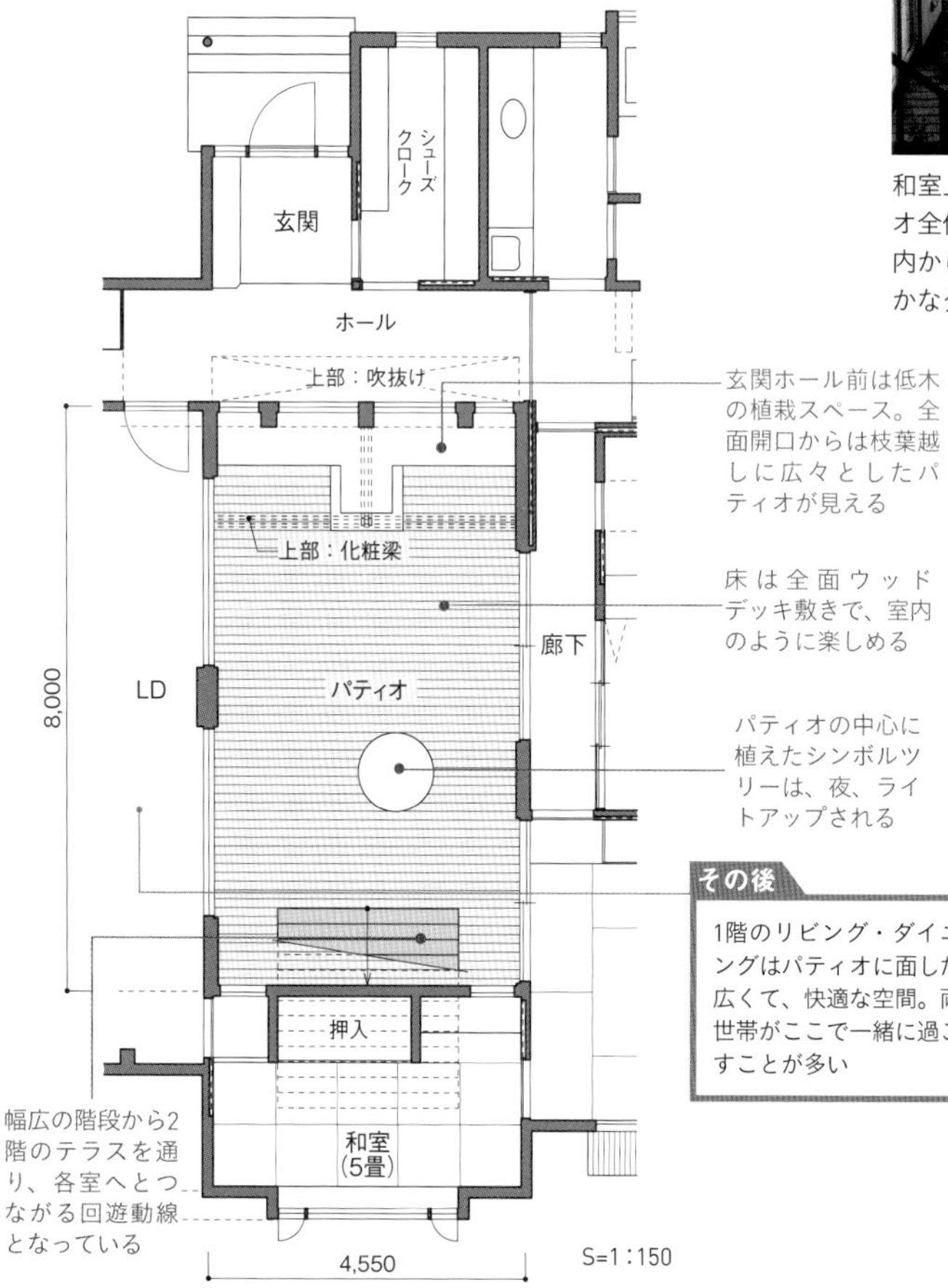
シューズクローク
玄関
ホール
上部：吹抜け
上部：化粧梁
廊下
LD
パティオ
8,000
押入
和室
(5畳)
4,550
S=1：150
玄関ホール前は低木の植栽スペース。全面開口からは枝葉越しに広々としたパティオが見える
床は全面ウッドデッキ敷きで、室内のように楽しめる
パティオの中心に植えたシンボルツリーは、夜、ライトアップされる
幅広の階段から2階のテラスを通り、各室へとつながる回遊動線となっている

その後

1階のリビング・ダイニングはパティオに面した広くて、快適な空間。両世帯がここで一緒に過ごすことが多い

和室上のルーフテラスからパティオ全体が見渡せる。夜になると室内から明かりが漏れ広がり、穏やかな夕景に心が和む

玄関側から眺めると、幅広の階段上にはステージのようなルーフテラスが広がり、視線は空へ抜けていく

CASE 2-3

間接照明でも暗く感じさせない設置方法

間接光は反射させることに価値があるが、設置の仕方によって効果はさまざま。コツは器具と天井までの距離を最低でも40cm以上確保することである。60cmくらい確保できれば奥行3m程度までは天井面を明るくすることができる。窓の高さを抑えて鴨居に仕込むとよい。間接照明から遠い距離になる場所は、天井にダウンライトを補うと暗さを感じないだろう。［鈴木信弘］

鴨居に蛍光灯を横に配列して、間接照明を仕込む。間接照明は明るさだけでなく空間の広がりを生み出す。点灯していない下の写真と比べると一目瞭然

間接照明詳細図

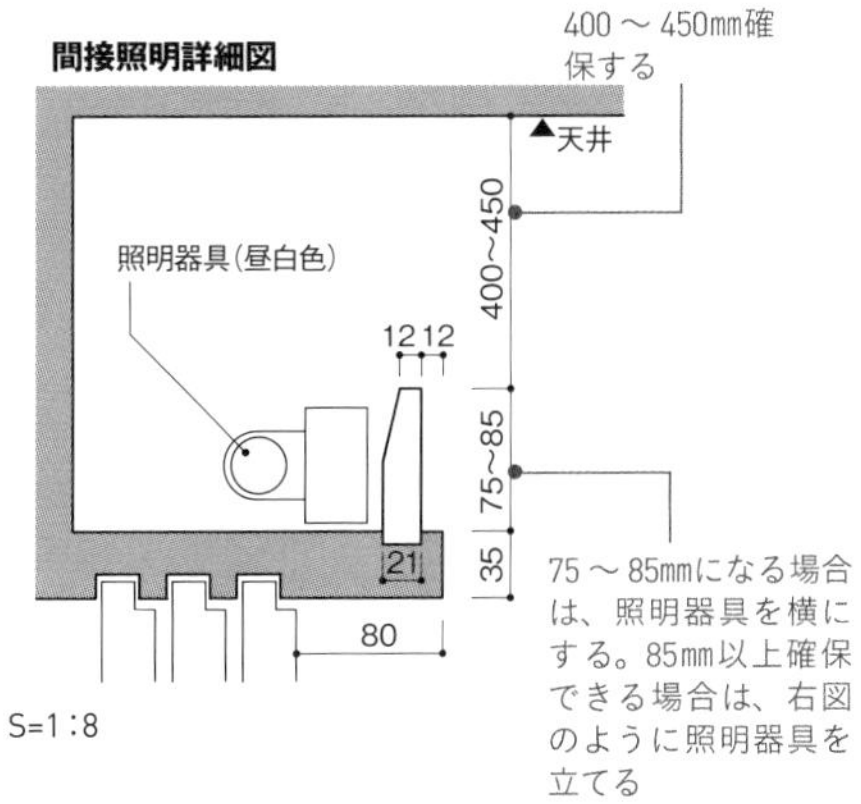
400～450mm確保する
天井
照明器具(昼白色)
12 12
400~450
75~85
35
21
80
75～85mmになる場合は、照明器具を横にする。85mm以上確保できる場合は、右図のように照明器具を立てる
S=1:8

リビング・ダイニング断面図

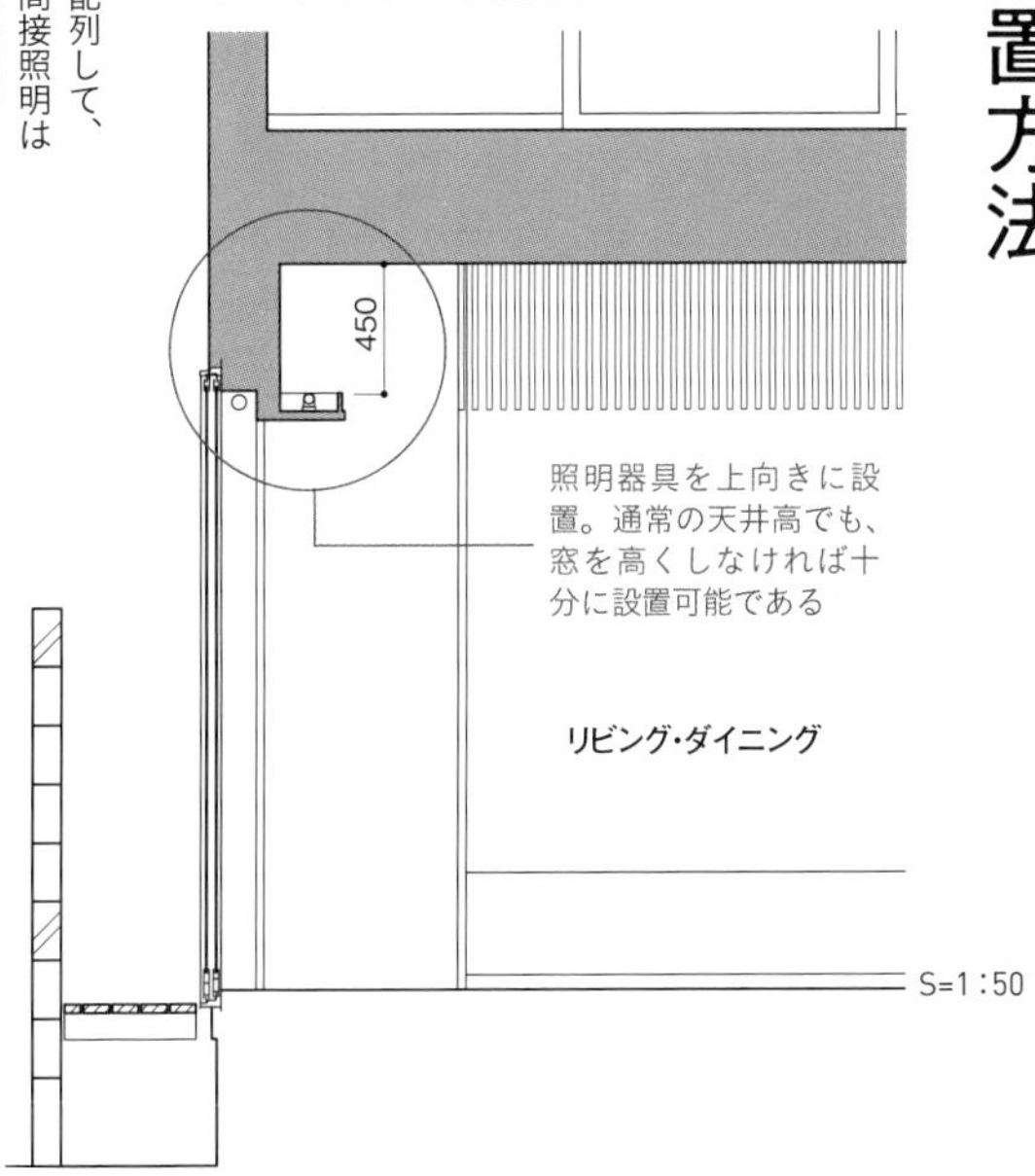
450
照明器具を上向きに設置。通常の天井高でも、窓を高くしなければ十分に設置可能である
リビング・ダイニング
S=1:50

キッチンから和室までの壁沿いに、間接照明を設置

1階平面図

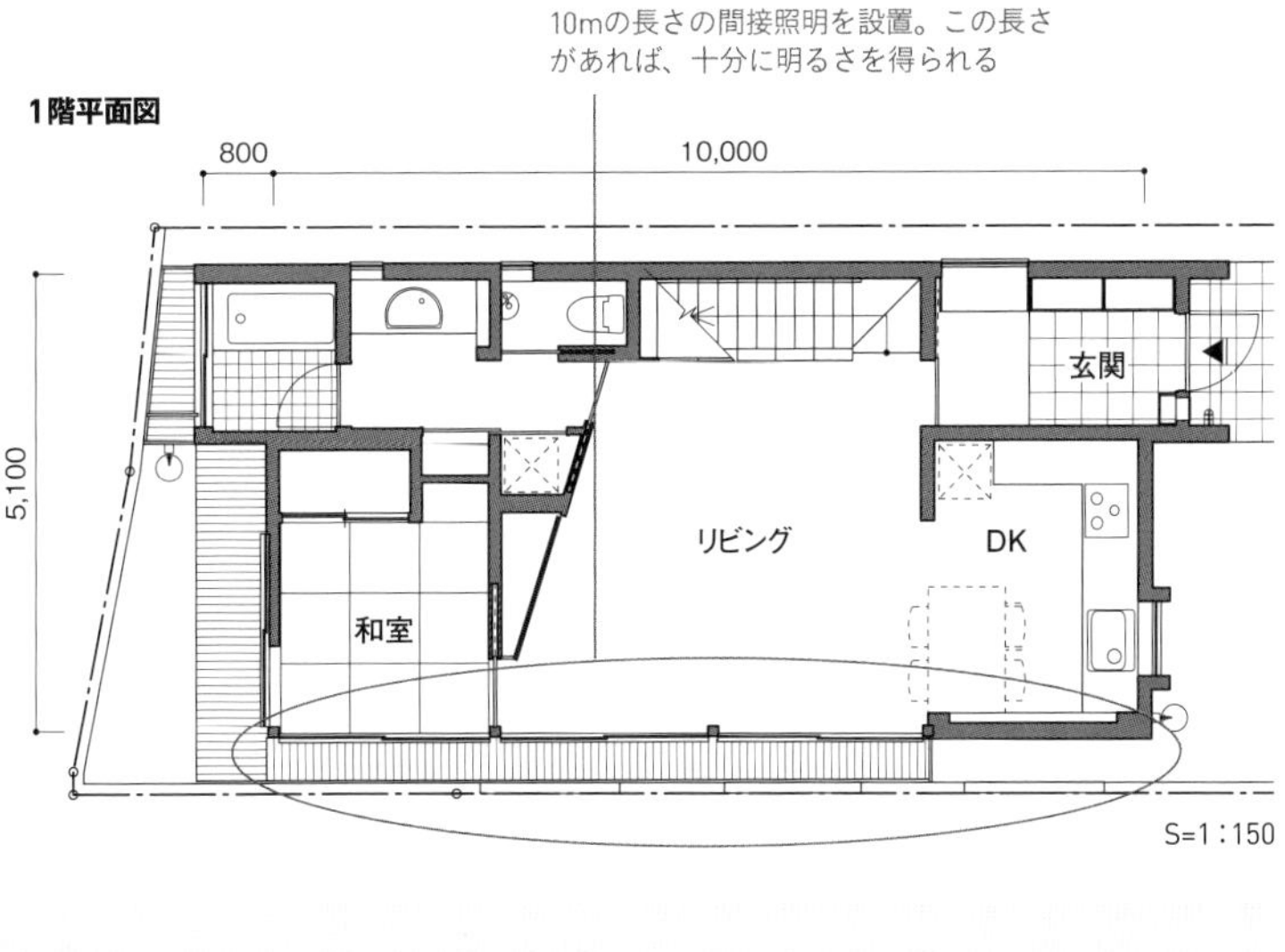
10mの長さの間接照明を設置。この長さがあれば、十分に明るさを得られる
800
10,000
5,100
玄関
リビング
DK
和室
S=1:150

CASE 2-4

浴室専用の坪庭を設けウッドフェンスで囲む

敷地の余裕を生かして浴室専用の坪庭を設けた。フェンスで囲い、窓に庇をつけるなど、周囲からの視線を遮る対策を施している。また、邪魔な線が出ないようサッシのない嵌め殺し窓とし、浴室の換気に考慮して、上部隅に内倒し窓を設置している。[北川裕記]

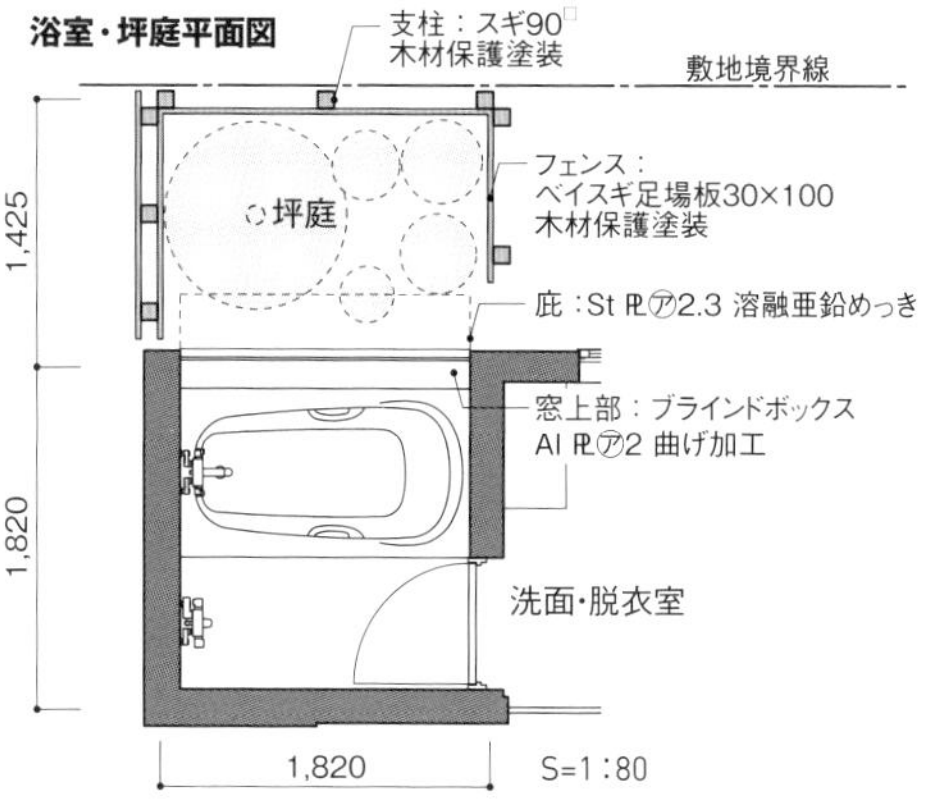

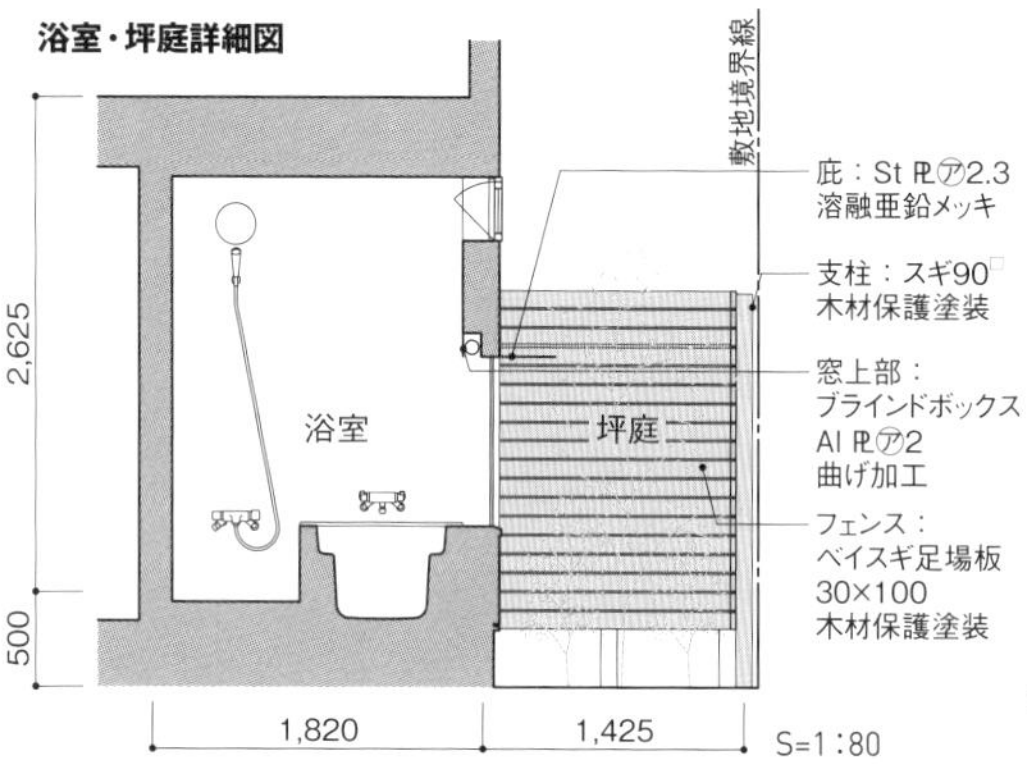

浴槽に浸かったときの視線を考慮して、窓の位置を決めた

写真：平井広行

CASE 2-5

露天風呂気分を味わえるよう全開放できる窓にした

南側に広がる森のすばらしい眺めを堪能できる浴室。歩行者路との間に大きな段差があるので、外部からの視線を気にする必要はない。この条件を生かして、露天風呂気分を楽しめるよう、浴室の窓を全開放できるようにした。当時は既製の片引きサッシがなく、引違いのアルミサッシを改造して使用している。[北川裕記]

窓を全開したところ。正面に広がる森の緑を眺めながらの入浴が楽しめる

写真：平井広行

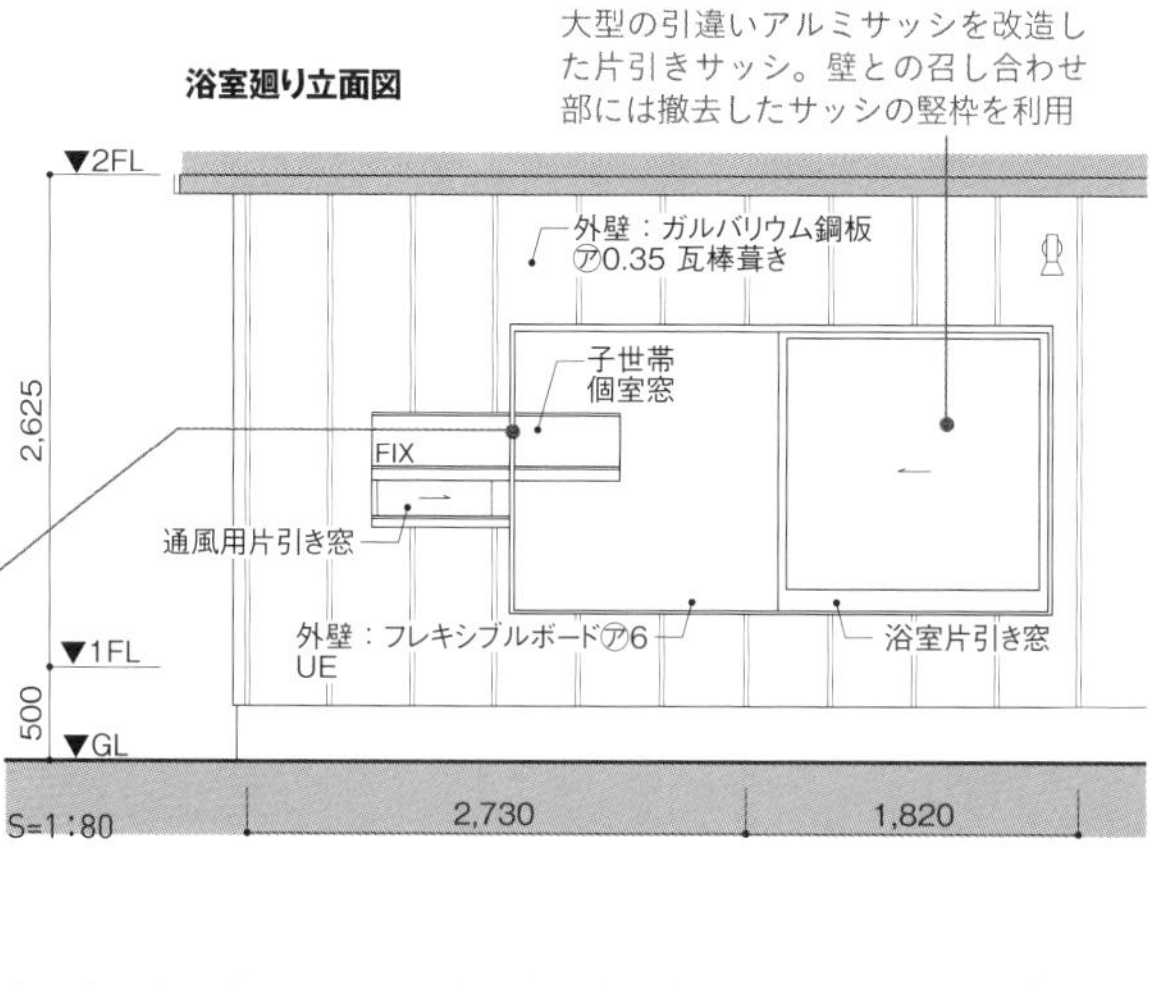
個室からの眺めの支障にはなるが、サッシの強度が不足しないよう竪枠を通している

CASE 2-6

子世帯のリビングにホームシアターの装置を取り付ける

連棟型の完全分離の二世帯住宅だが、建物の中央に配した子世帯の広いリビングを、二世帯が楽しむホームシアターに使えるようにした。庭に面した大きな窓の前にスクリーンを下ろせるように、電動の巻き上げ器を上部に設置。ダイニングの天井内に置いたプロジェクターを2階の書斎からリモコンで操作して、大型のスクリーンに映し出す。[荻津郁夫]

電動スクリーンを下ろすと、吹抜けのリビングはホームシアターに早変わり。右手の壁面上部に上向きの間接照明が並ぶ

階段を上がった左手が書斎。ここからリモコンでプロジェクターを操作する。プロジェクターは、書斎の床下（ダイニングの天井内）、写真正面の2灯のスポットの下の開口のなかに設置されている

右の門型の先が子世帯の玄関ホール。その右手前に親世帯へ通じるドアがある。2階の書斎の折戸を開ければ、ここからも映画が楽しめる

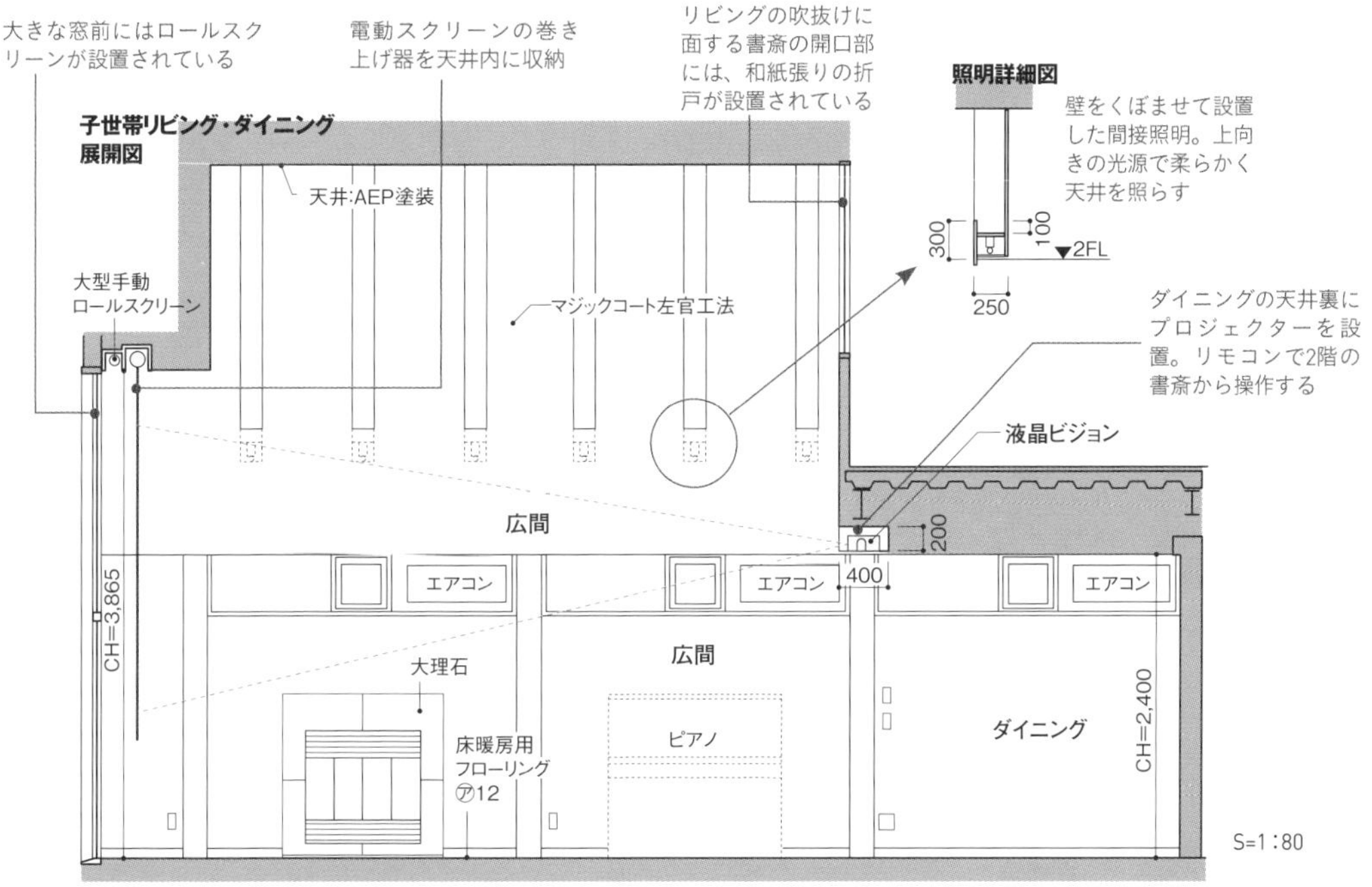

大きな窓前にはロールスクリーンが設置されている
電動スクリーンの巻き上げ器を天井内に収納
リビングの吹抜けに面する書斎の開口部には、和紙張りの折戸が設置されている
照明詳細図
壁をくぼませて設置した間接照明。上向きの光源で柔らかく天井を照らす
300
100
2FL
250
子世帯リビング・ダイニング展開図
天井:AEP塗装
大型手動ロールスクリーン
マジックコート左官工法
ダイニングの天井裏にプロジェクターを設置。リモコンで2階の書斎から操作する
液晶ビジョン
広間
200
400
エアコン
エアコン
エアコン
CH=3,865
広間
大理石
床暖房用フローリング ㋐12
ピアノ
ダイニング
CH=2,400
S=1:80

CASE 2-7

子供室を最小にしてあふれた機能を共用化する

3人の子供の個室はベッドと個人用の机を置ける程度の広さとし、廊下に個別のクロゼット、子供室ゾーンへの入口に共用の本棚やパソコンが利用できる机やベンチを集中的に用意した。暖房も、写真右手前の階段から上昇してくるリビング・ダイニングからの暖気を左奥の子供室から下階に戻す暖気循環のなかに位置づけることで解決している。[野口泰司]

子供室との仕切り壁一面のほか、机の上方に本棚を設置。空間を有効活用するとともに、机に向ったとき、視線が抜けるように工夫した

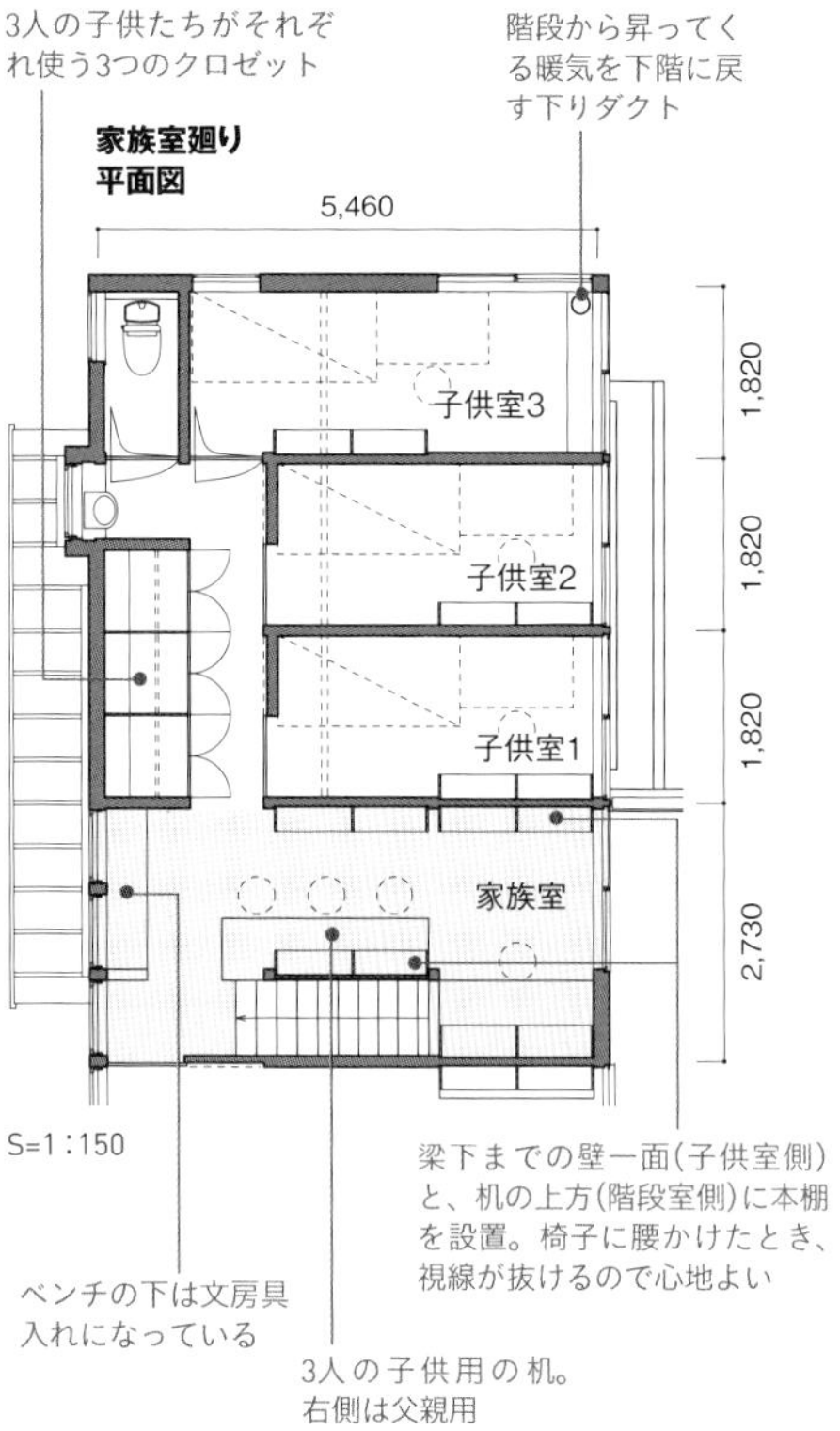
3人の子供たちがそれぞれ使う3つのクロゼット
階段から昇ってくる暖気を下階に戻す下りダクト
家族室廻り平面図
5,460
子供室3
子供室2
子供室1
家族室
1,820
1,820
1,820
2,730
S=1：150
梁下までの壁一面(子供室側)と、机の上方(階段室側)に本棚を設置。椅子に腰かけたとき、視線が抜けるので心地よい
ベンチの下は文房具入れになっている
3人の子供用の机。右側は父親用

CASE 2-8

階段室と一体化させ開放的な書斎コーナーに

わずか4畳ほどの広さの書斎が、その前方の階段室や廊下部分を取り込んで一体化、広々とした開放感を獲得している。また、階段踊り場の大開口を通して通風、採光、眺望までも享受し、階下の家族に声掛けもできる。共用部分の温熱環境を整えることが可能になったことで成立した空間である。[野口泰司]

机の天板を24㎜厚の集成材で囲い、階段室と間仕切る。階段室の窓からヤマボウシの梢がのぞく。書斎に居ながらにして自然を楽しめる

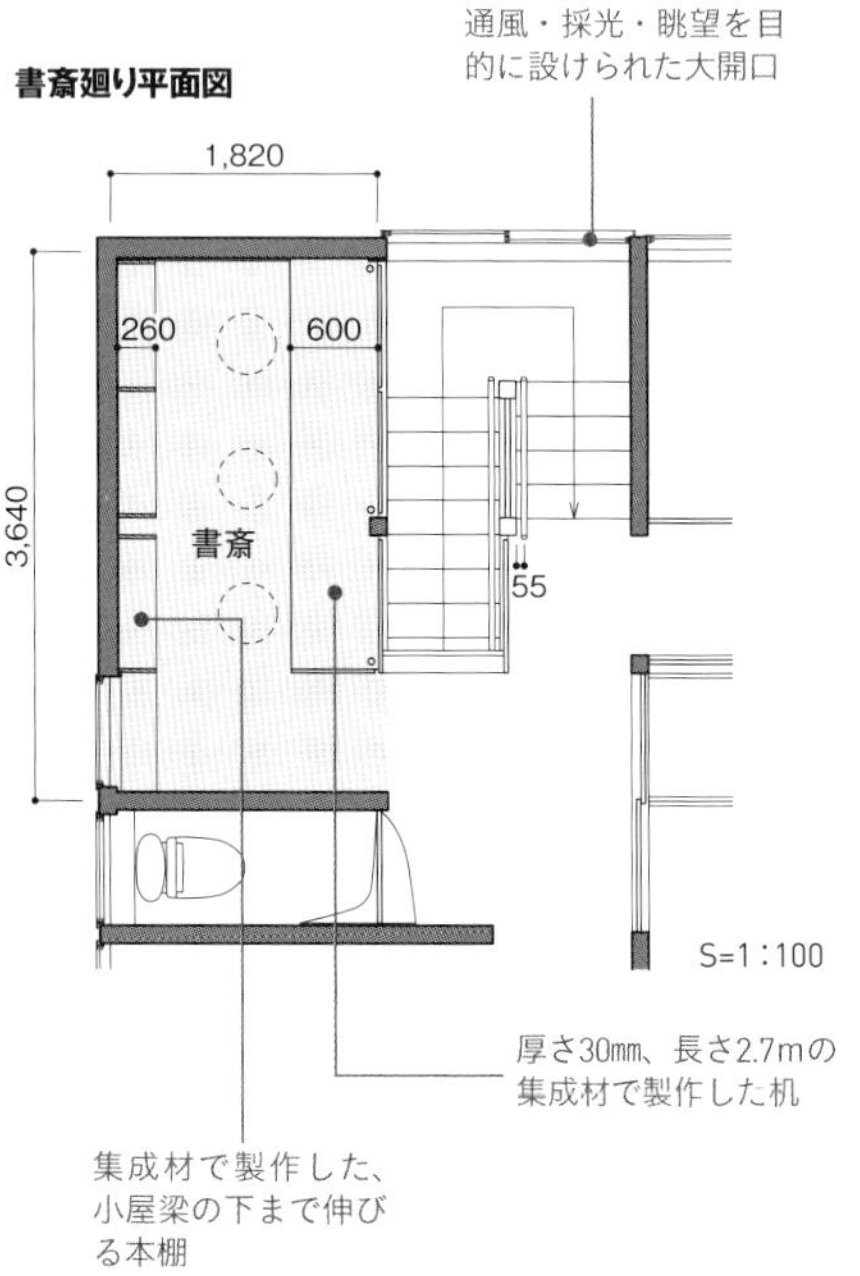
書斎廻り平面図
通風・採光・眺望を目的に設けられた大開口
1,820
260
600
3,640
書斎
55
S=1：100
厚さ30㎜、長さ2.7mの集成材で製作した机
集成材で製作した、小屋梁の下まで伸びる本棚

CASE 2-9

光や景色を楽しむため階ごとに異なる窓を設置

道路に沿って遠くまで視線の通る南西角に、2階の大きな窓を集中して配置し、それ以外は周囲からの視線に配慮して高窓や小さな窓にしている。一方、1階南側の窓は主に掃出し窓として、植栽で囲われた庭に向かって大きく開いている。［北川裕記］

2階南西角の窓は、はめ殺し窓と通風用木製開き戸の組み合わせ。右は寝室の高窓である

正面が植栽で囲われた南側の庭。手前は2室に分割して子供室に改装予定の予備室

写真：平井広行

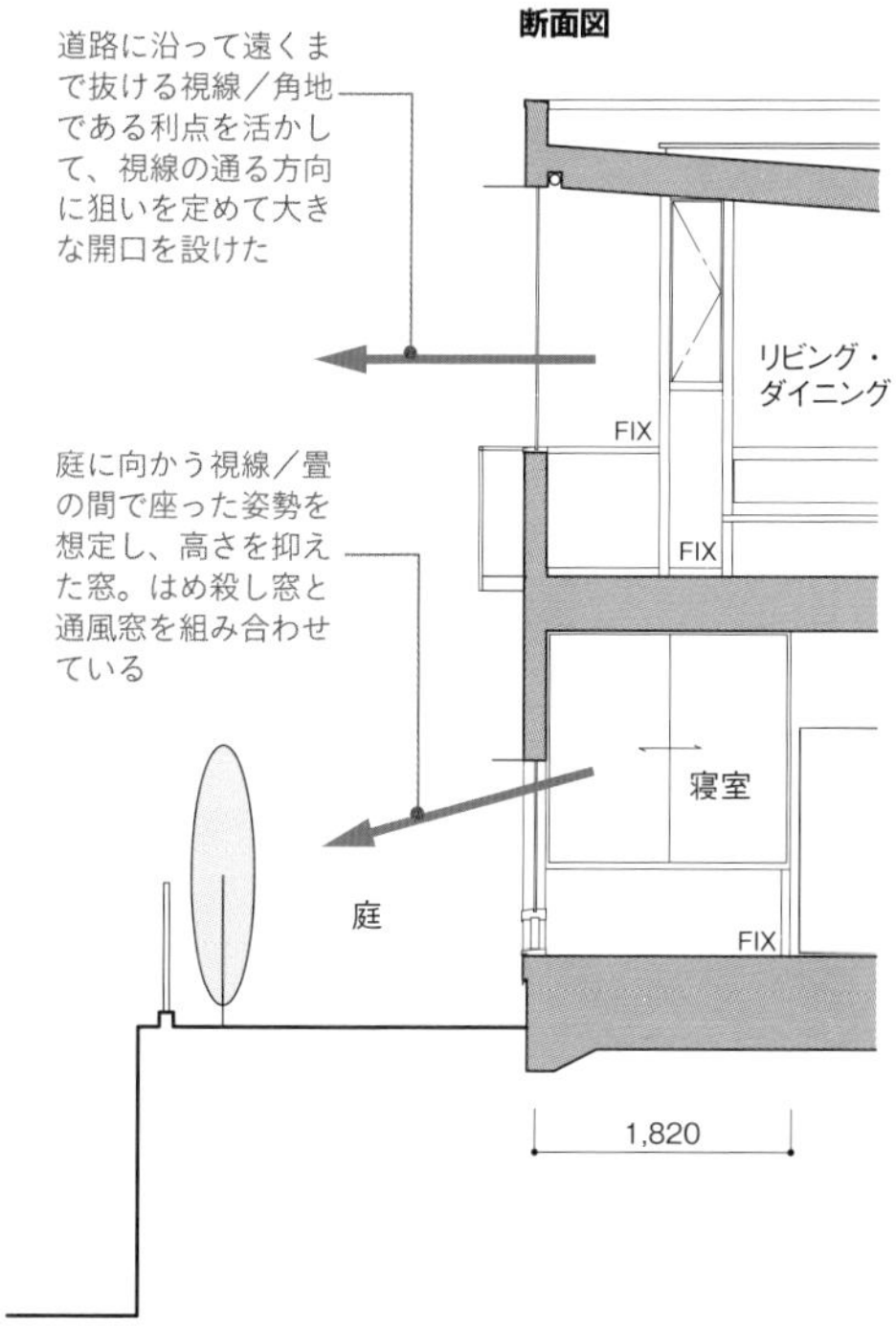

断面図
道路に沿って遠くまで抜ける視線／角地である利点を活かして、視線の通る方向に狙いを定めて大きな開口を設けた
庭に向かう視線／畳の間で座った姿勢を想定し、高さを抑えた窓。はめ殺し窓と通風窓を組み合わせている
リビング・ダイニング
FIX
FIX
寝室
FIX
庭
1,820

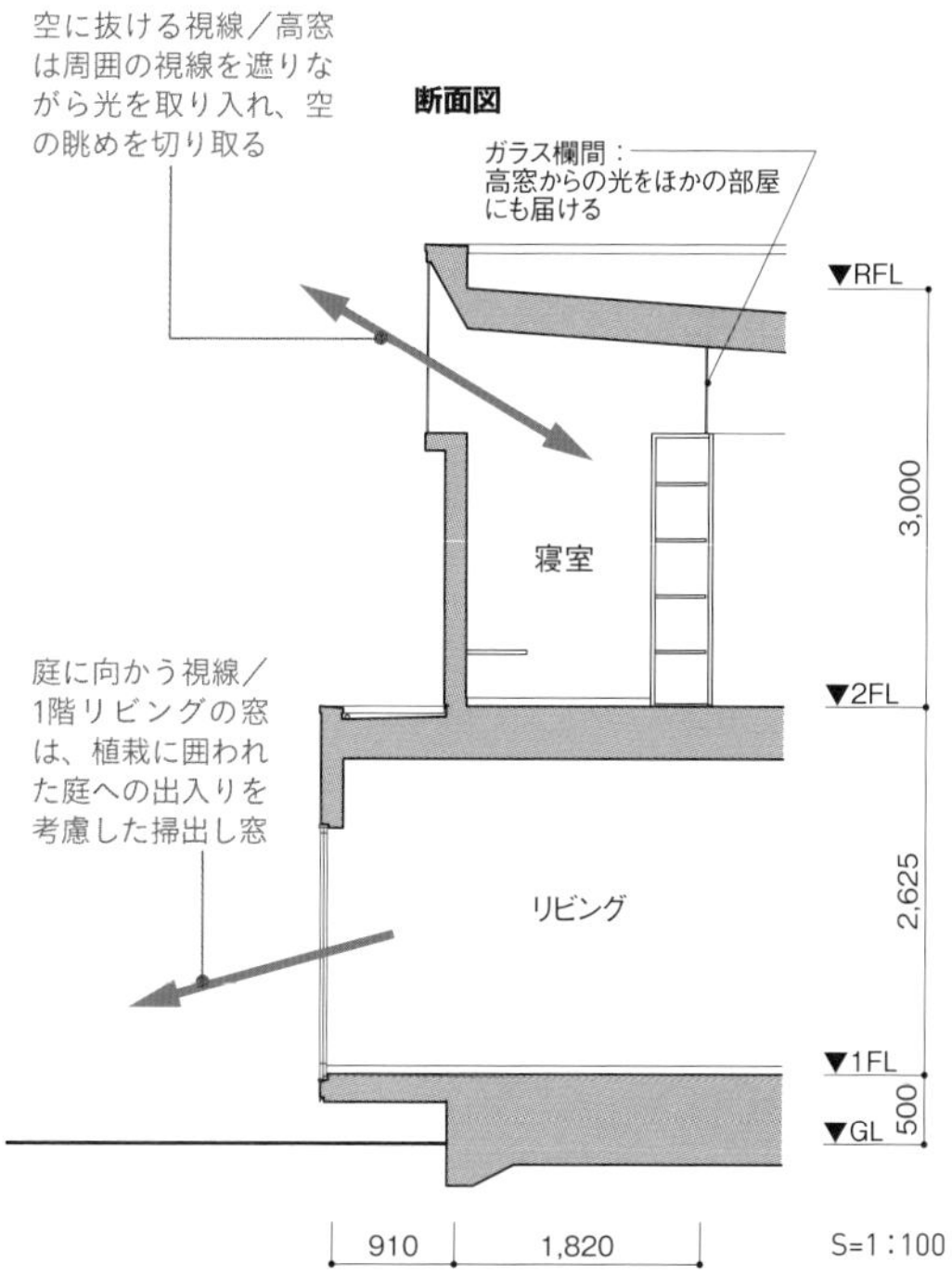

空に抜ける視線／高窓は周囲の視線を遮りながら光を取り入れ、空の眺めを切り取る
断面図
ガラス欄間：高窓からの光をほかの部屋にも届ける
▼RFL
3,000
寝室
▼2FL
庭に向かう視線／1階リビングの窓は、植栽に囲われた庭への出入りを考慮した掃出し窓
リビング
2,625
▼1FL
500
▼GL
910
1,820
S=1：100

CASE 2-10

階段をオープンにして風景をつくる

ロフトなどを除けば実質26坪強のコンパクトな住まいである。外部環境を考え、採光・通風が得られる2階にリビング・ダイニングを配置し、階段をもっとも効率のよい中央に設けた。これを閉じずにオープンにしてオブジェのように仕立てることにより、得難い視覚的な広さを確保し、良好な眺望をもたない室内そのものを景色化した。［野口泰司］

階段を中央に配置してオープンにし、オブジェのように仕立てた

階段室廻り2階平面図

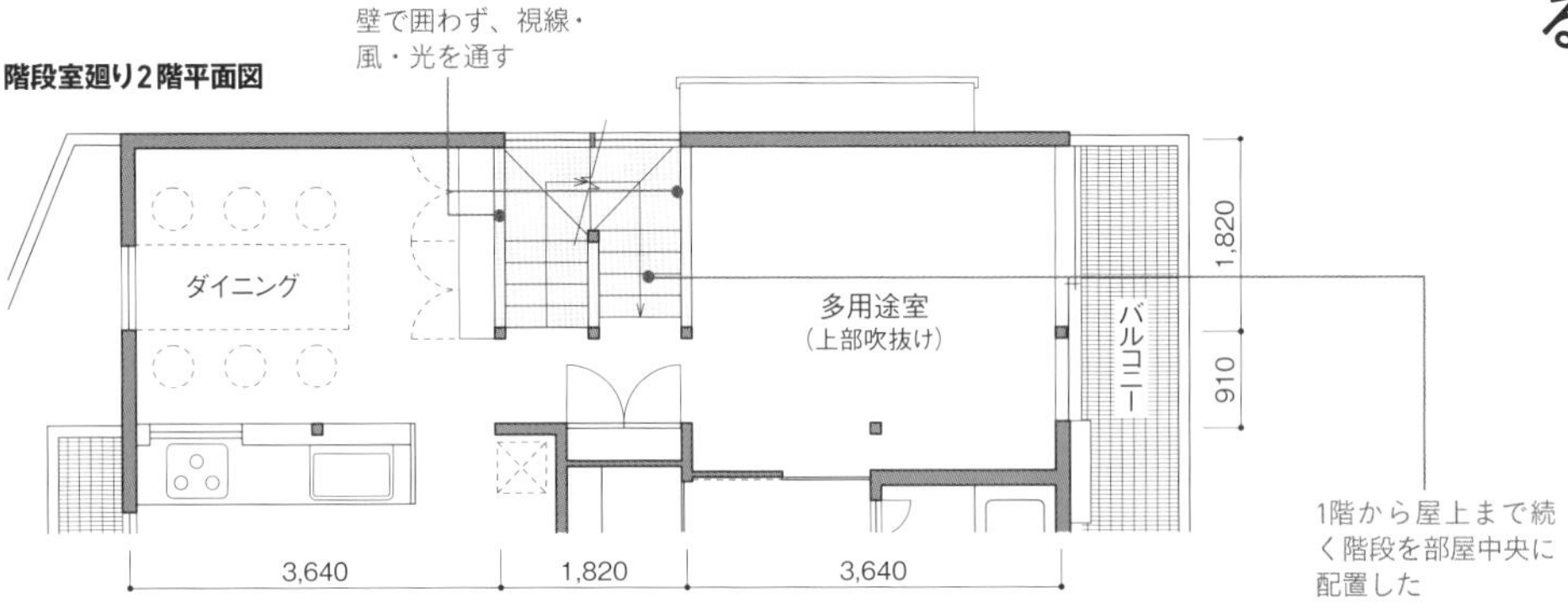
壁で囲わず、視線・風・光を通す
ダイニング
多用途室
（上部吹抜け）
バルコニー
1,820
910
3,640
1,820
3,640
1階から屋上まで続く階段を部屋中央に配置した
S=1：120

CASE 2-11

いろいろな使い方ができる畳部屋とロフトを設ける

和室は、扉を開けたままリビング・ダイニングにつなげて大勢での食事会に、扉を閉めれば、帰省した家族や来客の宿泊などにと、さまざまな用途に対応できる。梯子で上がるロフトも書斎、趣味の部屋、子供の遊び場、さらには将来の子供室としても利用できる。［北川裕記］

和室廻り平面図

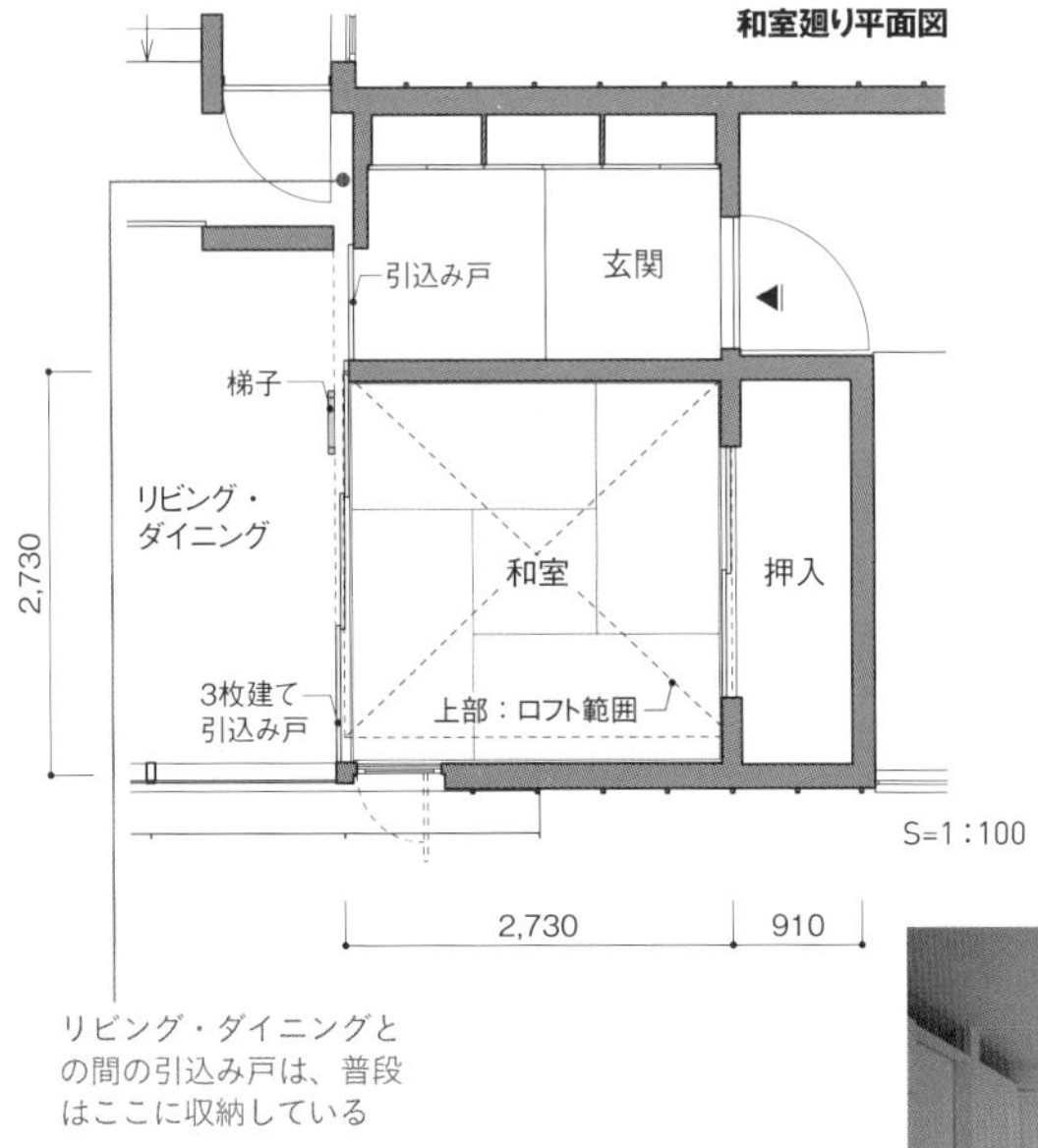
引込み戸
玄関
梯子
リビング・ダイニング
2,730
和室
押入
3枚建て引込み戸
上部：ロフト範囲
S=1：100
2,730
910
リビング・ダイニングとの間の引込み戸は、普段はここに収納している

正面奥は押入。梯子で上がったロフトは4畳ほどの広さ。梯子左側の引戸4枚を引き出してリビング・ダイニングと間仕切ることも可能

写真：平井広行

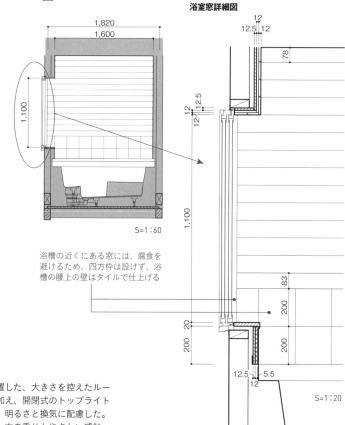

CASE 2-12

掃除の手間がかからない木の香りに包まれる浴室

掃除の手間を気にしてユニットバスを希望する人が多いが、それとていずれは交換する器具なので、せっかくならハーフユニットの腰上の壁をタイルとヒバ材で仕上げてはどうかと勧めている。ただしカビさせないために、採光・通風に留意し、窓の大きさには注意を払う必要がある。長持ちさせるコツである。［鈴木信弘］

できれば南向きの風呂場としたい。換気窓の面積は最低でも0.5㎡は確保する。2方向の換気窓が対角にあると、なおよい

浴室平面図

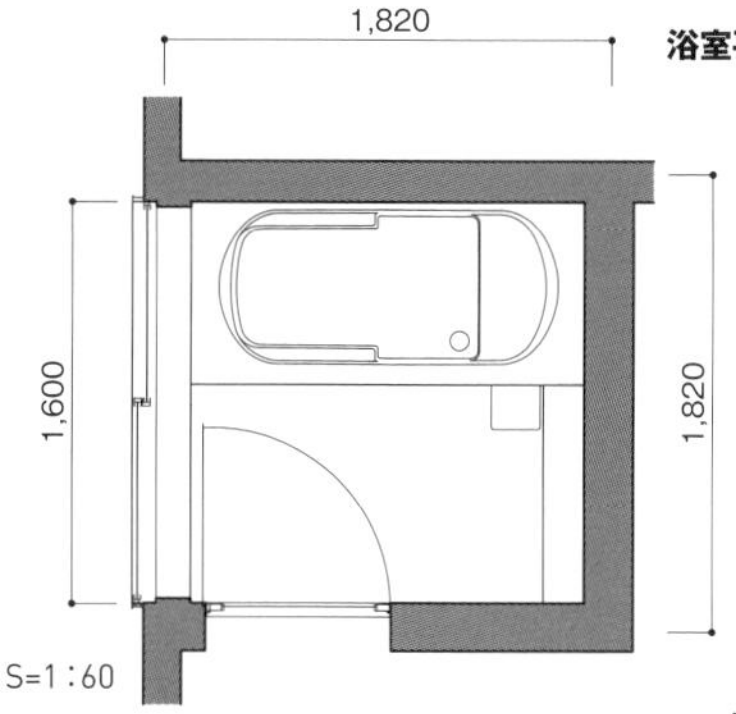

1,820
1,600
1,820
S=1：60

浴室窓断面図

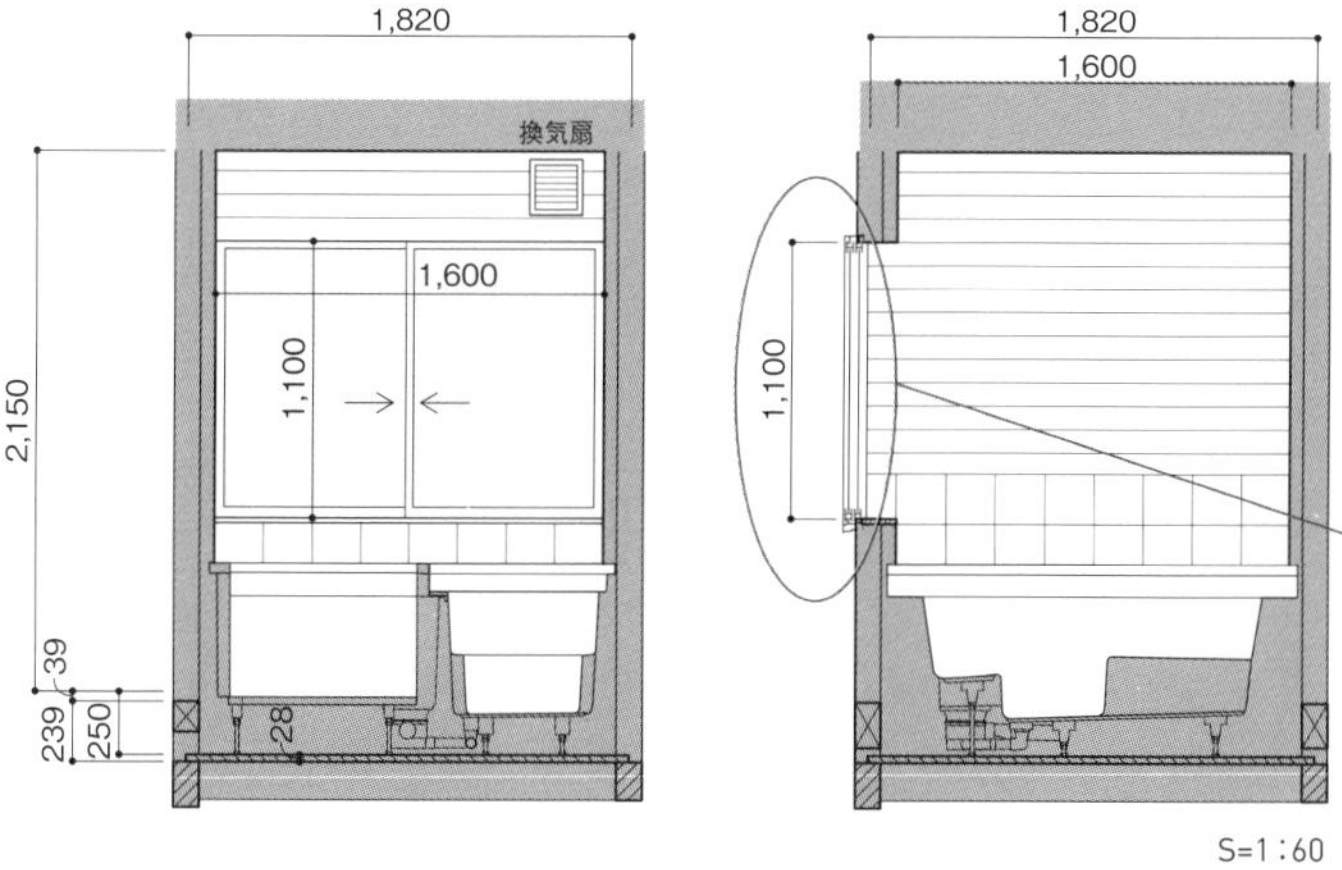

1,820
換気扇
1,600
2,150
1,100
39
239
250
28
1,820
1,600
1,100
S=1：60

浴室窓詳細図

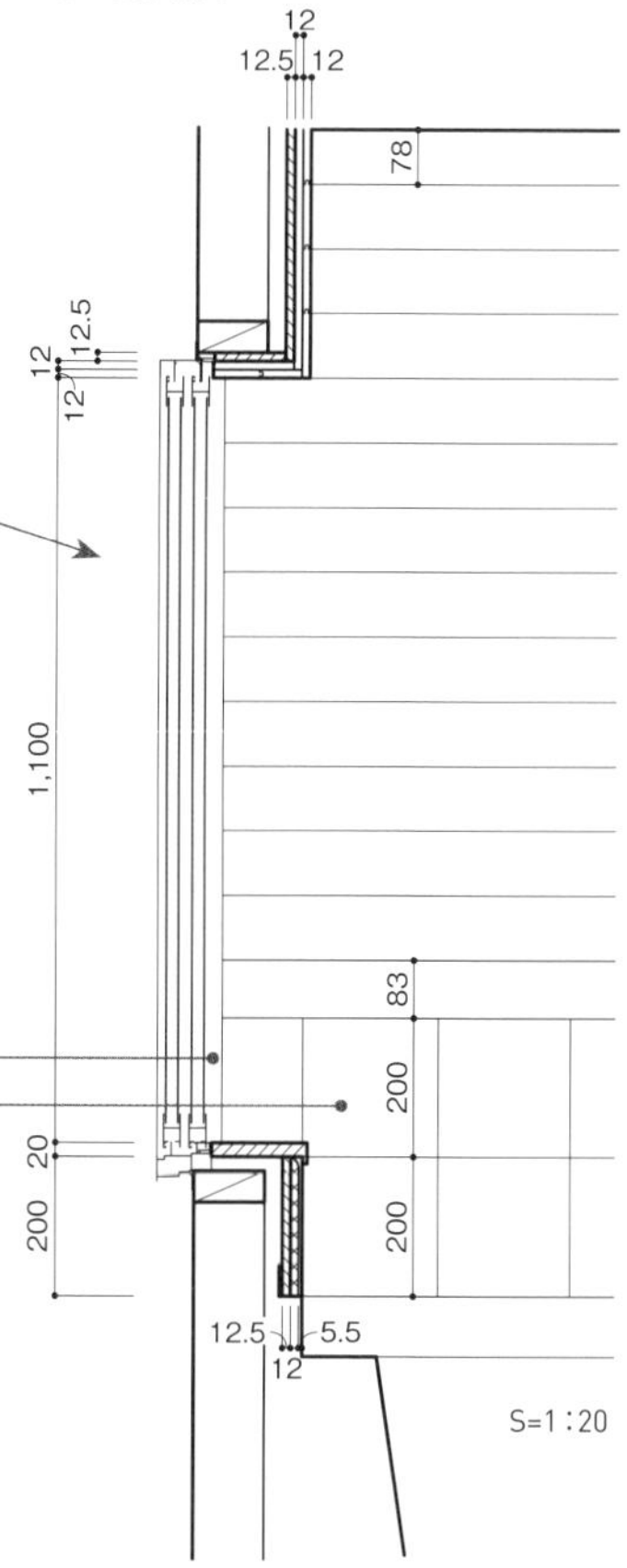

12
12.5
12
78
12.5
12
12
1,100
83
200
20
200
200
12.5
5.5
12
S=1：20

浴槽の近くにある窓には、腐食を避けるため、四方枠は設けず、浴槽の腰上の壁はタイルで仕上げる

北側に設置した、大きさを控えたルーバー窓に加え、開閉式のトップライトを設けて、明るさと換気に配慮した。ヒバ材は、木の香りとやさしい感触、また木肌がきれいで、耐水性、耐腐朽性に優れていることが利点

CASE 3

助ける

二世帯住宅だからこそ――

CASE 3-1

トイレの幅は掃除と介添えがしやすい1～1.2mに

トイレの幅は最低80㎝で決めることが多い。手摺を使う場合、壁までの距離が遠いと手が届かなくなるからだ。しかし、この幅は掃除する側にとってはかなり狭い。介添え人はとても入れたものではない。したがって、掃除と介添えのことを考慮するなら幅1～1.2mはほしい。[鈴木信弘]

将来、置き型の手摺台を設置できるようにした幅広のトイレ。腰下は掃除がしやすい突き板張りとしている

トイレ廻り平面図-1

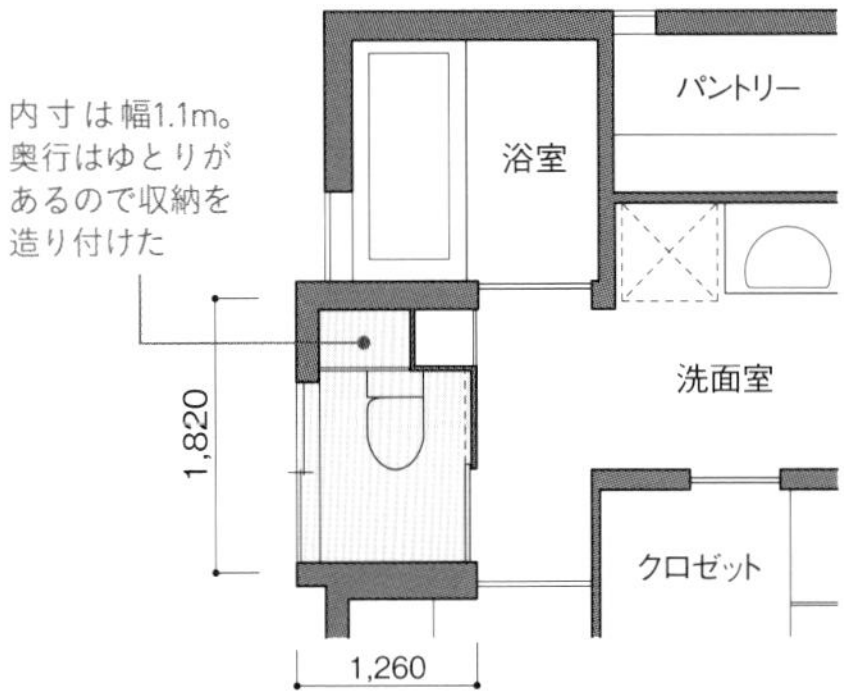

内寸は幅1.1m。奥行はゆとりがあるので収納を造り付けた
パントリー
浴室
洗面室
クロゼット
1,820
1,260

S=1：100

トイレ廻り平面図-2

玄関
洗面室
1,680
1,335
内寸1.2mの幅を確保。床は300㎜角のタイル。掃除がしやすく、本棚を置いても十分な広さがある

S=1：100

CASE 3-2

介護が必要になったらリビングの一角を利用する

親が寝たきりになって介護が必要になったら、客間や予備室にもなるリビングの一角の和室を利用するとよい。大切なのは目が届く距離であること。家族と同じの空間にいるほうが高齢者は安心するからである。ただし、介護室は仕切れるようにしておくことも大事だ。[鈴木信弘]

和室は、現在はリビングの一部として使っているが、将来の介護を想定して配置した。高齢者は家族と同じ空間にいたほうが安心し、心穏やかに過ごすことができる

介護室廻り平面図-1

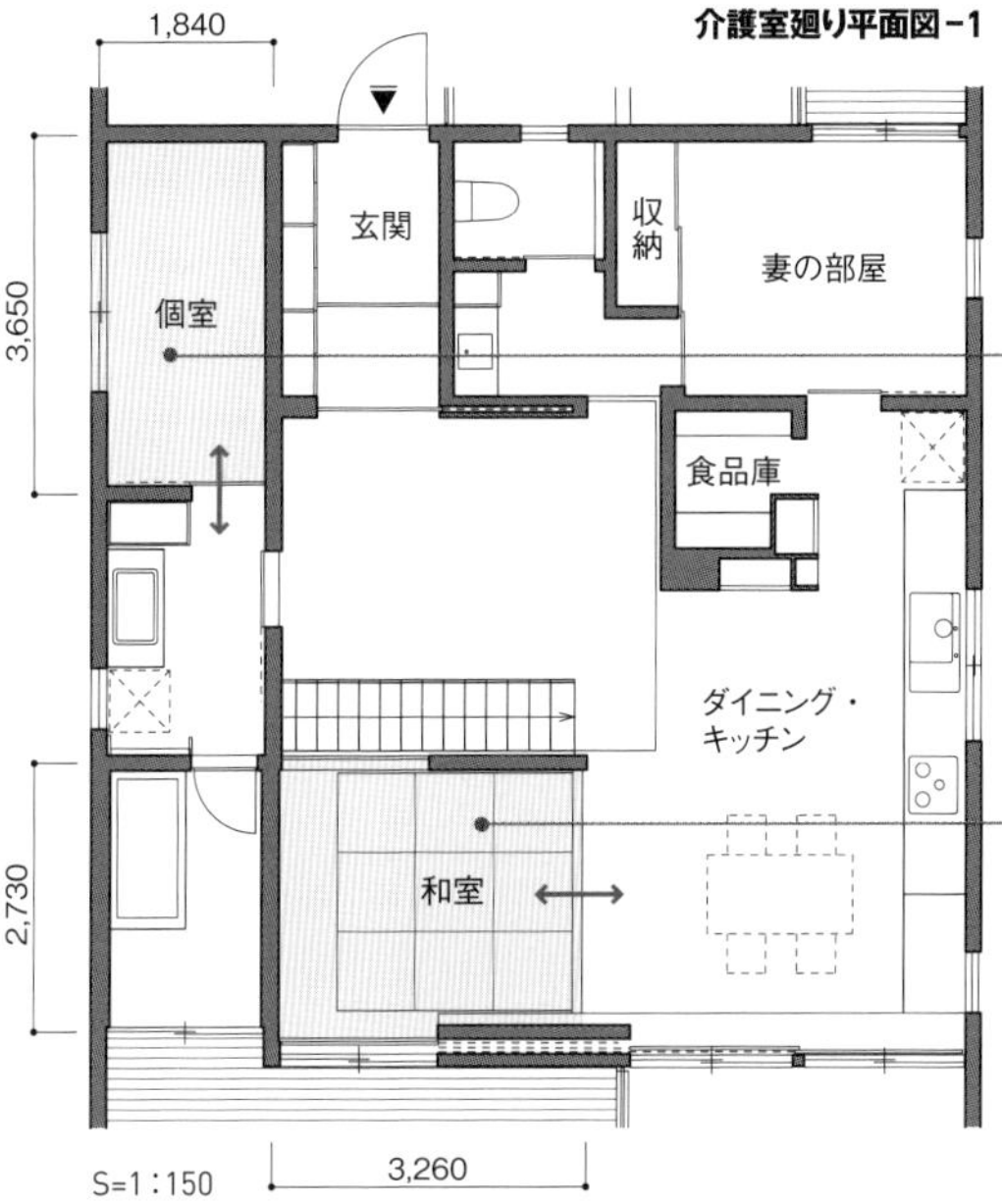
1,840
玄関
収納
妻の部屋
個室
3,650
食品庫
ダイニング・キッチン
和室
2,730
3,260
S=1：150

症状が軽いうちはダイニングの脇のほうがよいが、寝たきりになったら洗面室や浴室に近い部屋のほうが介護はしやすい。そういった不確定な要素に対応できるようにしておきたいもの

介護室廻り平面図-2

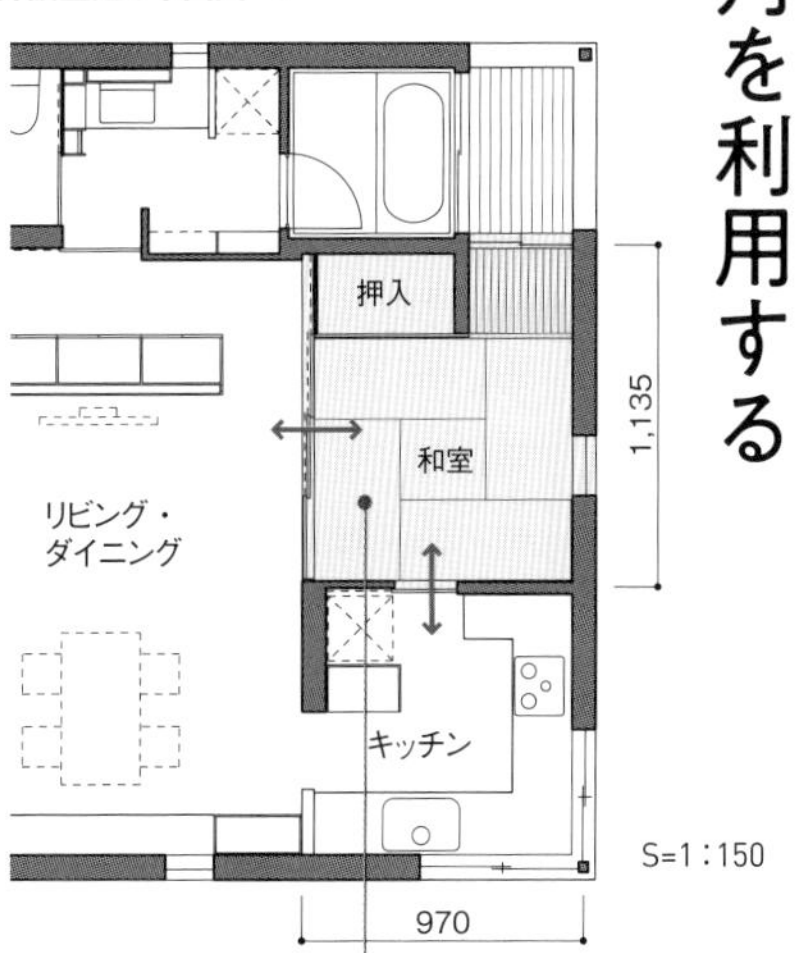
押入
和室
1,135
リビング・ダイニング
キッチン
S=1：150
970

キッチンとリビングから出入りできる予備室は、目的に応じて仕切ることが可能。普段は全開になっている

介護室廻り平面図-3

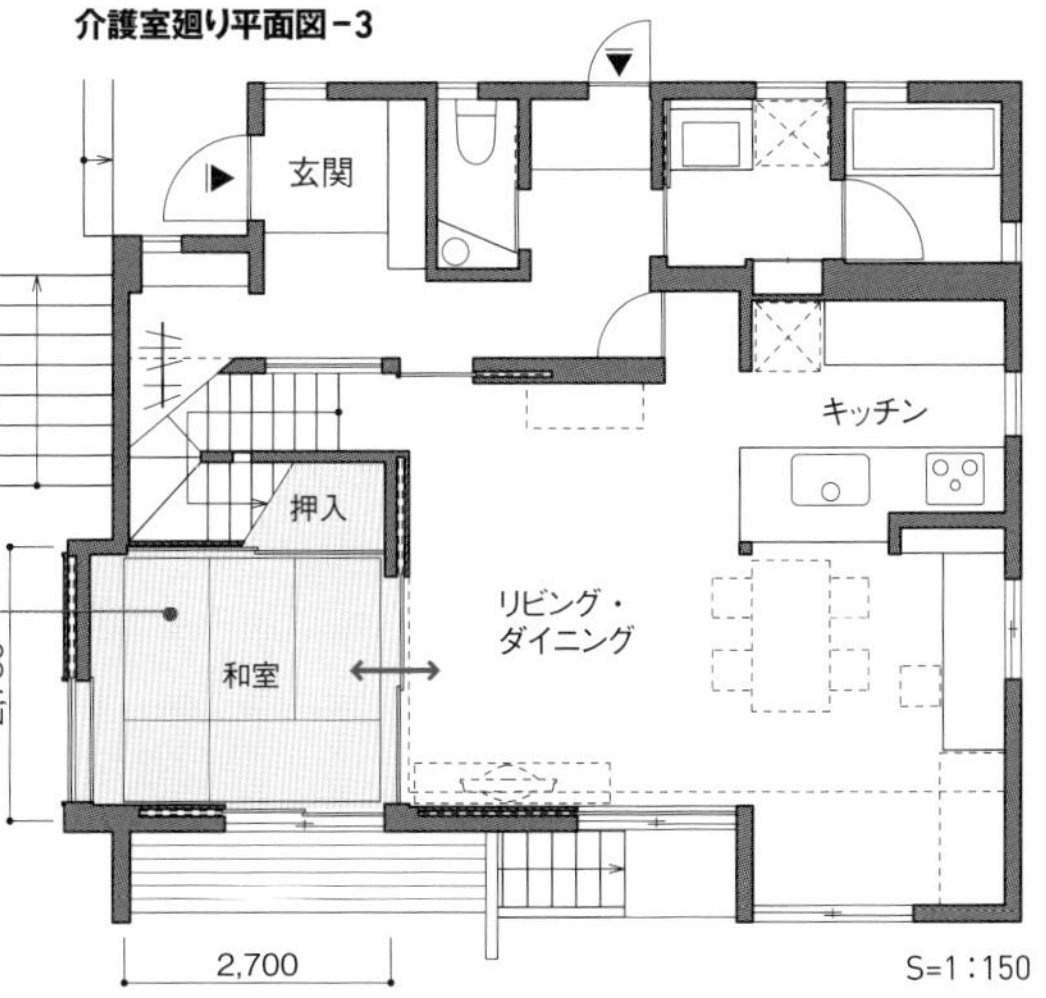
玄関
キッチン
押入
和室
リビング・ダイニング
2,730
2,700
S=1：150

客間のような4畳半を将来の介護室として想定した

介護室廻り平面図-4

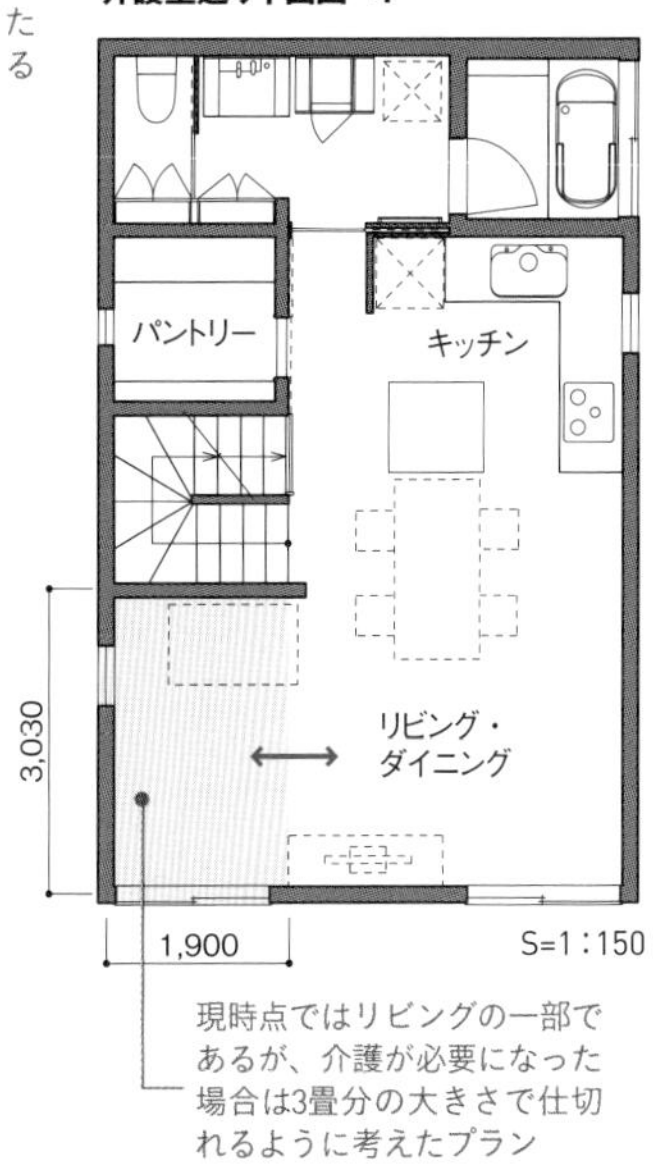
パントリー
キッチン
リビング・ダイニング
3,030
1,900
S=1：150

現時点ではリビングの一部であるが、介護が必要になった場合は3畳分の大きさで仕切れるように考えたプラン

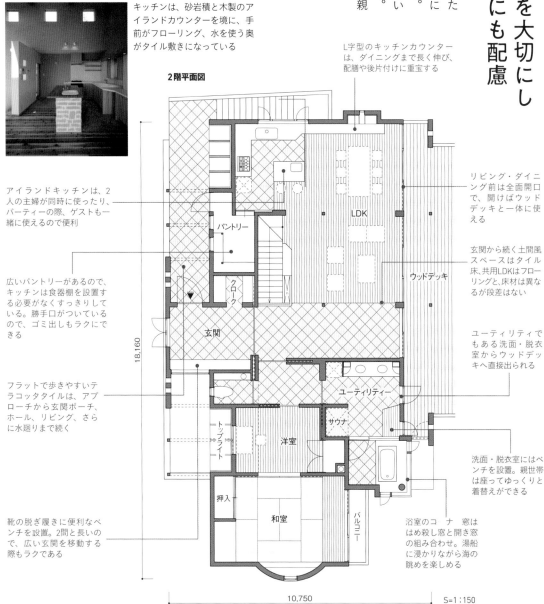

CASE
3-3

リゾートの趣を大切にし バリアフリーにも配慮

敷地は前面道路から降りていく傾斜地のため、道路レベルの2階を主階にし、そこに共用のＬＤＫと親世帯ゾーンを配置した。高齢の両親に配慮し、床は段差がいっさいなく、ウッドデッキまでフラットに続く。トイレ・洗面・浴室といった水廻りは、親世帯の書斎・寝室の近くに配置した。

手前はスギ板フローリングのリビング。正面の砂岩の壁とタイルの床の土間風スペースを介して親世帯ゾーンや水廻りがフラットにつながる

キッチンは、砂岩積と木製のアイランドカウンターを境に、手前がフローリング、水を使う奥がタイル敷きになっている

2階平面図

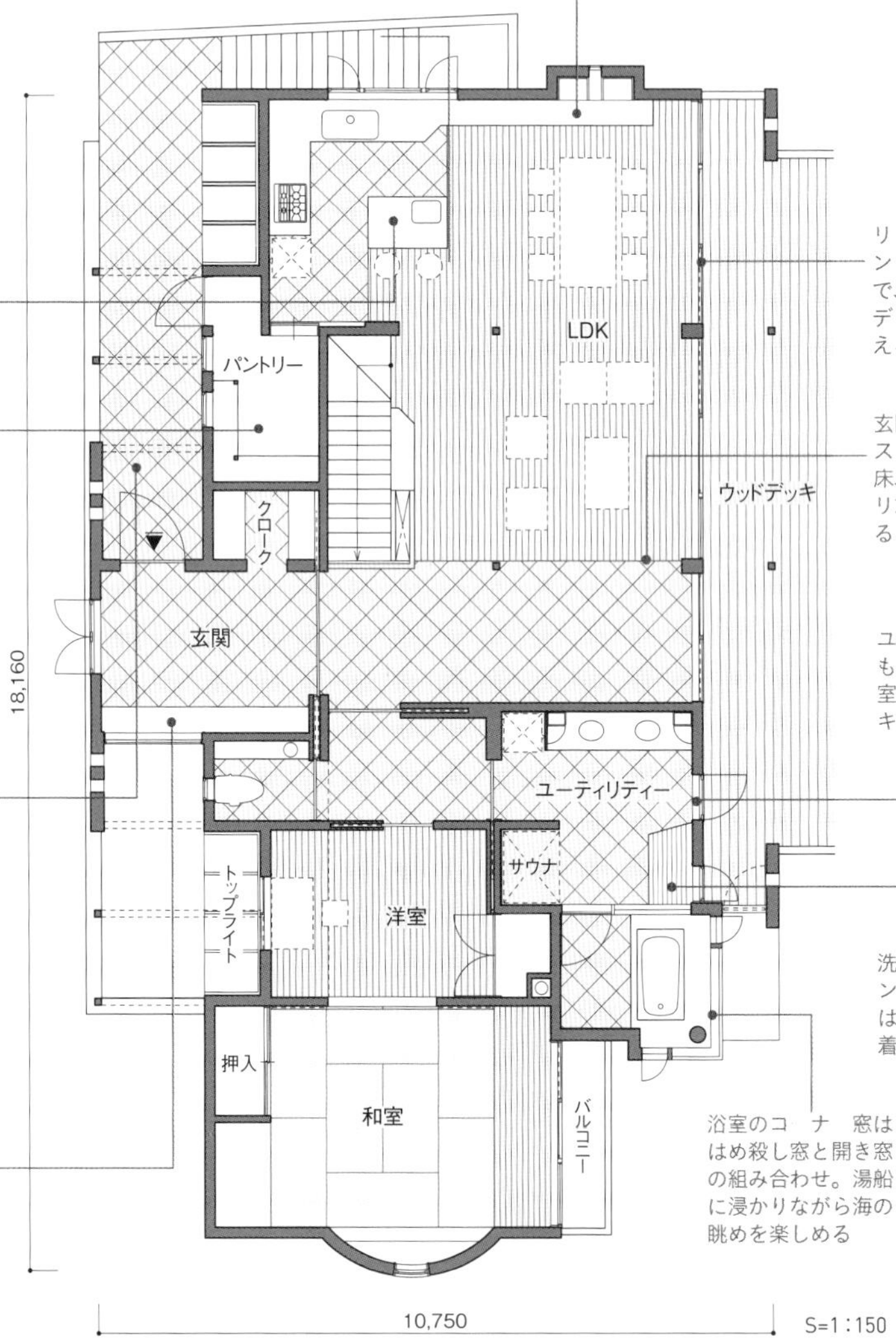

LDK
パントリー
クローク
玄関
ウッドデッキ
ユーティリティー
サウナ
トップライト
洋室
押入
和室
バルコニー
18,160
10,750
S=1：150

L字型のキッチンカウンターは、ダイニングまで長く伸び、配膳や後片付けに重宝する

アイランドキッチンは、2人の主婦が同時に使ったり、パーティーの際、ゲストも一緒に使えるので便利

広いパントリーがあるので、キッチンは食器棚を設置する必要がなくすっきりしている。勝手口がついているので、ゴミ出しもラクにできる

フラットで歩きやすいテラコッタタイルは、アプローチから玄関ポーチ、ホール、リビング、さらに水廻りまで続く

靴の脱ぎ履きに便利なベンチを設置。2間と長いので、広い玄関を移動する際もラクである

リビング・ダイニング前は全面開口で、開けばウッドデッキと一体に使える

玄関から続く土間風スペースはタイル床、共用LDKはフローリングと、床材は異なるが段差はない

ユーティリティでもある洗面・脱衣室からウッドデッキへ直接出られる

洗面・脱衣室にはベンチを設置。親世帯は座ってゆっくりと着替えができる

浴室のコーナー窓ははめ殺し窓と開き窓の組み合わせ。湯船に浸かりながら海の眺めを楽しめる

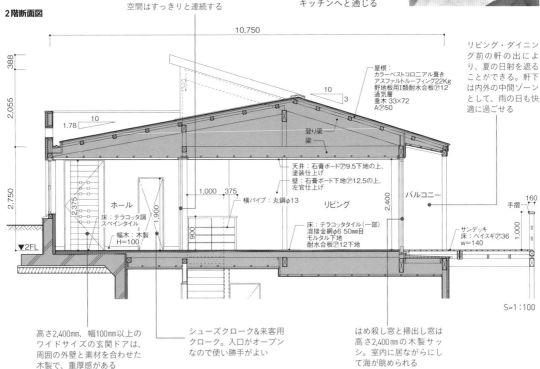

歩きやすいように、部屋を広くするとともに建具を大きなサイズにした。玄関ドアは防犯性を考慮し、浴室ドアは水密性を保つため片開きにしたが、そのほかはすべて引戸に。ハンガーレールタイプなので、高齢でも軽く開閉でき、車椅子でも使いやすく出入りしやすい。[豊田悟]

浴室の入口は段差がないので、安心して出入りができる。浴槽廻りに大きな窓を設置し、またドアや仕切りには透明ガラスを用い、明るく開放感あふれる水廻りになっている

玄関のタイルの床は段差なくリビングまで続く。リビングとの境の2枚の引戸はハンガーレールなので、左右の壁内にすっきり納まる

アプローチから屋内まで続く床はテラコッタ調スペインタイル。正面に見えるのが天井まである高く幅広の木製玄関ドア。左手前が勝手口のドアで、パントリー、キッチンへと通じる

2階断面図

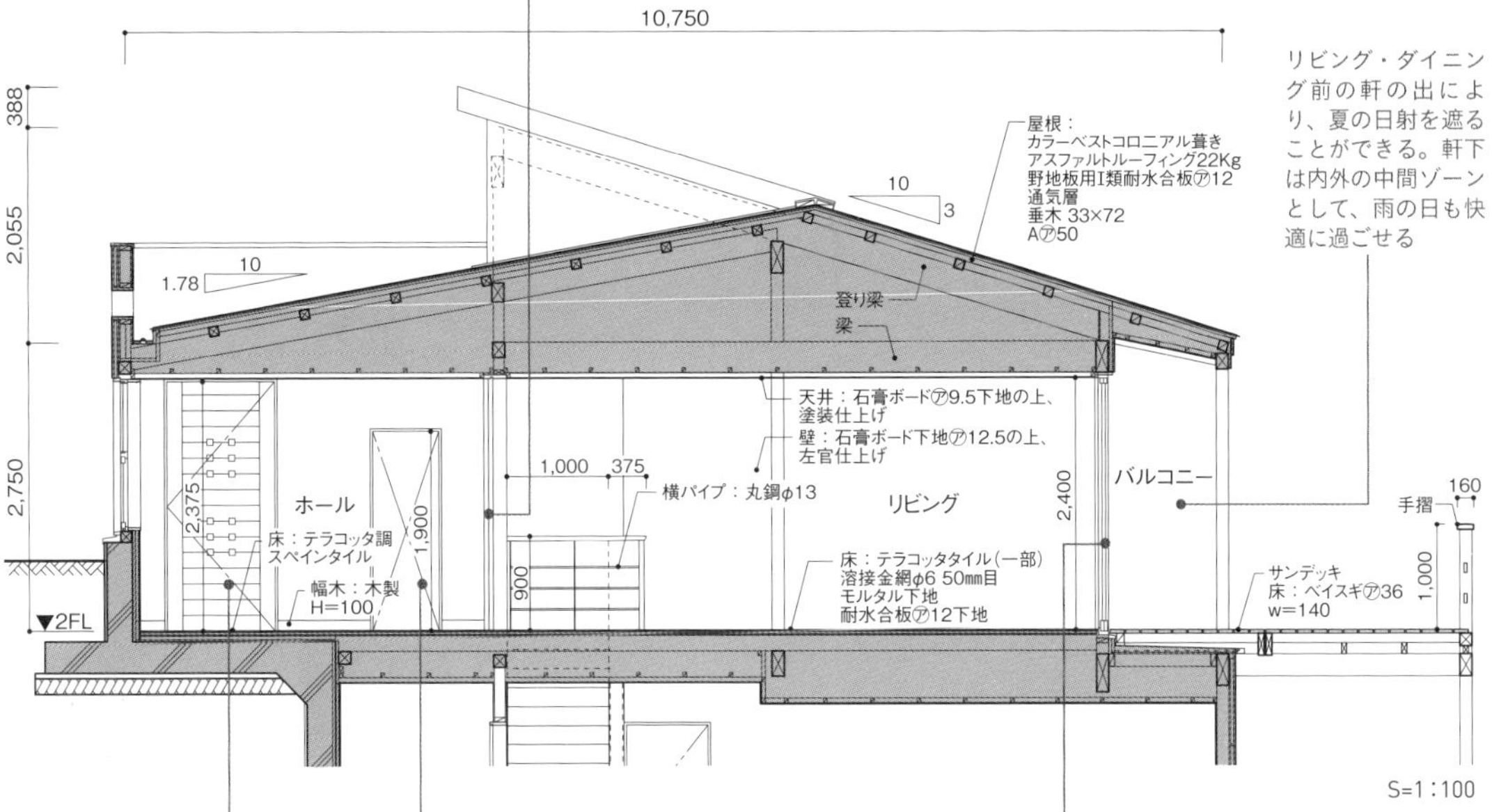

10,750
388
2,055
2,750
1.78
10
3
屋根：
カラーベストコロニアル葺き
アスファルトルーフィング22Kg
野地板用I類耐水合板㋐12
通気層
垂木 33×72
A㋐50
登り梁
梁
天井：石膏ボード㋐9.5下地の上、
塗装仕上げ
壁：石膏ボード下地㋐12.5の上、
左官仕上げ
1,000
375
横パイプ：丸鋼φ13
ホール
リビング
バルコニー
2,375
1,900
2,400
900
床：テラコッタ調
スペインタイル
幅木：木製
H=100
床：テラコッタタイル(一部)
溶接金網φ6 50㎜目
モルタル下地
耐水合板㋐12下地
▼2FL
手摺
160
1,000
サンデッキ
床：ベイスギ㋐36
w=140
S=1：100

玄関ホールからリビングへ入る両引きの引戸は天井までの高さで、左右の壁に引込めば、空間はすっきりと連続する

リビング・ダイニング前の軒の出により、夏の日射を遮ることができる。軒下は内外の中間ゾーンとして、雨の日も快適に過ごせる

高さ2,400㎜、幅100㎜以上のワイドサイズの玄関ドアは、周囲の外壁と素材を合わせた木製で、重厚感がある

シューズクローク&来客用クローク。入口がオープンなので使い勝手がよい

はめ殺し窓と掃出し窓は高さ2,400㎜の木製サッシ。室内に居ながらにして海が眺められる

CASE 3-4

高齢者にも出し入れ容易な収納を畳の間の床下に組み込む

小上がりになっている畳の間の床下に、キャスター付きの収納ボックスを2つ組み込んだ。1つのサイズが幅750㎜×長さ1800㎜と大きく、低い位置なので、高齢者でも容易に出し入れが可能。季節物の衣類や普段は使わない小物などの収納場所に適している。[荻津郁夫]

畳の間展開図

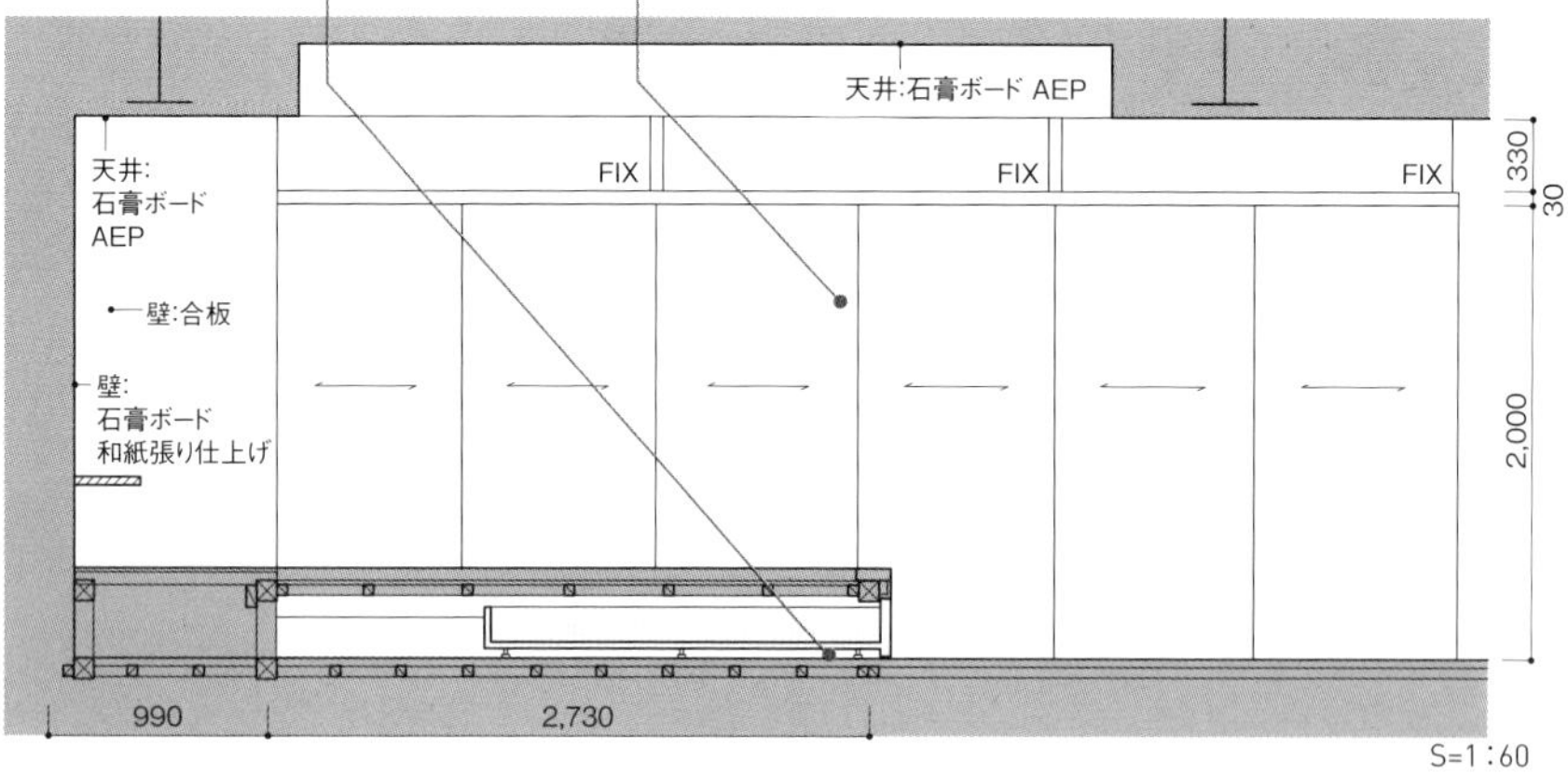
畳の間の床下に組み込まれた収納ボックス。奥にもう1つある
畳の間は居間兼客間。木製引戸で奥の寝室と間仕切ることができる

床下収納詳細図

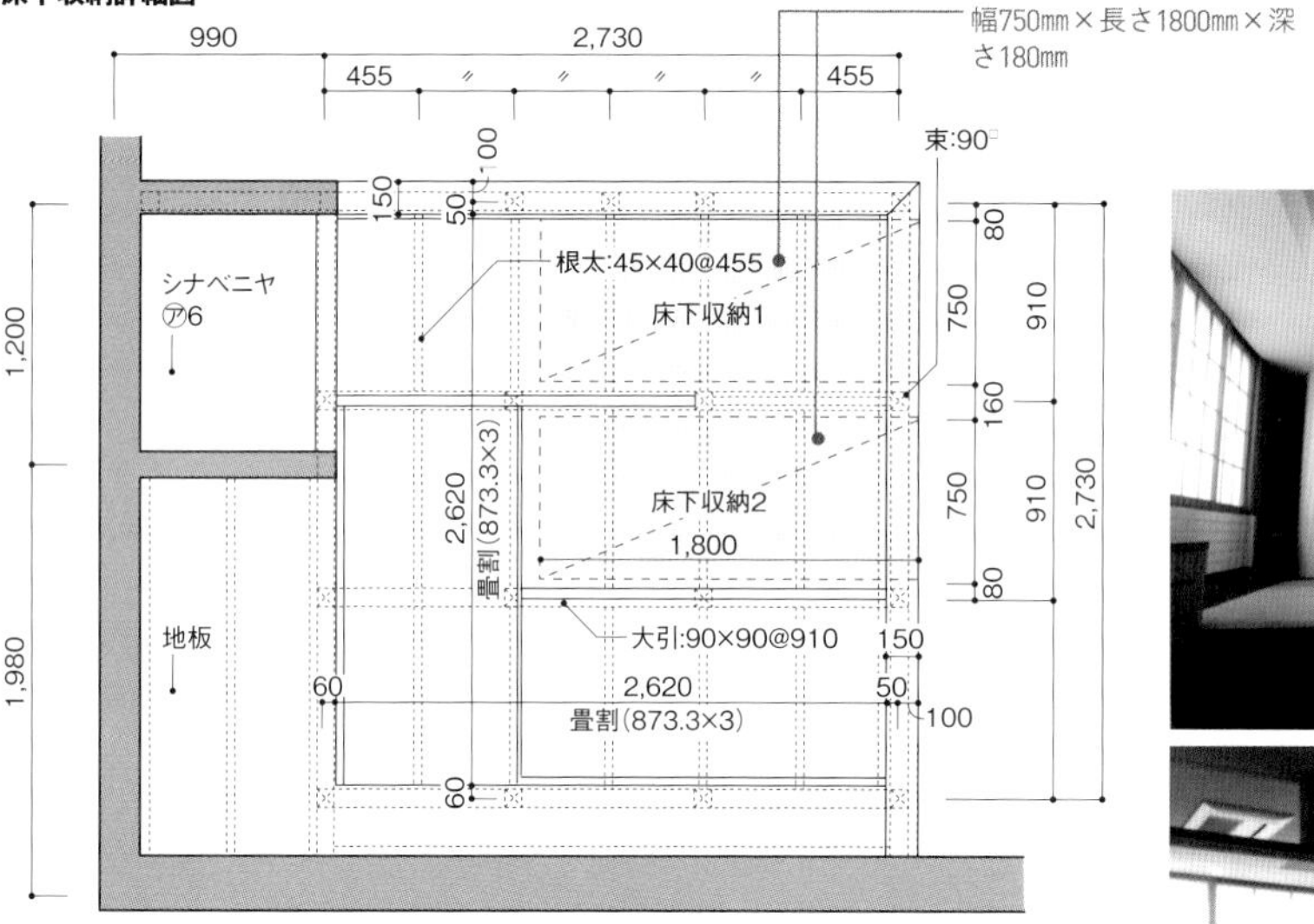
収納ボックスのサイズは幅750㎜×長さ1800㎜×深さ180㎜

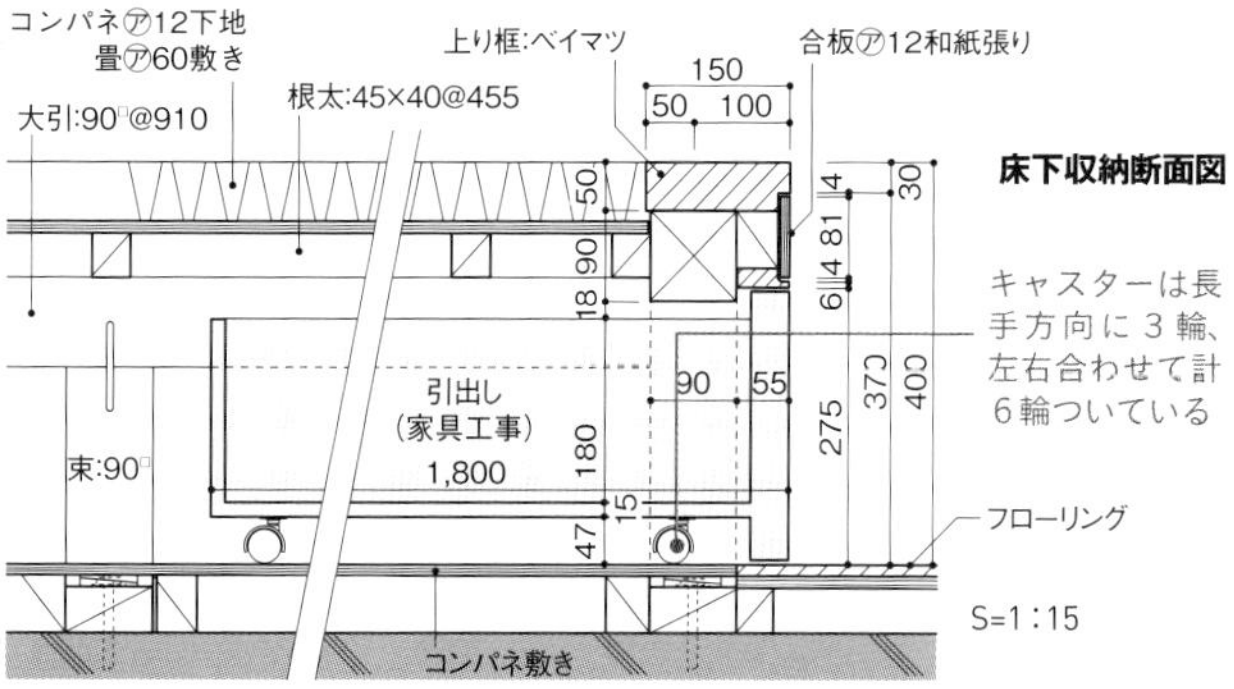

寝室との間の可動間仕切り(木製引戸)を全開した状態。畳の間の床下に大きな引出しが見える。キャスターがついているので、高齢者でもラクに引き出せる。鉄骨丸柱脇には飾り棚を設けた

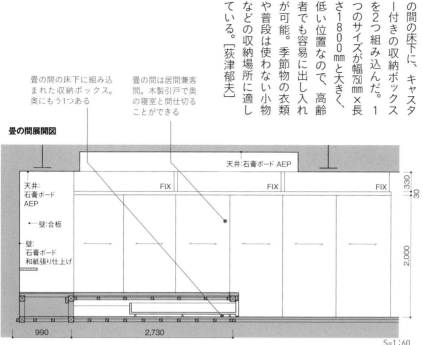

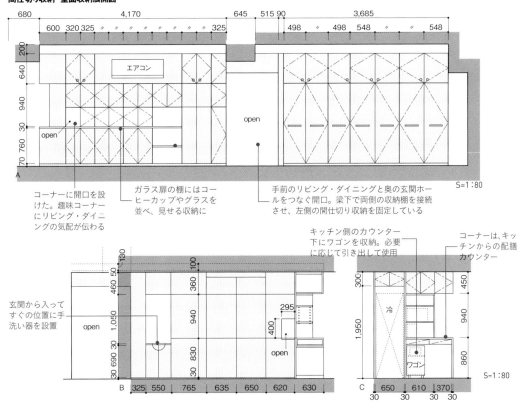

CASE 3-5

さまざまな機能を組み込んだ間仕切り収納で生活動線を制御

冷蔵庫や電子レンジなどキッチンで使用する家電や、配膳ワゴン、食器棚、エアコンなどリビング・ダイニングに必要な家具や設備を組み込んだ多機能収納棚を設置。帰宅時に使用する手洗い器も取り付け、空間を間仕切るとともに、通路を確保した。オープンな場と奥まった場が連結され、回遊動線も生まれ、家事が効率よく運ぶ。[荻津郁夫]

収納扉など表面の仕上げはシナ合板張りに統一。左奥がキッチン、中央の開口を抜けると玄関ホール

妻の趣味のコーナー。パッチワーク用の布や糸など材料別に分別して収納できる棚を造り付けた

間仕切り収納棚によって、トイレや趣味コーナーへ行く通路を確保

平面図

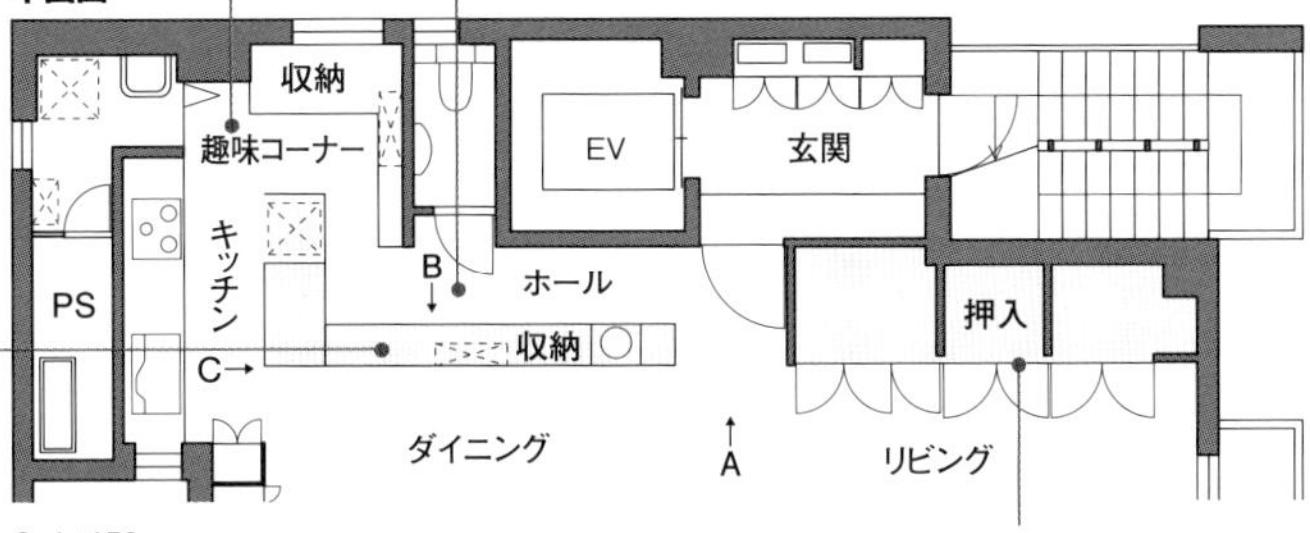

収納
趣味コーナー
EV
玄関
キッチン
PS
B
ホール
C
収納
押入
ダイニング
A
リビング

冷蔵庫からエアコン、食器棚、手洗い器まで組み込んだ多機能な間仕切り収納棚。上部に天井を照らす間接照明を組み込んでいる

S=1:150

リビング側には、奥行のある物入を壁面に造り付けた。左手の多機能収納棚同様、間接照明を組み込んでいる

間仕切り収納・壁面収納展開図

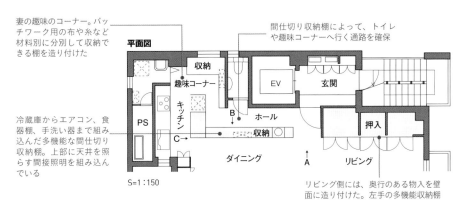

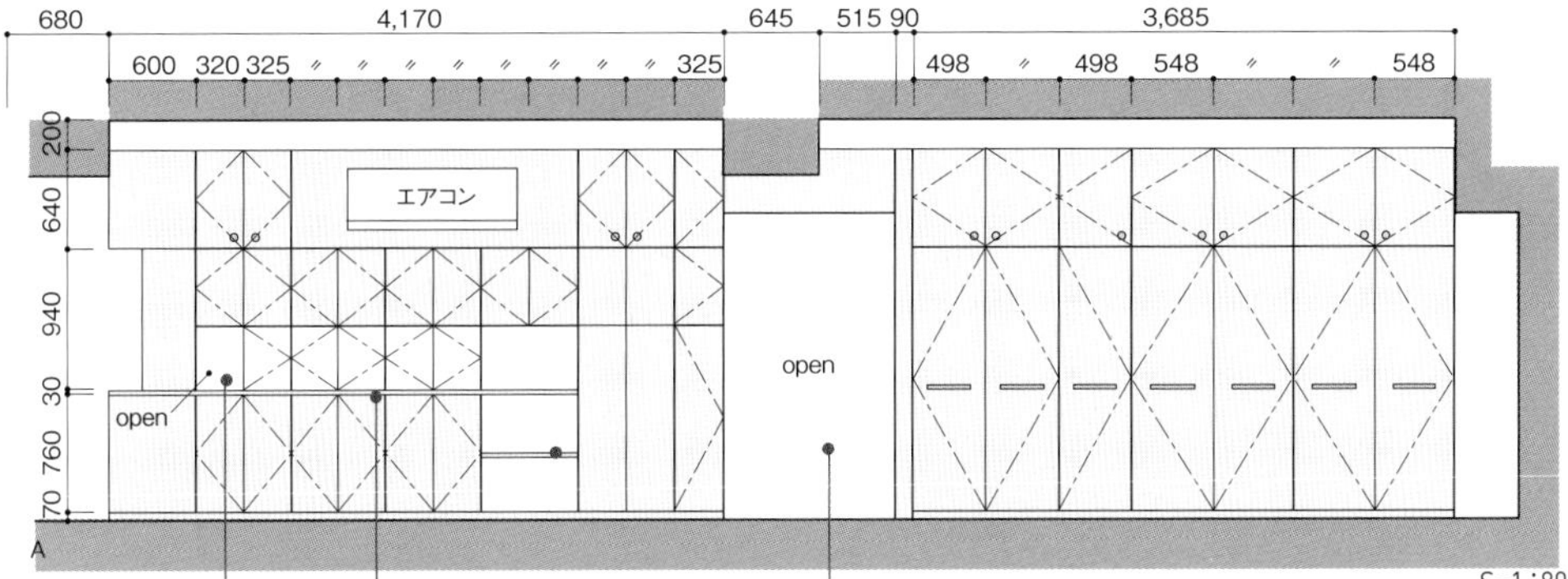

680
4,170
645
515
90
3,685
600
320
325
325
498
498
548
548
200
640
940
30
760
70
エアコン
open
open
A

S=1:80

コーナーに開口を設けた。趣味コーナーにリビング・ダイニングの気配が伝わる

ガラス扉の棚にはコーヒーカップやグラスを並べ、見せる収納に

手前のリビング・ダイニングと奥の玄関ホールをつなぐ開口。梁下で両側の収納棚を接続させ、左側の間仕切り収納を固定している

キッチン側のカウンター下にワゴンを収納。必要に応じて引き出して使用

コーナーは、キッチンからの配膳カウンター

玄関から入ってすぐの位置に手洗い器を設置

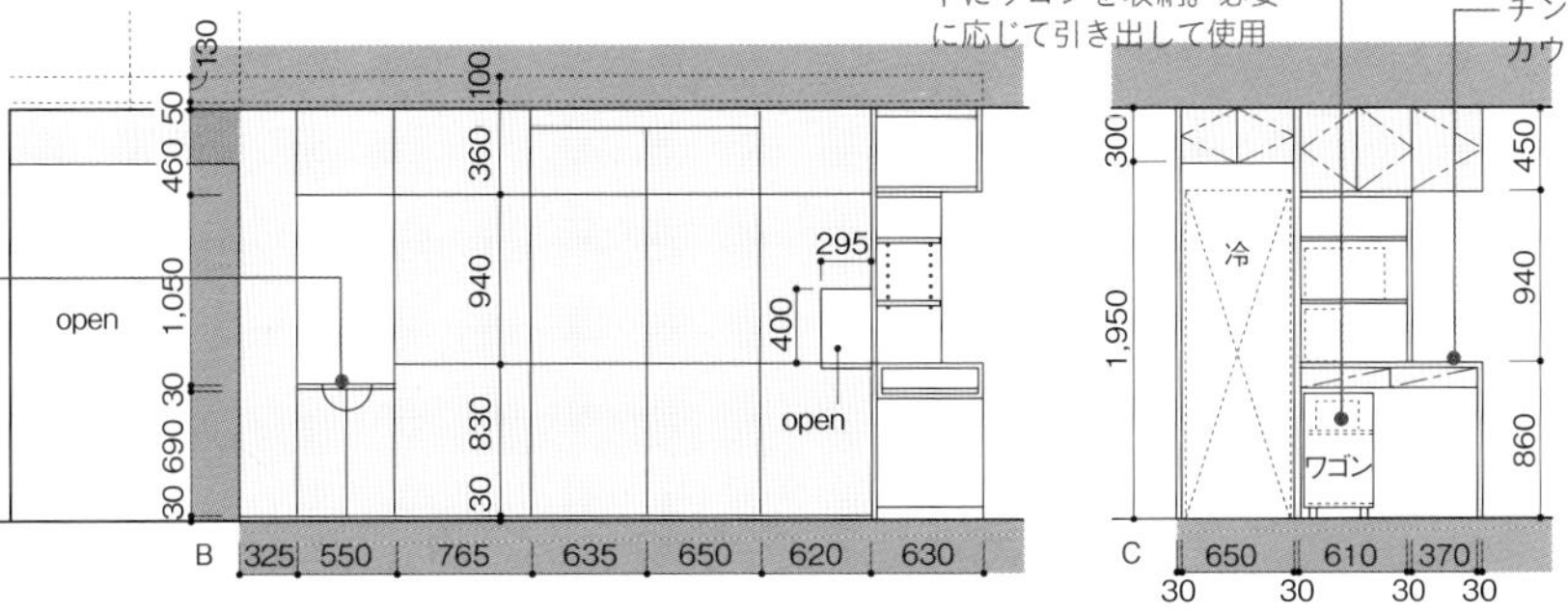

130
50
460
1,050
30
690
30
100
360
940
830
30
295
400
open
open
B
325
550
765
635
650
620
630
300
1,950
450
940
860
冷
ワゴン
C
650
610
370
30
30
30
30

S=1:80

CASE 3-6

低コストで見栄えのよい手摺をデザインする

手摺は握りやすいことが条件となるので、現物やモックアップ（木型）で確かめることが大事だが、最近、多く提案している手摺の形状を紹介する。大工が簡単な加工でつくれるため低コストでできる。握りは丸型だが、側面が平らなので空間になじむデザインが好まれているようだ。［鈴木信弘］

階段室断面図

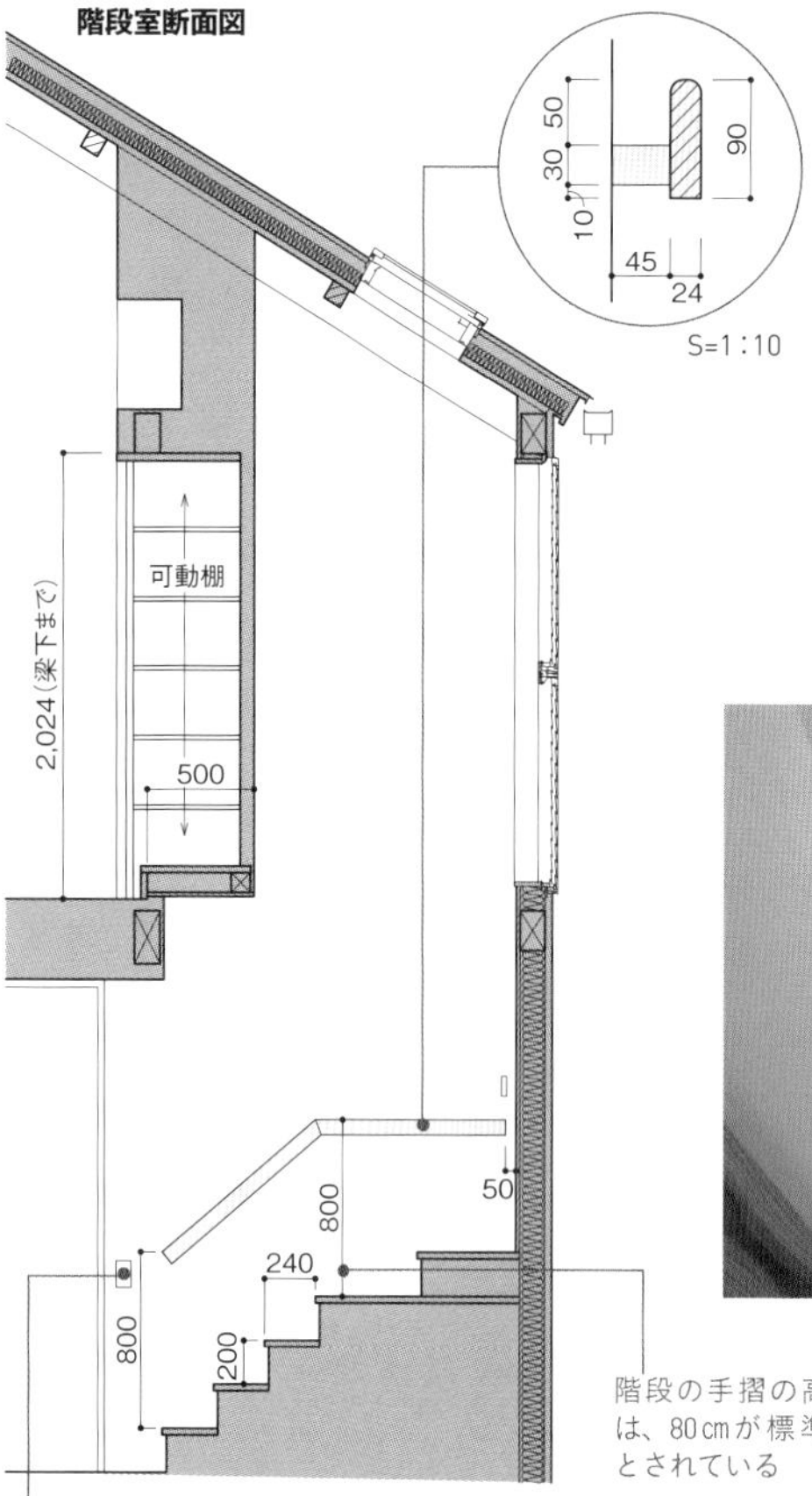
50
30
10
90
45
24
S=1:10
可動棚
2,024（梁下まで）
500
50
800
240
200
800
S=1:60

階段の手摺の高さは、80㎝が標準値とされている

上がる時に下のスイッチで電気をつけて、上がった後に上でスイッチを切ることができる3路スイッチを設置する

廻り階段では手摺の形状が難しいので、無理して連続させずに切り離している

階段室平面図

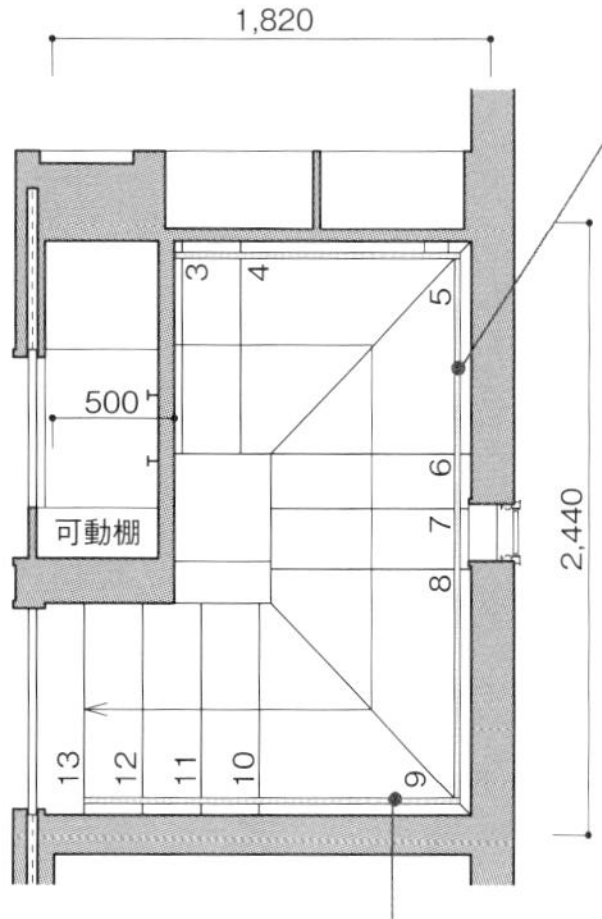
1,820
500
可動棚
2,440
3
4
5
6
7
8
9
10
11
12
13
S=1:60

45°の段板が生じる場合は、手摺を切り離して、段差に対応させる

壁が立っているほうに手摺をつけることで、複雑な形状を避けた

柱と同じ幅のちょっと太めの手摺は安心感がある。握りやすい厚さにし、上側に丸みをつけている

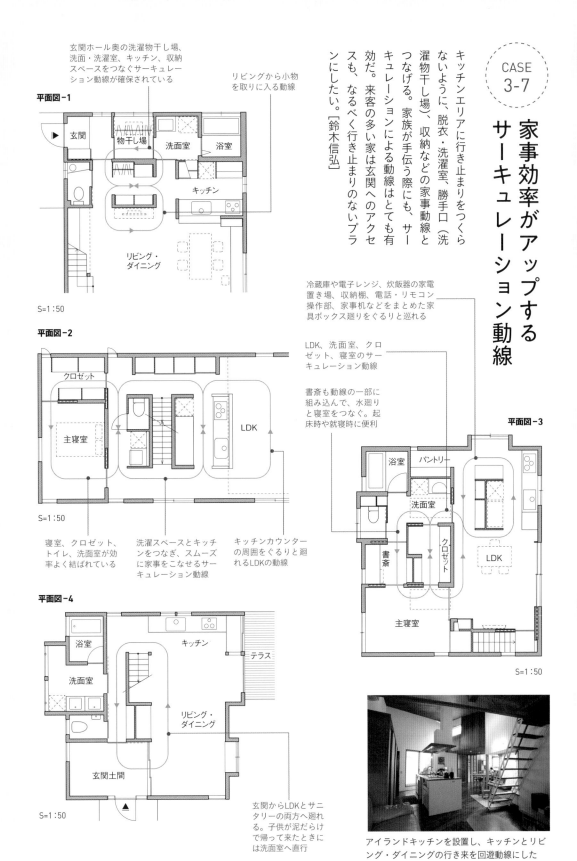

CASE 3-7

家事効率がアップするサーキュレーション動線

キッチンエリアに行き止まりをつくらないように、脱衣・洗濯室、勝手口（洗濯物干し場）、収納などの家事動線とつなげる。家族が手伝う際にも、サーキュレーションによる動線はとても有効だ。来客の多い家は玄関へのアクセスも、なるべく行き止まりのないプランにしたい。［鈴木信弘］

平面図−1

玄関ホール奥の洗濯物干し場、洗面・洗濯室、キッチン、収納スペースをつなぐサーキュレーション動線が確保されている

リビングから小物を取りに入る動線

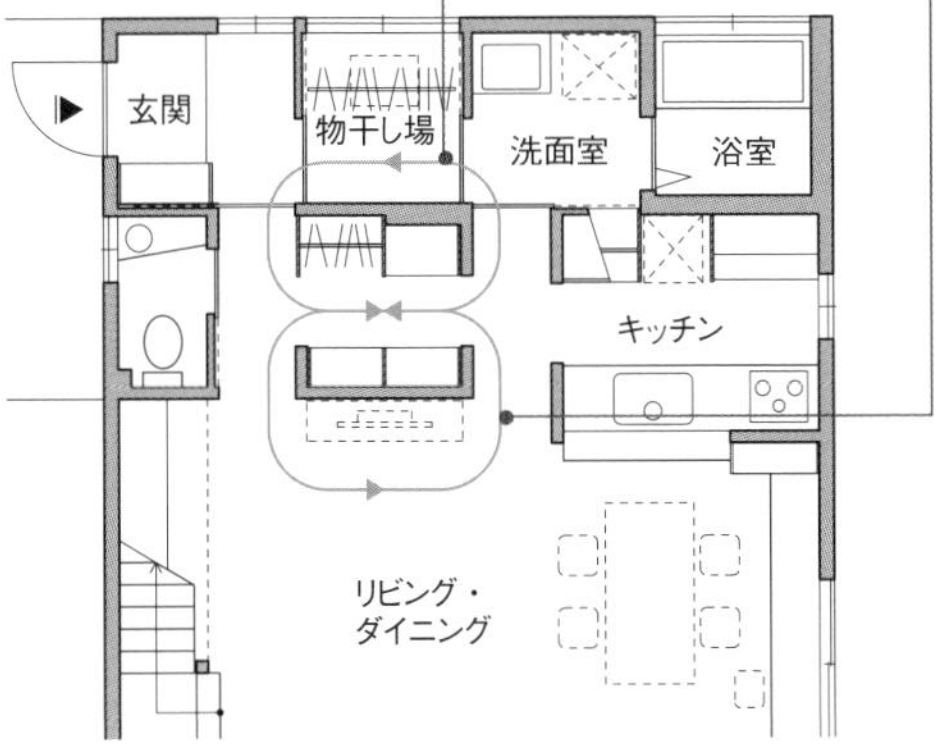
玄関
物干し場
洗面室
浴室
キッチン
リビング・
ダイニング

S=1：50

平面図−2

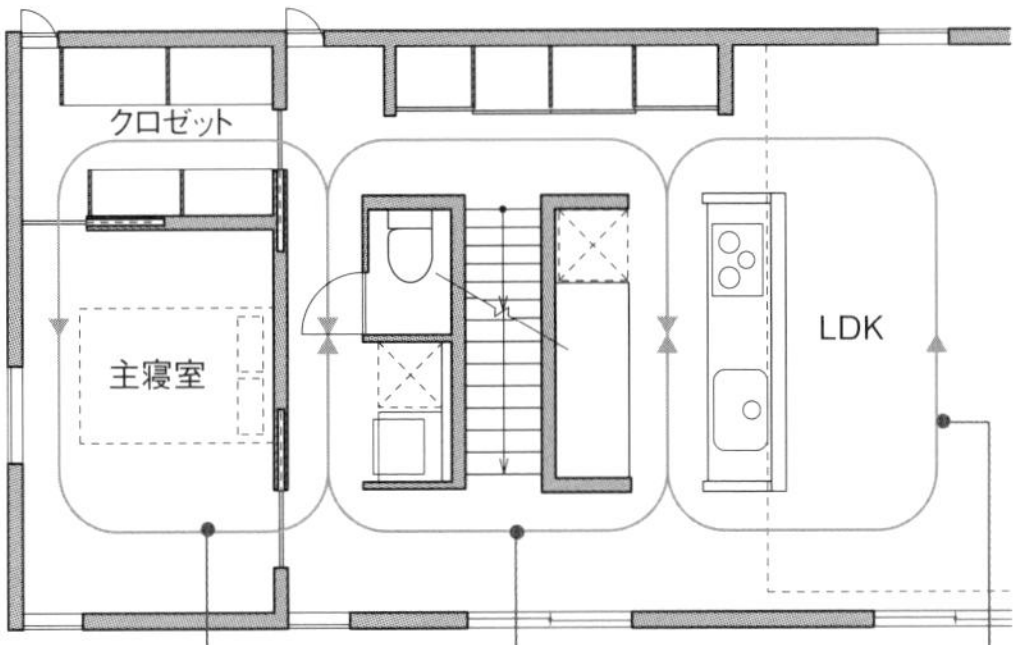
クロゼット
主寝室
LDK

S=1：50

寝室、クロゼット、トイレ、洗面室が効率よく結ばれている

洗濯スペースとキッチンをつなぎ、スムーズに家事をこなせるサーキュレーション動線

キッチンカウンターの周囲をぐるりと廻れるLDKの動線

平面図−3

冷蔵庫や電子レンジ、炊飯器の家電置き場、収納棚、電話・リモコン操作部、家事机などをまとめた家具ボックス廻りをぐるりと巡れる

LDK、洗面室、クロゼット、寝室のサーキュレーション動線

書斎も動線の一部に組み込んで、水廻りと寝室をつなぐ。起床時や就寝時に便利

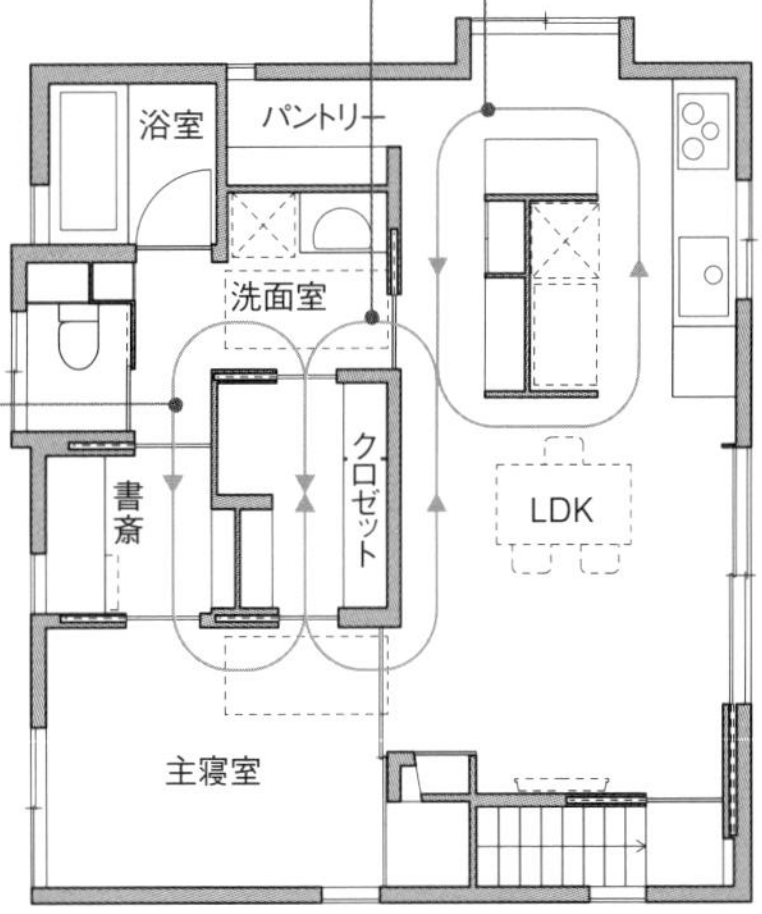
浴室
パントリー
洗面室
書斎
クロゼット
LDK
主寝室

S=1：50

平面図−4

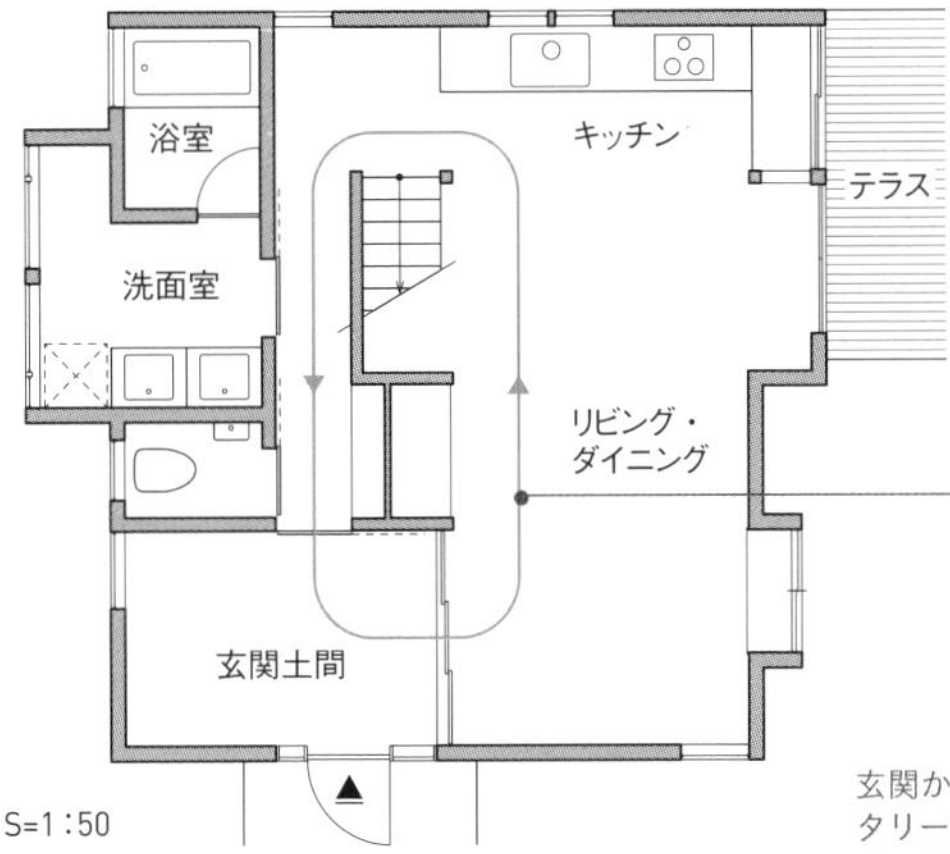
浴室
キッチン
テラス
洗面室
リビング・
ダイニング
玄関土間

S=1：50

玄関からLDKとサニタリーの両方へ廻れる。子供が泥だらけで帰って来たときには洗面室へ直行

アイランドキッチンを設置し、キッチンとリビング・ダイニングの行き来を回遊動線にした

CASE 3-8

建具は引戸に吊りレールでスッキリ

空間をつなげておきたい場所は引戸、閉めておきたい場所はドアと決めている。したがって小さな住まいは、ほとんど引戸で設計することが多い。風を通し、開放的に暮らすことができる。床にレールを用いるVレールもよく使うが、吊り式のレールのほうが重宝する。[鈴木信弘]

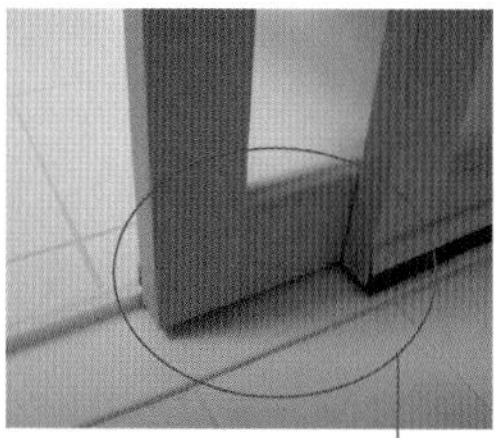

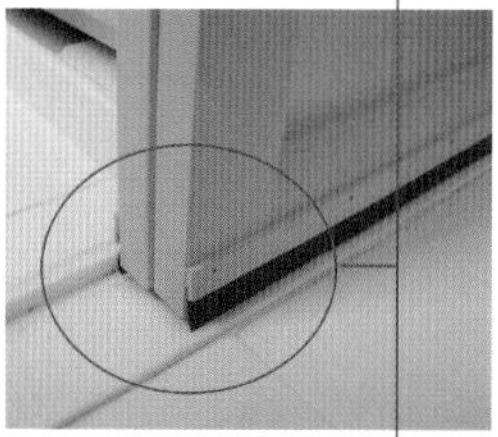

バリアフリーの浴室入口を、軽い力で開け閉めができる吊り戸にした。排水があふれるのを防ぐために、サッシ用の隙間ゴムをヘラ状に取り付けている

浴室入口の引違い戸。垂れ壁をかぶせることにより、湯気が通過しにくい形状とした

引戸を壁内に引き込むようにすると見た目はよいが、手を挟んでしまう事故が多い。したがって完全に引き込まないようにすることを勧めたい

CASE 3-9

排熱(夏)と暖気循環(冬)の仕組みで温度環境を整える

冬は上昇してくる暖気を、ダクトを経由し床下まで下ろし、夏は高所にたまる熱気を直接外部に排気する仕組みをつくり、効率よく快適な温度環境を整える。いずれに使用するファンも温度スイッチ(写真には写っていない)と連動させると設定温度で自動的にON、OFFする。下りダクト先端は天井最高部に近いと効率がよい。[野口泰司]

ダクト廻り断面図

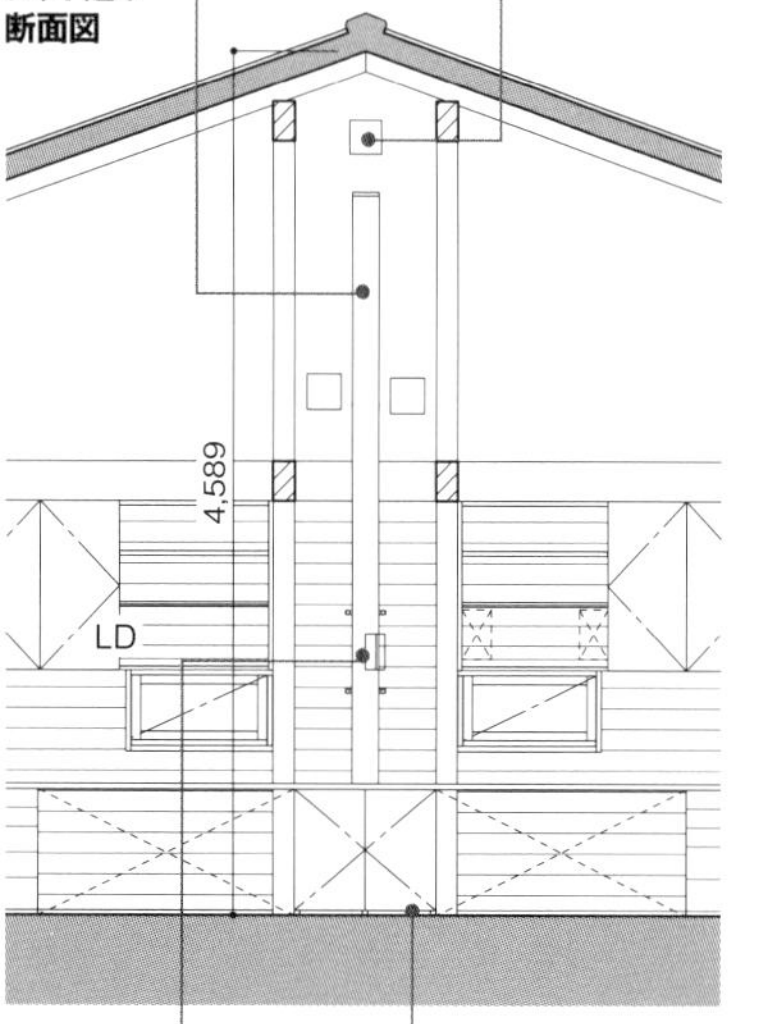
下りダクトは直径150㎜。オイルペンキ塗り
化粧前板付きの排気ファン
S=1:80
筒状ファンもオイルペンキ塗りでなじませる
暖気吹出し口(幅木位置)

冬期は、写真中央の白いダクト先端から暖気を吸い込み、家具下部から床上に吹き出す。夏季は、ダクト先端上部に設置された排気ファンにより、上昇してくる熱気を排熱する

CASE 3-10

エレベーターを設置する場所を見込んでおく

リビングを2階へ設置するよう提案すると、将来への不安からエレベーターの設置を求められることがある。その場合、1坪分の収納などを各階に設置して、将来のリフォームで容易に設置ができるようにしている。実際には設置した例はまだないし、階段昇降機もあるので必要かどうかは疑問であるが、不安は解消されるようだ。［鈴木信弘］

図-1の住宅。キッチン右手の壁前（左写真参照）、掃出し窓の左手（右写真参照）にエレベーターを設置する予定

エレベーター設置予定位置の平面図-1

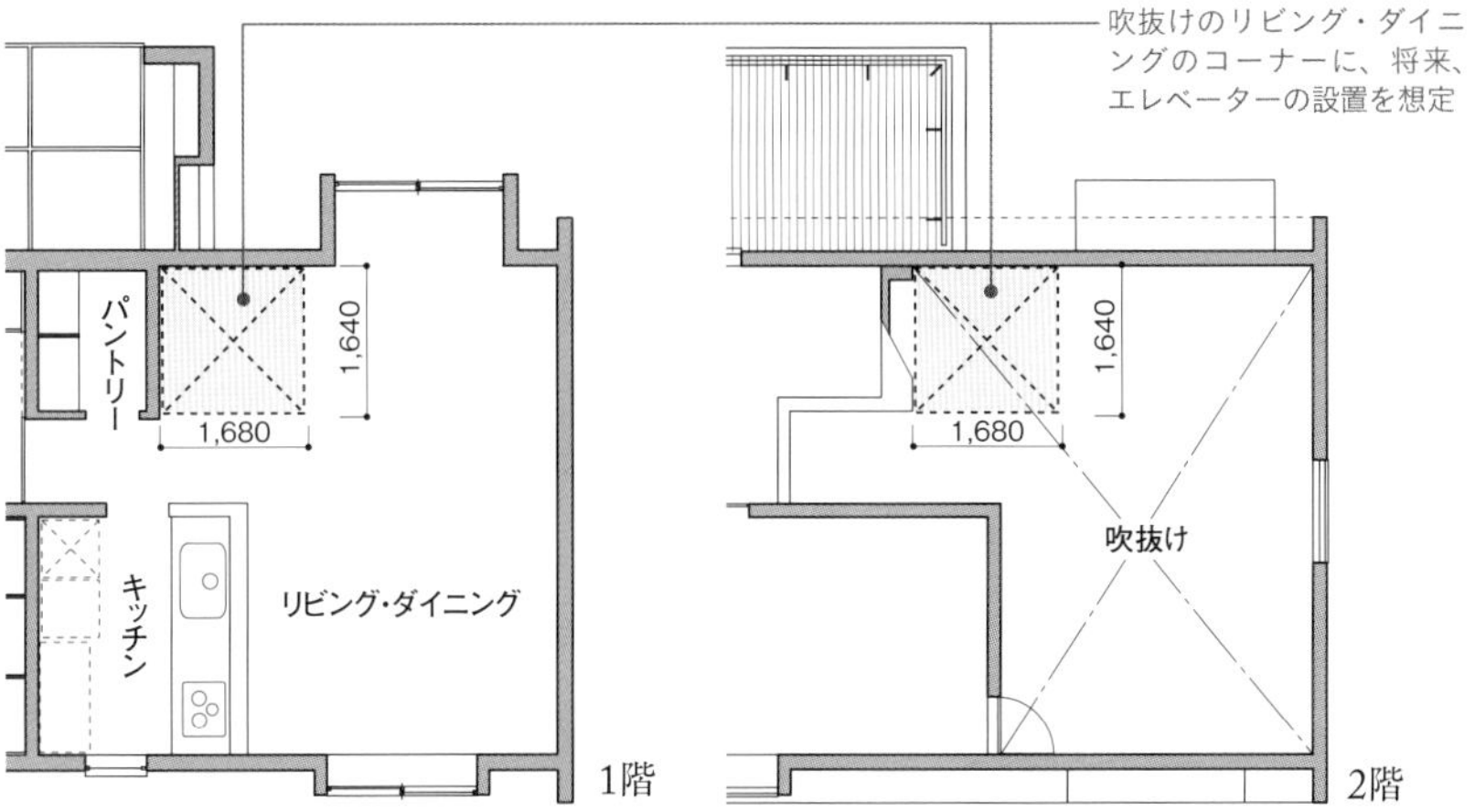

S=1：150

エレベーター設置予定位置の平面図-2

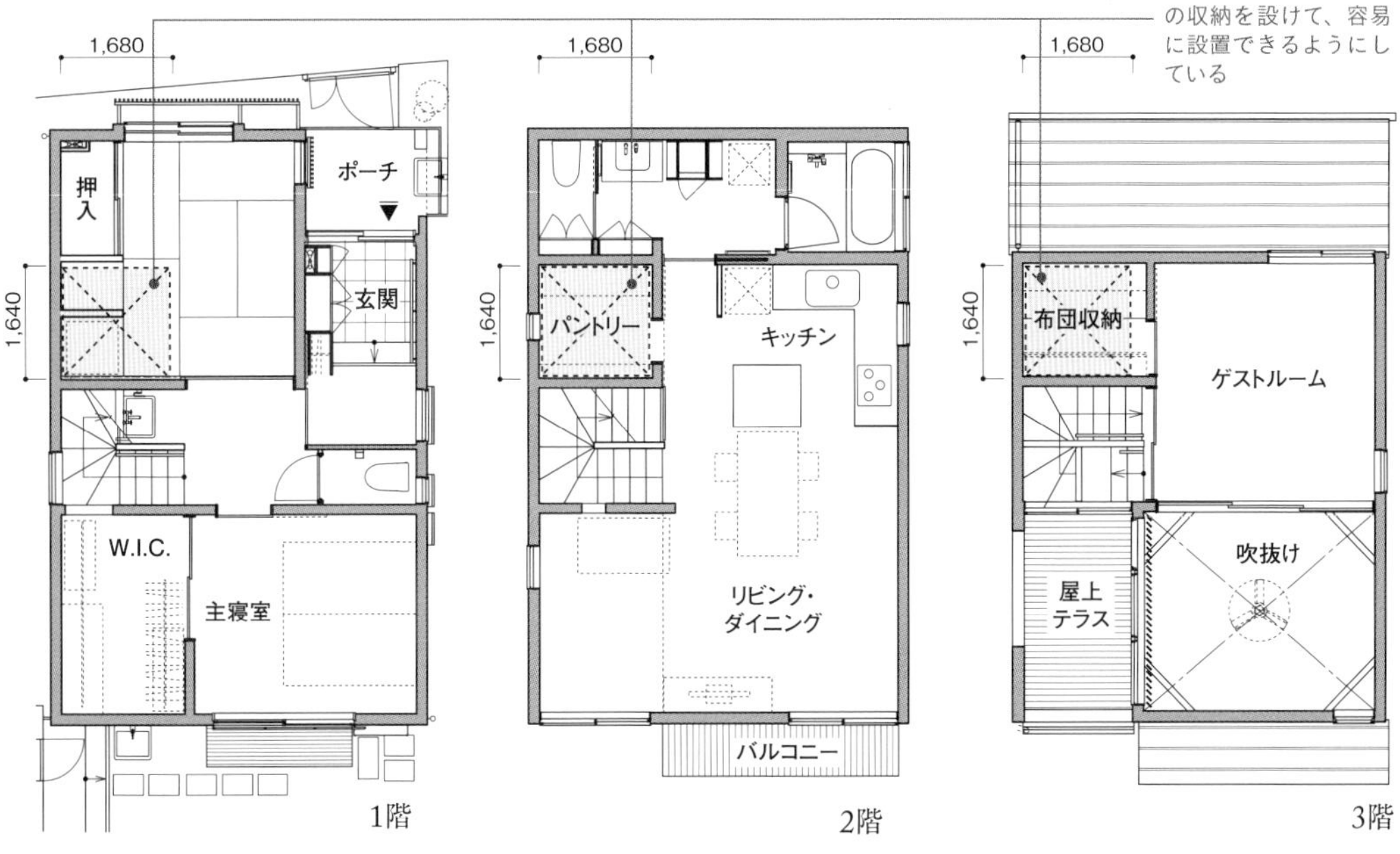
将来、エレベーターを設置する予定の3階建て住宅。1階の和室は改築の必要があるが、2階、3階にはあらかじめ1坪の収納を設けて、容易に設置できるようにしている

S=1：150

CASE 3-11

介護が必要な母親の空間をコンパクトにまとめる

都内の閑静な住宅地だが、隣家が接近する狭小、旗竿型の敷地である。介護が必要になった母親の空間を1階に設けた。車椅子での出入りをスムーズにするため、ウッドデッキから入室できる動線を確保し、寝室からトイレや浴室へも入ることができる。ほかに共用のダイニング・キッチンを配置し、2階は子世帯スペースとした。

右写真は、1階の寝室前のウッドデッキから門を見返したもの。左の写真は門からウッドデッキを見たところで、左側のアプローチが車椅子のためのスロープになっている

1階平面図

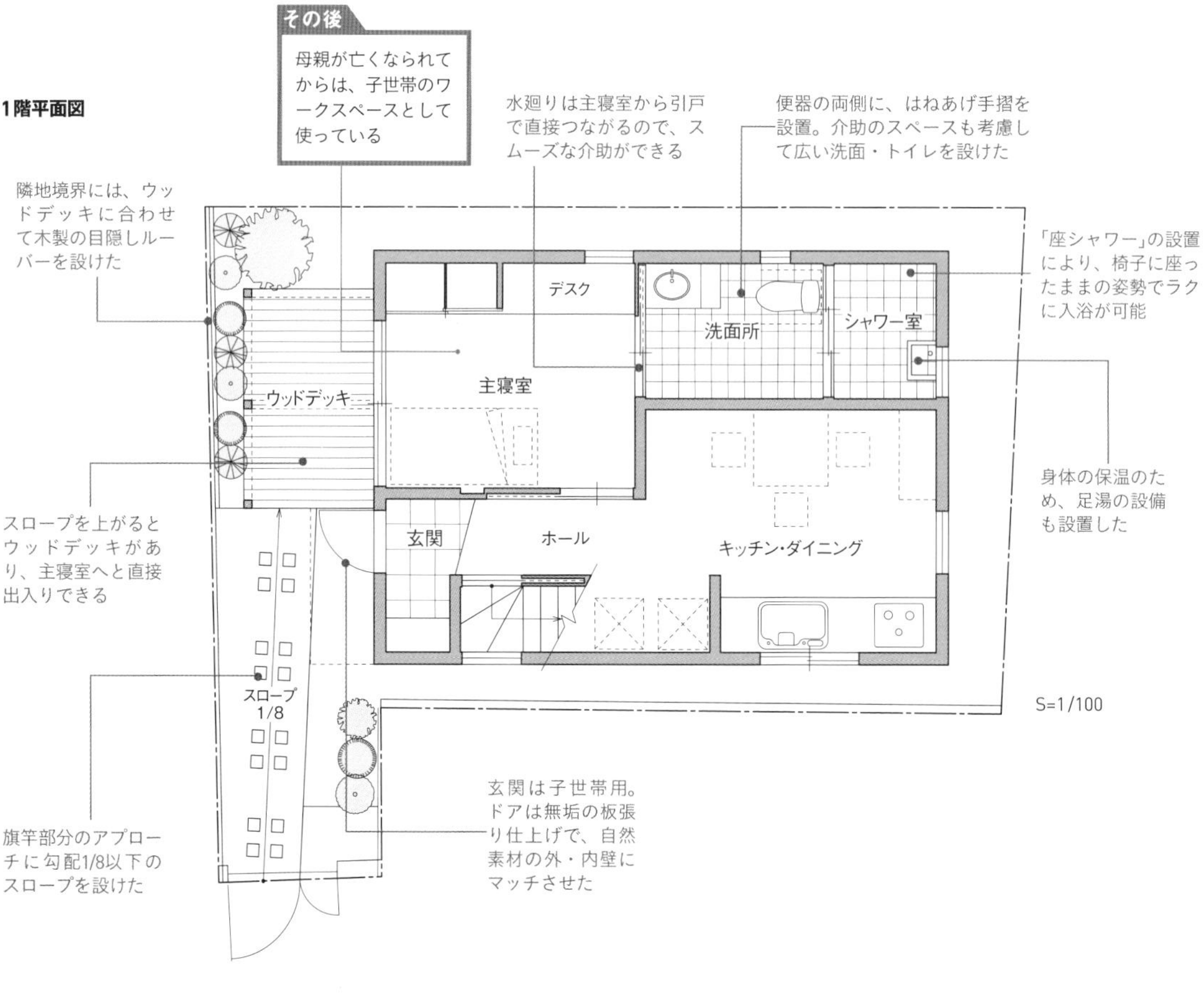

その後
母親が亡くなられてからは、子世帯のワークスペースとして使っている
水廻りは主寝室から引戸で直接つながるので、スムーズな介助ができる
便器の両側に、はねあげ手摺を設置。介助のスペースも考慮して広い洗面・トイレを設けた
隣地境界には、ウッドデッキに合わせて木製の目隠しルーバーを設けた
「座シャワー」の設置により、椅子に座ったままの姿勢でラクに入浴が可能
デスク
洗面所
シャワー室
主寝室
ウッドデッキ
身体の保温のため、足湯の設備も設置した
スロープを上がるとウッドデッキがあり、主寝室へと直接出入りできる
玄関
ホール
キッチン・ダイニング
スロープ
1/8
S=1/100
旗竿部分のアプローチに勾配1/8以下のスロープを設けた
玄関は子世帯用。ドアは無垢の板張り仕上げで、自然素材の外・内壁にマッチさせた

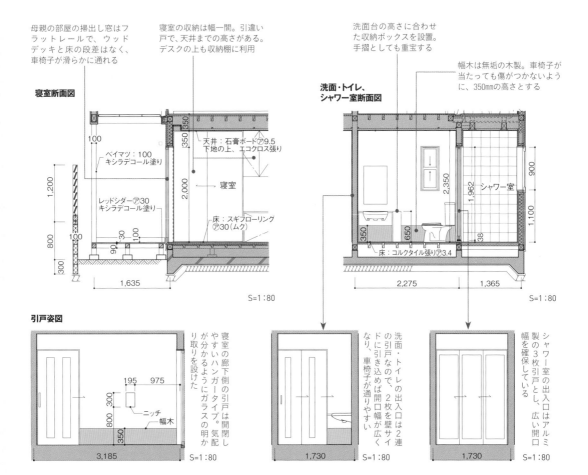

高齢の母親は車椅子を使用しているため、通路幅は1mを確保し、建具は引戸を多用。ハンガーレールとしたので、ラクに開閉ができる。もちろん、床に段差はない。寝室の内装は自然素材で仕上げ、落ち着いた色調にした。［豊田悟］

母親の部屋へはウッドデッキから車椅子で出入りできる。床は無垢のスギ板フローリングで、30㎜と厚くした。壁は身体にやさしい珪藻土仕上げである

洗面・トイレの床は耐水・クッション性に優れたコルクタイル。高齢の母親にやさしい仕上げである

寝室の奥には専用の水廻りを設置。入口は引戸で床はフラット。洗面・トイレの先のシャワー室まで車椅子で入ることができる。共用のダイニング・キッチンは右手の奥にある

母親の部屋の掃出し窓はフラットレールで、ウッドデッキと床の段差はなく、車椅子が滑らかに通れる

寝室の収納は幅一間。引違い戸で、天井までの高さがある。デスクの上も収納棚に利用

洗面台の高さに合わせた収納ボックスを設置。手摺としても重宝する

幅木は無垢の木製。車椅子が当たっても傷がつかないように、350㎜の高さとする

寝室断面図

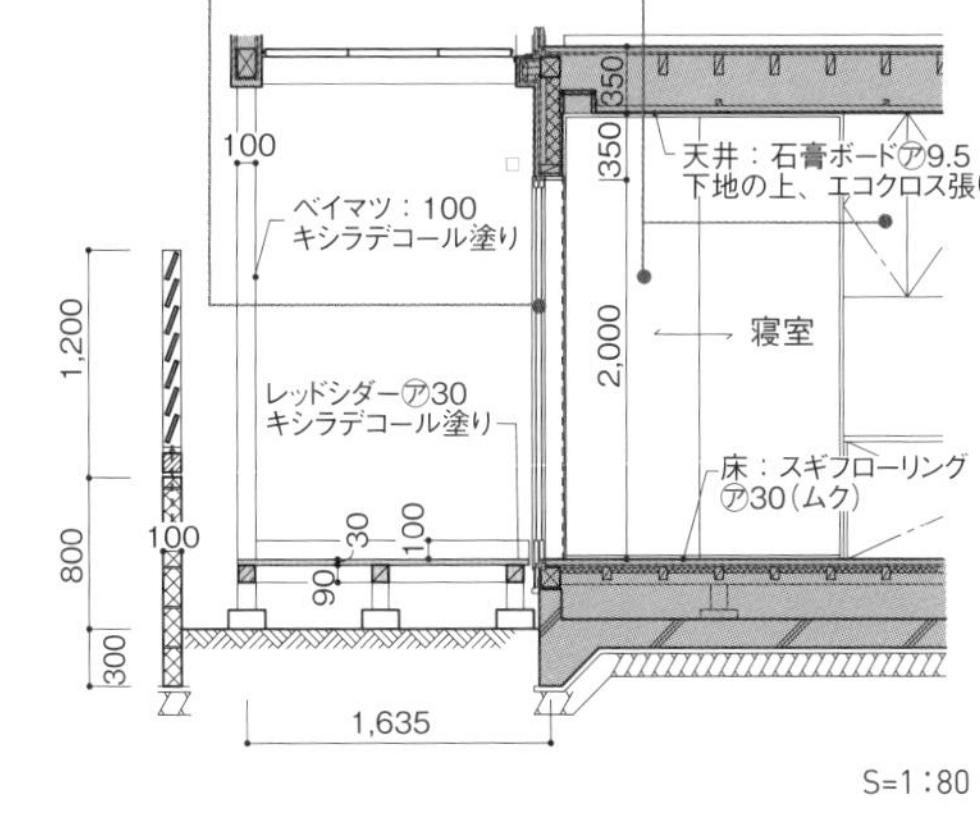

100
ベイマツ：100
キシラデコール塗り
1,200
レッドシダー㋐30
キシラデコール塗り
800
300
100
90
30
100
350
350
2,000
天井：石膏ボード㋐9.5
下地の上、エコクロス張り
寝室
床：スギフローリング
㋐30（ムク）
1,635

S=1：80

洗面・トイレ、シャワー室断面図

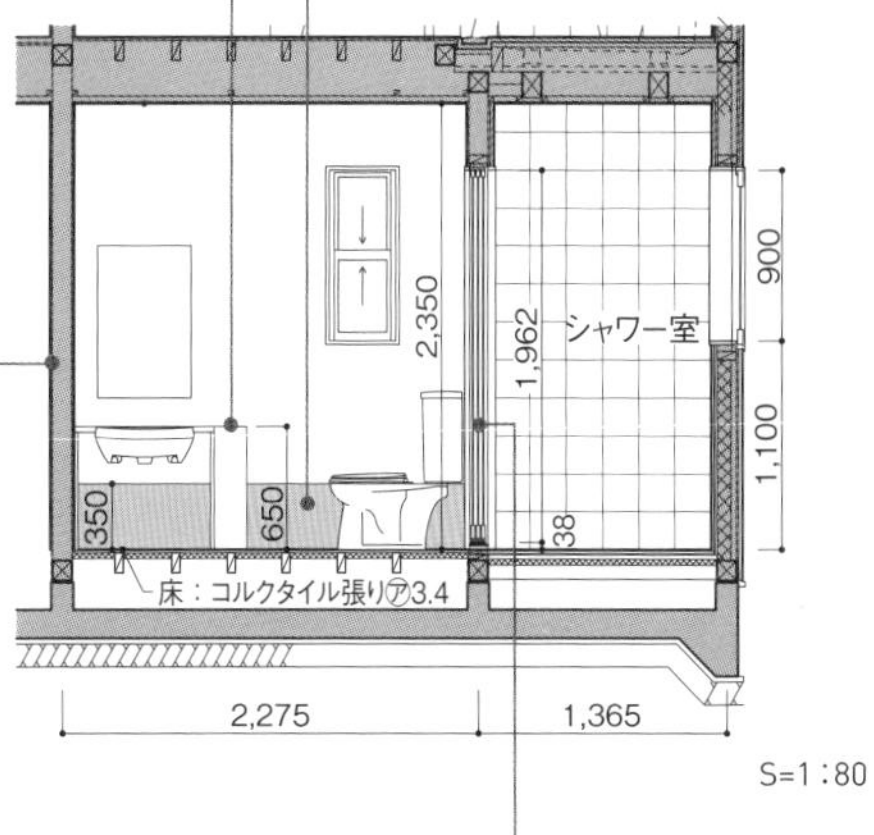

2,350
1,962
シャワー室
900
1,100
350
650
38
床：コルクタイル張り㋐3.4
2,275
1,365

S=1：80

引戸姿図

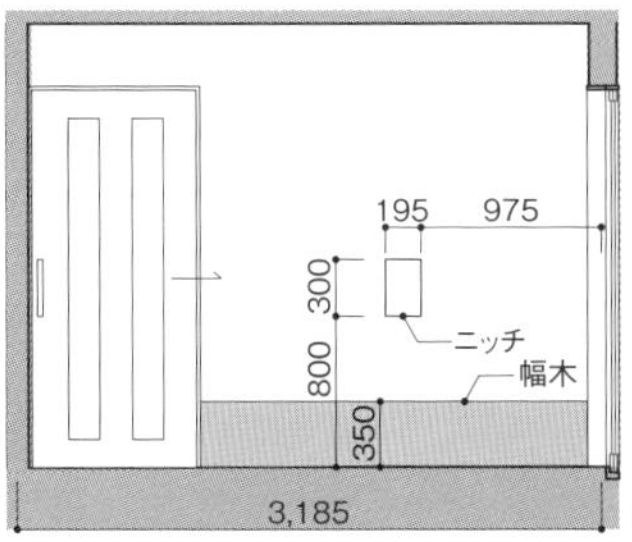

195
975
300
800
350
ニッチ
幅木
3,185

S=1：80

寝室の廊下側の引戸は開閉しやすいハンガータイプ。気配が分かるようにガラスの明かり取りを設けた

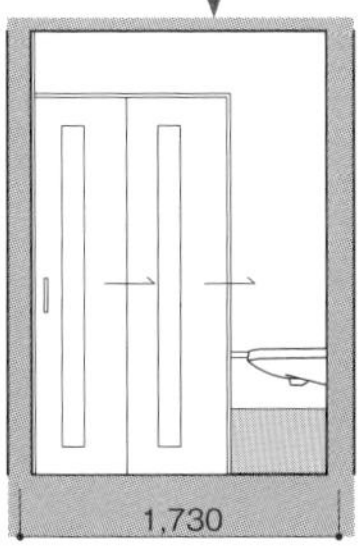

1,730

S=1：80

洗面・トイレの出入口は2連の引戸なので、2枚を壁サイドに引き込めば開口幅が広くなり、車椅子が通りやすい

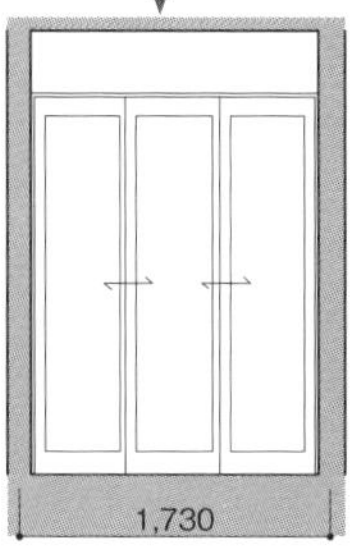

1,730

S=1：80

シャワー室の出入口はアルミ製の3枚引戸とし、広い開口幅を確保している

建築家の二世帯住宅を訪ねる②

「北嶺町《きたみねまち》の家」

決めるべきことを見定め
最大限に自由に住みこなす

屋根緑化を行った屋上／最上階の主寝室の断熱のために屋根緑化を行った。12年を経過し、野草が根付いている

室伏次郎（むろふし じろう）
1940年東京都生まれ。1963年早稲田大学理工学部建築学科卒業。坂倉準三建築研究所勤務。1971年独立アーキビジョン設立。1975年阿部勤とアルテック建築研究所設立。1984年スタジオアルテック設立、現在に至る。神奈川大学工学部建築学科名誉教授。2010～2012年（社）日本建築家協会副会長

巧みな面取り／コンクリートの開口部に施された面取りの陰影が美しい

「**北嶺町の家**」1971年竣工。建築家室伏次郎と叔母の二世帯住宅として室伏次郎氏が設計。RC壁式構造、地上4階建て
敷地面積：71.92㎡　延床面積：177.00㎡（竣工当時）

北側ペリメータスペースの玄関／鉄筋コンクリートの厚い壁の存在感が圧巻。両側に小さな腰壁が立ち上がる開口のプロポーションが特徴的である

究極のローコスト住宅として誕生

40年前、若干30歳の室伏次郎さんが自邸である「北嶺町の家」を計画されたとき、限られた資金で家をもつため、奥様の久子さんの叔母様ご一家と共同で建築することになりました。学齢期を迎える2人の男の子のいる4人家族の室伏家と、ご夫婦と高校生の長男の3人家族の叔母様一家との二世帯住宅でした。

「北嶺町の家」は1971年、当時、鉄筋コンクリート造なら坪30万～35万円かかるといわれたところを坪13万円という破格のコストで建設されました。機能を満たしたうえで価格を抑えたものをローコスト住宅というのなら、ローコスト住宅とさえいえないほどの究極のローコストだった、と室伏さんは当時を懐かしむかのように笑顔で語ります。

しかし、予算が限られているほど、住宅に求めるものは純化してきます。「北嶺町の家」では、それはシェルター機能としての確固としたコンクリートの壁でした。①揺るぎないシェルターの中に自由な空間を与える。②ムロフシ印のデザインをしない。③デザイン要素としてはプロポーションとコンクリートの壁の面取りのみ。以上がローコストのための「北嶺町の家」の設計ルールでした。

建築家としての設計テーマ

これまでも建築雑誌に幾度か取り上げられてきた「北嶺町の家」が究極のローコスト住宅であったというのは、室伏さんらしくあるものの、それ以外に建築家室伏次郎の設計コンセプトが当然あるはずです。

「北嶺町の家」が竣工する直前の1960年代は、東京オリンピックに向け東京のインフラが大改造され都市化が急進した時代でした。建築家が都市型の住宅を設計するとき、開口部の少ない外壁で囲み込み、中庭など私的なスペースに開放したミクロコスモスをつくる手法が選ばれた時代でもあります。そんな時代背景のなか、室伏さんは、閉じたハコの中に個々が安住するのではなく、街と個を結ぶものを模索し、閉じたハコにどのようなアナを開けるかということをテーマとしたと言います。壁はあくまでも純粋な壁であること。壁に開けたアナはあくまでも純粋なアナであること。つまり、どうしたらコンクリートの壁にサッシなどを取り付けず、純粋な開

3階の家族のスペース／吹抜け部分に置き床として設置した4階の床と階段は可動で、その時々の住み方に応じて移動する

増設できる床・動く階段で、成長する家族にアジャスト

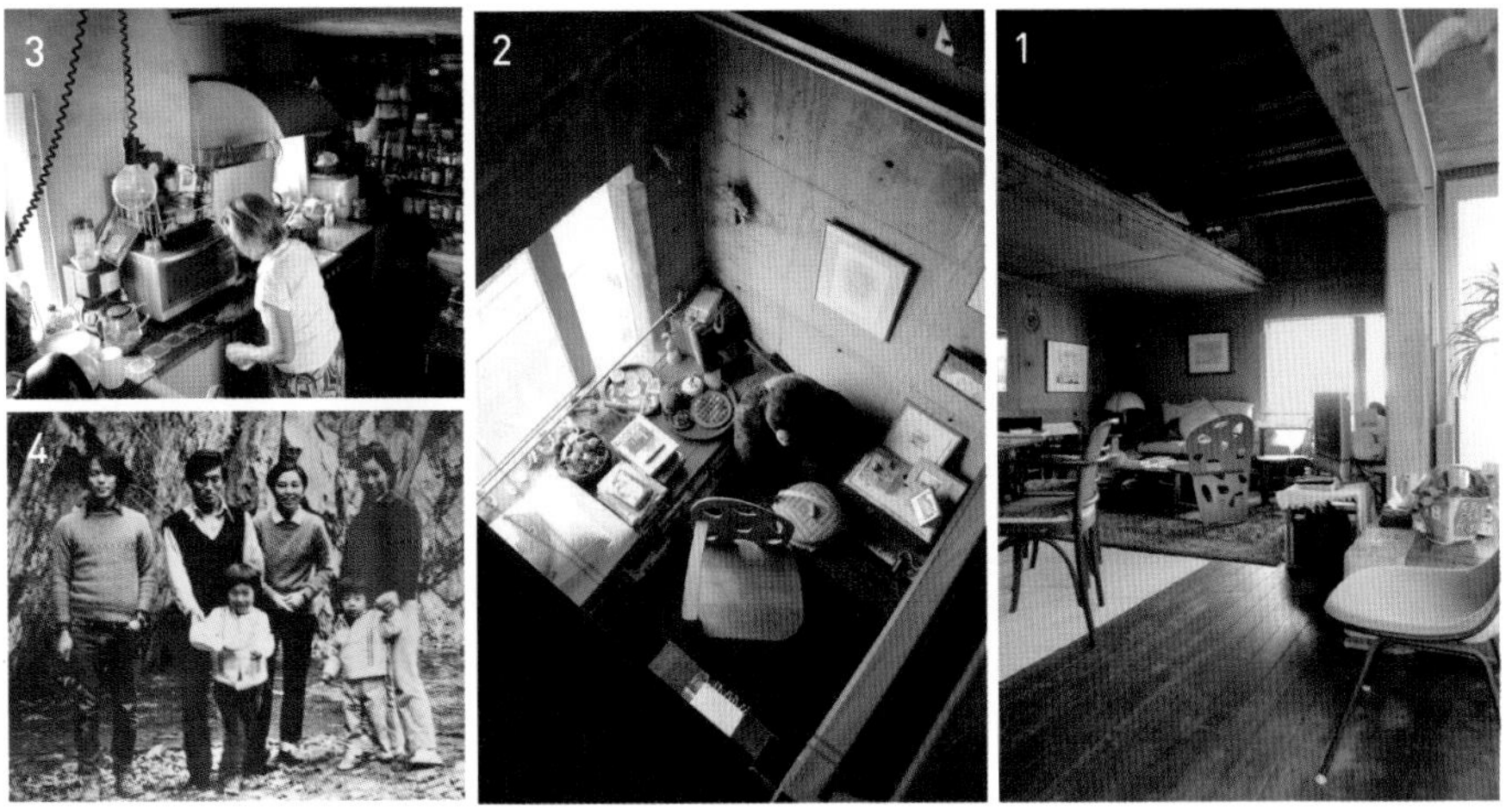

1 内と外との中間にあるペリメータスペース／室内であったり、外階段につながる土間空間であったりする
2 現在のリビングを4階から見下ろす／3階の家族のスペースは東側に吹抜けのリビングがある。竣工時は西側にもう1つ吹抜けがあった
3 現在のキッチン／2度目の改修でキッチンも移動した。竣工時はこのキッチンの奥に浴室とトイレがあった
4 竣工時の住まい手／「北嶺町の家」に住み始めたころの、室伏一家と叔母様一家

口をもつ壁にできるか。これが、ローコスト住宅の計画のなかでの、建築家・室伏次郎の命題だったのです。164ページの図で説明するように、サッシを取り付けるペリメータスペース（本体に対し、周囲のスペース）を設けるアイデアがこれを解決しています。そしてこのペリメータスペースは、変幻自在な動線としてその後の「北嶺町の家」の住み方の変遷に、大変重要な役割を果たすことになります。

当事者としての二世帯住宅設計作法

実際の設計は、久子さんからも、叔母様一家からも意見は聞くものの、具体的なプランニングはほぼおまかせという状況で進められました。縦、横が4×9mという長方形の床の両袖に75㎝と1.3mの幅の床がついた平面が各戸2層ずつの4階建ての計画です。コストを抑えるため、二世帯それぞれのデザインをする余地がないのであれば、できる限り公平につくる、というのが当事者として設計する室伏さんの決めた設計作法でした。1階、2階を叔母様一家、3階、4階を若い室伏さん一家として割り当て、それぞれのメインフロアである2階、3階は同じプランにしています。上階になる室伏邸にはトップライトを取り付けることも可能ですが、これも両世帯公平にという配慮から採用しなかったと言います。この「作法」という感覚が室伏さんのストイックな人柄とともに住宅計画の本随を表しているように感じられます。

元より親戚つきあいはあったものの、二世帯住宅に住み、叔母様の家にお茶などによばれるようになると、その住まい方に影響を受けたと久子さんは言います。同じコンクリートのハコの中で、調度品の色やファブリックスの使い方が豊かで楽しいものであったこと、物は有り合わせではなく選んで買うが、高価な物やブランドにしばられることのない選択をすること、お金をかけなくともゆったりと暮らすこと、叔母様一家のこれらのライフスタイルを、二世帯住宅で寄り添って暮らすなかで学んだということでした。

さまざまな街の人の反応

大田区の住宅地に現れた鉄筋コンクリート造の建物に対する周囲の反応もさまざまでした。家庭訪問に見えた息子さんの担任の先生は「ああ、やっぱり室伏君はこういうところで暮らしているんですね」と言い、久子さんの弟さんは、「こういうところ（コンクリート打放しの壁際）で寝てるんだ」と漏らしました。CMにロケハンされたことも幾度か。また、「ここは何をするところですか？」と2階の玄関まで上がってきた人もあったといいます。街から見た「北嶺町の家」は普通の住宅とは明らかに異なる風貌でありながら、人を惹き付けるものがあったということでしょう。

第3期／1981年〜
叔母世帯の引越し・第2回改修

第2期／1973年〜
室伏世帯第１回改修

第1期／1971年竣工〜
二世帯住宅としての暮らし

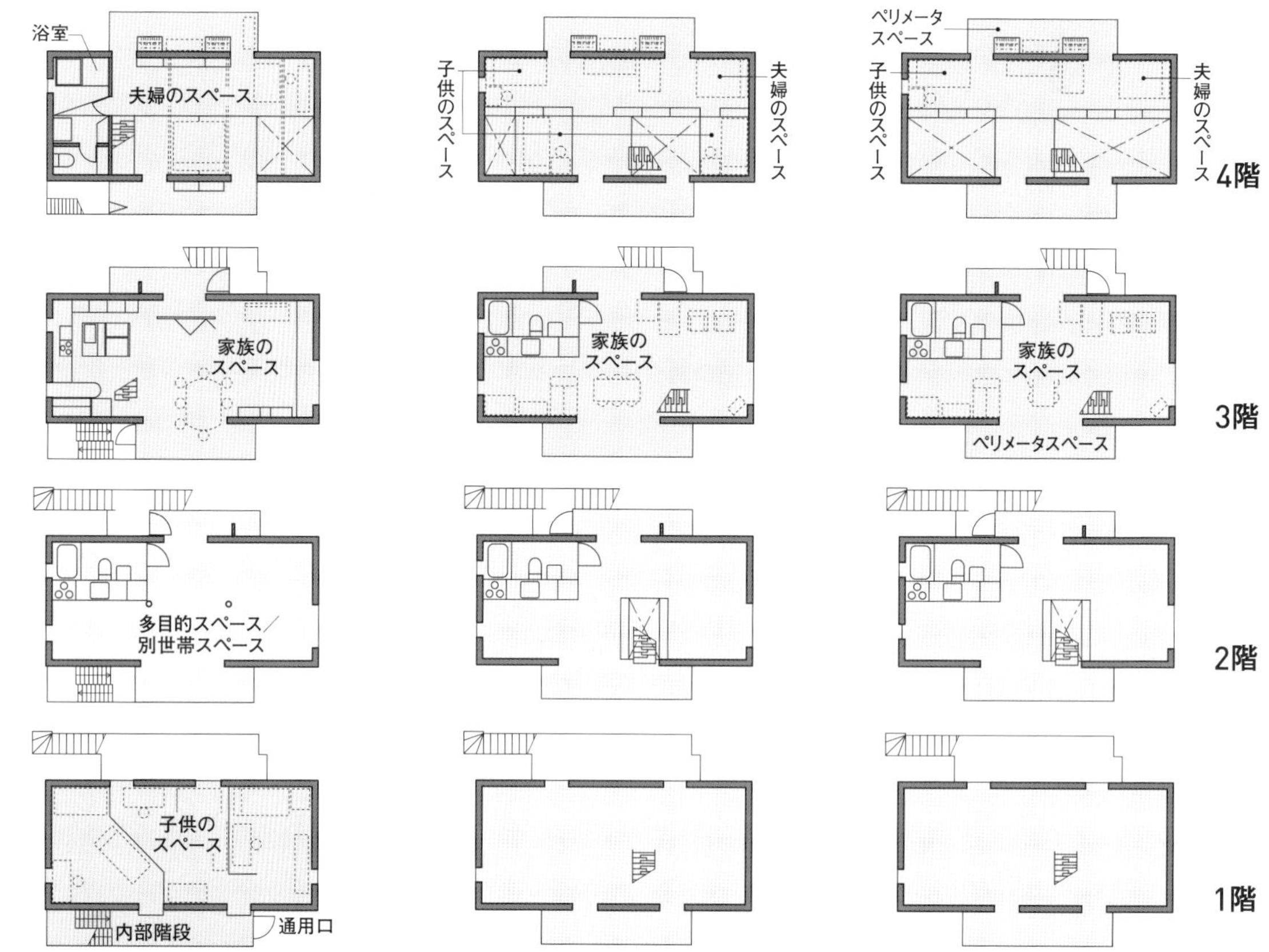

叔母一家が引越し。1階、3階、4階を室伏世帯が使用する。2階を多目的スペースまたは、賃貸スペースとするため1階、2階の内部階段を廃止。1階を子供たちのフロアとし、通用口を設置する。1階から4階までの内部階段を設置。3階の浴室・トイレ・洗面室を4階に移動しキッチンを拡張する。可動階段の位置を変更する

第三子誕生のため吹抜け部分に床板を置き増床。4階に子供のためのスペースを3カ所、夫婦のスペースを1カ所設置する。可動家具によりそれぞれの空間を仕切る

室伏世帯：夫婦＋学齢期を迎える男児2人(4人家族)
叔母世帯：夫婦＋高校生男子(3人家族)
基本階となる2階と3階は同一プラン。叔母世帯は、階段を下って1階寝室へ。室伏邸は吹抜け部分の可動階段を上がって4階寝室へ

決めないこと　自由に住む

室伏さんの住宅観の原点は自由に住むということです。自由に住むことは自由に生きることでもあります。そして人の暮しは変化するのだから、自由に住むためには、決めるべきことと決めないでおくことを見極めるのが重要だというのです。むしろ竣工の段階ですべてがきっちり決め込まれているのはもったいないことだともいうのです。

「北嶺町の家」で決めるべきことは、外部に対しアナを開けたコンクリートの躯体でした。コンクリートの壁は住む人に安心感をもたらすシェルターの機能を果たします。そのうえで建具のある外皮を通して、街と関わりをもった生活が可能になるのです。プライバシーが保たれるという関係が成り立つとき、シェルターの中で家族は自由に振る舞えます。ただし、この自由には作法が必要です。自分が自由に振る舞うためには、他者の自由も尊重しなければならず、そのためには自分の自由を控える気遣いや、無作法にならずに互いをかわせる配慮が必要で、それには音や気配が伝わっても視線からは解放されることが重要だと室伏さんは考えています。二世帯住宅でもまったく同様の配慮が必要でしょう。

築40年の「北嶺町の家」の変遷

自在な動線と動く床で自由に住む

1 4階の寝室／写真左手はコンクリートの床。右手は可動の置き床である。自在に位置を変えたり、外して吹抜けにすることもできる。山形の斜材は、床のたわみを補正するために2回目の改修の際に設置した

2 1階の書斎／第3期は1階部分を均等に分割した子供室が3室あったが、子供たちの独立後は、室伏さんの仕事部屋と予備室として使用している

3 1階から屋上を結ぶ外階段／南側ペリメータスペースが、仮設足場材による外階段と各階の部屋とをつなぐ動線空間となっている

インタビューは2012年8月に行った。写真は神田雅子、鈴木信弘の撮影による

第4期／2000年～現在
第3回改修

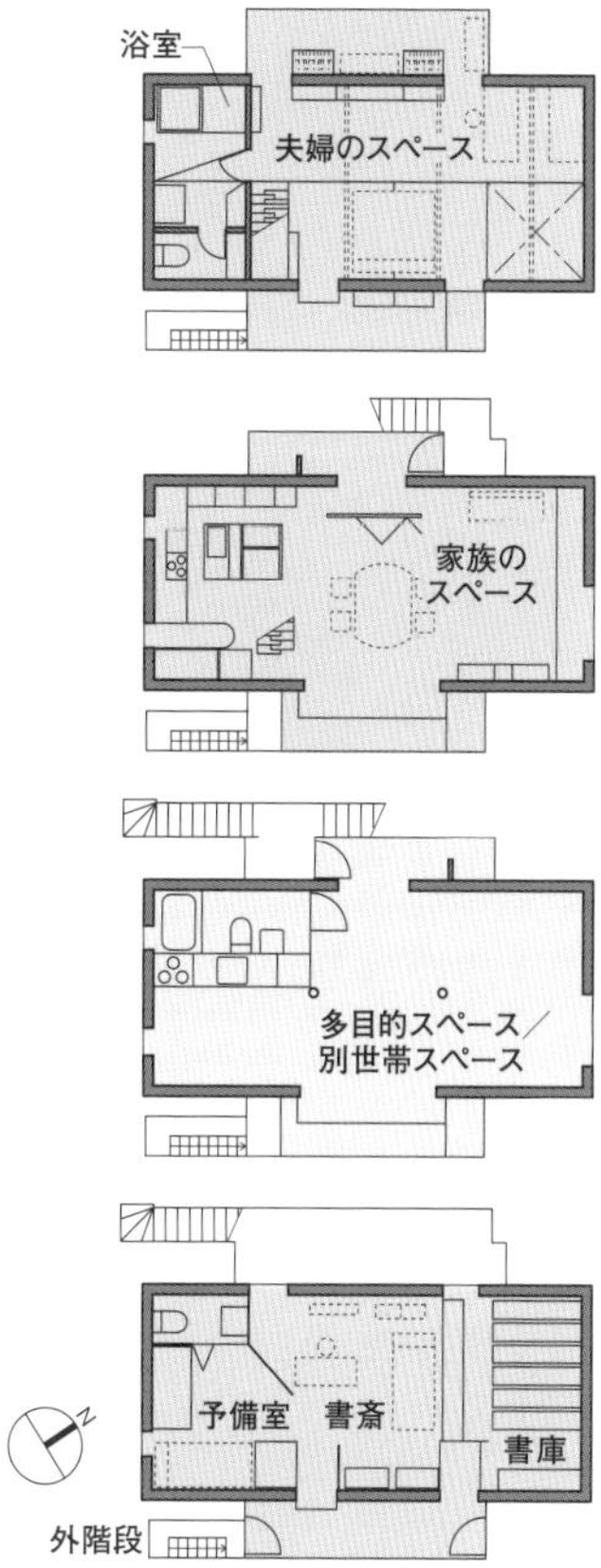
浴室
夫婦のスペース
家族の
スペース
多目的スペース／
別世帯スペース
予備室
書斎
書庫
外階段
N

1階の2部屋を書庫と予備室に設え、トイレを新設。1室を三男の自室とし、独立後は室伏次郎の書斎とする。屋上緑化に伴い内階段を取りやめ、1階から屋上までペリメータスペースに外階段を設置する。これにより完璧に、将来の変化に対応可能な動線が確保された

- 室伏世帯
- 叔母世帯
- 賃貸スペース

とくに若い家族構成であった室伏家では、この家で3人目の息子さんの誕生を迎え、子供たちの成長する状況に応じ内部をさまざまに設えてきました。3階の吹抜けに床板を渡して4階の床を増床したり、家具や階段までも可動のものとして空間をさまざまに構成し住みこなしてきていますが、この過程で、ペリメータスペースが、その時々の動線として機能しているのがわかります。

大きな変化が訪れたのは、1981年に叔母様一家が生活の場を郊外に求めて「北嶺町の家」を出たときです。1階を高校生から小学生までの3人の息子さんたちのフロアとし、2階は多目的スペースや別世帯に貸すことになりました。このため、1階、2階を結ぶ内部階段を取りやめ、ペリメータスペースに1階から4階を結ぶ階段を増設。同時に1階に新たな通用口を設け、子供たちが1階からでも3階からでも自由に出入りできるようにしました。思春期を迎える子供たちと両親との日常の軋轢を解き放つ判断でした。

2000年には屋根断熱対策として屋上緑化を行ったのに合わせ、ペリメータスペースの階段を屋上までの外階段に変更しています。これにより「北嶺町の家」は、すべてのスペースに至る完璧な動線をもつことになりました。近く、三男夫婦との二世帯住宅としての生活が始まるそうですが、将来のいかなる状況の変化にも対応できるということが、住むうえでの何にも勝る解放感であると室伏さんは語っています。 ［服部郁子］

執筆者プロフィール［五十音順］

本書は横浜の建築家グループ、「area045」がまとめたものです。「area045」(エリアゼロヨンゴ)とは、電話の局番が045の地域＝「神奈川県横浜市」に活動の拠点を置く、年齢も作風もさまざまで個性的な建築家のグループです。住宅の設計者を探している方々が最適な建築家と出会うための情報フォーラムを自主運営しています。
http://www.area045.com

青木 恵美子

横浜市生まれ／日本女子大学住居学科卒業／大成建設設計部、松井文二建築設計事務所を経て、一九九二年AAプランニング設立／一九八七年～一九九〇年海外建築家リチャード・ロジャース、ザハ・ハディトのプロジェクトに参画／日本建築家協会JIA神奈川第7代代表・神奈川県建築士審査会議長などを歴任

荻津 郁夫

一九五四年秋田市生まれ／京都大学修士課程修了／山下設計、設計組織アモルフパートナーを経て、一九九四年荻津郁夫建築設計事務所設立／二世帯住宅＋地ビール工場＋蔵を改装したレストラン「あくら・フォー・スクエア」で秋田市都市景観賞'99受賞

神田 雅子

東京都生まれ／一九九十年東京藝術大学美術学部建築科卒業／一九九二年東京藝術大学大学院美術研究科建築専攻修了／日本設計、デザインリーグを経て、二〇〇〇年服部郁子とアーキキャラバン建築設計事務所を共同主宰。現在代表

北川 裕記

一九六二年愛知県生まれ／一九八六年京都大学工学部建築学科卒業／一九八九年東京大学大学院修士課程修了／磯崎新アトリエ勤務を経て、二〇〇〇年に北川裕記建築設計を設立／二〇〇四～二〇〇八年明治大学理工学部建築学科兼任講師

鈴木 信弘

一九六三年神奈川県生まれ／一九八六年神奈川大学工学部建築学科卒業／一九八八年神奈川大学大学院修士課程修了／一九八八年東京工業大学研究生／一九八八～一九九六年東京工業大学助手／一九九四年～鈴木アトリエ開設／神奈川大学工学部建築学科非常勤講師／二〇〇二年神奈川県建築コンクール奨励賞受賞

鈴木 洋子

群馬県生まれ／一九八九年神奈川大学工学部建築学科卒業／一九八九～一九九三年大林組設計部／一九九四年～鈴木アトリエ開設／神奈川県建築士会横浜支部総務委員

豊田 悟

一九四八年神奈川県生まれ／一九七一年早稲田大学理工学部建築学科卒業／一九七三年早稲田大学大学院修士課程修了／竹中工務店入社 設計部勤務／一九八六年アルスデザインアソシエイツ設立／一九九九年豊田空間デザイン室設立

中村 高淑

一九六八年東京生まれ／静岡県浜松市出身／一九九二年多摩美術大学美術学部建築科卒業／設計事務所勤務を経て、一九九九年中村高淑建築設計事務所主宰、改組を経て現在に至る／日本建築家協会本部理事・支部幹事・JIA神奈川副代表・広報委員長などを務める／日本工学院八王子専門学校非常勤講師

野口 泰司

横浜市生まれ／横浜国立大学工学部建築学科卒業後、柳建築設計事務所勤務／一九七五年野口泰司建築工房設立／関東学院大学非常勤講師、神奈川県県産材認証制度検討委員等歴任／日本建築家協会登録建築家／神奈川県建築コンクール、山梨県建築文化賞等に入賞

服部 郁子

東京都生まれ／一九七五年 日本女子大学住居学科卒業／集団住宅・建築研究所にて団地基本設計に従事した後、設計事務所勤務を経て二〇〇〇年より神田雅子とアーキキャラバン建築設計事務所を共同主宰

増田 奏

一九五一年横浜市生まれ／一九七五年 早稲田大学理工学部建築学科卒業／一九七七年早稲田大学大学院修士課程修了／一九七七～一九八六年吉村順三設計事務所勤務／一九八七年～現在　ＳＭＡ主宰（一級建築士事務所）

室伏 次郎

一九四〇年東京生まれ／一九六三年早稲田大学理工学部建築学科卒業。坂倉準三建築研究所入所／一九八四年スタジオ・アルテック設立／神奈川大学名誉教授／「ダイキン オー・ド・シェル蓼科」で一九九三年日本建築学会賞作品部門受賞。著書『現代建築／空間と方法』『埋め込まれた建築』『〈いい家〉をつくりたい』

室伏 暢人

一九七三年 東京生まれ／一九九七年 多摩美術大学美術学部建築学科卒業／設計事務所勤務、個人設計活動を経て二〇〇六年よりスタジオ・アルテック勤務／二〇一一年dwell five architects 参加

諸我 尚朗

一九五一年福岡県生まれ／一九七五年神奈川大学工学部建築学科卒業／岡設計、洋建築企画を経て一九九一年アトリエアルク設立／一九九一～二〇〇六年神奈川大学工学部建築学科非常勤講師／一九九七年「北居間の家」で神奈川県建築コンクール優秀賞受賞／二〇〇四年「藤が丘の家」で同奨励賞受賞／二〇〇九年「山手の家」で同優秀賞受賞

安田 博道

一九六五年静岡県湖西市生まれ／一九八八年横浜国立大学工学部建築学科卒業／一九九〇年横浜国立大学大学院修士課程修了／一九九〇年～アトリエ第5建築界・ワークステーションを経て、一九九八年環境デザイン・アトリエ設立／明治大学非常勤講師

横山 敦士

一九六五年静岡県生まれ／一九九一年関東学院大学工学部建設工学科卒業／一九九一～一九九八年ジ・エアーデザインスタジオ／一九九八～二〇〇〇年Power unit studio／一九九八年ヨコヤマ・デザイン事務所設立／関東学院大学人間環境学部非常勤講師

最新版

最高の二世帯住宅をデザインする方法

2021年2月8日　初版第1刷発行

著　者　area045

発行者　澤井聖一

発行所　株式会社エクスナレッジ
〒106-0032　東京都港区六本木7-2-26
https://www.xknowledge.co.jp/

問合せ先
販売　Tel 03-3403-1321／Fax 03-3403-1829
編集　Tel 03-3403-1381／Fax 03-3403-1345
info@xknowledge.co.jp